De Gruyter Studium

Gregor Damschen, Dieter Schönecker

Selbst philosophieren

Ein Methodenbuch

De Gruyter

ISBN 978-3-11-026518-7
e-ISBN 978-3-11-026519-4

Library of Congress Cataloging-in-Publication Data

A CIP catalog record for this book has been applied for at the Library of Congress

Bibliografische Information der Deutschen Nationalbibliothek

Die Deutsche Nationalbibliothek verzeichnet diese Publikation in der Deutschen Nationalbibliografie; detaillierte bibliografische Daten sind im Internet über http://dnb.d-nb.de abrufbar.

© 2012 Walter de Gruyter GmbH & Co. KG, Berlin/Boston

Satz: Dörlemann Satz GmbH & Co. KG, Lemförde
Druck: Hubert & Co. GmbH & Co. KG, Göttingen
Gedruckt auf säurefreiem Papier

Printed in Germany

www.degruyter.com

Es kann sich überhaupt keiner einen Philosophen nennen, der nicht philosophieren kann. Philosophieren läßt sich aber nur durch Übung und selbsteigenen Gebrauch der Vernunft lernen ... Der wahre Philosoph muß also als Selbstdenker einen freien und selbsteigenen, keinen sklavisch nachahmenden Gebrauch von seiner Vernunft machen.

Immanuel Kant
Logik Jäsche

Durstig wie ich bin, sehe ich vor dem Fenster in Reichweite einen schönen Eiszapfen hängen. Ich öffne das Fenster und mache den Eiszapfen ab, doch gleich kommt ein großer und kräftiger Kerl, der draußen herumging, und reißt ihn mir mit Gewalt aus der Hand. „Warum?" frage ich in meinem beschränkten Deutsch. „Hier ist kein Warum", gibt er mir zur Antwort und treibt mich mit einem Stoß zurück.

Primo Levi
Ist das ein Mensch?

Wenn schon keine Regeln verbürgen, welche Interpretationen die „besten" sind, dann lässt sich doch zumindest entscheiden, was „schlecht" ist.

Umberto Eco
Zwischen Autor und Text

Inhalt

Vorwort IX
Einleitung: Selbst analysieren, selbst argumentieren,
        selbst interpretieren 1
Wie das Buch aufgebaut ist 13

Kapitel I: Selbst analysieren 17

1.   Begriffe analysieren 19
2.   Aussagen analysieren 65

Kapitel II: Selbst argumentieren 119

3.   Triftig argumentieren 121
4.   Schlecht argumentieren 186

Kapitel III: Selbst interpretieren 203

5.   Theorie des Interpretierens 205
6.   Praxis des Interpretierens 212

Anhang 273
    Kleiner philosophischer Kanon 275
    Lösungen 277
    Nachweise und weiterführende Literatur 303
    Symbole, Sätze und Regeln im Überblick 308
    Sachregister 317
    Namenregister 326

Vorwort

Es gibt wohl ziemlich wenig philosophische Bücher oder, was vielleicht nicht das gleiche ist, Bücher über Philosophie, die von mehr als einem Autor stammen. Philosophen denken sehr oft und meistens alleine, und selbst wenn sie es nicht tun, wie vielleicht Platon, dann schreiben sie doch das, was sie gedacht haben, alleine auf. Dieses Buch ist anders: Es hat zwei Autoren. Zwar hat jeder von uns für sich auch als Selbstdenker und unabhängig vom jeweils anderen über das nachgedacht, was in diesem Buch behandelt wird. Aber erstens haben wir über die einzelnen Themen und ihre Elemente – also über Begriffsanalysen, Argumente und Interpretationen – sehr oft und sehr lange gemeinsam nachgedacht und diskutiert. Und zweitens ist das Buch wie von einer Hand geschrieben. Zwar wurden die allerersten Entwürfe einzelner Kapitel oder Unterkapitel von je einem von uns verfasst. Aber dann gab es stets so viele Runden großer und kleiner Überarbeitungen, Einschübe und Verbesserungen, dass es wirklich gerechtfertigt ist, von *einem* Text, ja von *einem* Autor zu sprechen.

Für zahlreiche Hinweise und wertvolle Verbesserungsvorschläge danken wir Lucia an der Brügge, Hubertus Busche, Alexander Cotter, Dirk Effertz, Marie Goebel, Andreas Heil, Roland Henke, Eleonore Neufeld, Gregor Nickel, Rica Schönecker, Elke Schmidt, Christiane Straub, Niko Strobach, Wilko Ufert, Michael Wolff und Sebastian Wengler.

Für Hilfe bei der Erstellung des kleinen philosophischen Kanons sind wir Claus Dierksmeier, Vittorio Hösle, Andrej Krause, Albert Newen, Miriam Ossa, Christian Schäfer, Harald Seubert, Susan Shell, Ralf Stoecker, Christian Thies und Alejandro G. Vigo zu Dank verpflichtet.

Die Universitäten Halle-Wittenberg, Luzern und Siegen sowie das Stonehill College haben unser Projekt finanziell und ideell unterstützt. Außerdem wurden die Konzepte unseres Buches an diesen Hochschulen in mehreren Seminaren diskutiert und erprobt. Wir danken den vielen Studierenden, die uns mit ihren Fragen, Hinweisen und Vorschlägen dabei geholfen haben.

Dem Verlag Walter de Gruyter und seiner Lektorin Gertrud Grünkorn möchten wir für die freundliche Aufnahme des Buches in die Reihe der Studienbücher und die gute Betreuung sehr danken.

Gregor Damschen und Dieter Schönecker, Weihnachten 2011

Einleitung: Selbst analysieren, selbst argumentieren, selbst interpretieren

Wer philosophieren will, muss, methodisch betrachtet, vor allem drei Dinge tun: analysieren, argumentieren und interpretieren. Wir behaupten nicht, dass sich die Methoden der Philosophie darin erschöpfen; vielleicht gibt es auch so etwas wie eine dialektische und phänomenologische Methode, und gewiss spielen auch Gedankenexperimente und wahrscheinlichkeitstheoretische Überlegungen in der Philosophie eine große Rolle. Aber Ihre und unsere Zeit ist endlich, und so müssen wir uns aus kontingenten, vielleicht aber auch aus philosophischen Gründen damit begnügen, uns mit diesen drei Vorgehensweisen zu beschäftigen. Sie sollen mit diesem Buch lernen, *selbst* Begriffe zu analysieren, *selbst* Argumente zu verstehen, zu bewerten und zu entwickeln, und Sie sollen lernen, *selbst* philosophische Texte zu interpretieren. Analysieren, Argumentieren und Interpretieren sind die Methoden der Philosophie. In gewissem Sinne präsentiert dieses Buch daher auch so etwas wie einen *methodischen Werkzeugkasten*. Wer mit diesem Werkzeug umzugehen weiß, wird nicht notwendigerweise gut philosophieren; aber ohne diese Methoden wird man schlechter philosophieren, als man es könnte. Gut zu philosophieren heißt auch: selbst und selbständig zu philosophieren. Und da Philosophieren Denken ist, wird, wer selbst philosophiert, auch selbst denken.

Was ist Philosophie?

Aber was ist das überhaupt: die Philosophie? Wir werden uns noch genauer damit zu beschäftigen haben, worauf genau Fragen dieses Typs – *Was ist X?* – eigentlich zielen. Das ist gar nicht so leicht zu verstehen. Solche *Was-ist-X?-Fragen* zielen aber jedenfalls auf so etwas wie Erklärungen, Begriffsanalysen oder sogar Definitionen, und ein erster Schritt bei dem Versuch, Begriffe zu analysieren, kann (muss aber nicht) darin bestehen, die Verwendungsweisen eines Begriffs zu betrachten. Sprache wird gesprochen und geschrieben, und die geschriebene wiederum kann sehr alt sein und eine Sprache, die tatsächlich gar nicht mehr gesprochen wird. Und so würde eine historische Untersuchung des ursprünglich griechischen Ausdrucks „Philosophie" rasch ergeben, dass es zu einem frühen Zeitpunkt in der griechischen Antike sehr viele Tätigkeiten gab, zwischen denen wir heute deutlich unterscheiden, die aber damals tatsächlich alle zur Philosophie gerechnet wurden: Astronomie, Biologie, Mathematik, Theologie, Musik, aber auch Gymnastik und Pädagogik. Wer ein Philosoph war oder sich für Philosophie interessierte, war jemand, der ganz allgemein das Wissen liebte; daher war Philosophie im Grunde auch gleichgesetzt mit Bildung (und wörtlich genommen ist ein Philosoph ja auch ein „Freund der Weisheit"). Diese umfassende Bedeutung von „Philosophie" hat sich lange durchgehalten. So verstand noch Isaac Newton (1642/3–1727) seine Physik als *Philosophie* der Natur auf mathematischer Grundlage (sein Hauptwerk heißt *Philosophiae Naturalis Principia Mathematica*). Bestimmte Gegenstände und Probleme, die in der Vergangenheit die Philosophie beschäftigten, tun dies heute nicht mehr, und bestimmte Methoden, die in der Vergangenheit zur Philosophie gerechnet wurden, zählt man heute zu anderen Disziplinen. Kurzum, ein Blick auf die Geschichte der Philosophie oder vielmehr auf die Verwendungsweisen des Ausdrucks „Philosophie" hilft uns nicht viel weiter, um zu verstehen, was die Philosophie *ist* oder was wir heute unter „Philosophie" verstehen.

Die Schwierigkeit besteht darin – und das hat eben seine Wurzeln in der Geschichte –, dass weder die *Erkenntnisgegenstände* noch die *Methoden* der Philosophie eindeutig und in klarer Abgrenzung bestimmt werden können. Solche Bestimmungs- und Abgrenzungsprobleme gibt es zwar auch in anderen Disziplinen und Wissenschaften. Allerdings sind sie dort nicht so radikal wie im Fall der Philosophie. Wir wissen immer noch recht gut, womit sich Physik, Chemie und Biologie beschäftigen und was ihre Methoden sind, auch wenn die Grenzen zuweilen verschwimmen; und wir wissen recht gut, womit sich die Mathematik beschäftigt und sicher auch, dass sie keine empirischen Untersuchungen anstellen muss, um voranzukommen. Doch wir müssen nur einen Blick auf die Disziplinen werfen, die üblicherweise zur Philosophie gerechnet werden, um zu sehen, dass sich sowohl ihre Forschungsgegenstände als auch ihre Vorgehensweisen von denen anderer Disziplinen nicht immer scharf unterscheiden lassen. So ist der Gegenstand der Sprachphilosophie auch Gegenstand von Linguistik und Psychologie; der Gegenstand der Naturphilosophie ist auch Gegenstand der Naturwissenschaften; die Philosophie des Geistes beschäftigt sich mit dem gleichen Gegenstand wie die Neurowissenschaften (und sogar ein so klassisches philosophisches Thema wie die Willensfreiheit wird längst nicht mehr nur in der Philosophie behandelt); ähnliches gilt für die politische Philosophie, die Rechtsphilosophie und die Sozialphilosophie. Und so lässt sich für die meisten Disziplinen der Philosophie zeigen, dass sie keinen originären Erkenntnisgegenstand besitzen.

Allerdings gibt es drei Kerndisziplinen, deren Erkenntnisgegenstand vielleicht doch eigentümlich philosophisch ist: Das sind Ethik (Moralphilosophie), Epistemologie (Erkenntnistheorie) und Ontologie (manchmal auch „Metaphysik" genannt); auf die Logik als mögliche vierte Disziplin gehen wir später noch ein. Doch gilt nicht auch für diese Disziplinen, was wir für die anderen Disziplinen der Philosophie gerade festgestellt haben? Hat nicht die Erkenntnistheorie vieles mit der Psychologie, Biologie und auch der Linguistik gemeinsam? Und findet man ethisches Nachdenken nicht auch in der Theologie und seit einiger Zeit sogar in der Soziobiologie? Und dennoch: Gerade in der Erkenntnistheorie findet man Fragen, die in keiner anderen Disziplin originär behandelt werden. Es sind die Fragen nach Wahrheit und Wissen. Und die Themen der Ontologie – was ist Sein, was ist Identität, was Existenz? – werden fast ausschließlich von Personen behandelt, die man der Philosophie zuordnet.

Die Philosophie und ihre Disziplinen haben also – wohl mit zwei Ausnahmen – keinen Erkenntnisgegenstand, von dem man behaupten dürfte, allein die Philosophie beschäftige sich damit. Nun könnte aber die Art und Weise, *wie* die Philosophie ihre Gegenstände behandelt, eine klare Abgrenzung zu anderen Disziplinen erlauben. Und dann könnte man auch von der Ethik sagen, dass sie durch ihren Erkenntnisgegenstand *in Verbindung mit* der Methode, ihn zu erkennen, eigentümlich philosophisch ist. Was also ist die Methode der Philosophie? Wie geht sie vor? Wieder fällt die Antwort darauf nicht leicht.

Philosophen müssen sich oft auf ihre oder anderer Menschen Erfahrungen beziehen. Dennoch ist es gewiss fair zu sagen, dass Philosophie im Unterschied zu den Naturwissenschaften keine experimentelle Erfahrungswissenschaft ist. Es knallt und raucht nicht, keine Daten werden an Bildschirmen abgelesen, und so etwas wie einen Begriffsbeschleuniger gibt es höchstens an der *École des Hautes Études en Sciences Sociales* in Paris oder an den Kathedralen der analytischen Philosophie. Philosophie ist also, traditionell gesprochen, keine Wissenschaft *a posteriori*. Eine ihrer Haupttätigkeiten und eines ihrer Hauptwerkzeuge ist vielmehr das *begriffsanalytische Argumentieren*: Wer begriffsanalytisch argumentiert, fragt nach der Bedeutung von Begriffen, er fragt danach, was die Sachverhalte sind, für die Begriffe stehen, und wie sich für bestimmte Thesen argumentieren lässt. Was ist, zum Beispiel, Gerechtigkeit? Was ist Wahrheit? Was ist Wissen? Die meisten zentralen Begriffe der Philosophie stammen aus der normalen Sprache, und erst bei ihrer Analyse entwickeln sich dann die philosophischen Fachtermini und Argumente. Was genau Begriffsanalysen und Argumente sind, werden wir später eingehend betrachten (dann werden wir auch sehen, dass in gewisser Weise auch manche Begriffsanalysen sehr wohl empirisch sind). Doch wieder trifft zu, was wir schon bei der Frage nach dem Gegenstand der Philosophie festgestellt haben: Nichtempirische begriffsanalytische Argumente gibt es auch in anderen Disziplinen, etwa ganz offenkundig in der Mathematik, der Rechtswissenschaft, aber auch in der Theologie.

Allerdings kommt bei der Philosophie typischerweise noch etwas hinzu: Sie ist nicht nur eine Disziplin zweiter Ordnung, die bestimmte Gegenstände und ihre Beziehungen untereinander analysiert und zugleich fragt, was diese Gegenstände *überhaupt* sind (wie etwa in der Philosophie der Mathematik, die nach dem Wesen mathematischer Gegenstände fragt, ohne selbst Mathematik zu betreiben; oder generell durch die Frage nach Geltung – so halten Physiker bestimmte Gesetze der Mechanik für gültig, aber sie fragen nicht, was denn „gültig" hier eigentlich bedeutet). Die Philosophie ist vor allem auch ein *kritisches* Unternehmen. In ihr wird nichts einfach vorausgesetzt, sondern zumindest im Prinzip wird ständig alles der hinterfragenden und zweifelnden Analyse unterzogen. Darin unterscheidet sich auch die philosophische von der theologischen Ethik. So wird etwa in der katholischen Moralphilosophie nicht nur die Existenz Gottes vorausgesetzt, sondern auch bestimmte Grundpfeiler der katholischen Tugendlehre bleiben unangetastet. Die philosophische Ethik dagegen fängt (immer wieder) von vorne an; gar nichts wird als sicher angenommen, alles wird kritisch auf Plausibilität und Wahrheit durchleuchtet. Freilich müssen auch in der Philosophie sehr oft bestimmte Dinge als bekannt oder geklärt vorausgesetzt werden. Wir können als Individuen nicht jederzeit alles hinterfragen: weder theoretisch betrachtet, weil bestimmte Dinge vorausgesetzt werden müssen, damit wir überhaupt argumentieren können; noch praktisch betrachtet, weil wir ja irgendwann, so oder so, handeln müssen.

Die Philosophie hat also bestimmte Erkenntnisgegenstände – aber die meisten davon hat sie mit anderen Disziplinen gemeinsam. Die Philosophie arbeitet mit der Methode der begriffsanalytischen Argumentation – doch auch das hat sie mit anderen Disziplinen gemeinsam. Sie hat jedoch noch ein weiteres Moment, das der kritischen und zugleich metatheoretischen Haltung – und *dies*, jeweils in Verbindung mit ihren Erkenntnisgegenständen und ihrer Methode, zeichnet die Philosophie aus. Wir behaupten nicht, dass dadurch eine klare Definition von Philosophie möglich ist. Vielleicht gibt es eine solche vollständige Definition der Philosophie gar nicht, und vielleicht ist die Philosophie (paradoxerweise) bestenfalls als diejenige Wissenschaft zu definieren, für die es eben keine klare Definition gibt – von der sich also nicht genau sagen lässt, was sie ist. Aber wir müssen auch nicht beanspruchen, dass wir eine klare Definition der Philosophie haben, weil wir ganz pragmatisch unter „Philosophie" zunächst die Philosophie westlichen Stils verstehen wollen. Für uns und in diesem Buch wird Philosophie also einfach das sein, was u.a. an philosophischen Instituten der westlichen Welt praktiziert wird. Was das nun wiederum ist, wird sich im Verlauf des Buches zeigen.

Philosophie und Philosophiehistorie

Es ist eine unbestreitbare Tatsache, dass in der heutigen Zeit zur Wissenschaft der Philosophie nicht nur die systematische Philosophie, sondern auch die *Philosophiehistorie* gehört. Darunter verstehen wir, ganz allgemein gesprochen, die Beschäftigung mit den Texten und der Geschichte der (vornehmlich abendländischen) Philosophie. Es ist zu vermuten, dass die meisten Bücher und Artikel, die in der zeitgenössischen Philosophie geschrieben werden, nicht genuin philosophische Texte sind, sondern Beiträge über philosophische Texte. Wer heutzutage Philosophie studiert oder lehrt, der denkt nicht nur über philosophische Themen oder Probleme nach. Philosophinnen und Philosophen beschäftigen sich in aller Regel mit philosophischen Themen auch dadurch, dass sie lesen, was Philosophen (weniger Philosophinnen, jedenfalls bis vor kurzem) vor ihnen gedacht und geschrieben haben. Sie lesen, genauer: interpretieren also philosophische Klassiker: Platons *Politeia*, Aristoteles' *Metaphysik*, Thomas von Aquins *Summa theologiae* (oder Teile daraus), Descartes' *Meditationen*, Humes *Treatise*, Kants *Kritik der reinen Vernunft* oder Wittgensteins *Philosophische Untersuchungen*. (Im Anhang unseres Buches werden wir übrigens einen kleinen philosophischen Kanon anbieten.)

Was man heutzutage, ganz allgemein, „Philosophieren" nennt, ist also nicht nur das begriffsanalytische, kritische Argumentieren mit Bezug auf ethische, erkenntnistheoretische und diverse andere „philosophische" Probleme. Unter „Philosophie" versteht man auch die Beschäftigung mit der Geschichte der Philosophie, und das bedeutet primär: die *Interpretation* philosophischer Texte. Das ist auch der Grund, weshalb wir in diesem Buch nicht nur das Analysieren und Argumentieren, sondern auch das Interpretieren vorstellen werden.

Selbst interpretieren

Aber warum und zu welchem Zweck interpretieren wir überhaupt philosophische Texte? Warum lesen wir etwa Aristoteles' *Metaphysik* oder Hobbes' *Leviathan*? Eigentlich ist die Antwort ganz einfach: Weil wir sie verstehen wollen, oder weil wir aus ihnen lernen wollen. Wie wir noch sehen werden, ist dieses disjunktive „oder" nicht ausschließend. Wir können also philosophische Texte um *ihrer selbst willen* verstehen wollen, *und* wir können aus ihnen *lernen* wollen. Dennoch handelt es sich um zwei verschiedene Dinge: Das eine ist die Bedeutungssuche, das andere die Wahrheitssuche. Philosophische Texte zeichnen sich dadurch aus, dass in ihnen Wahrheits- oder Geltungsansprüche über philosophische Themen erhoben werden. So behauptet Kant in der *Grundlegung zur Metaphysik der Sitten* etwa, dass vernünftige Wesen Zwecke an sich selbst sind. Und die eigentlich philosophische Frage ist dann für uns: Stimmt das? Trifft diese These zu? Ist sie *wahr*? Da man aber den Wahrheitsanspruch einer These nicht beurteilen kann, ohne sie zu verstehen, muss man Kants These zunächst einmal verstehen. Die erste, interpretative Frage ist also, ob es *tatsächlich* Kants These *ist*, dass vernünftige Wesen Zwecke an sich selbst sind, und was das bedeutet. Hat man dann erst einmal verstanden, wie genau Kants These lautet und was genau sie bedeutet, kann der nächste Schritt darin bestehen, sie auf ihren Wahrheitsgehalt zu überprüfen. (Später werden wir allerdings sehen, dass, genauer betrachtet und recht verstanden, die Wahrheitsfrage auch schon bei der Bedeutungssuche relevant ist.)

Solange wir uns mit der Bedeutungssuche beschäftigen, solange betreiben wir *Philosophiehistorie*, d.h. solange versuchen wir, Texte, aber auch Ideen, Strömungen, Motive usw. der Philosophiegeschichte zu verstehen (mit „Philosophiegeschichte" meinen wir die Geschichte der Philosophie selbst im Unterschied zur Beschäftigung mit der Philosophiegeschichte, der Philosophiehistorie). Dass die Bedeutungssuche nicht zwingend mit der Wahrheitssuche verbunden sein muss, erkennt man schon daran, dass wir uns immer noch mit philosophischen Texten beschäftigen, über deren Wahrheitsansprüche wir uns einig sind – wir halten sie nämlich für eindeutig widerlegt (wenn überhaupt irgendetwas ‚eindeutig widerlegt' sein kann). So beschäftigen wir uns immer noch mit Empedokles' Theorie der Elemente, obwohl kaum jemand mehr wird behaupten wollen, die Welt entstehe aus der Mischung und Trennung von vier Grundelementen auf der Grundlage der Prinzipien Liebe und Streit. Wir interessieren uns für diese Theorie, weil sie da ist (so wie Edmund Hillary sich für den Mount Everest interessierte, ‚weil er da ist'); und weil sie Teil unserer Geschichte ist, der Geschichte der Ideen oder eben der sogenannten Ideengeschichte, so dass wir uns und unsere Ideen besser verstehen, wenn wir Autoren wie etwa Empedokles besser verstehen.

Sehr oft aber studieren wir philosophische Texte der Tradition, weil wir aus ihnen lernen wollen, d.h. weil wir meinen, dass in ihnen Wahrheitsansprüche erhoben werden, über die nachzudenken sich immer noch lohnt (also nicht nur, weil es ideengeschichtlich oder allgemein philosophiehistorisch interessant ist). Darum geht es uns letztlich als Philosophen und Philosophinnen – um die Wahrheit, oder jedenfalls um Wahrheitsansprüche. Und selbst wenn wir für falsch halten, was wir lesen, können wir immer noch viel daraus lernen, *wie* man gut philosophiert.

Dennoch muss die Wahrheitssuche von der Bedeutungssuche scharf unterschieden werden. Philosophiehistorie mit dem Ziel betrieben, die Philosophiegeschichte oder einzelne Texte und Positionen aus ihr besser zu verstehen, wird besser, wenn sie diesen Unterschied macht. Sie wird aber vor allem besser, und sie *wird* diesen Unterschied *machen*, wenn sie davon ausgeht, dass die Bedeutung eines Textes sich nur durch äußerst penible Analysen erkennen lässt. Wer einen Text verstehen will, muss also bereit sein, sich auf allerkleinste Details und mikroskopische Feinheiten, zugleich aber auf kontextuelle und entwicklungsgeschichtliche Zusammenhänge einzulassen (das nennen wir *kommentarisches Interpretieren*). Was das wirklich bedeutet, bleibt auf der theoretischen Ebene abstrakt. Deshalb werden wir später zwar ein kleines hermeneutisches Credo vorschlagen; aber was wir mit guter oder sogar *besserer* Philosophiehistorie wirklich im Sinn haben, kann sich nur im Vollzug des tatsächlichen Interpretierens zeigen. Wir werden deshalb im dritten Abschnitt des Buches gemeinsam mit Ihnen drei Textstellen interpretieren, eine aus Kants *Grundlegung zur Metaphysik der Sitten* und zwei weitere aus seiner *Tugendlehre*.

Im Bereich der Philosophiehistorie *selbst zu interpretieren* bedeutet, nicht auf die üblichen und fast immer oberflächlichen Interpretationen zu vertrauen. Wir behaupten, dass es echt kommentarische Interpretationen kaum gibt; die Philosophiehistorie leidet an *Textvergessenheit*. Wer selbst interpretiert, muss auf eigene Faust lesen. Was das bedeutet, und wie man dabei methodisch vorzugehen hat, lässt sich zeigen und auch nachvollziehen. Es muss aber vor allem geübt werden.

Selbst analysieren und selbst argumentieren

Das Interpretieren von Texten um ihres Verstehens willen ist das, was eigentlich Philosophiehistorie ist oder jedenfalls sein sollte. Sehr oft vermischt sich das Interpretieren aber mit dem eigentlichen Philosophieren, also dem Nachdenken über philosophische Probleme. Und sehr oft ist das sehr schlecht, weil dann weder das eine noch das andere richtig gemacht wird: Es wird dann weder gut interpretiert, weil gutes Interpretieren sehr aufwendige Analysen verlangt, die Geduld voraussetzen, eine Geduld, die diejenigen, die gleich zur Wahrheitsfrage kommen wollen, eben nicht haben; noch wird dabei gut philosophiert, weil nicht *selbst philosophiert* wird – man versteckt sich dann eben hinter dem Rücken einer Autorität.

Das heißt aber nun nicht, dass, wer selbst philosophieren will, sich nicht für die Geschichte der Philosophie interessieren muss. Da man unter der Geschichte der Philosophie gemeinhin die Texte toter, oder jedenfalls (schon) klassischer Philosophinnen und Philosophen versteht, ist es wichtig, sich mit solchen klassischen Texten auch als Selbstdenker zu beschäftigen. (Erst recht müssen Selbstdenker beachten, was zeitgenössische Kolleginnen und Kollegen sagen; die Philosophie, wie alle Wissenschaften, lebt durch die Auseinandersetzung mit anderen Positionen und Theorien.) Dafür gibt es zwei Gründe: *Erstens* behandelt die Philosophie seit über 2000 Jahren in ihren Kernbereichen immer noch die gleichen Probleme und Fragestellungen. Und es ist vermutlich fair zu sagen, dass die grundsätzlichen Antworten und Positionen bis heute die gleichen geblieben sind; die Geschichte der Philosophie ist keine einfache Fortschrittsgeschichte, und erst recht keine lineare Geschichte, in der es von unten nach oben zu immer mehr und größeren Erkenntnissen kommt. Sie scheint sich eher insofern wie eine Spirale nach oben zu drehen, als in ihr im Laufe der Zeit manche Dinge etwas klarer werden. In der Regel kann man davon ausgehen, dass alle Grundargumente schon einmal vorgetragen wurden (zumindest alle Grundprobleme und Grundfragen); wer nicht Gefahr laufen will, das Rad wieder und wieder neu zu erfinden, wird sich also mit der Geschichte der Philosophie beschäftigen müssen. Wer heute Physik studiert, wird aus dem Studium von Newtons *Principia* nicht mehr allzuviel lernen können. In der Philosophie ist das anders: Wer heute etwas über Moralphilosophie lernen will, muss auf jeden Fall Aristoteles' *Nikomachische Ethik* studiert haben (manche werden sogar behaupten, dass wir im wesentlichen nicht über sie hinausgekommen sind). *Zweitens* ist, mit Blick auf den Aspekt des Selbstdenkens, das Studium der klassischen Texte nicht nur wichtig, weil wir dadurch mit den wichtigsten Grundgedanken und Methoden vertraut werden. Wir lernen dadurch auch, *wie* man gut philosophiert; denn in jenen Texten *zeigt* sich gute Philosophie.

Trotz aller Wichtigkeit der Geschichte der Philosophie für das eigene Philosophieren bleibt es aber dabei, dass selbst zu philosophieren – also das selbständige Nachdenken über philosophische Probleme – etwas anderes ist als bloß zu interpretieren. Aber wie philosophiert man selbst und gut? Nun, darum soll es ja in den Kapiteln I und II des Buches gehen. Eines können wir aber vorab schon sagen. Wer nur mehr oder weniger nachbetet, was andere schon gesagt haben, der philosophiert nicht (und er interpretiert auch nicht). Es ist daher kein Zufall, dass fast alle Philosophen, die wir heute „klassisch" nennen, in erster Linie kritische Selbstdenker waren – oder Selbstphilosophierer, wenn man so will. Sokrates, Platon, Aristoteles, Descartes, Kant, Wittgenstein, sie alle haben sich nicht primär mit der Geschichte der Philosophie beschäftigt, sondern versucht, selbst nachzudenken (eingeräumt, es gibt auch einige wenige Gegenbeispiele). Das heißt nicht, dass sie nicht auch die jeweilige Vorgeschichte der Fragen kannten, die sie beantworten wollten. Das Gegenteil ist der Fall. Aber ihnen allen ist gemeinsam, dass sie nicht in der Darstellung der Geschichte der Philosophie ihre Haupttätigkeit sahen, sondern im eigenständigen vernünftigen Durchdenken der Probleme und Fragestellungen, die jeden etwas angehen, der sich fragt, wer wir sind, was wir wissen können und wie wir handeln sollen. So wie es im Bereich der Philosophiehistorie die Gefahr der *Textvergessenheit* gibt, so gibt es im Bereich des (eigentlichen) Philosophierens die Gefahr der *Wahrheitsvergessenheit*. Wer selbst eine philosophische Frage durchdenken will, der muss sich ganz auf das dahinterstehende Sachproblem konzentrieren; er muss es selbst analysieren und selbst Argumente zu finden versuchen, die es vielleicht lösen können (und er darf sich nicht hinter den Thesen anderer Philosophen verstecken). Dabei muss er jederzeit die Wahrheitsfrage stellen, also ganz einfach die Frage, ob die Thesen, die er vertritt, auch tatsächlich wahr, und ob die Argumente, die er gefunden hat, auch tatsächlich überzeugend sind. Ganz so ‚einfach' ist das natürlich nicht, schon deshalb, weil es gar nicht einfach ist, zu verstehen, was Wahrheit überhaupt ist. Aber selbst wer skeptisch ist und die Auffassung vertritt, so etwas wie Wahrheit, oder genauer: so etwas wie die Erkenntnis von Wahrheit könne es gar nicht geben, wird ja irgendwie beanspruchen müssen, dass zumindest *dies* irgendwie wahr oder zumindest besser begründet sei als etwa die gegenteilige These, dass Wahrheitserkenntnis sehr wohl möglich sei. Sie sehen schon, dahinter stecken knifflige Fragen, auf die wir noch zurückkommen müssen.

Worin genau bestand nun das Selbstdenken der großen Denker der Philosophie? Sie haben sich, erstens, stets bemüht, Begriffe klar und deutlich zu analysieren und in Verbindung miteinander zu bringen – sie alle hatten ein besonderes Gespür für die Feinheiten und Ausdrucksmöglichkeiten der Sprache; sie haben, zweitens, rational und systematisch argumentiert; sie hatten, drittens, die besondere Gabe, die Grundbegriffe der Philosophie zu hinterfragen und auf die methodischen Bedingungen guten Philosophierens zu reflektieren; sie konnten sich, viertens, über einen längeren Zeitraum auf die wirklich zentralen Fragen konzentrieren (übrigens ohne jahrelang DFG- oder SNF-Anträge schreiben zu müssen); sie haben sich, fünftens, (ohne große Kompromisse zu machen und mit der nötigen Skepsis gegenüber allzu vertrauten Meinungen) an der Frage orientiert, ob die Thesen und Argumente, die sie und andere aufgestellt haben, tatsächlich wahr und triftig sind (und dieses fortdauernde Fragen nach der Wahrheit bildet den Kern ihres Philosophierens, und d.h. auch, sie waren von sich aus bereit, früher Gedachtes, Gesagtes und Geschriebenes radikal zu revidieren und – wie zum Beispiel im Falle Descartes' und Wittgensteins – soweit möglich noch einmal ganz neu anzufangen); sie hatten, sechstens, einen besonderen Blick für Problemzusammenhänge (und dies gerade auch in Anlehnung und Absetzung zu den bedeutenden Positionen der Geschichte der Philosophie); und sie hatten, siebtens, die Fähigkeit, alltägliche Phänomene auf angemessene Weise in ihrer gesamten Komplexität zu erfassen und zu beschreiben.

Wer selbst philosophieren will, sollte deshalb versuchen, von den unbestritten größten Denkern der Philosophie zu lernen, und das heißt vor allem: Er sollte lernen, sich an ihren besonderen *Fähigkeiten* zu orientieren. Nicht jeder kann ein Platon, Anselm oder Kant werden, und wahrscheinlich gibt es in jedem Jahrhundert (wenn überhaupt) nur einen Selbstdenker, der den von ihnen gesetzten Maßstäben genügen kann. Daraus folgt aber nicht, dass wir Normalsterblichen uns nicht zumindest bemühen sollten, ihnen nachzueifern. Zwar müssen wir für uns selbst unsere eigenen Antworten auf unsere Fragen finden, und dazu müssen wir selbst denken. Aber wie man das tut, und was es dabei zu beachten gibt, darüber haben sich andere vor uns schon viele Gedanken gemacht. Autonom werden wir gerade dadurch, dass wir nicht blind und ziellos drauflosdenken, sondern uns an diesen Maßstäben orientieren. Man sollte also die ersten Schritte in der Philosophie nicht ganz allein gehen, und man sollte nicht als erstes sofort die schwersten Probleme angehen. Denn gerade der Anfang der Philosophie ist nicht ganz ohne Risiko. Besonders klar hat dies Lichtenberg auf den Punkt gebracht: „Die Frage: soll man selbst philosophieren? muss dünkt mich so beantwortet werden als eine ähnliche: soll man sich selbst rasieren? Wenn mich jemand fragte, so würde ich antworten, wenn man es recht kann, es ist eine vortreffliche Sache. Ich denke immer dass man das letztere selbst zu lernen suche, aber ja nicht die ersten Versuche an der Kehle mache."

Es ist also nichts daran verkehrt, sich mit der Philosophiegeschichte um ihrer selbst willen zu beschäftigen, wenn man es denn nur richtig macht. Es ist auch nichts daran verkehrt, sich durch das Studium alter Texte anregen und belehren zu lassen, ohne aufwendige Textinterpretationen zu betreiben (solange man solche nicht-philosophiehistoriographischen Beschäftigungen nicht als eben solche veröffentlicht). Es ist aber sehr irreführend, die Beschäftigung vor allem mit den sogenannten Klassikern der Philosophie selbst schon für Philosophie im engeren Sinne zu halten. (Es gibt sogar Philosophen, die sich deshalb dezidiert und in Absetzung zu den eigentlichen Philosophen „Historiker" nennen.) In gewisser Hinsicht ist, insofern der Ausdruck „Philosophie" heutzutage auch für reine Philosophiehistorie gebraucht wird, daran nichts verkehrt; so sprechen wir nun einmal. Dennoch ist das Verstehen philosophischer Texte *eine* Sache und das selbständige Analysieren und Argumentieren eine *andere*. Philosophie im engeren Sinne bedeutet, mit Blick auf die großen Probleme der Philosophie Begriffe *selbständig* zu analysieren und *eigene* philosophische Argumente zu entwickeln, vorzutragen, zu prüfen und zu verteidigen.

Wir wollen also selbst analysieren und selbst argumentieren, und wir wollen, wenn wir dies tun, dies auch besser tun, als es oft der Fall ist. Wir wollen auch selbst interpretieren und auch dabei beanspruchen, es besser machen zu können, als es oft der Fall ist. Es lässt sich nicht bestreiten, dass es berühmte philosophische und philosophiehistorische Texte gibt, die unseren Maßstäben gemäß nicht gut, sondern schlecht sind; dennoch sind sie berühmt und von vielen anerkannt. Wer eine Vorliebe hat für philosophische Texte, die begrifflich unklar, argumentativ unterentwickelt und rundherum kaum verstehbar sind; und wer eine Vorliebe hat für Texte zur Philosophiegeschichte, die sich vor allem durch Oberflächlichkeit auszeichnen – der wird an diesem Buch keine Freude haben. Wer dagegen meint, dass es in der Philosophie um klare Argumente geht und in der Philosophiehistorie um genaue Interpretationen, und wer meint, dass es dafür auch Standards gibt, an denen man sich orientieren sollte, der wird nach der Lektüre vielleicht dies tun: selbst und vielleicht sogar besser philosophieren.

Wie das Buch aufgebaut ist

Die Grundstruktur des Buches ergibt sich zwanglos aus dem, was wir in der Philosophie tun: *Analysieren* (Kapitel I), *Argumentieren* (Kapitel II) und *Interpretieren* (Kapitel III). Im ersten Kapitel geht es also um das Analysieren von Begriffen: Was sind und bedeuten *Begriffe*, wie kann man sie analysieren und definieren (Abschnitt 1)? Begriffe sind die Bausteine für *Aussagen* – aber was genau sind Aussagen? Damit und mit der Frage, wie Aussagen verknüpft werden, beschäftigen sich die *Aussagenlogik* und die *Prädikatenlogik*. Die Aussagenlogik werden wir recht gründlich behandeln, die Prädikatenlogik dagegen nur in einigen groben Strichen skizzieren (Abschnitt 2).

Aussagen wiederum sind die Bausteine für *Argumente* – aber wieder lautet die Frage: Was genau sind denn eigentlich Argumente, und wie sollte man argumentieren? Darum und um die diversen (logischen) Möglichkeiten, ein Argument aufzubauen, geht es im dritten Abschnitt (3). Der vierte Abschnitt (4) des zweiten Kapitels handelt dann von den sogenannten *Fehlschlüssen*, also davon, wie man *nicht* argumentieren sollte.

Das dritte große Kapitel zum *Selbst interpretieren* werden wir einleiten mit einem Abschnitt (5), in dem die Frage erörtert wird, wie man grundsätzlich Texte interpretieren sollte und wie man sie nicht interpretieren sollte; es geht, wenn auch nur sehr kurz, um eine *Theorie* des Interpretierens. Wichtiger als die Theorie des Interpretierens ist aber das wirkliche Interpretieren. Zu dieser *Praxis* des Interpretierens (Abschnitt 6) gehört auch, dass wir all das, was wir sozusagen als Trockenschwimmer der Begriffsanalyse, der Aussagenanalyse und der Argumentation gelernt haben, auf reale Texte der Philosophie anwenden. Diese Texte entnehmen wir Kants *Grundlegung zur Metaphysik der Sitten* und seiner *Tugendlehre*. (Das dritte Kapitel zur Interpretation kann übrigens auch ohne die vorangehende Lektüre der ersten beiden Kapitel gelesen werden, vorausgesetzt, man verfügt über die notwendigen Kenntnisse in der Begriffs-, Aussagen- und Argumentationslehre.)

Um besser zu sehen, was in den drei Kapiteln behandelt wird, werden wir nun für die einzelnen Abschnitte die entscheidenden Stichwörter (Grundbegriffe) auflisten. Die Abschnitte selbst sind durch Zwischenüberschriften gegliedert, die mit diesen Stichwörtern nicht identisch sind.

Kapitel I: Selbst analysieren

1. *Begriffe analysieren*
Bedeutung und Verstehen – Erwähnen und Verwenden – Definition von „Definition" – Mehrdeutigkeit – Typ und Vorkommnis – Was-ist-X?-Frage – Hinweisdefinition – Hintergrundverständnis – erste Schritte der Definition – Paradox der Analyse – Analysandum und Analysans – notwendige und hinreichende Bedingungen – Definiendum und Definiens – salva veritate, Extension, Intension – generelle und singuläre Termini – zirkuläre und redundante Definitionen – gute Definitionen – traditionelle Definition von „Definition" – genus proximum und differentia specifica – Warum man nicht alles definieren kann – Familienähnlichkeiten und andere schwächere Definitionsarten

2. *Aussagen analysieren*
Aussagenlogik – Satz, Aussagesatz, Aussage – Wahrheitsfunktion – Wahrheitswert – Junktoren und ihre logischen Zeichen – alternative logische Zeichen – Wahrheitstafel – Konjunktion – Disjunktion – Kontravalenz – Negation – Bisubjunktion – Shefferstrich – Subjunktion – Antezedens und Konsequens – logische Wahrheit, Tautologie – Satz vom ausgeschlossenen Widerspruch – Widerspruch, Kontradiktion, logische Falschheit – Satz vom ausgeschlossenen Dritten – Satz der Identität – Konsistenz und Kohärenz – Äquivalenzregeln – Gesetze der Kommutation – Gesetz der Doppelten Negation – Gesetz der Kontraposition – Gesetze von De Morgan – Logisches Quadrat – kategorische Aussagen – Satztypen der Syllogistik – kontradiktorische Aussagen – konträre Aussagen – subkonträre Aussagen – subalterne Aussagen – Existenzpräsupposition – Satz- und Prädikatsnegation – Prädikatenlogik – atomare Sätze – komplexe Sätze – quantifizierte Sätze – kategorische Aussagen in der Prädikatenlogik – Aussagen, Sachverhalte, Propositionen – Wahrheit – indexikalische Ausdrücke – Tatsache – Satztyp, Satzvorkommnis – Tertium non datur – Bivalenzprinzip – Konsistenzprinzip

Kapitel II: Selbst argumentieren

3. *Triftig argumentieren*
Argumentieren: Ein Beispiel – Warum-Frage und Begründung – Prämissen und Konklusion – Signalwörter der Folge, logische Signalwörter – Enthymem – zirkuläre Argumente – Validität – Argu-

mentform – Was ist ein gutes Argument? – Triftigkeit – nicht-triftige Argumente – Gegenbeispielmethode – zwei Fragen zur Definition des Arguments – deduktive Argumente – direkter und indirekter Beweis – Modus ponens – Modus tollens – Konjunktion – Hinsichten und Scheinwidersprüche – Simplifikation – Addition – disjunktiver Syllogismus – Beweis der Regel „Ex falso quodlibet" – hypothetischer Syllogismus – Dilemma – Syllogismus – Mittelbegriff, Prädikatbegriff, Subjektbegriff – Figuren – Modi – Prädikatenlogik – Reductio ad impossibile und Reductio ad absurdum – Kann man alles deduktiv begründen? Das Münchhausentrilemma – Achill und die Schildkröte über Logik – Probleme mit dem Modus ponens – deduktive Argumentformen und logische Wahrheit – induktive Argumentformen und Bewährung durch Induktion – reflexive Argumente – performativer Widerspruch und performative Tautologie – Selbstevidenz

4. *Schlecht argumentieren*
Fehlerhaft argumentieren: Ein Beispiel – Fehler und Fehlschlüsse – falscher Modus ponens – unerlaubte Transposition – falscher Modus tollens – Vertauschung der Bedingungen – Umkehrschluss – vitiöser Zirkel – Ambiguität und Äquivokation – Quaternio terminorum – Argumentum ad hominem – genetischer Fehlschluss – Reductio ad Hitlerum

Kapitel III: Selbst interpretieren

5. *Theorie des Interpretierens*
Die Abstraktheit der Hermeneutik – das Schwarze auf dem Weißen: Textvergessenheit – Wahrheitssuche und Bedeutungssuche – Kohärenz – Parallelstellenmethode – Prinzip des Wohlwollens und seine Grenzen – Interpretationshypothesen – Wahrheitsunterstellungen – Wahrheitssuche als methodisches Instrument der Bedeutungssuche – intentio auctoris und ihre Grenzen – intentio lectoris und ihre Grenzen – Überinterpretation und Unterinterpretation – intentio operis – Text und Kontext – Originalsprache und Übersetzung

6. *Praxis des Interpretierens*
Primärliteratur und Sekundärliteratur – Original und Übersetzung – Edition – hermeneutischer Zirkel – sorgfältiges Lesen – gemeinsame Interpretation – Parallelstellen – Standardinterpretation – Textvergessenheit – Sekundärliteratur – textgetreues Zitieren – Interpreta-

tionshypothesen – lokale, regionale und umfassende Kohärenz – Konstruktion und Rekonstruktion – hermeneutische Spirale – Interpretation und sachlicher Gehalt – Kontext – elektronische Stellensuche – Hauptthesen – logische Signalwörter – Rekonstruktion und Kontrolle – Theorie und Praxis – Wissen-dass und Wissen-wie

(i) Kant: *Grundlegung zur Metaphysik der Sitten*

(ii) Kant: *Metaphysische Anfangsgründe der Tugendlehre*, § 23

(iii) Kant: *Metaphysische Anfangsgründe der Tugendlehre*, §§ 1–3

Im Buch werden fortlaufend Übungsaufgaben gestellt, die jeweils mit einem Kasten umrandet und mit „Ü" und einer Ziffer gekennzeichnet sind. Diese Übungsaufgaben sind sehr wichtig und nicht zu vernachlässigen, weil Sie ja *selbst* philosophieren sollen. Ganz oft werden die Lösungen gleich nach den Übungsaufgaben in den fortlaufenden Text eingebaut; auch daher ist es wichtig, mit einer Übungsaufgabe die Lektüre zu unterbrechen und über die Aufgabe selbst nachzudenken. Zu allen Übungsaufgaben, die nicht gleich im Text gelöst werden (diese Aufgaben haben wir mit einem Asterisk * markiert), finden Sie im Anhang die Lösungen; dort finden Sie auch einen kleinen philosophischen Kanon, Nachweise zu den im Text zitierten Stellen und weiterführende Literatur. Als zusätzliche Hilfe haben wir außerdem ein Register erstellt, in dem auch alle wichtigen englischen Fachtermini genannt werden, sowie einen Überblick über die wichtigsten Symbole, Sätze und Regeln.

KAPITEL I
Selbst analysieren

Fangen wir also an. Aller Anfang ist, wie man sagt, schwer, aber das soll uns nicht abschrecken. Philosophie ist keine Geheimwissenschaft, auch wenn manche ihrer Vertreter oft so reden und schreiben, als wäre sie gerade dies: eine Lehre für Eingeweihte, in der eine besondere Sprache gesprochen wird, die für normale, sprich: eben nicht schon auf mysteriöse Weise eingeweihte Menschen nicht verstehbar ist. Es stimmt, man muss die Sprache der Philosophie beherrschen lernen. Aber genauso wenig, wie das Lernen einer Fremdsprache irgendetwas Mysteriöses ist, ist dies für die Philosophie der Fall. Alle können philosophieren lernen, und alle können dies selbst tun.

1. Begriffe analysieren

Inhalt: Bedeutung und Verstehen – Erwähnen und Verwenden – Definition von „Definition" – Mehrdeutigkeit – Typ und Vorkommnis – Was-ist-X?-Frage – Hinweisdefinition – Hintergrundverständnis – erste Schritte der Definition – Paradox der Analyse – notwendige und hinreichende Bedingungen – Definiendum und Definiens – salva veritate, Extension, Intension – generelle und singuläre Termini – zirkuläre und redundante Definitionen – gute Definitionen – traditionelle Definition von „Definition" – genus proximum und differentia specifica – Warum man nicht alles definieren kann – Familienähnlichkeiten und andere schwächere Definitionsarten

Wo soll man anfangen, wenn man lernen möchte, wie man selbst philosophiert? Selbst und gut zu philosophieren hat sicherlich etwas mit *Argumenten* zu tun. Wer philosophiert, der vertritt, konstruiert, rekonstruiert, untersucht, diskutiert, kritisiert und bewertet Argumente. Solche Argumente bestehen aus mehreren Aussagen und diese Aussagen wiederum aus einzelnen Begriffen. „Argument", „Aussage", „Begriff" – dies sind zentrale Termini der Philosophie, die wir zumindest ungefähr auch dann verstehen, wenn wir nicht Philosophie betreiben. Wir sagen ja im Alltag „Dafür hast Du doch kein gutes Argument!", und meinen damit so etwas wie einen rechtfertigenden Grund, den wir anführen müssen für eine Aussage, die wir als wahr behaupten; wir verstehen dabei auch, dass Aussagen Sätze sind, die wahr oder falsch sein können, und dass ein Begriff so etwas ist wie eine Kategorie, um Dinge unter einen Hut oder auf einen gemeinsamen Nenner zu bringen (so wie alle Menschen trotz aller enormen Unterschiede eines sind, eben Menschen). In den nächsten Kapiteln werden wir uns, in umgekehrter Reihenfolge, genauer damit beschäftigen, was diese Begriffe bedeuten (also „Argument", „Aussage", „Begriff"). In diesem Kapitel wollen wir uns zunächst den Begriffen und ihrer Analyse widmen. Das liegt daran, dass, wie schon erwähnt, Begriffe die kleinsten Einheiten von Argumenten sind. Das hat aber auch den Grund, dass wir in der Tat verstehen wollen, was die *Bedeutung* von „Begriff" ist. Um das zu tun, müssen wir den Begriff „Begriff" *analysieren*. Wir schlagen so zwei Fliegen mit einer Klappe: Wir denken über die Bedeutung von „Begriff" nach, und denken, indem wir das tun, darüber nach, was es heißt, über die Bedeutung eines Begriffes nachzudenken.

Begriffe verstehen, Argumente verstehen

Wer ein Argument verstehen möchte, wer also herausfinden möchte, was ein Argument besagt, und wer zudem erkennen möchte, ob ein Argument ein gutes oder schlechtes Argument ist, der muss zumindest auch die Begriffe verstehen, die in dem Argument verwendet werden. Ein unverzichtbares Element guten Philosophierens ist daher die *Analyse von Begriffen*. Was damit gemeint ist, lässt sich vielleicht am besten verstehen, wenn wir uns an einem geeigneten Beispiel orientieren. Angenommen, wir stoßen auf folgendes Argument:

1. Alle Laubmoose haben eine Kalyptra.
2. Die Karube ist ein Laubmoos.
Also: 3. Die Karube hat eine Kalyptra.

Wer sich nicht zufällig in der Botanik sehr gut auskennt, wird Schwierigkeiten haben, dieses Argument und den Satz hinter dem „also", den sogenannten Schlusssatz, zu bewerten – hat die Karube wirklich eine Kalyptra? Denn um diese Frage beantworten zu können, muss man ja nicht nur wissen, ob es tatsächlich stimmt, was im ersten Satz behauptet wird, dass nämlich alle Laubmoose eine Kalyptra haben (so ist es in der Tat). Man muss zunächst einmal wissen, was „Kalyptra" überhaupt *bedeutet* (nämlich unter anderem die Hülle der Sporenkapsel bei Laubmoosen). Zweitens muss man auch wissen, was „Karube" bedeutet (nämlich Johannisbrot, und das ist kein Laubmoos; anders als der erste Satz scheint der zweite also falsch zu sein). Vermutlich wäre es auch noch notwendig zu erklären, was *genau* „Laubmoos" bedeutet, oder anders gesagt, was eigentlich Laubmoos *ist*. So oder so, es leuchtet ein, dass wir nicht beurteilen können, ob das Argument ein gutes oder schlechtes Argument ist, wenn wir nicht bestimmen können, ob die Aussagen, die in ihm vorkommen, wahr oder falsch sind. Dazu müssen wir aber eben auch die Bedeutung der Begriffe kennen, die in ihnen auftauchen.

Vielleicht ist Ihnen aufgefallen, dass wir bisher von der Bedeutung nur im Zusammenhang mit Ausdrücken gesprochen haben, die in Anführungszeichen gesetzt waren. So sprachen wir von der Bedeutung von „Laubmoos", aber nicht von der Bedeutung von Laubmoos. Was hat es damit auf sich? Die (einfachen oder doppelten) An- und Abführungsstriche, kurz: die Anführungszeichen, erlauben es, einen Ausdruck bloß zu *erwähnen*, ohne ihn zu *verwenden*. Wenn man also Anführungszeichen setzt, deutet man damit an, dass man sich auf den sprachlichen Ausdruck konzentrieren möchte. Man spricht dann also nicht mehr über außersprachliche Dinge, sondern über die Sprache selbst. Dazu benötigt man natürlich auch wieder eine Sprache, und deshalb hat es sich eingebürgert, diese beiden Sprachen (oder besser: Sprachebenen) unterschiedlich zu benennen: die Sprache, die *über* Sprache spricht, ist die *Metasprache*, die Sprache, die *Gegenstand* dieses Sprechens ist, ist die *Objektsprache*.

In der Metasprache kann man mit Hilfe der Anführungszeichen sinnvollerweise und wahrheitsgemäß sagen, dass „Laubmoos" aus acht Buchstaben besteht oder auch dass „Laubmoos" eine Bedeutung hat; ohne Anführungszeichen wären diese Behauptungen nicht einmal sinnvoll (denn Laubmoos besteht ja – anders als der Ausdruck „Laubmoos" – nicht aus acht Buchstaben, sondern aus bestimmten Stoffen, die sich biologisch und chemisch beschreiben lassen; und nicht Laubmoos hat eine sprachliche Bedeutung, sondern eben „Laubmoos"). Diese Funktion der Anführungszeichen kann durch *Kursivdruck* des Wortes ersetzt werden (aber nicht jede Kursivierung, die man in einem Text findet, muss genau diese Funktion haben; manche Kursivierungen sollen nur etwas hervorheben, so etwa die Kursivierungen, die wir in diesem Buch verwenden; manche haben vielleicht eine ironische oder distanzierende Funktion – was übrigens auch alles für Anführungszeichen gilt). Wenn man keine Anführungszeichen um ein Wort setzt, dann wird es *verwendet*. Das heißt, man spricht dann nicht mehr *über das Wort*, sondern man verwendet es, um *mit seiner Hilfe* über das zu sprechen, *worauf es sich bezieht* (falls es sich auf etwas bezieht). Wenn wir also sagen, dass Laubmoose eine Kalyptra haben, dann sprechen wir über Laubmoose, nicht über das Wort „Laubmoos". Die Differenz von *Erwähnen* und *Verwenden* spielt in der gesamten Philosophie durchaus eine wichtige Rolle, und wir werden es im folgenden ständig mit dieser Funktion von Anführungszeichen zu tun haben.

Ü1*
(Wie gesagt: Der Asterisk * bedeutet, dass Sie die Lösungen im Anhang finden.) Wir sagten oben, dass wir in diesem Buch wirklich schon *selbst* philosophieren wollen, wenn auch nur ansatzweise und in begrenztem Umfang. Hier also eine erste Aufgabe. Bestimmen Sie, ob es in den folgenden Beispielen um die Erwähnung oder die Verwendung eines Ausdrucks geht:
1. Die Katze steht auf der Matte.
2. „Katze" steht auf der Matte.

Wo müssen Sie An- und Abführungszeichen ergänzen, damit die folgenden Sätze sinnvoll werden?
3. Kein Satz darf auf sich selbst bezogen werden ist ein Satz, der sich auf sich selbst bezieht.
4. Platon ist der Schüler des Sokrates, aber Platon bedeutet breit.
5. Drei Philosophen enthält fünfzehn Buchstaben.
6. Proslogion ist ein Werk Anselms.
7. Sauer und Stoff ergibt Sauerstoff ist kein Satz, den man im Chemieunterricht lernt.

Kommen wir damit zu unserer Frage, was eigentlich die Bedeutung von Begriffen ist. Das wichtigste Mittel, die Bedeutung von Begriffen zu klären, ist die *Definition* oder, allgemeiner ausgedrückt, die *Begriffsanalyse*. „Definition" und „definieren" kommen von den lateinischen Begriffen *definitio* und *definire*, und die bedeuten „Abgrenzung" und „abgrenzen" (von lateinisch *finis*, „Grenze"). Wenn ein Begriff definiert wird, dann will man verstehen, was er eigentlich bedeutet. Dadurch wird er zwangsläufig von anderen Begriffen abgegrenzt und (im besten Falle eindeutig) von ihnen unterschieden. Wenn man etwa sagt, dass die Gerechtigkeit eine besondere Tugend ist, hat man sie dadurch auch sofort von anderem abgegrenzt. Dann ist nämlich zumindest schon klar, dass die Gerechtigkeit keine Untugend bzw. kein Laster ist. Solche Abgrenzungen geschehen dadurch, dass man die Bestandteile des Begriffes bestimmt, und diese Bestandteile findet man durch eine *Analyse* des Begriffs. Was das nun genau heißt und wie man Begriffe analysiert, wird sich im Laufe des Abschnitts zeigen.

Wir können nicht immer alle Begriffe definieren oder analysieren, schon deshalb, weil dafür nicht immer Zeit ist. Aber jede Begriffsdefinition und jede Begriffsanalyse muss auch aus logischen Gründen an ein Ende kommen (was diese Gründe sind, werden wir später sehen). Im Alltag ist es häufig gar nicht nötig, bestimmte Begriffe zu definieren, weil ihre Bedeutung allen, mit denen man spricht, schon hinreichend bekannt ist. Wer muss einem anderen schon erklären, was ein Tisch, ein Stuhl oder eine Katze ist? Aber selbst das ist schon nicht mehr so klar, wenn statt von einem „Tisch" von einer „tabula", statt von einem „Stuhl" von einer „sella" und statt von einer „Katze" von einer „felis" die Rede ist. Wir sehen also, dass selbst Begriffe, mit denen wir in unserer Muttersprache überhaupt keine Probleme haben und deren Bedeutung wir kennen, problematisch werden können, wenn wir ihnen in einer uns mehr oder weniger unbekannten Sprache begegnen (wie in diesem Fall dem Lateinischen).

In der Philosophie liegt die Sache mitunter ähnlich: Es begegnen uns hier manchmal Begriffe, die aus einer uns unbekannten Sprache zu stammen scheinen, z.B. „Universalpragmatik", „emergent", „Apperzeption", „Substitution" oder „vitiöser Zirkel". Und selbst solche grundlegenden philosophischen Begriffe wie „Wahrheit", „Wissen", „Sinn", „Wirklichkeit", „Geschichte", „Schönheit", „Gerechtigkeit" oder „das Gute" haben zwar mit unserem Alltagsgebrauch der Worte sehr viel zu tun, aber wir müssen uns dennoch erst einmal genau klarmachen, was wir im Alltag mit ihnen eigentlich zum Ausdruck bringen. Das mag auf den ersten Blick sehr einfach aussehen, weil uns diese Begriffe ja so vertraut scheinen; bei genauerem Hinsehen ist es das jedoch keineswegs. Denn sobald wir versuchen, die Bedeutung dieser Begriffe genauer zu erfassen, scheint sich uns ihre Bedeutung zu entziehen. Augustinus hat diese paradoxe Eigenschaft der uns scheinbar vertrautesten Begriffe am Begriff der Zeit deutlich gemacht: „Ich weiß, was die Zeit ist, solange ich nicht danach gefragt werde; sobald man mich aber danach fragt, weiß ich es nicht." Diese Beobachtung lässt sich auf viele andere zentrale Begriffe der Philosophie übertragen.

Wie wir im Abschnitt über Fehler und Fehlschlüsse noch sehen werden, ist eine große Quelle von Irrtum und Uneinigkeit in der Philosophie die Mehrdeutigkeit von Begriffen. Sie lässt sich vermeiden, wenn man genau angibt, was ein Begriff bedeutet. Die genaue Bedeutung eines Begriffes zu kennen, ist in zwei Hinsichten besonders wichtig: Zum einen können wir überhaupt nicht *verstehen*, was das Argument ist, das jemand vorbringt, wenn wir nicht die Begriffe verstehen, die in diesem Argument vorkommen (das sahen wir ja bereits am Beispiel des Begriffs der Kalyptra). Zum anderen, und dieser Punkt ist wichtiger, beziehen wir uns mit Hilfe der Begriffe auf *Dinge in der Welt*. Wir interessieren uns für die exakte Bestimmung von Begriffen und ihren Bedeutungen nicht etwa in erster Linie deshalb, weil wir einfach nur eine Sprache und ihre Bedeutungen besser verstehen oder von Doppeldeutigkeiten frei halten wollten. Wir wollen die *Welt* besser verstehen.

Das klarste, wenn auch schwierigste Mittel, die Bedeutung eines Begriffes zu finden, ist die Definition. Traditionell unterscheidet man hier zwischen der Nominal- und der Realdefinition. Die *Nominaldefinition* soll die rein semantische Bestimmung eines Begriffes sein, ohne dass man voraussetzen muss, dass ihm auch tatsächlich etwas in der Welt entspricht, wie etwa bei der Bestimmung von „Einhorn"; mit Hilfe einer Nominaldefinition soll man auch einfach die Bedeutung eines neuen Wortes mehr oder weniger willkürlich festlegen können. So wurde vor einigen Jahren einfach festlegt, dass „eierlegende Wollmilchsau" der Begriff für alle Tiere sei, die Eier legen, Wolle tragen, Milch produzieren und deren Fleisch zum Nahrungsverzehr genutzt werden kann. Vor nicht allzu langer Zeit war dieser Begriff also völlig neu, er hatte nicht einmal eine längere Geschichte wie der Begriff des Einhorns hinter sich; jetzt ist der Begriff gebräuchlich, aber eierlegende Wollmilchsäue gibt es bis heute nicht.

Die *Realdefinition* hingegen soll die Bestimmung eines Dinges sein, das tatsächlich existiert, und dessen Wesen erfassen. Ein Beispiel dafür wäre die Bestimmung von „Edelgas" oder „Wasser". Der Gegensatz zwischen Nominal- und Realdefinition ist jedoch nicht immer so klar wie bei dem nichtexistierenden Fantasiewesen Einhorn und der auch unabhängig von uns Menschen existierenden chemischen Verbindung H_2O. Was würden wir beispielsweise im Falle der eierlegenden Wollmilchsau sagen, wenn es die Gentechnik tatsächlich schaffen sollte, solch ein Lebewesen zu erzeugen? Müssten wir dann nicht statt einer Nominal- eine Realdefinition angeben, und würde dann nicht sogar automatisch aus dem, was ursprünglich eine Nominaldefinition war, eine Realdefinition? Oder was ist im Falle von „Geld"? Es scheint sich bei „Geld" nicht um einen völlig willkürlichen Fantasiebegriff zu handeln; aber ist sein Wesen genauso festgelegt wie das Wesen von H_2O? Offensichtlich sind wir es selbst, die dem Geld sein Wesen und seine Existenz geben; ohne unsere Vereinbarung, dass die elektronischen Daten in der Bank, dass die geprägten Metallstücke und die bunt bedruckten Papierscheine irgendeinen Wert, irgendeine Tauschfunktion haben, wäre Geld eben nicht Geld, sondern nur Papier, Metall oder eine Ziffernfolge auf dem Bildschirm. Was für eine Definition wäre hier dann angemessen? Eine Nominal- oder eine Realdefinition?

Mit Blick auf die Schwierigkeiten, die mit den beiden Definitionstypen verbunden sind, werden wir im folgenden diese beiden Begriffe nicht verwenden. Der Unterschied zwischen beiden ist nicht hinreichend klar, und beide Begriffe schaffen deshalb mehr neue Probleme, als sie alte lösen.

> Ü2*
> Gott wird in der christlichen Tradition oft als ewige, omnipotente, omnipräsente, körperlose, allwissende, vollkommen freie und vollkommen gute Person verstanden. Handelt es sich dabei um eine Nominal- oder eine Realdefinition?

Die Definition definieren – ein Problem?

„Definition" ist nun selbst ein Begriff und zwar ein Begriff, dessen Bedeutung wir bisher noch nicht genau geklärt haben. Wäre es nach dem, was wir bereits gesagt haben, nicht naheliegend, zunächst einmal zu definieren, was „Definition" eigentlich bedeutet? Wie lautet die Definition von „Definition"? Keine leichte Frage. Eines scheint jedenfalls sofort einzuleuchten: Wer wissen will, was „Definition" bedeutet, der muss sich damit beschäftigen, wie dieser Begriff tatsächlich *gebraucht* wird. Der Ausdruck „Definition" ist ja kein Neologismus, also kein Wort, das wir hier neu einführen, sondern ein ziemlich geläufiges Wort der deutschen Sprache. Das trifft, wie gesagt, für fast alle zentralen Begriffe der Philosophie zu: „Begriff", „Aussage", „Argument", aber auch „Wahrheit", „Wissen", „Erkenntnis", „Wahrnehmung", „gut", „böse", „Gerechtigkeit", „Tugend" usw., sie alle sind Ausdrücke der normalen (deutschen) Sprache. Sie werden auf eine bestimmte Art und Weise in der Sprache gebraucht, und da die Bedeutung eines Ausdrucks durch seinen Gebrauch bestimmt oder jedenfalls mitbestimmt wird, muss, wer wissen will, was genau solche Ausdrücke bedeuten, auch und meistens sogar *zuerst* betrachten, wie sie tatsächlich gebraucht werden. Ob sich die Bedeutung sprachlicher Ausdrücke in dem tatsächlichen Sprachgebrauch erschöpft, ist eine andere und viel schwierigere Frage, auf die wir noch zurückkommen müssen.

Wie auch immer nun der Ausdruck „Definition" in der normalen und in der philosophischen Sprache gebraucht wird, zwei Probleme liegen auf der Hand: Erstens gibt es bei den Begriffen, die wir bisher betrachtet haben – etwa „Kalyptra", „Karube", „Laubmoos", „Tisch", „Stuhl", „Katze" –, immer etwas, auf das wir *hinzeigen* können, wenn wir über den entsprechenden Gegenstand sprechen. Mit Blick auf diesen Gegenstand können wir dann recht gut abschätzen, ob die Begriffsanalyse, die jemand vorschlägt, uns angemessen erscheint oder nicht. So erscheint uns etwa die Analyse „das Säugetier, das Mäuse frisst, miaut und mit Wollknäuel spielt" für „Katze" angemessen, weil wir Katzen kennen. Wir greifen in solchen Fällen immer auf etwas zurück, das uns schon vorher bekannt war, und zwar auf etwas, das uns gewissermaßen über den Weg läuft (wie eine Katze), im Weg steht (wie ein Tisch) oder das sonst irgendwie in unserer Wahrnehmung vorkommt. Was auch immer genau eine Katze ist – wer das wissen will, der weiß zumindest, worauf er sich *überhaupt* bezieht (nämlich auf das, was alle „Katze" nennen und auf das man zeigen kann). Auf was könnten wir jedoch zeigen, wenn wir den Begriff „Definition" erklären möchten? Was auch immer das sein mag, es wird sicherlich kein Gegenstand in Raum und Zeit sein wie ein Tisch, ein Stuhl oder eine Katze. Aber auf was beziehen wir uns dann, wenn wir die Bedeutung des Begriffes „Definition" bestimmen wollen? Wie schon gesagt, auf den *Gebrauch*. Doch in diesem Gebrauch wird auf nichts gezeigt – jedenfalls auf keinen Gegenstand. (Man könnte aber vielleicht sagen, dass man auf den Gebrauch zeigt.) Dies trifft auf „Definition" zu, aber auch auf die meisten anderen Begriffe der Philosophie.

Zweitens ist die Sache bei der Bestimmung von „Definition" auch aus *formalen* Gründen besonders schwierig. Wie wir bereits angedeutet hatten, ist eine Definition so etwas wie eine Begriffsanalyse. Wer etwas analysiert, vollzieht eine Tätigkeit (nämlich die des Analysierens). Daher ist auch die Analyse von Begriffen eine bestimmte Tätigkeit. Wer nun eine Definition von „Definition" angeben möchte, oder eben eine Begriffsanalyse von „Begriffsanalyse", müsste also bereits *vorher* wissen, *welche* Tätigkeit er überhaupt *ausüben* muss, um den Begriff „Begriffsanalyse" zu bestimmen, ehe er die Bedeutung von „Begriffsanalyse" allererst bestimmen könnte. Das Problem liegt in diesem besonderen Fall also darin, dass man einerseits die Tätigkeit der Begriffsanalyse von anderen Tätigkeiten solange nicht unterscheiden kann, bis man weiß, was der Begriff „Begriffsanalyse" eigentlich bedeutet; und dass man andererseits die Bedeutung des Begriffes „Begriffsanalyse" solange nicht bestimmen kann, bis man weiß, welche Tätigkeit die Tätigkeit der Begriffsanalyse im Unterschied zu anderen Tätigkeiten eigentlich ist. Oder anders gesagt: Damit man wissen kann, was eine Begriffsanalyse ist, muss man die Tätigkeit der Begriffsanalyse ausüben, aber damit man die Tätigkeit der Begriffsanalyse ausüben kann, muss man wissen, was eine Begriffsanalyse ist. Man dreht sich hier also in *einer Art von Kreis*. Eine erfolgreiche Begriffsanalyse von „Begriffsanalyse" scheint auf diese Weise nicht möglich zu sein. Denn man findet keinen Punkt, an dem man beginnen kann.

Was tun? Wir werden noch sehen, dass es in gewisser Hinsicht aus diesem Zirkel tatsächlich kein Entkommen gibt. Aber auch wenn wir auf diese Weise möglicherweise keine vollständige Bestimmung der Begriffsanalyse geben können, haben wir natürlich bereits ein gewisses alltägliches Vorverständnis davon, was es heißt, etwas zu definieren. Dieses Vorverständnis ist es, von dem wir nun im Folgenden ausgehen werden; auf das Zirkelproblem kommen wir aber wieder zurück. Wir erinnern noch einmal daran, worauf wir schon in der Einleitung hingewiesen hatten: Wir wollen zwar auch so etwas wie philosophisches Handwerkszeug präsentieren, aber dennoch nicht einfach Handbuchwissen, jedenfalls nicht in der üblichen Form eines Handbuchs. Denn dann könnten wir an dieser Stelle einfach eine oder mehrere Definitionen von "Definition" angeben, wie sie sich inzwischen in der Philosophie eingebürgert haben. Wir sind jedoch davon überzeugt, dass man am besten lernt, was es *theoretisch* heißt, etwas zu definieren, wenn man *tatsächlich* versucht, eine Definition anzugeben (so wie man am besten versteht, was Interpretieren bedeutet, wenn man tatsächlich interpretiert). Methodisch betrachtet orientieren wir uns also an dem Grundsatz *learning by doing*. Wir wollen zudem, während wir definieren, auch darauf reflektieren, was wir hier tun. Wir sahen ja schon in der Einleitung, dass die Reflexion ein bedeutender Aspekt philosophischer Tätigkeit ist, durch den sich die Philosophie von anderen Fächern deutlich unterscheidet.

Mehrdeutige Begriffe

Versuchen wir also, einen Begriff selbst zu analysieren. Um die besagten Schwierigkeiten philosophischer Begriffe zu vermeiden, wollen wir uns einen nichtphilosophischen Begriff vornehmen; das macht die Sache etwas einfacher und schadet überhaupt nicht, weil zumindest die Grundelemente des Analysierens die gleichen bleiben. (Wir haben ja bereits darauf hingewiesen, wie schwer die Gegenstände und Methoden der Philosophie von anderen Disziplinen zu unterscheiden sind.) Ein solcher nichtphilosophischer Begriff ist sicher der Begriff „Tisch". Obwohl kaum einer von uns jemals versucht haben wird, explizit die Bedeutung des ganz alltäglichen Begriffes „Tisch" anzugeben, ist anzunehmen, dass keiner von uns eine prinzipielle Schwierigkeit darin sieht, die Frage zu beantworten. Wir sahen schon, dass wir zunächst bedenken müssen, wie wir einen Begriff üblicherweise gebrauchen. Wir müssen also auf den *Gebrauch* des Wortes „Tisch" achten. Das ist, wie wir noch sehen werden, aus mehreren Gründen wichtig, aber auch deshalb, weil es sein könnte, dass wir den Begriff in *mehrfacher Weise* verwenden, also so, dass wir mit ein und demselben Wort zwei oder auch mehr Dinge meinen können (solche Wörter nennt man auch *Homonyme*). Das gilt zum Beispiel für den Begriff „Bank". Mit „Bank" kann man unter anderem ein Geldinstitut (z.B. die „Deutsche Bank"), eine Sitzgelegenheit („Parkbank", „Gartenbank", „Strafbank", „Auswechselbank"), ein Arbeitsgerät („Drehbank", „Hobelbank"), eine kleine Erhöhung („Sandbank", „Austernbank"), den Aufbewahrungsort bestimmter Dinge („Blutbank", „Datenbank"), aber auch einen zuverlässigen Sportler bezeichnen („Er ist eine Bank in der Abwehr", „Sie ist eine Bank für ihren Verein"). Wir müssen an dieser Stelle etwas genauer differenzieren: Wir sagten gerade, dass wir *einen* Begriff wie „Bank" in *mehrfacher Weise verwenden* und meinten damit, dass ein Begriff wie „Bank" mehrdeutig ist. Wir verwenden Begriffe aber auch insofern mehrfach, als wir uns mit sprachlichen Ausdrücken, die wir wiederholt aussprechen oder hinschreiben können, auf genau einen Begriff beziehen, mit dem wir uns wiederum auf etwas in der Welt beziehen. So werden etwa, während wir dies schreiben, mit ziemlicher Sicherheit irgendwo in Deutschland mehrere Menschen mehr oder weniger gleichzeitig den sprachlichen Ausdruck „Bank" verwenden, um sich damit auf ein Geldinstitut zu beziehen („Gehst Du heute noch zur Bank?", oder „Ich war gestern bei der Bank"). Genaugenommen gibt es also sehr viele sprachliche Verwendungsfälle (*token*), mit denen ein einziger Begriff (*type*) ausgedrückt wird. Wenn etwa die beiden Beispielsätze zu „Bank" von fünf verschiedenen Personen gesprochen werden, haben wir insgesamt zehn Verwendungsfälle (Token) dieses Begriffs.

Im Falle des Ausdrucks „Bank" gibt es tatsächlich nicht nur einen Begriff (Typ) der Bank, sondern insgesamt mindestens *sechs* Begriffe (Typen) der Bank: den Begriff „Bank" mit der Bedeutung des Geldinstitutes (Typ 1), den Begriff „Bank" mit der Bedeutung der Sitzgelegenheit (Typ 2), den Begriff „Bank" mit der Bedeutung des Arbeitsgerätes (Typ 3), den Begriff „Bank" mit der Bedeutung der kleinen Erhöhung (Typ 4), den Begriff „Bank" mit der Bedeutung des Aufbewahrungsortes (Typ 5) und den Begriff „Bank" mit der Bedeutung des zuverlässigen Spielers (Typ 6). Obwohl wir immer dieselbe Laut- und Buchstabenfolge („B-A-N-K") vorfinden, wenn wir uns die dazugehörenden Verwendungsfälle anschauen, handelt es sich strenggenommen um sechs Begriffe mit (mindestens) sechs eindeutigen Bedeutungen, die durch sie zum Ausdruck kommen. (Das wird vielleicht noch klarer, wenn wir uns einen anderen Fall anschauen, in dem mit ein und demselben sprachlichen Verwendungsfall wirklich ganz verschiedene Begriffe gemeint sein können. Das gilt etwa für den sprachlichen Ausdruck „H-A-L-S". Im Deutschen verweist er auf den Begriff „Hals", im klassischen Griechisch aber sowohl auf den Begriff „Salz" als auch auf den Begriff „Meer".) Es gibt nun sicherlich, je nach Hintergrundwissen, eine der sechs genannten Bedeutungen, die einem in Verbindung mit dem Begriff „Bank" zuerst in den Sinn kommt. Dennoch ist es sinnlos, von der *einen* oder der *eigentlichen* Bedeutung des Begriffes „Bank" zu sprechen. Es gibt eben sechs gut etablierte Bedeutungen, die nebeneinander bestehen, und es scheint schwer, alle sechs unter einen Hut zu bringen. Der deutsche Begriff „Tisch" scheint diese *Mehrdeutigkeit* oder *Ambiguität* jedoch nicht zu besitzen.

> Ü3
> Wir alle verwenden im Alltag das Wörtchen „ist". Gibt es unterschiedliche Verwendungsweisen von „ist"? Bitte denken Sie in Ruhe darüber nach, ehe Sie weiterlesen. Diese Frage ist sehr wichtig.

Nachdem wir gesehen haben, dass der alltägliche Ausdruck „Bank" mehrdeutig ist, stellt sich natürlich die Frage, ob es auch echte philosophische Ausdrücke gibt, die mehrdeutig sind. Seltsamerweise ist einer der schwierigsten und bedeutsamsten philosophischen Ausdrücke zugleich einer der alltäglichsten und uns am besten vertrauten: das Wörtchen „ist". So harmlos es daherkommt, so zahlreich sind (zumindest im Deutschen) seine Bedeutungen – man kann mindestens acht verschiedene Sinne und Funktionen von „sein" unterscheiden. So verwenden wir in der Mathematik das Wörtchen „ist" als Ausdruck für das *Gleichheitszeichen*. Mit „5 plus 7 ist 12" meinen wir „5 plus 7 ist gleich 12" oder „5 + 7 = 12". In der Mathematik, aber auch in anderen Bereichen, in denen wir Begriffe neu in unsere Sprache einführen, wird „ist" in der Funktion der *Definitionseinführung* verwendet, beispielsweise in folgendem Satz: „Sei ‚∧' das Zeichen für das logische ‚und'". Wir können mit „ist" aber auch die *Identität* eines Dinges mit sich selbst oder die Identität zweier Dinge ausdrücken: „Gott ist Gott" ist beispielsweise die Kurzform für „Gott ist identisch mit Gott", und „Platon ist der Lehrer des Aristoteles" bedeutet nichts anderes als „Platon ist identisch mit dem Lehrer des Aristoteles". In ontologischen und religiösen Zusammenhängen bedeutet „ist" manchmal *Existenz*: „Gott ist" heißt dann soviel wie „Gott existiert". Es gibt auch Kontexte, in denen „ist" die *Wahrheit* oder *Falschheit* eines Satzes zum Ausdruck bringen soll: Nehmen wir an, Theätet behauptet, Wissen sei Wahrnehmung; Sokrates bezweifelt das aber. Wenn daraufhin Theätet antwortete: „Das *ist* aber so!", dann würde er damit sagen wollen: „Mein Vorschlag ist wahr". Am häufigsten verwenden wir „ist" jedoch in der Funktion der *Kopula*, wenn wir einem Gegenstand eine Eigenschaft zu- oder abschreiben. Das Wörtchen „ist" verbindet (deshalb „Kopula" – „Verbindung") dabei einen Eigennamen mit einem Prädikat, wie zum Beispiel in „Oliver Kahn ist Fußballer" und „Sokrates ist ein Philosoph". Diese Sätze können aber auch so verstanden werden, dass der Gegenstand, der durch den Eigennamen bezeichnet wird (also in unseren Beispielen Oliver Kahn und Sokrates) Element der Menge ist, die durch den Prädikatsausdruck bezeichnet wird (also hier die Menge aller Fußballer und die Menge aller Philosophen). Die Funktion des „ist" wäre dann die der *Elementschaft*. Schließlich kann „ist" auch noch für die *Unterordnung* einer Menge unter eine andere, größere Menge stehen wie zum Beispiel in dem Satz „Menschen *sind* Lebewesen".

> Ü4*
> Denken Sie jetzt über die Mehrdeutigkeit der folgenden Wörter nach: „gut" – „schön" – „gleich" – „Recht" – „Idee" – „Glaube" – „Rechtfertigung".

Die Was-ist-X?-Frage und die Hinweisdefinition

Wir haben gesehen, dass es – wie im Falle von „Bank" – recht triviale Formen von Mehrdeutigkeiten gibt, jedoch auch – wie im Falle von „ist" – nichttriviale Formen der Mehrdeutigkeit. Es ist sogar so, dass die meisten der wichtigsten philosophischen Ausdrücke mehrdeutig sind, und es ist eine zentrale Aufgabe der Philosophie, diese Mehrdeutigkeiten sichtbar zu machen und zu erklären.

Nachdem wir uns nun das Problem der Mehrdeutigkeit vor Augen geführt haben ist, können wir uns an die Arbeit machen. „Tisch" schien uns ein Ausdruck zu sein, der im Gegensatz zu „Bank" nicht mehrdeutig ist. Was also bedeutet „Tisch"?

Sie fragen sich vielleicht, warum wir nicht mit einem philosophischen Begriff wie „Wahrheit", „Gerechtigkeit" oder „Schönheit" beginnen; immerhin wollen wir ja selbst philosophieren. Warum also fangen wir mit einem alltäglichen Begriff an? Dafür gibt es einen guten Grund. Wir hatten eingangs schon bemerkt, dass wir auch dadurch selbst zu philosophieren lernen, dass wir uns anschauen, wie die unbestritten großen Philosophen ihre Probleme in Angriff genommen haben. Wie beginnt beispielsweise Platon im *Theätet* seine Untersuchung der Frage, was Wissen sei? Mit welchem Beispiel fängt seine Bestimmung des Nicht-Philosophen im *Sophistes* an? An welchen Beispielen erläutert er im *Staat* seine Ideenlehre? Die Antwort mag verwundern: Die Diskussion des Wissens beginnt Platon mit Schuhmachern, die Bestimmung des Nicht-Philosophen mit einem Angelfischer und das, was eine Idee ausmacht, wird im 10. Buch der *Politeia* anhand des Beispiels von Bettgestellen und Tischen eingeführt. Wenn wir also in diesem Abschnitt anhand des Begriffs „Tisch" untersuchen wollen, was Definitionen eigentlich sind, machen wir eigentlich nichts anderes als Platon: Wir gehen von alltäglichen, uns bekannten Dingen und Begriffen aus und arbeiten uns mit ihrer Hilfe an die uns weniger bekannten, schwierigeren Probleme heran. Was also bedeutet „Tisch"?

> Ü5
> Halten wir, bevor wir diese Frage zu beantworten versuchen, noch ein zweites Mal kurz inne. Angenommen, jemand bittet Sie um Auskunft, was der Begriff „Tisch" bedeutet. Setzen wir außerdem voraus, er beherrscht unsere (Ihre) Sprache nicht und ist zusätzlich auch nicht besonders gut mit unserer (Ihrer) Kultur vertraut. Was werden Sie ihm auf die Frage antworten? Legen Sie das Buch jetzt bitte zunächst einmal beiseite und überlegen Sie, was Sie sagen oder vielleicht auch, was Sie tun würden. Wenn Sie Ihre Gedanken nicht schriftlich ausformulieren möchten, dann erzählen Sie einfach einem Gesprächspartner, was Sie antworten würden. Gedanken entwickeln sich am besten, wenn man versucht, sie schriftlich oder mündlich auszuformulieren. – Fahren Sie bitte nicht zu schnell mit der Lektüre fort. Nur wenn Sie auch selbst versuchen, die Bedeutung des Begriffs „Tisch" zu erklären, werden Sie wirklich die Probleme verstehen, die mit einer Definition verbunden sind. Wie würden Sie vorgehen? Was bedeutet „Tisch"?

Es könnte nun sein, dass unser Gesprächspartner, nennen wir ihn Artus, seine Frage nach der Bedeutung von „Tisch" nur deshalb gestellt hat, weil er kein Deutsch kann und auch kein Wörterbuch zur Hand hat. Wenn Artus aber weiß, was „table" in seiner Muttersprache bedeutet (nehmen wir an, er ist Engländer), so wird er schon mit unserem Hinweis zufrieden sein, dass der deutsche Begriff „Tisch" *dasselbe bedeutet* wie der englische Begriff „table". Als Begriffsanalyse würde man das aber wohl noch nicht bezeichnen. Es handelt sich zunächst nur um die Übersetzung eines Wortes der einen Sprache in ein Wort einer *anderen* Sprache.

Vielleicht möchte Artus aber nicht nur wissen, wie man den einen Begriff in einen adäquaten Begriff einer anderen Sprache übersetzt. Vielleicht will er wissen, was eigentlich die Bedeutung des Begriffes „Tisch" ist, oder anders gesagt, was überhaupt ein Tisch *ist*. (Gehen wir einfach davon aus, dass er ein Philosoph ist, der seltsame Fragen stellt. Schon Cicero wusste: Es gibt nichts, das so absurd wäre, dass es nicht von irgendeinem Philosoph vertreten werden könnte.) Hier geht es dann um das *Wesen* der in Frage stehenden Sache. Eine Frage nach dem Wesen einer Sache hat zunächst immer die Form „Was ist X?". Man nennt sie deshalb auch die *Was-ist-X?-Frage*. Auch die Antwort auf die Was-ist-X?-Frage von Artus hat durchaus etwas mit einer Übersetzung eines Begriffes zu tun (und zwar, wie wir noch sehen werden, mit einer Übersetzung innerhalb *einer und derselben* Sprache).

Wie fängt man hier an? Wahrscheinlich sehen wir uns zunächst einmal um, ob es irgendwo in der Nähe einen Tisch gibt, auf den wir zeigen könnten. Nehmen wir einmal an, wir haben Glück, und es stehen zwei Tische im Raum. Wir zeigen auf den ersten, einen Küchentisch aus Holz mit einer quadratischen Platte und vier Beinen, und sagen zu Artus: „Dies hier ist ein Tisch!" Diese Tätigkeit, die Bedeutung eines Ausdrucks und das Wesen einer Sache dadurch zu erklären, dass man auf ein *Exemplar* der Sache *hinweist*, nennt man *Hinweisdefinition* – sie wird mit den entsprechenden, aus dem Griechischen und Lateinischen abgeleiteten Adjektiven auch als *deiktische* („hinweisende") oder *ostensive* („zeigende") *Definition* bezeichnet. Aber was ist mit einer solchen Hinweisdefinition gewonnen? Gehen wir einmal davon aus (was allerdings nicht selbstverständlich ist), dass Artus verstanden hat, dass wir beim Zeigen nicht allein auf die Platte, sondern tatsächlich auf den ganzen Tisch hingewiesen haben; gehen wir also davon aus, dass er die Bedeutung von „Tisch" nicht als „Platte" missversteht. Artus weiß dann, dass man das Möbelstück aus Holz, auf das wir gezeigt haben, einen Tisch nennt. Weiß er damit aber auch schon, was der Begriff „Tisch" *bedeutet*? Genauer gesagt: Weiß er, was ein Tisch *ist*? Nein, oder jedenfalls nicht unbedingt.

Warum nicht, wird klar, wenn wir Artus testen und ihn fragen, ob es in diesem Raum noch einen weiteren Tisch gibt. Angenommen, der zweite Tisch im Raum ist ein kleiner Bartisch aus Gusseisen mit einer runden Platte und einem einzigen Standfuß. Jetzt hängt alles davon ab, was sich Artus gedacht hat, als er auf den Küchentisch geschaut hat. Wenn er beim Betrachten des Küchentisches bemerkt hat, dass der Tisch vier Beine hat, eine quadratische Platte besitzt und aus Holz ist, wird Artus vermutlich davon ausgehen, dass nicht nur dieser konkrete Tisch, auf den wir gezeigt haben, aus Holz ist, eine quadratische Platte besitzt und vier Beine hat, sondern *jeder* Tisch. Zugleich wird er – und das ist keineswegs die gleiche Einsicht – vielleicht auch annehmen, dass *jedes* Ding, das die genannten Eigenschaften hat, nämlich aus Holz zu sein, eine quadratische Platte zu besitzen und vier Beine zu haben, ein Tisch ist. Wenn Artus diese beiden Einsichten zusammenfasst, müsste seine Begriffsanalyse von „Tisch" ungefähr so lauten: Jeder Tisch ist aus Holz, besitzt eine quadratische Platte und hat vier Beine, und jedes Ding, das aus Holz ist, eine quadratische Platte besitzt und vier Beine hat, ist ein Tisch. Dann gäbe es keinen Tisch, der nicht diese Eigenschaften hat; und es wäre auch falsch, wenn man von etwas, das diese Eigenschaften hat, sagen würde, es sei kein Tisch. Wenn Artus unser Zeigen auf den Tisch aber auf diese Weise verstanden hat, dann müsste er konsequenterweise davon ausgehen, dass sich kein weiterer Tisch im Raum befindet. Denn das Ding, das wir als Bartisch kennen, weist ja keine einzige der drei Eigenschaften auf, die der Küchentisch besitzt; den Bartisch würde Artus also nicht für einen Tisch halten. Offensichtlich ist hier etwas schiefgelaufen. Denn *wir* verstehen unter einem Tisch etwas anderes als das, was Artus sich aufgrund unserer Hinweisdefinition zusammengereimt hat. So wie er hatten wir es nicht gemeint.

> Ü6
> Was genau ist hier aber schiefgelaufen? Warum ist der bisherige Definitionsversuch nicht befriedigend?

Zunächst kann man festhalten, dass unser Zeigen auf den einen Küchentisch anscheinend nicht ausreicht, um einem Gesprächspartner wie Artus die Bedeutung eines Begriffes wie dem des Tisches zu vermitteln. Die Hinweisdefinition gibt nur, wie wir sagten, ein Exemplar oder ein Beispiel für etwas an, das ein Tisch ist (sie wird deshalb manchmal auch *Beispieldefinition* genannt). Von einem *einzigen* Beispiel eines Tisches kann man aber nicht übergehen zu *allen* Tischen. Das ginge nur, wenn alle Dinge, die Tische sind, in *allen* Eigenschaften übereinstimmten. (Dann wäre Artus' Begriffsanalyse natürlich ganz richtig, denn dann gäbe es tatsächlich nur Tische, die aus Holz sind, eine quadratische Platte besitzen und vier Beine haben.) Aber erstens ist das nicht der Fall (man braucht nur an das gleichnamige Möbelstück einer gewissen Tafel*runde* zu denken), und zweitens könnte man das ja erst wissen, wenn man bereits wüsste, was *alles* ein Tisch ist. Ganz offensichtlich taugt die Beispieldefinition also nicht zur Analyse von Begriffen. Denn wenn wir über die Bedeutung eines Begriffes „X" sprechen (wobei „X" ein Platzhalter für mögliche konkrete Begriffe wie „Tisch", „Stuhl", „Katze" usw. sein soll), sprechen wir nicht nur über *ein* Ding, das X ist, sondern über *alle* Dinge, die X sind. Um das noch genauer zu sagen: Wenn wir über die Bedeutung von „X" sprechen, sprechen wir über das, was *alle* Dinge *gemeinsam* haben, die X sind. Und das, was alle Dinge gemeinsam haben, die X sind, nennt man auch das *Wesen* einer Sache.

Das klingt vielleicht kompliziert, lässt sich aber leicht verstehen, wenn wir noch einmal auf Artus zurückkommen. Wie gesagt, wir sind nicht zufrieden damit, dass er den Küchentisch für einen Tisch hält, den kleinen Bartisch aber nicht, denn wir gehen ja davon aus, dass der Bartisch nicht weniger ein Tisch ist als der Küchentisch. Natürlich sagen wir ihm das und machen ihm klar (übrigens wiederum mit Hilfe einer Hinweisdefinition), dass auch der kleine Bartisch ein Tisch sei. Das könnte Artus sehr verwirren und unsicher machen. (Nun, vielleicht nicht. Aber nehmen wir an, Artus wäre nicht Artus, sondern Jonas, und er hätte uns nach der Bedeutung von „Fisch" gefragt. Hätten wir dann auf diverse Fische hingewiesen, und hätte Jonas dann angenommen, dass ein anderes schwimmendes Lebewesen im Wasser auch ein Fisch ist, obwohl es in diesem Fall tatsächlich ein Wal ist, also *kein* Fisch, dann wäre Jonas' Verwirrung durchaus realistisch.) Der Bartisch ist nicht aus Holz, er besitzt keine quadratische Platte und hat auch keine vier Beine – und er soll dennoch ein *Tisch* sein? Keine der drei Bedingungen, die notwendig zu sein schienen, damit etwas ein Tisch ist, trifft auf den Bartisch zu.

Wenn wir Artus helfen wollen, seine Verwirrung zu überwinden, müssen wir unsere Analysemethode ändern: Wir dürfen nicht beim einzelnen Fall stehenbleiben, sondern müssen die Dinge, die X sind (also hier zunächst einmal den Küchen- und den Bartisch), miteinander *vergleichen* und ihre *gemeinsamen* Eigenschaften herausfinden. (Dass wir hier schon wissen müssen, *welche* Dinge eigentlich X sind, ist ein großes Problem, dem wir uns später noch einmal eigens zuwenden werden.)

Ü7

Hier nun Ihre nächste Aufgabe: Versuchen Sie herauszufinden, welche Merkmale ein Küchentisch und ein Bartisch gemeinsam haben! Nehmen Sie sich ein Blatt und schreiben Sie diese Merkmale auf! Oder, wie gesagt, erzählen Sie es jemandem. –

Nur wenn Sie jetzt *selbst* nachdenken, werden Sie sehen, wie befriedigend und schön es sein kann, selbst, aus eigener Kraft etwas herauszufinden. Selbst zu denken können weder wir noch sonst jemand Ihnen abnehmen.

Auf der Suche nach Gemeinsamkeiten

Was haben in unserem Fall der Küchen- und der Bartisch also gemeinsam? Der erste besteht aus Holz, der zweite aus Gusseisen. Gemeinsam ist beiden aber, dass das Material, aus dem sie bestehen, so fest ist, dass der Tisch seine Form halten kann. Der Küchentisch hat eine quadratische, der Bartisch eine runde Platte; auch wenn sich beide Platten in ihrer Form deutlich unterscheiden, weisen beide Tische zumindest eine ebene, ausgedehnte Fläche auf, die ungefähr horizontal zum Boden verläuft. Diese Fläche liegt aber nicht direkt auf dem Boden, sondern befindet sich in einem gewissen Abstand vom Boden auf Trägern, die sie stützen: auf den Beinen des Tisches (auch wenn der eine Tisch vier und der andere nur ein Bein hat). Fasst man diese drei Bedingungen, die sowohl beim Küchen- als auch beim Bartisch gelten, zusammen, erhält man die folgende, verbesserte Begriffsanalyse von „Tisch": Jeder Tisch besteht aus einem bestimmten Stoff, der so beschaffen ist, dass Gegenstände, die man auf den Tisch legen kann, nicht durch ihn hindurchfallen können; er besitzt eine ebene Platte und hat außerdem mindestens ein Bein, das die Platte in einem gewissen Abstand vom Boden in der Waagerechten hält; und jedes Ding, das die genannten drei Eigenschaften hat, ist ein Tisch. Das klingt zwar umständlicher als die erste Begriffsanalyse, hat aber den großen Vorteil, genauer zu sein. Woher wissen wir, dass sie genauer ist? Das liegt daran, dass unser *Hintergrundverständnis* über Tische uns denken lässt, dass sowohl Küchentische wie auch Bartische Tische sind und diese gemeinsamen Merkmale aufweisen.

Halten wir, bevor wir fortfahren, kurz inne. Jemand will wissen, was „Tisch" bedeutet. Wir schließen zunächst aus, dass „Tisch" im normalen Sprachgebrauch mehrdeutig ist. Wir meinen, leichtes Spiel zu haben, indem wir auf ein Exemplar eines Tisches *hinweisen*, von dem wir *bereits zu wissen glauben*, dass es ein Tisch ist. Oft wird eine solche Antwort hinreichend sein, aber nicht immer. Denn wer fragt, „Was ist ein Tisch?" (als Beispiel für eine Was-ist-X?-Frage), der sucht ja oft nicht nur nach *einem* Exemplar für einen Tisch, sondern danach, was ein Tisch, ganz allgemein genommen, ist. Alle X, die Tische sind, haben etwas gemeinsam, weshalb wir sie „Tisch" nennen. Was ist dieses Gemeinsame? Wir suchen gerade danach. Und wir müssen beachten, dass unser *Hintergrundverständnis* (und damit auch der Rückgriff auf den allgemeinen Sprachgebrauch) uns nicht nur erlaubt zu sagen, dass ein Küchentisch ein Tisch ist. Dieses Verständnis erlaubt uns auch zu sagen, dass der Bartisch ebenfalls ein Tisch ist, ohne dass „Tisch" deswegen in dem Sinne mehrdeutig (*homonym*) wäre wie „Bank". Wir nehmen an, dass ein Küchentisch und ein Bartisch etwas Wesentliches gemeinsam haben, auch wenn wir noch nicht explizieren können, was genau es ist.

Zurück zu Artus. Nehmen wir an, er stößt im Nebenzimmer auf einen Zeichentisch, wie ihn Architekten benutzen. Dieser Gegenstand (der Zeichentisch) hat mindestens ein Bein, er besteht aus einem bestimmten Material, und er besitzt auch eine ebene, ausgedehnte Fläche, die von den Beinen in einem bestimmten Abstand zum Boden getragen wird. So weit, so gut. Bei genauerer Betrachtung fällt Artus aber auf, dass sich die Platte nicht in der Waagerechten befindet, sondern in einem spitzen Winkel von der gedachten Waagerechten nach oben zeigt (damit der Architekt leichter zeichnen kann). Der Zeichentisch weist also beinahe all die Eigenschaften auf, die ein Tisch nach unserer verbesserten Definition besitzt, aber eben nur beinahe. Es stellt sich deshalb die Frage, ob der Zeichentisch noch ein Tisch ist (dann müssen wir aber die Begriffsanalyse ein drittes Mal ändern), oder ob er kein Tisch ist. Folgt man der zweiten Alternative, wirkt die Begriffsanalyse sehr künstlich, weil sie mit unserem üblichen, wenn auch nicht reflektierten Alltagsverständnis, was ein Tisch ist, in einen ernsten Konflikt gerät – für uns *ist* der Zeichentisch ja ein Tisch. Deshalb sollte man sich lieber für die andere Alternative entscheiden, also dafür, dass auch der Zeichentisch ein Tisch ist. Dann aber ergibt sich das folgende methodische Problem. Wir haben bisher genau drei Tische betrachtet, um den Begriff des Tisches zu analysieren: einen Küchentisch, einen Bartisch und einen Zeichentisch. Wir gehen davon aus, dass es wohl viel mehr Tische als diese drei gibt. Bei jedem neuen Tisch, den wir untersuchen, müssen wir aber jetzt jedes Mal damit rechnen, dass wir gezwungen sind, unsere einmal gefundene Begriffsanalyse erneut zu korrigieren, wie es bei der Hinzunahme jeweils eines weiteren Tisches zweimal bereits passiert ist.

Ü8

Wann können wir dann sicher sein, dass wir die *richtige* Begriffsanalyse von „Tisch" gefunden haben?

So wie es aussieht, bleibt nur die folgende Option: Wer wissen will, was der Begriff „X" bedeutet, muss wohl vergleichen, was *alle* Dinge, die X sind, gemeinsam haben.

Das Paradox der Analyse

Aber es kommt noch ärger. Es ergibt sich nämlich an dieser Stelle ein methodisches Problem, das noch schwerer wiegt als das vorige. Wir sagten, dass alle Dinge, die *dieselbe* spezielle Menge von Eigenschaften aufweisen, Tische sind. Welche Eigenschaften das genau sind, haben wir herauszufinden versucht, indem wir uns einzelne Dinge angeschaut haben, von denen wir bereits annahmen, dass sie Tische sind. Offensichtlich wussten wir also schon irgendwie *ohne* explizite Kenntnis der gesuchten speziellen Eigenschaften, was ein Tisch ist und was kein Tisch ist. Wenn wir aber doch schon irgendwie wissen, was ein Tisch ist, ohne Kenntnis von den ihn bestimmenden Eigenschaften zu haben, dann benötigen wir, so scheint es, die Kenntnis der Eigenschaften gar nicht mehr, um herauszufinden, was ein Tisch ist und was nicht. Und damit wird auch die Suche nach einer Begriffsanalyse überflüssig. Damit sind wir in ein Paradox geraten, das bereits von Sokrates in Platons Dialog *Menon* formuliert wird. Man nennt es das *Wissensparadox* oder *Paradox der Analyse*: Es ist unmöglich, nach dem zu suchen, was man (bereits) kennt, es ist aber auch unmöglich, nach dem zu suchen, was man (noch) gar nicht kennt. Denn was man bereits kennt, das muss man nicht mehr suchen; man hat es ja schon (in unserem Fall z. B. die Kenntnis, dass dieser bestimmte Gegenstand ein Tisch ist). Und was man gar nicht kennt, das kann man überhaupt nicht suchen, denn man weiß ja nicht, wo man mit der Suche anfangen soll (in unserem Fall sind das die Eigenschaften, die ein Tisch haben muss, um ein Tisch zu sein). Unter diesen Voraussetzungen ergibt es für einen vernünftigen Menschen keinen Sinn, überhaupt mit der Suche zu beginnen.

Auch in der neueren Philosophie kennt man eine „Paradoxie der Analyse", die mit dem Problem, das Platon nennt, zusammenhängt: Jede Analyse soll uns über das, was wir analysieren, etwas mitteilen, was wir noch nicht wissen; sie soll zugleich auch das, was wir analysieren, angemessen erfassen. Das heißt, jede Analyse soll zugleich informativ und korrekt sein. Informativ und korrekt kann eine Analyse jedoch nur sein, wenn das, was analysiert wird (das *Analysandum*), und das, wodurch es analysiert wird (das *Analysans*), *synonyme* Begriffe sind. Wenn Analysandum und Analysans aber synonym sein müssen und wenn man bei synonymen Begriffen immer schon im Voraus weiß, dass sie auf denselben Gegenstand zutreffen, kann keine Definition irgendeine neue Information bereitstellen. Definitionen sind unter dieser Voraussetzung also notwendig uninformativ. Und wenn, auf der anderen Seite, die Definition informativ wäre, also die verwendeten Begriffe nicht synonym wären, wäre die Definition nicht korrekt. Also scheint keine Definition zugleich informativ und korrekt sein zu können.

Doch ist die Lage wirklich so hoffnungslos? Wir hatten ja schon vorhin festgestellt, dass wir mit unserer Suche irgendwo beginnen müssen. Wir hatten mit Tischen begonnen, die wir schon kannten, dem Küchen-, dem Bar- und dem Zeichentisch. Wir kennen also einzelne Tische. Das bedeutet aber noch nicht (und auch darauf hatten wir hingewiesen), dass wir schon im vollen Maße wissen, was die Bedeutung des Begriffes „Tisch" ist. Denn wir waren ja nicht in der Lage, eine vollständige Begriffsanalyse zu geben, die all den genannten Tischen gerecht geworden wäre. Wir wissen zwar ungefähr, was ein Tisch ist, aber noch nicht genau, was er ist. Dieses *ungefähre Vorwissen* oder *Hintergrundverständnis*, das wir besitzen, reicht aber aus, um mit der Suche nach der Bedeutung des Begriffes „Tisch" zu beginnen. Dem Sokratischen Paradox des Wissens liegt also offensichtlich der Fehler zugrunde, nicht zwischen einem ungefähren Vorwissen und einem expliziten und vollständigen Wissen zu unterscheiden. Nur die letzte Form des Wissens lässt eine Begriffsanalyse hoffnungslos erscheinen, nicht aber die erste. Soviel ist jedenfalls klar, dass jede Begriffsanalyse ein bestimmtes Vorwissen um das, was man definieren will, immer schon voraussetzt. (Zu diesem ungefähren Vorwissen gehört das Wissen, dass dieser, uns in der Wahrnehmung präsente Gegenstand von allen kompetenten deutschen Muttersprachlern „Tisch" oder „Küchentisch" genannt wird, und dass dieser andere Gegenstand ein Bartisch oder Tisch ist, obwohl er sich von einem Küchentisch erheblich unterscheidet; wir müssen auch wissen, dass es für einen Tisch nicht wesentlich ist, dass seine tragende Fläche in der Waagerechten ist. Wir sehen, dass das Vorwissen hier nicht nur, aber vor allem ein sprachliches Vorwissen ist.)

Wir hatten schon gesehen, dass man zu keiner Analyse des Begriffes „Tisch" kommen kann, wenn man im Bereich einiger einzelner Fälle von Tischen stehen bleibt. Man muss vielmehr *alle* Fälle von Tischen untersuchen. Das klingt harmloser, als es in Wirklichkeit ist. Jedenfalls dann, wenn man zunächst darunter versteht, dass man tatsächlich *alle existierenden* Tische vergleichen sollte. Denn wie könnte das praktisch möglich sein, und wie könnte man sicher sein, dass man tatsächlich keinen einzigen existierenden Tisch übersehen hat? So geht es also nicht. Dann bleibt nur als zweite Möglichkeit, dass man nicht alle *existierenden* Tische miteinander vergleicht, sondern alle *möglichen*. Damit sind alle Tische gemeint, die man sich denken kann. Was denkbar ist, muss aber nicht zugleich auch schon tatsächlich jetzt existieren oder jemals vorher existiert haben. Man kann sich auch Tische denken, die es noch nicht oder nicht mehr gibt. Denn auch mögliche Tische sind natürlich Tische. Das heißt also: Um die Begriffsanalyse von „Tisch" weiterzuführen, muss man alle einzelnen Tische *im Geiste* durchgehen, sie zu ähnlichen Gruppen zusammenfassen (etwa zu den Gruppen der Küchen-, Bar- und Zeichentische) und dann nach Gemeinsamkeiten suchen, so wie wir es bereits bei dem einzelnen Küchen-, dem Bar- und dem Zeichentisch getan haben. Dabei darf es sich jedoch nicht um irgendwelche zufälligen Gemeinsamkeiten handeln. Es geht vielmehr um die Gemeinsamkeiten, die auf jeden Fall da sein müssen, damit der Gegenstand, den wir vor uns haben, ein Tisch ist. Damit ergibt sich aber dasselbe Problem, dem wir früher schon begegnet sind: Wenn wir alle Tische im Geiste durchgehen möchten, müssen wir schon vorher wissen, *welche* Dinge wir im Geiste durchgehen müssen, damit wir *Tische* im Geiste durchgehen und nicht etwa andere Gegenstände. Das frühere Problem verschiebt sich hier also nur, ohne dass es mit dem Hinweis auf die Möglichkeit, alle möglichen Tische im Geiste durchzugehen, wirklich gelöst werden könnte.

> Ü9*
> Heinz von Foerster hat in einem Interview einmal folgenden Definitionsvorschlag für „Tisch" gemacht:
> „Die Suche nach einer Definition freut mich nicht besonders, da auf diese Weise stets eine konzeptionelle Grenze ins Leben gerufen wird. Sie könnten mich auch fragen: Was ist ein Tisch? Und meine Antwort wäre: Ein Tisch hat vier Beine und einen flachen Deckel, auf den Kinder draufspringen können. Jetzt müssen wir klären, was der Unterschied zwischen einem Tisch, einem Pony und einem Pferd ist. Und schließlich wird es notwendig, über den Unterschied von lebenden Wesen und nichtlebenden Entitäten zu sprechen. Das haben wir nun davon. Für mich hat jede Definition eine grundsätzliche Schwäche: Sie schließt aus, sie begrenzt."
> Was könnte man ihm darauf antworten? Warum ist von Foersters Definition noch nicht angemessen? Was ist denn der Unterschied zwischen einem Tisch und einem Pony?

Notwendige und hinreichende Bedingungen

Wir hatten beim Begriff „Tisch" schon drei Eigenschaften kennengelernt, die auf jeden Fall vorhanden sein müssen, damit etwas ein Tisch ist: Jeder Tisch besteht aus einem bestimmten Material, besitzt eine ebene Platte und hat mindestens ein Bein, das die Platte in einem gewissen Abstand vom Boden hält. Diese Eigenschaften sind notwendig dafür, dass ein Tisch ein Tisch ist. Anders gesagt, es sind dies Bedingungen, die, wenn sie nicht erfüllt sind, dazu führen würden, dass wir es bei dem Gegenstand vor uns nicht mit einem Tisch, sondern mit etwas anderem zu tun haben. Solche Bedingungen nennt man auch *notwendige Bedingungen*.

Damit können wir eine Begriffsanalyse bzw. Definition also zunächst vorsichtig als *Angabe der notwendigen Bedingungen eines Begriffs* bestimmen. Diese Bestimmung hat schon viel Richtiges, ist aber immer noch nicht wirklich befriedigend. Warum, macht das folgende Beispiel klar: Wer etwa „Philosophie" als „Nachdenken über die Welt" definieren würde, hätte damit zwar nicht unrecht. Aber man würde mit solch einer Definition nicht zufrieden sein, weil es auch andere geistige Tätigkeiten gibt, bei denen über die Welt nachgedacht wird und die wir dennoch von der Philosophie unterscheiden (etwa die Theologie, die Soziologie oder auch die Physik). Definitionen müssen also erlauben, Begriffe (und damit auch Gegenstände) klar und deutlich voneinander abzugrenzen. So stimmt es zwar, dass alle, die philosophieren, über die Welt nachdenken; aber nicht alle, die über die Welt nachdenken, philosophieren. Es muss etwas geben, das zum Nachdenken über die Welt hinzukommen muss, damit dieses Nachdenken sich von anderen Formen des Nachdenkens unterscheidet. Oder anders gesagt: Zwar muss die Bedingung, dass jemand über die Welt nachdenkt, erfüllt sein, damit diese Tätigkeit als Philosophieren bestimmt werden kann; es ist also eine *notwendige* Bedingung. Aber erst wenn weitere notwendige Bedingungen dazukommen, werden die Bedingungen insgesamt *notwendig und hinreichend*. Wir sahen schon, dass dies für den Begriff „Philosophie" sehr schwierig ist, aber wir können hier an solche notwendigen Bedingungen denken wie „kritisch sein" und „Selbstbezug herstellend", die zum Nachdenken über die Welt hinzukommen müssen. Es ist aber auch möglich, dass eine Bedingung allein *hinreichend* ist, ohne notwendig zu sein. Was das genau bedeutet, müssen wir jetzt betrachten. Dann werden wir auch sehen, dass eine Definition bzw. Begriffsanalyse *nicht nur die notwendigen, sondern auch die hinreichenden Bedingungen* angibt, die erfüllt sein müssen, damit ein Begriff definiert ist. Und wenn ein Begriff definiert ist, dann haben wir auch das *Wesen* der Sache angegeben, die der Begriff bezeichnet.

Was also sind notwendige und hinreichende Bedingungen? Eine bestimmte Eigenschaft N ist eine *notwendige* Bedingung für eine Eigenschaft E, wenn E über N verfügen muss, um E sein zu können. Damit E vorliegt, ist es notwendig, dass N vorliegt; liegt N nicht vor, dann auch nicht E. Alles, was E ist, wird also über N verfügen. Beispielsweise ist ein Lebewesen zu sein (N) eine notwendige Bedingung dafür, ein Mensch (E) zu sein. Ist etwas kein Lebewesen, kann es auch kein Mensch sein. Dagegen ist eine Eigenschaft H dann eine *hinreichende* Bedingung für eine Eigenschaft E, wenn gilt, dass, wenn H vorliegt, auch E vorliegt. Jede Sache, die über die Eigenschaft H verfügt, verfügt dann auch über die Eigenschaft E. So ist zum Beispiel ein Grieche zu sein (H) hinreichend dafür, ein Mensch zu sein (E). Wenn jemand ein Grieche ist, dann ist er auch ein Mensch. Das Umgekehrte gilt natürlich nicht.

Dass N eine notwendige Bedingung für E ist, bedeutet aber nicht, dass, wenn eine Sache N hat, sie tatsächlich auch E ist; N ist eben nur notwendig, aber nicht hinreichend dafür, E zu sein. Umgekehrt kann die Eigenschaft H eine hinreichende Bedingung für E sein, ohne eine notwendige Bedingung für E zu sein; es kann also sein, dass eine Sache E ist, ohne dass sie H hat. Kurz gesagt:

N ist eine *notwendige Bedingung* für E, genau dann, wenn gilt:
Wenn E vorliegt, dann auch N.
H ist eine *hinreichende Bedingung* für E genau dann, wenn gilt:
Wenn H vorliegt, dann auch E.

Das klingt komplizierter, als es ist. (Wer aufmerksam gelesen hat, dem wird die Wendung „genau dann, wenn" nicht entgangen sein; wir kommen darauf zurück.) Betrachten wir folgendes Beispiel: Jeder wird zustimmen, dass alles, was ein Mensch ist, auch ein Lebewesen ist und sein muss. (Und beachten wir auch hier wieder: Viele, wenn nicht alle von uns hätten große Schwierigkeiten zu bestimmen, was *genau* ein Mensch und was *genau* ein Lebewesen ist; aber wie auch immer „Mensch" und „Lebewesen" zu bestimmen sind, eines ist klar: Ein Mensch ist ein Lebewesen.) Was nicht Lebewesen ist, kann kein Mensch sein, oder eben: Lebewesen zu sein ist eine *notwendige* Bedingung dafür, Mensch zu sein; kein Lebewesen, kein Mensch. Aus der Tatsache, dass etwas kein Mensch ist, folgt aber nicht, dass es kein Lebewesen ist. Etwas könnte ja ein Fledermaus sein, also kein Mensch, und dennoch handelt es sich bei einer Fledermaus ohne Zweifel um ein Lebewesen. Fledermaus zu sein ist also eine *hinreichende* Bedingung dafür, ein Lebewesen zu sein: Es reicht hin, eine Fledermaus zu sein, um ein Lebewesen zu sein, aber man muss keine Fledermaus sein, um ein Lebewesen zu sein; dafür reicht es auch, ein Mensch, eine Katze oder ein Baum zu sein.

> **Ü10***
> Bestimmen Sie das Verhältnis der folgenden Begriffe hinsichtlich der Frage, was notwendige und was hinreichende Bedingung ist: VW – Auto; Hund – Säugetier; Kaffee – Getränk.

Oder betrachten wir folgendes Beispiel: Eine notwendige Bedingung dafür, ein Fußball zu sein, besteht darin, ein Ball zu sein, oder anders gesagt: Wenn etwas nicht die Bedingung erfüllt, ein Ball zu sein, dann ist es auch kein Fußball; kein Ball, kein Fußball. Dagegen ist es eine hinreichende Bedingung dafür, ein Ball zu sein, ein Fußball zu sein; wenn etwas ein Fußball ist, dann ist es auch ein Ball. Wenn etwas aber kein Fußball ist, ist es deswegen noch lange nicht kein Ball; denn es könnte ja ein Handball sein. Eine weitere notwendige Bedingung dafür, ein Fußball zu sein, ist die, ein beweglicher flexibler Körper zu sein. Aber auch hier sieht man sofort, dass dies nicht hinreicht, um ein Fußball zu sein, denn es gibt bewegliche flexible Körper, die keine Fußbälle sind, z. B. wieder der Handball oder auch ein Wackelpudding. Um zu wissen, was ein Fußball ist, müssen wir noch mehr Bedingungen finden, die *jeweils notwendig* und *zusammen*(genommen) *hinreichend* sind, um einen Fußball auszumachen. Wir sind erst dann in der Lage, einen Begriff zu definieren, wenn wir wissen, welche notwendigen Bedingungen erfüllt sein müssen, die zusammen hinreichend sind, damit etwas die Sache ist, die wir mit dem zu definierenden Begriff bezeichnen. Diesen zu definierenden Begriff nennt man *Definiendum (bzw. Analysandum)*; dasjenige, mit dem das Definiendum definiert wird – also in der Regel die Begriffe, mit denen die notwendigen Bedingungen, die zusammen hinreichend sind, bezeichnet werden –, nennt man das *Definiens* (bzw. das *Analysans*). Wenn wir also „Fußball" definieren wollen, dann ist „Fußball" das Definiendum (das zu Definierende); und das, was „Fußball" definiert, ist das Definiens (das Definierende).

> **Ü11**
> Erinnern wir uns an unser ursprüngliches Beispiel. Artus wollte wissen, was ein Tisch ist; „Tisch" ist also das Definiendum. Und versuchen Sie jetzt bitte noch einmal (wie wir jetzt präziser sagen können), das *Definiens* zu finden, so dass Sie notwendige und zusammen hinreichende Bedingungen dafür angeben können, was einen Tisch ausmacht.

Das Definiens muss, so sagten wir, aus den notwendigen Bedingungen bestehen, die alle erfüllt sein müssen, damit etwas ein Tisch ist, und die, wenn sie alle erfüllt sind, zusammengenommen hinreichend dafür sind, dass etwas ein Tisch ist. Wir hatten bereits drei notwendige Bedingungen dafür gefunden, dass etwas ein Tisch ist: Erstens, es besteht aus einem bestimmten Material; zweitens, es besitzt eine ebene Platte; und drittens, es hat mindestens ein Bein, das die Platte in einem gewissen Abstand vom Boden hält. Wir sahen auch, dass N eine *notwendige Bedingung* für E ist, genau dann, wenn gilt: Wenn E vorliegt, dann auch N. Das E in unserem Beispiel ist die Eigenschaft des Tisch-Seins (T), und das N ersetzen wir jetzt nicht durch eine Eigenschaft, sondern durch (bisher) drei. Es gilt also: *Wenn* etwas ein Tisch ist (T), *dann* besteht es aus einem bestimmten Material (M), besitzt eine ebene Platte (P) und hat mindestens ein Bein, das die Platte in einem gewissen Abstand vom Boden hält (B). Es macht also keinen Unterschied, dass wir es nun nicht mit einer einzigen notwendigen Bedingung N zu tun haben, sondern insgesamt mit drei notwendigen Bedingungen M, P und B. Und dann gilt eben folgendes: M, P und B sind *notwendige Bedingungen* für das Vorliegen von T genau dann, wenn gilt: Wenn T vorliegt, dann liegen auch M *und* P *und* B vor.

Auf der Suche nach notwendigen Bedingungen, die zusammen hinreichend sind

Eine Definition bzw. Begriffsanalyse des Tisches liegt aber nur dann vor, wenn die notwendigen Bedingungen M, P und B, die wir angegeben haben, auch *zusammen hinreichend* dafür sind, dass etwas ein Tisch ist. Wie können wir das im Falle unserer drei notwendigen Bedingungen überprüfen? Nun, erinnern wir uns an die obige Bestimmung einer hinreichenden Bedingung. H ist eine *hinreichende Bedingung* für E genau dann, wenn gilt: Wenn H vorliegt, dann auch E. Dann müsste also gelten: *Wenn* etwas aus einem bestimmten Material besteht (M) *und* eine ebene Platte besitzt (P) *und* mindestens ein Bein hat, das die Platte in einem gewissen Abstand vom Boden hält (B), *dann* ist es ein Tisch (T).

> **Ü12**
> Aber ist das wirklich wahr? Überlegen Sie bitte, ob Ihnen ein Gegenbeispiel einfällt. Gibt es etwas, das aus einem bestimmten Material besteht *und* eine ebene Platte besitzt *und* mindestens ein Bein hat, welches die Platte in einem gewissen Abstand vom Boden hält, und das trotz dieser drei Eigenschaften kein Tisch ist?

Denkt man etwas darüber nach, kommen einem in der Tat Zweifel, ob die besagten Eigenschaften wirklich zusammen hinreichend sind. Denn es gibt doch offenkundig Gegenstände, die die drei Eigenschaften M, P und B haben und *keine* Tische sind, z.B. Barhocker ohne Lehne. Denn ein Barhocker besteht aus einem bestimmten Material, hat eine ebene Platte, ein Bein und ist dennoch kein Tisch. Also scheinen die drei notwendigen Bedingungen M, P und B zusammen noch nicht hinreichend dafür zu sein, dass etwas ein Tisch ist. Dadurch zeigt sich aber auch, dass wir noch nicht alle notwendigen Bedingungen gefunden haben, die es dafür gibt, dass etwas ein Tisch ist; denn dass M, P und B zusammen nicht hinreichend sind, bedeutet ja, dass mindestens noch eine notwendige Bedingung fehlt.

Welche notwendige(n) Bedingung(en) haben wir übersehen? Offensichtlich hat es nicht gereicht, alle möglichen Tische miteinander zu vergleichen. Wir müssen zusätzlich auch noch die Tische mit allen anderen ähnlichen Gegenständen vergleichen (wie etwa Hockern, Stühlen und Betten), um zu erkennen, worin sich Tische von diesen anderen Gegenständen unterscheiden. Was also ist der entscheidende Unterschied zwischen einem Hocker ohne Lehne und einem Tisch? In der äußeren Form sehen sich Tische und Hocker ohne Lehne sehr ähnlich. Man könnte zwar daran denken, dass die Beine des Hockers in der Regel etwas kürzer sind als die eines Tisches, aber auch hier gibt es Ausnahmen: So sind etwa die Beine eines kleinen Kindertisches kürzer als die eines Erwachsenenhockers. In der äußeren Form lässt sich das gesuchte unterscheidende Merkmal wohl nicht finden. Es gibt jedoch einen Aspekt, den wir bislang noch nicht betrachtet haben: Beide Gegenstände, Tisch wie Hocker, sind Möbelstücke, die von Menschen zu einem bestimmten *Zweck* angefertigt wurden; sie haben eine bestimmte *Funktion*. Während ein Hocker dazu da ist, dass *wir* uns auf ihn setzen können, ist ein Tisch dazu da, dass wir bestimmte *Gegenstände* auf ihn ablegen können. Das können im Falle eines Küchen- und Bartisches Messer und Gabel, Teller und Gläser, im Falle des Zeichen- oder Schreibtisches

Stifte, Papier und Zirkel sein. Aber was ist dann mit Wickeltischen oder OP-Tischen? Sie haben doch gerade die Funktion, dass man *Menschen* auf sie legen kann. Was unterscheidet diese Tische nun von Stühlen und Hockern einerseits und Betten andererseits? Auf Stühlen und Hockern sitzt man in der Regel, auf einem Wickel- oder OP-Tisch liegt man. Im Gegensatz zum Bett haben aber der Wickel- und OP-Tisch nicht die Funktion, dass man sich auf ihnen ausruhen soll, sondern sie dienen grundsätzlich dazu, dass andere an einem bestimmte Handlungen vornehmen können. Wir sehen also, dass wir in jedem Schritt unserer Analyse sehr genau darauf achten müssen, dass wir auch tatsächlich alle ähnlichen Fälle untersuchen, die unter den zu analysierenden Begriff fallen.

Natürlich kann man auch ab und zu Gegenstände auf einem Hocker ablegen oder sich selbst auf einen Tisch setzen. Aber diese Handlungsweisen sind weder faktisch noch der Absicht nach die Regel, und sie ändern nichts daran, dass die Gegenstände für *diese* Zwecke ursprünglich nicht geschaffen worden sind. Dadurch wird aus einem Hocker kein Tisch und aus einem Tisch kein Hocker. Dennoch ist nicht von vornherein auszuschließen, dass aus etwas, das ursprünglich die Funktion eines hohen, breiten Hockers ohne Lehne erfüllt hat, im Laufe der Zeit durch ständige Nutzung als Ablage für etwa Bücher und Zeitschriften ein Beistelltisch wird, oder, um es genau zu sagen: Wir nennen den ursprünglichen Hocker dann „Beistelltisch". Die Funktion oder der Zweck eines Gegenstandes sind eben nichts, was sich an dem Gegenstand selbst zeigt, sondern etwas, das *wir* mit dem Gegenstand verbinden. Zwecke von nicht-natürlichen Gegenständen wie Tischen und Hockern sind deshalb auch *kulturell* oder *konventionell* bedingt.

Ü13*
Tische, Stühle und Messer sind von Menschen hergestellte (nichtnatürliche) Gegenstände. Was aber ist, wenn man *natürliche* Gegenstände wie eine Katze, einen Baum, oder einen Fluss definieren will; muss man dann die Methode des Definierens ändern? Versuchen Sie einmal zu definieren, was eine Katze ist.

Tische dienen also als Ablage für Gegenstände (Schreibtisch, Küchentisch usw.) oder für Menschen oder Tiere, an denen man bestimmte Handlungen vornimmt (Wickeltisch, OP-Tisch usw.). Besitzen wir mit dieser zusätzlichen notwendigen Bedingung dafür, dass etwas ein Tisch ist, nun alle notwendigen Bedingungen für Tische, so dass diese notwendigen Bedingungen auch zusammen hinreichend dafür sind, dass etwas ein Tisch ist? Führen wir erneut unseren Test durch. Ist die folgende Aussage wahr? *Wenn* etwas aus einem bestimmten Material besteht (M) *und* eine ebene Platte besitzt (P) *und* mindestens ein Bein hat, das die Platte in einem gewissen Abstand vom Boden hält (B), *und* dem Zweck dient, Gegenstände auf ihm abzulegen oder Menschen oder Tiere, an denen man bestimmte Handlungen vornimmt (Z), *dann* ist es ein Tisch. Ja, diese Aussage scheint nun wahr zu sein. Wenn die vier Bedingungen M, P, B und Z erfüllt sind, dann haben wir es mit einem Tisch zu tun (und nicht etwa mit einem Hocker, einem Bett oder einem anderen Gegenstand).

Ü14
Stimmt das wirklich? Vertrauen Sie nicht blind darauf, was man Ihnen erzählt! Denken Sie selbst nach! Vielleicht fällt Ihnen ja doch noch ein Gegenbeispiel ein.

Was ist eine Begriffsanalyse bzw. Definition?

Es scheint, dass wir damit unser Ziel endlich erreicht haben. Wir können Artus nun eine Antwort auf seine Frage geben, was „Tisch" bedeute. Denn wir haben jetzt notwendige Bedingungen dafür gefunden, dass etwas ein Tisch ist, die zusammen auch hinreichend dafür sind. Es gilt:
(1.) *Wenn* etwas ein Tisch ist, *dann* besteht es aus einem bestimmten Material (M) *und* besitzt eine ebene Platte (P) *und* hat mindestens ein Bein, das die Platte in einem gewissen Abstand vom Boden hält (B), *und* dient dazu, Gegenstände auf ihm abzulegen oder Menschen oder Tiere, an denen man bestimmte Handlungen vornimmt (Z).
Und es gilt ebenfalls:
(2.) *Wenn* etwas aus einem bestimmten Material besteht (M) *und* eine ebene Platte besitzt (P) *und* mindestens ein Bein hat, das die Platte in einem gewissen Abstand vom Boden hält (B), *und* dazu dient, Gegenstände auf ihm abzulegen oder Menschen oder Tiere, an denen man bestimmte Handlungen vornimmt (Z), *dann* ist es ein Tisch.
Da nun M, P, B und Z notwendige Bedingungen dafür sind, dass etwas ein Tisch (T) ist, so gilt:
Wenn T vorliegt, *dann* M und P und B und Z.
Und da nun auch M, P, B und Z zusammen eine hinreichende Bedingung dafür sind, dass etwas T ist, so gilt:

Wenn M und P und B und Z, *dann* auch T.
Die Elemente M, P, B und Z auf der einen und das Element T auf der anderen Seite sind *in beide Richtungen* mit einem Wenn-dann-Satz verknüpft. Das ist sehr wichtig, denn wenn wir die Verknüpfung nur in einer Richtung vornehmen würden, könnten wir nicht sicher sein, dass wir mit M, P, B und Z auch bereits *alle* Bedingungen gefunden haben, die für T notwendig sind. Wenn wir zum Beispiel die Bedingung Z noch nicht hätten, würde zwar gelten: *Wenn* T vorliegt, *dann* auch M, P und B. Es würde aber eben *nicht* gelten: *Wenn* M, P und B vorliegen, *dann* auch T. Denn wir haben nicht zwangsläufig einen Tisch vor uns, wenn wir etwas vor uns haben, das aus einem bestimmten Material besteht, eine Platte hat und Beine; das könnte ja auch genausogut ein Bett oder ein Regal sein. Dass wir aber alle notwendigen Bedingungen gefunden haben, zeigt sich gerade daran, dass die gefundenen notwendigen Bedingungen zusammengenommen auch hinreichend für T sind und eben dann auch die andere Wenn-dann-Verknüpfung gilt: *Wenn* M und P und B und Z, *dann* auch T. Wir werden bei der Analyse von Aussagen noch genauer sehen, was das bedeutet. Für den Augenblick wollen wir, was beide Sätze zum Ausdruck bringen, etwas griffiger in einem einzigen Satz mit dem oben schon erwähnten satzverknüpfenden Ausdruck „genau dann, wenn" zusammenfassen. Dann erhalten wir die folgende Begriffsanalyse oder Begriffsbestimmung für den Begriff „Tisch":
Etwas ist ein Tisch (T) *genau dann, wenn*
(1) es aus einem bestimmten Material besteht (M),
(2) eine ebene Platte besitzt (P),
(3) mindestens ein Bein hat, das die Platte in einem gewissen Abstand vom Boden hält (B), und
(4) dazu dient, Gegenstände auf ihm abzulegen oder Menschen oder Tiere, an denen man bestimmte Handlungen vornimmt (Z).

Ü15
Können wir jetzt wirklich zufrieden sein? Überlegen Sie, ob Sie unter den gegebenen Bedingungen ein Beispiel finden, das kein Tisch ist. Oder denken Sie an folgende Probleme: Muss jeder Tisch tatsächlich aus einem festen Material bestehen? Könnte man sich nicht Tische denken, deren Platte aus einem elektrischen Feld besteht? Ist es notwendig, dass ein Tisch *Beine* hat? Es gab doch Tische auf Hochseeschiffen, die an Schnüren an der Schiffsdecke befestigt waren.

Es hat sich eingebürgert, den Ausdruck „genau dann, wenn" (im Englischen: *if and only if*) abzukürzen mit dem Ausdruck „gdw." (*iff*), „=def." oder auch „:=". Das „gdw." verbindet den Gedanken der notwendigen mit dem Gedanken der hinreichenden Bedingung: Wenn man sagt, „Wenn H vorliegt, dann auch E", dann gibt man eine hinreichende Bedingung an, und darauf bezieht sich das *„wenn"* in „gdw."; das *„genau, dann"* in „gdw." verweist auf die Notwendigkeit der Bedingungen.

Ü16*
Nehmen wir an, die Definition des Tisches stimmt jetzt: Etwas ist ein Tisch (T) genau dann, wenn
(1) es aus einem bestimmten Material besteht (M),
(2) es eine ebene Platte besitzt (P),
(3) es mindestens ein Bein hat, das die Platte in einem gewissen Abstand vom Boden hält (B), und
(4) es dazu dient, Gegenstände auf ihm abzulegen oder Menschen oder Tiere, an denen man bestimmte Handlungen vornimmt (Z).

Wenn ein Tisch so definiert ist, dass er die vier notwendige Bedingungen 1 bis 4 hat, die zusammen hinreichend sind, dann lässt sich leicht sagen, was ein *grüner* Tisch wäre: Das wäre etwas, das die Bedingungen 1 bis 4 erfüllt und zusätzlich noch die fünfte Eigenschaft hat, grün zu sein. Was ist dann aber ein *kaputter* Tisch? Wäre das etwas, das die Bedingungen 1 bis 4 erfüllt und zusätzlich, fünftens, noch die Eigenschaft „kaputt" hätte? Oder wäre das etwas, das nicht mehr alle der vier Bedingungen erfüllt, die einen Tisch ausmachen? Aber warum wäre es dann noch ein kaputter *Tisch*? Nehmen wir an, einem vierbeinigen Tisch sind alle Beine abgebrochen, dann wäre der Tisch natürlich kaputt, und es wäre ebenfalls die dritte Bedingung nicht erfüllt. Allerdings würden den Bedingungen 1, 2 und 4 auch Dinge entsprechen, die nicht kaputt sind, z.B. Frühstücksbrettchen. Wäre dann also ein kaputter Tisch nichts anderes als ein funktionierendes Frühstücksbrettchen? Das sind schwierige Fragen. Bitte denken Sie in Ruhe darüber nach.

Dass man nicht vorschnell annehmen sollte, man habe die endgültige Definition für einen (philosophischen) Begriff gefunden, zeigt exemplarisch die Definition des Wissensbegriffs. Bis 1963 waren viele Philosophen der Ansicht, dass Wissen genau drei notwendige Bedingungen habe, die zusammen auch hinreichend seien: Wissen sei eine gerechtfertigte wahre Meinung. Ein epistemisches Subjekt S wisse also, dass p, genau dann, wenn folgendes der Fall ist: (1) S *meint*, dass p; (2) p ist *wahr*; und (3) S ist *gerechtfertigt zu meinen*, p sei wahr. In der Tat setzt Wissen voraus, dass man überhaupt etwas meint, und es ist auch rational anzunehmen, dass der Inhalt des Wissens niemals falsch sein kann. Wer etwas Falsches zu wissen behauptet, würde tatsächlich nichts wissen; diese Person würde vielmehr irren. Auch die dritte Bedingung, dass man gute, unterstützende Gründe für seine Meinung benötigt, ergibt einen guten Sinn: Schließlich würde niemand eine bestimmte Meinung für Wissen halten, wenn man diese Meinung nur erraten hätte und keine Rechtfertigung für sie angeben könnte. Obwohl also diese drei Bedingungen tatsächlich notwendig zu sein scheinen, sind sie überraschenderweise dennoch zusammen nicht hinreichend für Wissen. Das hat Edmund Gettier 1963 in einem bahnbrechenden Text gezeigt, der zwei Beispiele präsentiert, in denen eine Person zwar eine gerechtfertigte wahre Meinung, aber gleichwohl kein Wissen besitzt. Gettiers erstes Beispiel konstruiert folgende Situation: Smith und Jones bewerben sich beide um dieselbe Arbeitsstelle. Smith hat mit dem Arbeitgeber gesprochen, der ihm versichert, dass Jones die Stelle erhalten werde, und Smith hat zehn Münzen in Jones' Tasche gezählt. Daher ist Smith darin *gerechtfertigt,* folgendes *zu meinen*:

(p) Jones ist derjenige, der den Arbeitsplatz erhält, und Jones hat zehn Münzen in seiner Tasche.

Aus (p) folgt logisch der Satz:

(q) Derjenige, der den Arbeitsplatz erhält, hat zehn Münzen in seiner Tasche.

Da Satz q aus Satz p logisch folgt, ist Smith – unter der Voraussetzung, dass er gerechtfertigt war, zu meinen, p sei wahr – auch darin gerechtfertigt zu meinen, q sei wahr. Nun erhält aber Smith doch den Arbeitsplatz und hat *zufälligerweise* auch zehn Münzen in seiner Tasche. Dann (1.) *meint* Smith zwar, dass q, (2.) q ist auch *wahr* und (3.) Smith ist *gerechtfertigt zu meinen*, dass q (die drei notwendigen Bedingungen für Wissen sind also zusammen erfüllt), aber man würde dennoch nicht sagen, dass Smith auch *weiß*, dass derjenige, der den Arbeitsplatz erhält, zehn Münzen in seiner Tasche hat. Die drei klassischen notwendigen Bedingungen des Wissens scheinen also zusammen nicht hinreichend dafür zu sein, dass jemand etwas weiß. Offen ist seit Gettiers Gegenbeispielen, ob man die klassische Wissensdefinition vielleicht retten kann, indem man eine der drei notwendigen Bedingungen verschärft oder austauscht, oder indem man vielleicht eine oder mehrere weitere notwendige Bedingungen hinzunimmt.

Drei Eigenschaften von Definitionen

Erinnern wir uns: Eine Definition besteht aus dem, was zu bestimmen (bzw. analysieren) ist, dem Definiendum, und dem, mit dessen Hilfe die Bestimmung (bzw. Analyse) vorgenommen wird, dem Definiens. Dann hat jede Definition bzw. Begriffsanalyse die folgende *Kurzform*:

Das Definiendum ist definiert *gdw.* die notwendigen Bedingungen, die zusammen hinreichend sind (das Definiens), vorliegen.

Eine Begriffsanalyse dieser Form hat drei wichtige Eigenschaften: *Erstens* zeigt sie, dass immer dann, wenn die Aussage wahr ist, die links von „gdw." steht und in der das Definiendum vorkommt („ein Ding x ist ein Tisch"), ebenso die Aussage wahr ist, die rechts von „gdw." steht und in der das Definiens vorkommt („x besteht aus einem bestimmten Material, besitzt eine ebene Platte" usw.), und umgekehrt; und dass immer dann, wenn die Aussage falsch ist, in der das Definiendum vorkommt, auch die Aussage falsch ist, in der das Definiens vorkommt, und umgekehrt. (Erst im nächsten Abschnitt können wir uns ausführlich damit beschäftigen, was eigentlich Aussagen sind.)

Damit direkt verbunden ist eine *zweite* Eigenschaft: Wenn die Definition gilt, dann garantiert sie, dass man an allen Stellen in Aussagesätzen, in denen das Definiendum auftaucht, das Definiendum durch das Definiens ersetzen kann, ohne dass sich die Wahrheit oder Falschheit des Aussagesatzes ändert (sein sogenannter *Wahrheitswert*, also der Wert „wahr" oder „falsch"). Das gleiche gilt auch für alle Aussagesätze, in denen das Definiens auftaucht; auch in diesen Fällen kann man an allen Stellen das Definiens durch das Definiendum ersetzen, ohne dass sich der Wahrheitswert des Aussagesatzes verändert. Angenommen, „Junggeselle" sei das Definiendum und „unverheirateter Mann" das Definiens. Wenn wir nun den Ausdruck „Junggeselle" in dem Aussagesatz „Immanuel Kant ist ein Junggeselle" (der wahr ist) durch den Ausdruck „unverheirateter Mann" ersetzen, erhalten wir: „Immanuel Kant ist ein unverheirateter Mann". Und dieser Aussagesatz ist genauso wahr wie „Immanuel Kant ist ein Junggeselle". Machen wir den Test auch mit der Ersetzung des Definiens („Junggeselle") durch das Definiendum („unverheirateter Mann"), so zeigt sich zum Beispiel, dass der Aussagesatz „Der Papst ist kein Junggeselle" ebenso falsch ist wie „Der Papst ist kein unverheirateter Mann". Diese wechselseitige Ersetzbarkeit von Definiendum und Definiens in Aussagesätzen, deren Wahrheitswert sich dadurch nicht ändert, nennt man *wechselseitige Substituierbarkeit salva veritate*. In einer Begriffsanalyse wird also für das Definiendum eine bestimmte *Übersetzung innerhalb der eigenen Sprache* angegeben (das Definiens), die die Bedingung erfüllt, dass Definiendum und Definiens wechselseitig *salva veritate* (d.h. unter Beibehaltung des Wahrheitswertes) substituierbar sind.

Schließlich gibt es noch eine *dritte* Eigenschaft von Definitionen. Eine Definition der oben genannten Form garantiert, dass der Begriff, der im Definiendum genannt wird, und die Begriffe, die im Definiens zusammen genannt werden, denselben *Umfang* bzw. dieselbe *Extension* besitzen. Der Umfang eines Begriffs ist die Menge der Gegenstände, die unter diesen Begriff fallen bzw. die er umfasst. Was ist also z.B. dann der Umfang (die Extension) des Begriffes „Tisch"? Das ist die Menge *aller Dinge, die Tische sind*. Oder was ist der Umfang des Begriffs „altrömischer König"? Das ist die Menge aller Dinge, die die Eigenschaft haben, altrömischer König zu sein, nämlich: Romulus, Numa Pompilius, Tullus Hostilius, Ancus Marcius, Lucius Tarquinius Priscus, Servius Tullius und Lucius Tarquinius Superbus.

Ein Begriff X, dessen Umfang die Menge *aller* Dinge ist, die X sind, wird ganz allgemein auch als *genereller Terminus* bezeichnet. Wir hatten es bisher nur mit solchen generellen Termini zu tun, und in der Was-ist-X?-Frage wird auch nur nach ihnen gefragt. Ein genereller Terminus gibt das an, was allen Dingen gemeinsam ist, die zu seinem Umfang gehören. Mit ihm sieht man also von den einzelnen Gegenständen in gewisser Weise ab, oder wie man anders sagen kann, man *abstrahiert* von ihnen. Es gibt aber noch eine andere Begriffsart, von der bisher keine Rede war und die nicht von allen Gegenständen ihres Umfanges abstrahiert, sondern sich ganz im Gegenteil im jeweiligen Gebrauch nur auf *einen einzigen* konkreten Gegenstand bezieht: den *singulären Term*. Beispiele für solche Terme oder Begriffe sind Eigennamen wie „Aristoteles" und „Iris", Pronomina der Person (wie „ich", „du") sowie sogenannte definite Kennzeichnungen wie „der Lehrer des Aristoteles" oder „die Mannschaft, die in Unterhaching den Meistertitel im Fußball verloren hat".

Wir hatten gesehen, dass der Umfang des generellen Terminus „Tisch" die Menge aller Dinge ist, die Tische sind (bzw., wenn unsere Definition denn stimmt, die Menge aller Dinge, die aus einem bestimmten Material bestehen, eine ebene Platte besitzen, mindestens ein Bein haben und dazu dienen, Gegenstände auf ihnen abzulegen oder Menschen oder Tiere, an denen man bestimmte Handlungen vornimmt). Entsprechend bildet dann die Menge aller Menschen den Umfang des Begriffes „Mensch". Diese formale Bestimmung gilt ganz unabhängig davon, ob die Menge der Dinge, die unter den Begriff fallen, leer ist oder nicht. Das ist sie bei Begriffen wie „Tisch" oder „Mensch" sicherlich nicht; es gibt ja Tische und Menschen. Anders sieht es bei einem Begriff wie „Einhorn" aus. Die Menge aller Dinge, die seinen Umfang bildet, ist leer; denn Einhörner existieren nicht. Definitionen des Typs, den wir gerade untersuchen, garantieren die *Extensionsgleichheit* von Definiendum und Definiens. Sie garantieren also, dass das Definiendum und das Definiens denselben Umfang haben (wenn das Definiendum „Bundeskanzler" im Jahre 2010 den Umfang Konrad Adenauer, Ludwig Erhard, Kurt Georg Kiesinger, Willy Brandt, Helmut Schmidt, Helmut Kohl, Gerhard Schröder und Angela Merkel hat, dann hat das Definiens „Leiter der Bundesregierung der Bundesrepublik Deutschland" denselben Umfang). Die von uns untersuchten Definitionstypen garantieren jedoch nicht, dass das Definiendum und das Definiens auch denselben *Inhalt* bzw. dieselbe *Intension* haben. Der Inhalt oder die Intension eines Begriffs ist das, was man auch seinen *Sinn* nennt. Wir können uns diesen Unterschied zwischen Extension und Intension am besten deutlich machen, wenn wir einen Fall betrachten, in dem zwei Begriffe zwar dieselbe Extension, aber nicht dieselbe Intension haben. Ein Paradebeispiel dafür sind etwa die Begriffe „Tier mit Herz" und „Tier mit Nieren". Man hat herausgefunden, dass alle Tiere, die ein Herz besitzen, auch Nieren haben, und alle Tiere, die Nieren haben, auch ein Herz haben. Damit umfasst die Menge der Tiere, die ein Herz haben, *dieselben* Tiere, die zur Menge der Tiere gehören, die Nieren haben. Oder anders formuliert: Die Menge der Tiere, die ein Herz haben, ist identisch mit der Menge der Tiere, die Nieren haben. Die Begriffe „Tier mit Herz" und „Tier mit Nieren" haben also dieselbe Extension. Sie haben aber offensichtlich nicht denselben Inhalt (Intension): Wer sagt „Das ist ein Tier mit Herz" sagt etwas anderes als „Das ist ein Tier mit Nieren". Ein anderes bekanntes Beispiel wäre der Unterschied zwischen „Morgenstern" und „Abendstern". Lange Zeit wusste man nicht, dass der Planet, der morgens sichtbar ist, und der Planet, den man am Abend sehen kann, derselbe Planet sind, nämlich die Venus. Die Extension der beiden Begriffe ist also dieselbe, nämlich die Venus, während die Intensionen verschieden sind. Denn „Planet, den man am Morgen sehen kann" besagt natürlich etwas anderes als „Planet, den man am Abend sehen kann". Es gibt übrigens eine interessante Beziehung zwischen dem Inhalt und dem Umfang eines Begriffes: Je reicher der Inhalt des Begriffes ist, desto enger ist der Begriffsumfang, und umgekehrt. So ist zum Beispiel der Begriff „Papst" reich an Inhalt (Bischof von Rom, Herrscher des Vatikanstaates, Primas von Italien, Pontifex Maximus, ...), hat aber einen sehr engen Begriffsumfang (die Amtsinhaber von Petrus bis heute). Dagegen hat der Begriff „Ding" offenkundig einen sehr großen Begriffsumfang (es gibt ja sehr viele Dinge), ist aber zugleich sehr inhaltsarm (es bedarf nicht viel, um ein Ding zu sein). Mit der Rede von Intension und Extension sind wir aber in Bereichen der Philosophie, die sehr kompliziert und umstritten sind.

Ü17*
1. Haben die beiden Ausdrücke „vernunftbegabtes Lebewesen" und „auf zwei Beinen gehendes ungefiedertes Lebewesen" dieselbe Extension?
2. Begriffe mit verschiedener Intension können dieselbe Extension haben. Gilt dann für Begriffe mit verschiedener Extension, dass sie dieselbe Intension haben können?

Gute und schlechte Definitionen

Schlechte Philosophie zeichnet sich unter anderem dadurch aus, dass in ihr die maßgeblichen Begriffe nicht klar und deutlich bestimmt werden: Sie tut so, als verstünden sich bestimmte Dinge oder Begriffe einfach von selbst. Das heißt nicht, dass beim guten Philosophieren alles definiert sein müsste; das ist nicht so, und das muss und kann auch gar nicht sein. Dennoch gilt, dass sich (fast) nichts von selbst versteht, und das alles, zumindest auf Nachfrage, definiert oder mindestens erläutert werden können muss. Hinter den einfachsten Begriffen können Abgründe lauern. Ein wenig konnten wir das schon bei einem so einfachen Begriff wie dem des Tisches sehen. Gute Philosophie lebt deshalb vor allem davon, dass sie bemerkt, welche Begriffe in einer Argumentation besonders unklar sind oder zu Missverständnissen und Fehlern führen könnten, und dass sie diese Begriffe dann so genau und so ausdrucksreich wie möglich definiert.

Über diesen grundsätzlichen Mangel hinaus gibt es klassischerweise zwei formale Fehler, an denen Definitionen kranken können: Zirkularität und Redundanz. Betrachten wir zunächst die Zirkularität. Die schon erwähnte wechselseitige Substituierbarkeit *salva veritate* von Definiendum und Definiens ist in vielen Fällen ein gutes Testkriterium, um herauszufinden, ob eine Definition gut ist oder nicht. Das zeigt sich

etwa im Fall der Definition „‚Schimmel' ist (definiert als) ‚schwarzes Pferd'". Ersetzen wir in dem Satz „Alle Schimmel sind überall am Körper weiß" „Schimmel" durch „schwarzes Pferd", so wird aus dem ursprünglich wahren Satz ein falscher: „Alle schwarzen Pferde sind überall am Körper weiß". Nicht in allen Fällen reicht aber die Prüfung der wechselseitigen Substituierbarkeit *salva veritate* aus, um gelungene Begriffsanalysen von solchen zu unterscheiden, die keine sind. Angenommen, Artus ist tatsächlich ein seltsamer Philosoph, er hat uns gut zugehört und schlägt nun folgende alternative Definition für „Tisch" vor:
Etwas ist ein Tisch gdw. es ein Tisch ist.

> Ü18
> Was sollen wir dazu sagen? Oder: Was würden *Sie* dazu sagen? Versuchen Sie mit Ihren bisher erworbenen Kenntnissen eine Antwort auf die Frage zu finden, ob das eine angemessene Definition ist!

Es ist sicher richtig, dass ein Tisch zu sein sowohl eine notwendige als auch eine hinreichende Bedingung dafür ist, ein Tisch zu sein: Wenn etwas ein Tisch ist, dann ist es ein Tisch, *und* nur dann, wenn etwas ein Tisch ist, ist es ein Tisch. Und so hat diese Definition auch die gerade oben behandelten drei Eigenschaften: Der Satz, in dem das Definiendum vorkommt, und der Satz, in dem das Definiens vorkommt, haben immer denselben Wahrheitswert; das Definiendum und das Definiens sind wechselseitig substituierbar *salva veritate*; und sie haben auch dieselbe Extension. Dennoch würden wir Artus' Definitionsvorschlag nicht als Definition durchgehen lassen. Was hat er übersehen? Nun, die Antwort liegt auf der Hand: Artus' Definitionsvorschlag hat eine *zirkuläre* Form: *A gdw. A, d.h. wenn A, dann A, und wenn A, dann A*. Zugegeben, *A gdw. A* ist immer richtig; formal betrachtet ist daran nichts auszusetzen. Allerdings hilft uns Artus' Definition auch nicht weiter; eine derartige zirkuläre Begriffsanalyse bietet keine neuen Informationen. Denn sie sagt über Tische nichts anderes als das, was wir auch schon vorher wussten: dass sie eben Tische sind. In ähnlicher Weise gilt dies auch für das folgende Beispiel: „‚Tische' sind (definiert als) ‚Erzeugnisse desjenigen Industriezweigs, der Tische herstellt.'" Obwohl diese Definition der Form nach etwas komplexer ist als das schlichte „A gdw. A", bleibt der Grundfehler einer zirkulären Definition auch hier bestehen. Sobald ein und derselbe Begriff im Definiendum und im Definiens auftritt, enthält die Definition eine derart große

Informationslücke, dass sie als Begriffsanalyse insgesamt unattraktiv wird. Das ist der Grund, warum in keiner Definition, die als *Begriffsanalyse* ihren Namen verdient, der im Definiendum enthaltene Begriff wieder im Definiens auftauchen darf.

Redundanz ist ein zweiter Mangel, an dem Definitionen leiden können. Betrachten wir dazu folgendes Beispiel: „‚Junggeselle' ist (definiert als) ‚unverheirateter Mann, der nicht im Stand der Ehe ist'". Für die Bestimmung, was ein Junggeselle ist, reichen die beiden notwendigen Bedingungen, unverheiratet und ein Mann zu sein, aus; sie sind zusammengenommen bereits hinreichend dafür, ein Junggeselle zu sein. Die zusätzlich aufgeführte Eigenschaft „nicht im Stand der Ehe" ist extensionsgleich mit der Eigenschaft „unverheiratet" (vielleicht hat sie sogar die gleiche Intension). Dass sie in dieser Definition *redundant*, d.h. *überflüssig* ist, zeigt sich besonders eindrücklich, wenn wir „nicht im Stand der Ehe sein" durch „unverheiratet" ersetzen: „‚Junggeselle' ist (definiert als) ‚unverheirateter Mann, der unverheiratet ist'". Redundanz setzt allerdings nicht voraus, dass der redundante Begriff mit einem anderen Begriff im Definiens extensionsgleich ist. Redundanz liegt schon vor, wenn *irgendein* Begriff zu den notwendigen Bedingungen, die zusammen bereits hinreichend für das Definiendum sind, noch hinzukommt, ohne eben seinerseits notwendig zu sein. Hier lassen sich zwei Fälle von Redundanz unterscheiden: eine starke und eine schwache Redundanz. Eine *starke* Redundanz liegt vor, wenn zu den notwendigen Bedingungen noch mindestens eine Bedingung ergänzt wird, die *nicht notwendig* ist, z.B. „ein Junggeselle ist ein unverheirateter Mann, der viele Bücher besitzt". Der Besitz von vielen Büchern ist sicherlich keine notwendige Bedingung dafür, ein Junggeselle zu sein, und diese Zusatzinformation ist deshalb nicht nur überflüssig, sondern auch irreführend, wenn man bestimmen will, was ein Junggeselle ist. Eine *schwache* Redundanz liegt vor, wenn zu den notwendigen Bedingungen noch mindestens eine weitere Bedingung ergänzt wird, die *ihrerseits notwendig oder hinreichend* für eine dieser Bedingungen ist, z.B. „ein Junggeselle ist ein unverheirater Mann, der ein Mensch ist". Denn ein Mensch zu sein ist ja notwendig, um überhaupt ein Mann zu sein. Trotzdem ist es redundant, weil diese Information eben schon in der Information enthalten ist, dass jeder Junggeselle ein Mann ist.

Abgesehen davon, dass schlechte Philosophie sich durch fehlende Begriffsanalysen *überhaupt* auszeichnet, sind philosophische Definitionen, wenn sie denn versucht werden, meistens nicht zirkulär oder redundant. Es ist zwar wichtig, diese gerade behandelten zwei Fehlerquellen zu kennen und natürlich auch zu vermeiden; sie kommen allerdings nicht sehr häufig vor. Schlechte Definitionen (oder allgemeiner

Begriffsanalysen) sind häufiger dadurch mangelhaft, dass sie nicht im angemessenen Maße darauf achten, wie der Begriff *tatsächlich in einer Sprache verwendet wird*, und ihn deshalb entweder ganz falsch oder nicht in seiner ganzen Komplexität erfassen. Gute Definitionen zeichnen sich dadurch aus, dass sie auf den Sprachgebrauch achten; dass sie sich mit den Dingen, die durch Begriffe bezeichnet werden, vertraut machen; dass sie alle Differenzierungen und die Komplexität eines Begriffes angemessen erfassen; und dass sie schließlich auch immer darauf achten, mögliche Einwände, die man gegen eine Begriffsdefinition erheben könnte, bereits beim Definieren zu antizipieren. Wir haben all das bei unserer Modelldefinition des Tisches zumindest versucht.

Artus' Frage lautete, was ein Tisch sei. Wir haben versucht, den Begriff „Tisch" zu definieren. Zugleich haben wir versucht, durch aufmerksame Reflexion auf die Handlungen, die wir bei diesem Definitionsversuch vollzogen haben, eine zumindest vorläufige Definition von „Definition" zu finden; dabei wurde auch klar, dass der Begriff, den wir untersucht haben, ein genereller Terminus war, der eine Extension und eine Intension besitzt. Die Begriffsanalyse selbst ist nichts, das sich wie ein empirischer Gegenstand in Raum und Zeit auffinden ließe. Dennoch stehen die *Handlungen*, die wir vollziehen, wenn wir eine Antwort auf die Frage „Was ist X?" suchen, in einer sehr engen Beziehung zu ihr. Eine Analyse eines Begriffes X (im Sinne der Definition) ist dann bestimmt als das folgende formale Gebilde:

Das Definiendum X ist definiert gdw. das Definiens, das heißt F_1, F_2, ..., F_n, vorliegt.

Dabei werden erstens im Definiens die notwendigen Bedingungen F_1, F_2, ..., F_n für X genannt, die zusammen hinreichend sind für X (und das heißt auch, dass das Definiendum und das Definiens wechselseitig substituierbar *salva veritate* und extensionsgleich sind); zweitens das Definiendum X im Definiens an keiner Stelle auftauchen darf (Zirkelfreiheit); und drittens keine außer den genannten notwendigen Bedingungen im Definiens auftauchen dürfen (Redundanzfreiheit).

Genus proximum und differentia specifica

Unsere Definition der Definition scheint sich von der *klassischen* Definition der Definition zu unterscheiden. Diese traditionelle, seit dem Mittelalter bekannte Definition lautet: *Definitio fit per genus proximum et differentiam specificam* – „Die Definition entsteht aus einer nächsthöheren Gattung (genus proximum) und dem artbildenden Unterschied (differentia specifica)". Der Grundgedanke hinter der traditionellen Definitionsbestimmung ist, dass alle Begriffe hierarchisch geordnet sind: Allgemeinere Begriffe über spezielleren Begriffen, so dass der Umfang des allgemeineren Begriffs größer oder gleich dem des spezielleren Begriffs ist. Setzt man das voraus, lässt sich jede Definition in zwei Schritten vollziehen.

Machen wir uns das an einem Beispiel klar. Zunächst muss man zu dem zu bestimmenden Begriff, sagen wir „Fußball", einen geeigneten allgemeineren Begriff (die „nächsthöhere Gattung", das „genus proximum") finden, unter den er fällt. Ist mit „Fußball" nun nicht der Ball, sondern das Spiel gemeint, so wäre das naheliegenderweise der Begriff „Spiel". Da es aber sehr viele Spiele gibt, die *nicht* Fußball sind, muss man dann einen zweiten Begriff finden, der den allgemeineren Begriff („Spiel") so ergänzt, dass sich eine geeignete Bestimmung des gesuchten Begriffs („Fußball") ergibt und er von allen anderen Begriffen (z.B. „Handball"), die auch unter die nächsthöhere Gattung fallen, unterschieden werden kann (deshalb der Name „artbildender Unterschied" oder „differentia specifica"). Um Fußball auf diese Weise noch von anderen Spielen zu unterscheiden, ergänzen wir also zur nächsthöheren Gattung den artbildenden Unterschied, etwa so (und ganz vorläufig): Fußball ist das Spiel, dessen Ziel es ist, einen Ball häufiger als der Gegner mit irgendeinem Körperteil außer den Armen (in der Regel dem Fuß oder dem Kopf) im gegnerischen Tor unterzubringen. (Ein anderes, klassisches Beispiel wäre die Definition von „Mensch" als „vernunftbegabtes Lebewesen", wobei „Lebewesen" die nächsthöhere Gattung wäre und „vernunftbegabt" der artbildende Unterschied.)

Es spricht nun nichts dagegen, die „nächsthöhere Gattung" und den „artbildenden Unterschied" als notwendige Bedingungen für das Definiendum zu verstehen. Dann aber ist der vermeintlich große Unterschied zwischen der traditionellen und unserer Bestimmung der Definition in Wirklichkeit keiner. Denn dann ist die traditionelle Definition eben auch eine Definition, deren Definiens aus den notwendigen Bedingungen besteht, die zusammen hinreichend für das Definiendum sind, mit der Einschränkung allerdings, dass es jeweils *nur genau zwei* notwendige und zusammen hinreichende Bedingungen für das Definiendum gibt und diese beiden notwendigen Bedingungen jeweils eine eindeutig festgelegte *funktionale Rolle* haben. Ein Beispiel dafür ist Aristoteles' Definition des Syllogismus: „Ein Schluss ist (1.) eine Rede [nächsthöhere Gattung], (2.) in der, wenn etwas gesetzt wird, etwas von dem Gesetzten Verschiedenes notwendig dadurch folgt, dass dieses ist [artbildender Unterschied]." Sollten wir also unsere eigene Bestimmung der Definition noch einmal ändern und die traditionelle Bestimmung der Definition für die bessere halten?

Vielleicht wäre das keine gute Idee. Warum, zeigt sich sehr schnell, wenn wir noch einmal an die klassische Definition des Wissens als gerechtfertigte wahre Meinung denken. Wir hatten gesehen, dass sie schon in ihrer klassischen, mangelhaften Form *drei* notwendige Bedingungen erfordert und dass man vermutlich eine weitere, vierte notwendige Bedingung benötigt, die zu den drei klassischen Bedingungen hinzutritt, um notwendige Bedingungen zu haben, die zusammen auch hinreichend sind für Wissen. Es scheint also Begriffe zu geben, deren Definiens mehr als zwei notwendige Bedingungen enthält. Dagegen könnte man vielleicht einwenden, dass dann eben eine dieser notwendigen Bedingungen die Rolle der nächsthöheren Gattung übernehmen könnte und die anderen zusammengenommen die Rolle des artbildenden Unterschieds. Angenommen, wir gehen darauf ein. Wie könnte man dann feststellen, welche der notwendigen Bedingungen die nächsthöhere Gattung ist? Im Falle des Tisches könnte das die Eigenschaft sein, etwas auf etwas ablegen zu können, oder die Eigenschaft, aus einem bestimmten Material zu bestehen, oder die Eigenschaft, mindestens ein Bein zu haben, das die Platte in einem gewissen Abstand vom Boden hält, oder die Eigenschaft, eine ebene Platte zu besitzen. Sicherlich würden sich viele für die Eigenschaft, aus einem bestimmten Material zu bestehen, entscheiden. Muss man das aber? Gibt es ein sicheres Kriterium, um das entscheiden zu können? Es würde an der von uns vorgeschlagenen Definition für „Tisch" überhaupt nichts ändern, wenn wir statt der Eigenschaft, aus einem bestimmten Material zu bestehen, eine andere der vier Eigenschaften als nächsthöhere Gattung bezeichnen würden. Offensichtlich bringen die Einschränkungen der traditionellen Definition keine echten Vorteile, sondern nur neue Probleme.

Warum man nicht alles definieren kann

Wir haben schon darauf hingewiesen, dass man nicht alles definieren kann. Jetzt, da wir eine Definition der Definition gefunden haben, können wir auf diesen Punkt zurückkommen. Es gibt insgesamt zwei Gründe für diese These. Der *erste* Grund hängt mit der formalen Struktur der Definition zusammen, der *zweite* mit der Struktur einiger Begriffe selbst. Was wir jetzt skizzieren werden, ist viel mehr als nur Handwerkszeug; es gehört zu den elementaren Fragen der Philosophie. Viel mehr als eine grobe Skizze können wir hier nicht leisten. Aber es wird hilfreich sein, einige der fundamentalen erkenntnistheoretischen

Probleme, die nach dem Erlernen des Handwerkszeugs und bei seinem Gebrauch auftauchen, vor Augen zu haben.

Man kann nicht alles definieren. Der erste Grund dafür ist leicht zu verstehen, weil er sich einfach aus der formalen Struktur jeder Definition ergibt. In der Definition wird das Definiendum durch mindestens einen, in der Regel durch zwei oder mehr Begriffe erklärt. In unserem Beispiel waren das solche Begriffe wie „Material", „Platte" und „Abstand". Wir wissen also erst dann, was ein Tisch ist, wenn wir auch wissen, was Material, Platte und Abstand sind. Auch wenn diese Begriffe zum Bestand der Alltagssprache gehören und deshalb recht vertraut sind, wissen wir erst, was sie eigentlich genau bedeuten, wenn wir auch für jeden einzelnen von ihnen eine eigene Definition angegeben haben. In diesen neuen Definitionen werden im Definiens jedoch wieder andere Begriffe auftauchen, die ihrerseits definiert werden müssen, und so weiter und so fort.

> Ü19
> Sie können, liebe Leserin und lieber Leser, gerne versuchen, diese Begriffe zu definieren. Leicht wird es nicht! So wird bei dem Versuch, „Material" zu definieren, vermutlich auch der Begriff des „Körpers" oder der „Materie" auftauchen, und an diesen Begriffen wiederum kann man sich lange die Zähne ausbeißen. Selbst eine so unscheinbar aussehende Definition wie die von „Junggeselle" ist nicht so harmlos, wie man vielleicht denkt. Ist z.B. ein geschiedener oder verwitweter Mann (noch) ein Jungeselle? Müssen Junggesellen jung sein? Nennt man einen 80jährigen Mann noch „Junggeselle"?

Doch zurück zu dem Problem, dass man mit einer Definition anscheinend an kein Ende kommt, weil im Definiens Begriffe auftauchen, die ihrerseits wieder definiert werden müssen, usw. usf. Man nennt einen derartigen Rückgang ins Unendliche auch *regressus ad infinitum* oder *infiniter Regress*. Wenn man tatsächlich fordert, dass *alles* definiert werden muss, kommt man nicht nur mit der Definition von „Tisch" an kein Ende, sondern man kommt auch mit keiner einzigen anderen Definition dorthin. Dann kann man aber gar nichts definieren, und damit wird jede Suche nach einer Definition hinfällig. Um aus dieser unangenehmen Lage herauszukommen, bleibt also nur übrig, den Anspruch, alles so zu definieren, wie wir es getan haben, zurückzuweisen. Das heißt aber nicht, dass man das Definieren einfach irgendwo willkürlich beenden dürfte. In der Regel hören wir mit dem Definieren nur dann auf, wenn uns die im Definiens genannten Begriffe hinreichend bekannt zu sein scheinen. Die Definition hat dann ihren Zweck erfüllt und ist zufriedenstellend, wenn man einen Begriff, der noch nicht so gut bekannt war, auf Begriffe zurückführen konnte, die besser bekannt sind.

Wir sind also dann mit einer Definition *zufrieden*, wenn wir glauben, etwas besser zu verstehen. Daraus folgt natürlich nicht, dass die Definition, mit der wir zufrieden sind, auch stimmt, oder dass wir die Begriffe, die wir im Definiens verwenden, *wirklich* besser verstehen als wir vorher das Definiendum verstanden haben. Und daraus ergibt sich die Frage, woher wir denn wissen, wann wir mit einer Definition zufrieden sein *dürfen*. (Das ist ein sehr wichtiger Punkt, und wir kommen gleich noch einmal darauf zurück. Eine Möglichkeit, Fragen nach immer weiteren Definitionen abzubrechen, besteht darin, eine Definition für einen Begriff, und damit seine Bedeutung, einfach *festzulegen*. Das nennt man auch eine *stipulative* Definition. Daran ist nichts verkehrt, solange nur klar ist, dass es sich um eine stipulative Definition handelt, die für einen bestimmten Zweck sinnvoll ist.)

Mit diesem ersten Grund, warum man nicht alles definieren kann, hängt der *zweite* zusammen, der uns allerdings sehr schnell in große Probleme bringt. Wir sagten gerade, dass wir üblicherweise mit unseren Definitionsversuchen dann aufhören, wenn wir zufrieden sind: Wir definieren A, das uns unklar ist, durch B, C und D, die uns klar sind. Nun scheint es aber, als könne man manche Begriffe aufgrund ihrer Beschaffenheit grundsätzlich nicht definieren, und dennoch sind sie uns auf eine bestimmte Art und Weise klar; solche Begriffe nennt man auch *Primitiva* (von lateinisch *primitivum*, „das erste seiner Art", „der Grundbegriff"). Wie könnte man z. B. den Begriff „gelb" definieren? Gewiss könnte ein Physiker etwas über bestimmte Wellenlängen sagen, mit denen Licht von einer Oberfläche, die uns gelb erscheint, reflektiert wird usw. Aber würde das ausreichen, um zu definieren, was „gelb" bedeutet oder was es ist? Könnten wir einem Blinden allein mithilfe der physikalischen Sprache erklären, was der Begriff „gelb" bedeutet? Viele werden behaupten (und wir schließen uns dem an), dass man nur *verstehen* kann, was „gelb" bedeutet, wenn man in der Lage ist, die entsprechende Farbwahrnehmung zu haben (oder jedenfalls einmal gehabt zu haben); nur wer gelbe Dinge sehen kann, weiß was „gelb" bedeutet. Aber bedeutet das auch, dass man „gelb" nicht definieren kann? Gibt es vielleicht einen Unterschied zwischen dem Verstehen eines Begriffes und seiner Definition? Kann man „gelb" vielleicht (wie G. E. Moore behauptete) deswegen nicht definieren (übrigens genauso wenig wie „gut"), weil es keine Teile hat (also auch keine notwendigen Bedingungen)?

> Ü20*
> G. E. Moore meinte, „gut" bedeute „gut" und sonst gar nichts. Jeder Versuch, „gut" zu definieren und damit gleichzusetzen mit etwas anderem (etwa mit „lustvoll" oder „nützlich" oder „von Gott gewollt"), sei ein Fehler. Das könne man auch daran erkennen, dass bei jedem solchen Definitionsversuch immer noch die Frage sinnvoll oder offen sei, ob der als gut identifizierte Gegenstand tatsächlich gut sei. Wenn man also z. B. sage, irgendein Gegenstand x sei lustvoll, dann sei es immer noch eine offene Frage, ob x auch *gut* sei (bzw. ob etwas Lustvolles auch *gut* sei). (Man nennt das übrigens Moores „open question argument".) Wieso wäre das denn keine offene Frage, wenn „gut" tatsächlich das gleiche bedeuten würde wie „lustvoll"?

Oder kann man solche Begriffe deswegen nicht definieren, weil sie auf einer bestimmten Form von Evidenz beruhen, die prinzipiell nicht auf andere Begriffe zurückführbar ist? Aber wenn das stimmte, würde man dann nicht behaupten, dass alle Gegenstände der sinnlichen Wahrnehmung undefinierbar sind, weil sie u. a. Eigenschaften besitzen, die ohne bestimmte Akte des Wahrnehmens nicht verstehbar sind (die sogenannten *Qualia*)? Könnte man unter diesen Voraussetzungen dann z. B. nicht definieren, was eine Coca Cola ist, weil eine Cola *schwarz* ist und eben nach Cola schmeckt, also *Colageschmack* hat?

> Ü21
> Etwas, das nicht schwarz ist und nicht nach Cola schmeckt, ist auf keinen Fall eine Cola. Aber angenommen, der menschliche Geschmackssinn änderte sich und wir würden beim Trinken einer Coca Cola nicht mehr den Colageschmack erleben – wäre dann nicht dennoch die Coca Cola an sich eine Coca Cola? Sie selbst hat sich doch nicht verändert, oder? Versuchen Sie bitte zu antworten.

Auf eine noch einmal anders gelagerte Schwierigkeit beim Definieren von Begriffen hat Ludwig Wittgenstein aufmerksam gemacht: Nach ihm sind alle Begriffe so beschaffen, dass man für sie zwar keine Definition und noch nicht einmal eine notwendige Bedingung angeben kann, ohne dass sie aber deswegen wie „gelb" oder „gut" *gänzlich* unbestimmbar wären. Diese Begriffe zeichnen sich dadurch aus, dass sie jeweils Namen für eine Familie von Begriffen sind, die untereinander durchaus Ähnlichkeiten aufweisen (die sogenannten *Familienähnlichkeiten*). Ein solcher Begriff mit Familienähnlichkeiten ist nach Wittgenstein der Begriff „Spiel". Sucht man nach seinen notwendigen Bedingungen, ergeben sich die folgenden Schwierigkeiten: Was haben alle Spiele gemeinsam? Etwa, dass sie von mehreren gespielt werden (wie Fußball, Tennis, Skat)? Nein, es gibt auch Spiele, die man allein spielt (wie die Patience). Oder, dass sie Freude bereiten? Auch das ist nicht allen Spielen gemeinsam. Manche machen überhaupt keine Freude (etwa das mit fehlerhafter Intonation ausgeführte Cellospiel eines Anfängers, der von seinen Eltern gezwungen wird, das Instrument zu erlernen, ohne selbst ein Interesse daran zu haben). Vielleicht ist ja allen Spielen gemeinsam, das Ziel zu haben, dass einer gewinnt (wie Poker, Dart, Billard)? Doch wenn Kinder im Sandkasten Burgen bauen, spielen sie, ohne dass sie notwendigerweise darauf aus sind, in einem Wettstreit zu gewinnen. Vielleicht ist es dann Spielen gemeinsam, dass sie feste Regeln haben? Was ist dann aber mit dem jungen Kind, das gedankenverloren mit seinen Haaren spielt?

Für den Begriff „Spiel" scheint es also keine notwendigen Bedingungen zu geben. Aber natürlich folgt das nicht wirklich aus der Tatsache, dass wir bisher keine notwendige Bedingung gefunden haben, und es stellt sich auch die Frage, wie man überhaupt beweisen könnte, dass ein Begriff keine notwendige Bedingung besitzt. Aber einmal angenommen, es wäre im Falle des Begriffs „Spiel" so. Dann kann man zwar keine Eigenschaft angeben, die *allen* Spielen gemeinsam ist, aber man findet, wie wir gesehen haben, innerhalb der Familie „Spiel" zahlreiche Mitglieder, die dieselben Eigenschaften (eben die Familienähnlichkeiten) haben: die Mannschaftsspiele, die Solospiele, die freudemachenden Spiele, die Gewinnspiele, die Spiele nach Regeln, die regellosen Spiele. Diese Gruppen von Familienmitgliedern lassen sich definieren, auch wenn die Gesamtfamilie „Spiel" anscheinend nicht definiert werden kann. Doch ob der Begriff „Spiel" tatsächlich keine notwendigen Bedingungen besitzt, ist damit noch nicht gesagt, und es ist damit nicht einmal gesagt, ob es überhaupt Begriffe gibt, deren einzige Gemeinsamkeiten Familienähnlichkeiten sind.

> **Ü22***
> Fällt Ihnen ein philosophischer Begriff ein, der nicht definiert werden kann, sondern nur Familienähnlichkeiten aufweist?
> Was meinen Sie, hat Wittgenstein Recht? Gibt es wirklich keine Bedingungen, die erfüllt sein müssen, damit etwas ein Spiel ist, gibt es also, anders gesagt, keine notwendigen Bedingungen dafür, ein Spiel zu sein? Ein kleiner Tipp: Sehen Sie einmal von so speziellen Eigenschaften wie „geregelt", „freudemachend", „auf Gewinn angelegt" ab, und denken Sie an wesentlich allgemeinere Eigenschaften.

Kommen wir im Zusammenhang mit Wittgensteins Problem noch einmal auf den Anfang unserer Überlegungen zum Definieren zurück. Einen Begriff zu definieren, so sagten wir, bedeutet auch, Abgrenzungen vorzunehmen; das verstehen wir jetzt besser. Selbst wenn man nun (mit Wittgenstein) der Auffassung ist, dass es so etwas wie das ‚Wesen' einer Sache (oder zumindest mancher Sachen) nicht gibt – oder jedenfalls nicht das Wesen eines Begriffs, mit dem wir uns auf eine Sache beziehen –, so ist der Versuch, Begriffe zu definieren, dennoch kein sinnloses Geschäft. Selbst wenn wir uns nicht darauf einigen können, was wir unter einem Begriff verstehen und welchen Begriff wir für eine Sache verwenden wollen, so hilft der Versuch, einen Begriff zu definieren, uns dennoch, *Unterschiede* in der Sache zu sehen, die wir dann vielleicht auch in der Sprache spiegeln können.

Kommen wir noch einmal auf unser Beispiel des Wissens zurück: Wir hatten gesehen, dass die auf Platon zurückgehende (von ihm allerdings abgelehnte) Definition lautet, Wissen sei wahre gerechtfertigte Meinung. (Dieser Definition zufolge *weiß* z.B. der Meisterdetektiv William von Baskerville, dass Jorge von Burgos der Mörder ist, wenn es *wahr* ist, dass Jorge der Mörder ist; wenn William *meint*, dass Jorge der Mörder ist; und wenn William *gerechtfertigt* ist in seiner Meinung, dass Jorge der Mörder ist.) Diese Definition und vor allem die jüngere, auf Edmund Gettier zurückgehende Kritik an ihr hat eine Vielzahl von fruchtbaren Überlegungen und Unterscheidungen hervorgebracht. Was man nun letzten Endes „Wissen" nennen will, ist in gewisser Hinsicht nicht entscheidend und hängt ohnehin, wie wir sahen, davon ab, wie der Begriff *gebraucht* wird. Wie auch immer er aber gebraucht wird, es ist *eine* Sache, eine gerechtfertigte wahre Meinung zu haben; eine *andere* Sache, eine gerechtfertigte, aber nicht unbedingt wahre Meinung zu haben; wiederum eine *andere* Sache, eine wahre, aber nicht gerechtfertigte Meinung zu haben; *oder* eine wahre, durch selbständiges Prüfen gerechtfertigte Meinung zu haben; *oder* eine nicht unbedingt wahre, aber durch einen guten Informanten gerechtfertigte Meinung zu haben; *oder* eine wahre und letztbegründete Meinung zu haben, usw. Wie man diese Sache (oder diese Sachen) nennt, ist letztlich egal (oder vielleicht nur in lebensweltlich-normativen Kontexten wie einem Gerichtssaal relevant, wo es um die Frage geht, ob Jorge der Mörder ist) – ein jedes Ding ist, was es ist, unabhängig davon, wie wir es benennen und wie wir uns darauf beziehen. Wichtig ist, die Unterschiede zu sehen, und dabei helfen Definitionen und die mit ihnen verbundene Suche nach notwendigen Bedingungen.

Ü23*

Es mag zwar *letztlich* egal sein, wie man etwas nennt, aber Begriffe haben oft eingespielte Konnotationen, die alles andere als egal sind. Außerdem erfüllen Begriffe und ihre Definitionen oft ganz bestimmte Zwecke. Versuchen Sie einmal, „Verkehrstote" und „arm" zu definieren; die Lösung, die Sie im Anhang finden, wird Sie vermutlich überraschen.

Fragen über Fragen. Hier, und das heißt nach oder besser: *mit* dem Erlernen des philosophischen Handwerkszeugs beginnen die eigentlichen Schwierigkeiten. Die Definition von „Tisch" hat sich als schwierig erwiesen, aber es ist ungemein schwieriger, philosophische Begriffe wie „Freiheit", „Gerechtigkeit" oder „Ursache" zu definieren. Wir haben in diesem Abschnitt gesehen, dass die Bestimmung der Begriffsanalyse eines Begriffs T als die Angabe von notwendigen Bedingungen für T, die zusammen hinreichend sind, insgesamt die stärkste Form einer Definition ist, die uns zur Verfügung steht. Nicht bei allen Begriffen schien es jedoch möglich, eine derart starke Definition anzugeben. In diesen Fällen muss man sich dann mit schwächeren Begriffsanalysen begnügen: Manchmal findet man vielleicht nur notwendige Bedingungen, die aber nicht zusammen hinreichend sind, manchmal kann man nur Familienähnlichkeiten angeben (wie im Fall von „Spiel"), manchmal gelingt einem nicht einmal das (wie im Fall von „gelb" und „gut").

Dennoch führt für denjenigen, der selbst philosophieren möchte, kein Weg daran vorbei, Begriffe zu analysieren und Definitionen anzugeben. Denn wie wir im nächsten Abschnitt genauer sehen werden, sind Begriffe die kleinsten Einheiten von Argumenten. Wenn wir also nicht bereits bei ihnen einigermaßen Klarheit erreichen können, werden wir sicherlich auch nicht gut argumentieren.

2. Aussagen analysieren

Inhalt: Aussagenlogik – Satz, Aussagesatz, Aussage – Wahrheitsfunktion – Wahrheitswert – Junktoren und ihre logischen Zeichen – alternative logische Zeichen – Wahrheitstafel – Konjunktion – Disjunktion – Kontravalenz – Negation – Bisubjunktion – Shefferstrich – Subjunktion – Antezedens und Konsequens – logische Wahrheit, Tautologie – Satz vom ausgeschlossenen Widerspruch – Widerspruch, Kontradiktion, logische Falschheit – Satz vom ausgeschlossenen Dritten – Satz der Identität – Konsistenz und Kohärenz – Äquivalenzregeln – Gesetze der Kommutation – Gesetz der Doppelten Negation – Gesetz der Kontraposition – Gesetze von De Morgan – Logisches Quadrat – kategorische Aussagen – Satztypen der Syllogistik – kontradiktorische Aussagen – konträre Aussagen – subkonträre Aussagen – subalterne Aussagen – Existenzpräsupposition – Satz- und Prädikatsnegation – Prädikatenlogik – atomare Sätze – komplexe Sätze – quantifizierte Sätze – kategorische Aussagen in der Prädikatenlogik – Aussagen, Sachverhalte, Propositionen – Wahrheit – indexikalische Ausdrücke – Tatsache – Satztyp, Satzvorkommnis – Tertium non datur – Bivalenzprinzip – Konsistenzprinzip

In diesem Abschnitt werden wir einige Grundbegriffe der sogenannten *formalen Logik* kennenlernen. Ob man die formale Logik als echten Teil der Philosophie verstehen sollte, ist Ansichtssache und hängt auch vom jeweiligen Inhalt und Typ der Logik ab. Unbestritten ist sie aber ein wichtiges Werkzeug des Philosophierens. Nun kann das, was wir in diesem sowie im nächsten Abschnitt kennenlernen werden, natürlich keinen umfassenden Logikkurs ersetzen. Dennoch meinen wir, dass logisches Elementarwissen von allen, die mit der Philosophie anfangen, ohne allzu technisches Vokabular verstanden und auch schon angewandt werden kann.

Im ersten Teil geht es zunächst um die Wahrheit und Falschheit von Aussagen, und um deren Verknüpfungen. Der Teil der Logik, der sich mit solchen logischen Beziehungen zwischen Aussagen beschäftigt, heißt *Aussagenlogik* (AL). Neben den sogenannten logischen Junktoren, die Aussagen verknüpfen (z.B. durch „und" oder „oder"), geht es in der AL außerdem um diverse Äquivalenzregeln; auch damit werden wir uns kurz befassen. Die Ableitung von Aussagen aus Aussagen, also die sogenannten Schlussregeln (oder „Argumentformen"), kann man ebenfalls zur Aussagenlogik rechnen; darauf – wie auch auf die Schlussregeln der Syllogistik – gehen wir aber erst im nächsten Abschnitt (3) ein. Im zweiten Teil dieses Abschnitts (2) geht es kurz um die sogenannte *Prädikatenlogik* (PL). Noch stärker als bei der Aussagenlogik geht es hier darum, die Grundgedanken zu verstehen; wie gesagt, ein Logikbuch können wir nicht ersetzen (zumal es noch andere Disziplinen innerhalb der Logik gibt, auf die wir hier gar nicht eingehen können, wie etwa die alethische Modallogik, die deontische Logik oder auch die epistemische Logik). Wir sollten aber auch nicht vergessen, dass Philosophen über 2000 Jahre sehr gut Philosophie betrieben haben (und es immer noch tun), ohne dabei über die eher elementaren formalen Mittel der Logik von Aussagen und Schlüssen hinauszugehen. Diese Mittel kann man ziemlich rasch kennenlernen, und darum soll es hier in erster Linie gehen.

Aussagenlogik

Wie wir schon bei der Begriffsanalyse sahen und wie es sich eigentlich immer in der Philosophie verhält, tun sich rasch große Probleme und Fragen auf. Das gilt auch für die Beschäftigung mit den rein logischen Aspekten der Aussagenlogik, aber erst recht für die Frage, was Aussagen überhaupt sind und was Wahrheit ist. Doch wir wollen zunächst einmal so tun, als gäbe es diese Probleme nicht (tatsächlich tun Philosophen das die meiste Zeit, wenn sie Logik tatsächlich gebrauchen; sie tun so, als wären bestimmte Dinge einfach klar). Was genau unter Logik eigentlich zu verstehen ist und wofür sie gut ist, darauf wollen wir in einem späteren Abschnitt eingehen. Getreu unserer Devise des selbständigen Philosophierens wollen wir nun zunächst selbständig etwas Logik betreiben. Erst am Ende des nächsten Kapitels können wir dann darüber reflektieren, was wir da eigentlich gemacht haben und zu welchem Zweck.

Wahrheitsfunktionen

Tun wir also zunächst einmal so, als wären die Dinge einfach. Eine solch vermeintlich einfache Unterscheidung ist die zwischen *Satz*, *Aussagesatz* und *Aussage*. Nehmen wir dafür zunächst an, wir wüssten ungefähr, was eigentlich ein Satz ist. Dann sieht man sofort, dass zwischen Sätzen der Art „Aua, mein Kopf!", „Hast Du Kopfschmerzen?", „Nimm doch eine Aspirin!", „Wenn ich doch nur keine Kopfschmerzen hätte!" und dem Satz „Aspirin ist Acetylsalicylsäure" ein großer Unterschied besteht. Während nämlich Sätze wie die ersten hier genannten (als Beispiele für einen Ausrufesatz, einen Fragesatz, einen Befehlssatz und einen Wunschsatz) weder wahr noch falsch sind, ist ein Aussagesatz das sehr wohl. So ist ja „Aspirin ist Acetylsalicylsäure" wahr, während etwa „Aspirin wächst auf Bäumen" falsch ist. Halten wir also zunächst fest, dass ein Aussagesatz die wesentliche Eigenschaft hat, *wahr oder falsch* zu sein.

Diese beiden Eigenschaften „wahr" und „falsch" nennt man auch „Wahrheitswerte". Ein Aussagesatz ist also dadurch charakterisiert, einen *Wahrheitswert* zu haben, eben den Wahrheitswert des Wahren („wahr") oder den Wahrheitswert des Falschen („falsch"). Was „wahr" und „falsch" bedeuten, wollen wir zunächst einmal außer Acht lassen. Wir setzen zunächst für die Aussagenlogik nur ein alltägliches Verständnis dieser Ausdrücke voraus, und das ist doch wohl ungefähr dieses: Ein Aussagesatz ist genau dann wahr, wenn das, was er besagt, der Fall ist, und er ist genau dann falsch, wenn das, was er besagt, nicht der Fall ist. Zugegeben, das klingt vielleicht ein wenig gestelzt und wenig nach Normalsprache, leuchtet aber doch sofort ein: Ein Aussagesatz wie „Deutschland ist Fußballweltmeister 1974" ist wahr, wenn es wirklich der Fall ist, dass Deutschland 1974 Fußballweltmeister wurde (und das ist ja der Fall); hätten die Niederlande das Endspiel gewonnen, wäre der Aussagesatz falsch. Für's erste wollen wir also nur voraussetzen, dass Aussagen eine bestimmte Art von Sätzen sind, nämlich solche, die entweder wahr oder falsch sind. Damit können wir uns dem ersten großen Teil dieses Kapitels zuwenden, den wahrheitsfunktionalen Aussagenverknüpfungen; später werden wir sehen, dass dieses alltägliche Verständnis von „wahr" und „falsch" mit einem philosophisch präzisierten ziemlich genau übereinstimmt.

Ü24*
Hier zunächst eine Übung zum Begriff der Aussagen: Bei welchen der folgenden Sätze handelt es sich um Aussagen? Notieren Sie bitte Ihre Antworten auf einem Blatt Papier.

1. Wer ist 1954 Fußballweltmeister geworden?
2. William von Baskerville und Sherlock Holmes sind berühmte Detektive.
3. Flußlaufs, vorbei an Adam und Eva, von KüstenKurven zur BuchtBiegung, führt uns durch einen kommodien Ouikuß der Rezierkuhlation zurück nach Haus Castell und Emccebung.
4. Ach, ist das herrlich heute!
5. Über dem Atlantik befand sich ein barometrisches Minimum.

Aussagen, so sagten wir, sind Sätze mit einem Wahrheitswert. Solche Aussagen kann man nun auf bestimmte Art und Weise miteinander *verknüpfen*. So hat die Aussage „Hamburg ist eine Stadt im Norden Deutschlands" einen Wahrheitswert (sie ist wahr), und auch die Aussage „München ist eine Stadt im Süden Deutschlands" hat einen Wahrheitswert (auch sie ist wahr). Verknüpft man beide Aussagen auf die eine oder andere Art und Weise, so entsteht *eine neue* Aussage, deren Wahrheitswert durch den Wert der beiden Teilaussagen bestimmt wird. Man sagt auch, der Wahrheitswert der durch zwei oder mehr als zwei Teilsätze bestimmten Aussage ist eine *Funktion* der Wahrheitswerte der Teilsätze; eine Funktion deshalb, weil bestimmte Werte genommen werden (die Werte der Teilaussagen), die dann wieder einen anderen Wert ergeben (so wie die Funktion $F(x) = x^2$ je eine Zahl nimmt, etwa die Zahl 2, und dann auf dieser Grundlage andere Zahlen hervorbringt, also hier die Zahl 4). Man sagt daher auch, eine solche *komplexe Aussage* – wie z.B. „Hamburg ist eine Stadt im Norden Deutschlands, und München ist eine Stadt im Süden Deutschlands" – entsteht durch eine wahrheitsfunktionale Verknüpfung. Es gibt verschiedene solcher Verknüpfungen (Wahrheitswertfunktoren), die zwei Aussagen miteinander verbinden. Die wichtigsten (oder jedenfalls gebräuchlichsten) *Wahrheitswertfunktionen* (bzw. kurz: *Wahrheitsfunktionen*) sind die *Konjunktion*, die *Disjunktion* (die manchmal auch *Adjunktion* oder *Alternation* genannt wird), die *Subjunktion* (auch *materiale Implikation* oder *materiales Konditional* genannt) und die *Bisubjunktion* (oft auch *materiale Äquivalenz* oder *Bikonditional* genannt). Eine Ausnahme bildet die *Negation*, weil sie nicht zwei Aussagen miteinander verbindet, sondern auf nur eine Aussage angewendet wird. Diese *Wahrheitswertfunktoren* (kurz: *Funktoren*) werden auch *Junktoren*, *logische Konstanten*, *logische Operatoren* oder *Satzoperatoren* genannt. Da wir nun schon beim Einführen spezieller Termini sind, wollen wir auch gleich die logischen Zeichen auflisten, mit deren Hilfe man die entsprechenden Junktoren symbolisiert:

- das Negationszeichen (oder der Negator): ¬
- das Konjunktionszeichen (oder der Konjunktor): ∧
- das Disjunktionszeichen (oder der Disjunktor): ∨
- das Subjunktionszeichen (oder der Subjunktor): →
- das Bisubjunktionszeichen (oder der Bisubjunktor): ↔

Da sich die Logik im Laufe der Zeit in unterschiedlichen Schulen und Ländern entwickelt hat, gibt es nicht nur verschiedene Bezeichnungen, sondern auch alternative Zeichen für die Junktoren. Um philosophische Fachliteratur lesen zu können, ist es deshalb sehr wichtig, auch diese alternativen Zeichen zu kennen. So schreiben manche Philosophen für den Negator auch eine Tilde („~‘) oder einen hochgestellten Querbalken wie z.B. ‚Ā‘, für den Konjunktor das „Et-Zeichen" („&‘) oder nur einen Punkt („.‘), für den Subjunktor das sogenannte „Hufeisen" oder „horse-shoe" („⊃‘) und für den Bisubjunktor das Äquivalenzzeichen („≡‘). (Im Anhang haben wir die Junktoren und alternativen Zeichen dazu in einer Tafel zusammengestellt.) Um die Dinge einfacher und kürzer darzustellen, wollen wir nun auch noch für Aussagesätze Buchstaben einführen, die die Sätze vertreten, die sogenannten *Satzbuchstaben*: ‚p‘, ‚q‘, ‚r‘ usw., so dass z.B. der Aussagesatz „William von Baskerville ist ein Mönch" den Buchstaben ‚p‘ erhält und der Aussagesatz „Adson von Melk ist ein Novize" den Buchstaben ‚q‘. Tatsächlich geht man in der Aussagenlogik gar nicht von wirklichen Aussagen aus, sondern einfach von Satzbuchstaben wie ‚p‘, ‚q‘, ‚r‘, denen Wahrheitsbedingungen zugeordnet werden; wir kommen später darauf zurück.

Bevor wir fortfahren, sollten wir uns jetzt schon klar machen, dass die Aussagenlogik als solche (wie überhaupt die Logik) es *nicht* (direkt) mit wirklichen Aussagen der Normalsprache zu tun hat (diese „Normalsprache" nennt man oft auch „natürliche Sprache"). Die Aussagenlogik konstruiert mit Hilfe bestimmter Satzbuchstaben („p‘, ‚q‘, ‚r‘ usw.), logischer Zeichen („¬‘, ‚∧‘ usw.) sowie der beiden Klammern „(‘ und ‚)‘ als Hilfszeichen eine *künstliche* Sprache mit eigener Syntax (Grammatikregeln) und Semantik (Bedeutungsregeln).

Die Frage ist dann natürlich, was solche Zeichen und Aussagen eigentlich *bedeuten*, und in welchem Verhältnis sie zur normalen Sprache stehen. Wenn wir nicht gerade Logik um der Logik willen betreiben wollen, müssen wir ja mit der Logik etwas anfangen können, das heißt, wir müssen sie auf die Umgangssprache anwenden können. Wie das oben genannte „Entsprechen" von logischen Operatoren und Ausdrücken der natürlichen Sprache zu verstehen ist, müssen wir also noch genauer analysieren. Für den Augenblick können wir festhalten, dass den logischen Zeichen der künstlichen Sprache (und ihren Wahrheitsfunktionen) in einer normalen Sprache wie dem Deutschen ungefähr (aber keineswegs ganz!) die Ausdrücke „nicht ..." („¬‘ für die Negation), „... und ..." („∧‘ für die Konjunktion), „... oder ..." („∨‘ für die Disjunktion), „wenn ..., dann ..." („→‘ für die Subjunktion) und „... genau dann, wenn ..." („↔‘ für die Bisubjunktion) entsprechen.

Betrachten wir nun als erstes die *Konjunktion*, weil bei dieser Verknüpfung die logische Bedeutung und zumindest eine Bedeutung in der natürlichen Sprache („und") am deutlichsten übereinstimmen. Die

Aussage, die durch die Konjunktion zweier Aussagen entsteht, ist nämlich dann und nur dann wahr, wenn beide Teilaussagen wahr sind. Benutzen wir das Konjunktionszeichen („∧") sowie die Satzbuchstaben ‚p' für „William von Baskerville ist ein Mönch" und ‚q' für „Adson von Melk ist ein Novize", so kann man den Aussagesatz „William von Baskerville ist ein Mönch, und Adson von Melk ist ein Novize" folgendermaßen formalisieren: ‚p ∧ q'. Diese Aussage (und es ist wichtig zu sehen, dass durch die Verknüpfung der beiden Aussagen ‚p' und ‚q' *eine neue* Aussage mit *einem* bestimmten Wahrheitswert entstanden ist) ist nur dann wahr, wenn ‚p' wahr ist und ‚q' wahr ist. Denn der Satz sagt ja aus, dass beide Teilaussagen *zusammen* wahr sind, dass nämlich William von Baskerville tatsächlich ein Mönch ist und auch Adson von Melk tatsächlich ein Novize. Wäre nur eine von beiden Teilaussagen falsch, so wäre die ganze Aussage falsch. Ob ‚p' und ‚q' wirklich wahr sind, tut in der formalen Logik nichts zur Sache; die Frage ist allein (um beim Beispiel zu bleiben), was es für zwei Aussagen, die durch eine Konjunktion zu einer neuen Aussage verknüpft werden, bedeutet, dass beide Aussagen (die dann Teilaussagen sind, die sogenannten *Konjunktionsglieder*) wahr sind. Nun können bei der Aussage ‚p ∧ q' aber nicht nur, erstens, ‚p' und ‚q' jeweils wahr sein. Es könnte ja auch sein, dass, zweitens, ‚p' wahr und ‚q' falsch ist; dass, drittens, ‚p' falsch und ‚q' wahr ist; und dass schließlich, viertens, ‚p' falsch und ‚q' ebenfalls falsch ist. Das sind die vier möglichen Wahrheitswertkombinationen von zwei Aussagen. Stellen wir das einmal tabellarisch dar, wobei die Buchstaben ‚W' und ‚F' für die Wahrheitswerte „wahr" und „falsch" stehen sollen:

p	q
W	W
W	F
F	W
F	F

Das ist eine sogenannte *Bewertung*, also eine Zuordnung von Wahrheitswerten zu Satzbuchstaben. Bei der Beschäftigung mit Junktoren geht es nun darum, welche Wahrheitswerte für eine Aussage resultieren, je nachdem welche Junktoren die Verknüpfung zwischen den Aussagen herstellen. (Tatsächlich können nicht nur zwei, sondern im Prinzip unendlich viele Aussagen miteinander verknüpft werden; davon sehen wir hier ab, weil man jede dieser Verknüpfungen wieder auf die Verknüpfung von zwei Aussagen zurückführen kann.)

Betrachten wir wieder die Konjunktion. Wir sagten schon, dass nur, wenn ‚p' wahr ist *und* ‚q' wahr ist, auch die Konjunktion beider Aussagen wahr ist, also ‚p ∧ q'. Das kann man schematisch so darstellen:

p	∧	q
W	W	W

Das ‚W' unterhalb des Satzoperators ‚∧' bedeutet also, dass der Aussage ‚p ∧ q' insgesamt der Wahrheitswert „wahr" zugeordnet wird. Die Frage ist nun, welchen Wahrheitswert die Aussage ‚p ∧ q' annimmt, wenn die Wahrheitswerte der Teilaussagen (also der beiden Konjunktionsglieder) anders miteinander kombiniert werden, wenn also z. B. ‚p' wahr, aber ‚q' falsch ist. Wir sahen schon, dass es bei zwei Aussagen (‚p' und ‚q') vier Kombinationsmöglichkeiten gibt. Auch das lässt sich tabellarisch wieder gut darstellen (solch eine Tabelle nennt man auch eine *Wahrheitstafel*):

p	q	p ∧ q
W	W	W
W	F	F
F	W	F
F	F	F

Die linke Hälfte dieser Wahrheitstafel enthält die *Bewertung*, die rechte Hälfte die *Auswertung* der Tafel. Jetzt verstehen wir die Bedeutung des logischen Operators, den wir als „Konjunktor" bezeichnen und mit dem Zeichen ‚∧' symbolisieren: Werden zwei Aussagen ‚p' und ‚q' durch den Konjunktor verknüpft, so ist die daraus resultierende Aussage ‚p ∧ q' (die man selbst auch „Konjunktion" oder „konjunktive Aussage" nennt) dann und nur dann wahr, wenn die Teilaussagen (nämlich ‚p' und ‚q') beide wahr sind; in allen anderen Fällen ist die konjunktive Aussage falsch (daher die drei ‚F' unter dem Satzoperator ‚∧'). Wenn wir also die Wahrheitswerte zweier Aussagen kennen, die durch den Konjunktor miteinander verknüpft werden, so ergibt sich daraus zwingend – oder eben *logisch* – der Wahrheitswert der daraus entstandenen neuen Aussage. Wenn wir etwa wissen, dass ‚p' wahr und ‚q' falsch ist, dann wissen wir damit auch, dass ‚p ∧ q' falsch ist.

Das ist es also, was man unter „Konjunktion" versteht, und wer Philosophie studiert, muss dies einfach wissen. Wir müssen aber auch beachten, dass das normalsprachliche „und" nicht genau das bedeutet, was das logische ‚∧' bedeutet.

> **Ü25**
> Überlegen Sie sich bitte Fälle, in denen das normalsprachliche „und" nicht der Konjunktion entspricht. Und vielleicht wichtiger noch: Wie kann man im Deutschen eine Konjunktion ausdrücken, ohne das „und" zu benutzen?

Ein Beispiel dafür, dass nicht jedes normalsprachliche „und" als Konjunktion zu verstehen ist, ist der Satz „William und Adson sind Freunde". Denn er bedeutet ja nicht, dass William von irgendjemandem (der nicht Adson ist) ein Freund ist *und* dass Adson von irgendjemandem (der nicht William ist) ein Freund ist, sondern dass sie *miteinander* befreundet sind. Umgekehrt gibt es umgangssprachliche Möglichkeiten, eine Konjunktion auszudrücken, ohne „und" zu verwenden, z.B. „William ist schlau, aber auch Adson ist schlau". Ein großer Vorzug formallogischer Rekonstruktionen besteht darin, Mehrdeutigkeiten der natürlichen Sprache zu beseitigen, oder genauer gesagt: genau festzulegen, was ein bestimmtes Zeichen bedeutet (eine Aussage wie „Herr Müller und Frau Schmitz sind verheiratet" kann ja sowohl verstanden werden als „Herr Müller und Frau Schmitz sind miteinander verheiratet" wie auch als „Herr Müller ist – mit Frau N.N. – verheiratet, und Frau Schmitz ist – mit Herrn N.N. – verheiratet"). Und so bedeutet das Konjunktionszeichen ‚∧' genau und nur das, was in der Wahrheitstafel angegeben ist (kurz, dass ‚p ∧ q' dann und nur dann wahr ist, wenn sowohl ‚p' als auch ‚q' wahr ist, und dass ‚p ∧ q' in allen anderen Fällen falsch ist).

Betrachten wir jetzt ohne große Umschweife die Wahrheitstafel für die *Disjunktion*.

p	q	p ∨ q
W	W	W
W	F	W
F	W	W
F	F	F

Die Wahrheitstafel zeigt, dass eine Aussage der Form ‚p ∨ q' (bzw. die Aussage ‚p ∨ q') wahr ist, wenn eine oder beide Teilaussagen wahr sind (man sagt dann auch: ‚wenn *mindestens eine* Teilaussage wahr ist'). ‚p ∨ q' ist also nur falsch, wenn sowohl ‚p' als auch ‚q' falsch ist.

Das normalsprachliche Wort, das dieser Funktion am nächsten kommt, ist „oder". Stärker noch als bei der Konjunktion ist aber zu beachten, dass das umgangssprachliche „oder" mehrdeutig ist.

> Ü26
> Inwiefern ist das umgangssprachliche „oder" mehrdeutig? Wie wird „oder" im Deutschen gebraucht?

Unser logisches „oder" („∨") kommt dem *einschließenden* „oder" der Umgangssprache am nächsten. Dieses einschließende „oder" ist aber nicht ein verdecktes „und", wie etwa in dem Satz „Sojamilch oder Kichererbsen sind beide eine gute Quelle für Proteine". Es hat vielmehr die Bedeutung „mindestens eines von beiden, vielleicht aber auch beides", und das ist ja genau das, was die Wahrheitstafel der Disjunktion zeigt. (So leuchtet in einer elektronischen Oder-Schaltung das Licht sowohl dann, wenn nur in Leitung 1 Strom fließt, als auch dann, wenn nur in Leitung 2 Strom fließt, als schließlich auch dann, wenn in beiden Leitungen Strom fließt.)

Das umgangssprachliche „oder" kann aber auch *ausschließend* gemeint sein, wie z.B. in „Ich weiß nicht mehr, er spielte 1980 beim HSV oder bei Bayern". Da man nicht zur selben Zeit beim HSV und bei den Bayern spielen kann (auch wenn ein Spieler an einen anderen Verein ausgeliehen ist, kann er dennoch nur für einen aktiv spielen), ist das „oder" hier im Sinne des „entweder-oder" zu verstehen; entweder er spielte 1980 bei Bayern oder beim HSV, aber nicht bei beiden Vereinen. Diese Art der Verknüpfung nennt man auch *Kontravalenz*, und sie hat auch ein eigenes logisches Zeichen ‚>-<' (Vorsicht: Was wir hier „Kontravalenz" nennen, also das ausschließende „oder", wird von manchen auch „Disjunktion" genannt, also gerade mit dem Terminus bezeichnet, den wir als Bezeichnung für das einschließende „oder" verwenden):

p	q	p >-< q
W	W	F
W	F	W
F	W	W
F	F	F

Allerdings kann man diese Verknüpfung auch mit Hilfe anderer logischer Junktoren darstellen, so dass der Operator der Kontravalenz als eigenständiger Operator entbehrlich ist. So kann man ja sagen „Er spielte beim HSV oder bei Bayern, aber jedenfalls nicht beim HSV und bei Bayern". Es ist etwas aufwendiger, das logisch zu rekonstruieren; gleich werden wir sehen, dass sich die Kontravalenz aber auch einfacher, nämlich als eine negierte Bisubjunktion darstellen lässt.

Damit wir das tun können, müssen wir aber erst sehen, was genau Negation und Bisubjunktion bedeuten. Die *Negation* (‚¬') verknüpft keine Teilsätze zu komplexen Aussagen, sondern dreht den Wahrheitswert einer einzelnen Aussage gewissermaßen um (damit entspricht die Negation dem umgangssprachlichen „nicht", aber manchmal auch verwandten Ausdrücken wie „kein", „niemand", „nichts", „nie" usw.). Wenn also ‚p' wahr ist, dann ist ‚¬ p' (sprich: „nicht-p" oder „non-p") falsch (weil ja ‚¬ p' aussagt, dass ‚p' *nicht* wahr ist, also falsch ist, während doch ‚p' wahr ist, wie wir annehmen); und wenn ‚p' falsch ist, dann ist ‚¬ p' wahr (weil ‚¬ p' ja sagt, dass ‚p' nicht der Fall ist, also dass es nicht der Fall ist, dass ‚p' falsch ist). Wenn „Hamburg ist eine Stadt" wahr ist, dann ist – und jetzt beachte man die umgangssprachliche Darstellung mit *keine* – „Hamburg ist keine Stadt" falsch; und wenn „Hamburg ist eine Stadt" falsch wäre, dann wäre „Hamburg ist keine Stadt" wahr. Auch die Negation ist also eine Wahrheits*funktion*, weil der Wahrheitswert einer Negation (also z.B. der Negation ‚¬ p') vom Wahrheitswert von ‚p' abhängt (wie gesagt, wenn ‚p' wahr ist, dann ist ‚¬ p' falsch, und umgekehrt); der Unterschied ist nur, dass bei den anderen Junktoren (und damit bei den anderen Wahrheitsfunktionen) der Wahrheitswert einer komplexen Aussage von zwei Aussagen abhängt, bei einer Negation dagegen nur vom Wahrheitswert einer einzigen Aussage. Dennoch ist eine Negation eine *komplexe* Aussage, weil komplexe Aussagen definiert werden als Aussagen, die mit Hilfe von Junktoren gebildet werden. Die Wahrheitstafel der Negation sieht also so aus:

p	¬ p
W	F
F	W

Betrachten wir jetzt die *Bisubjunktion*. Auch sie hat eine ziemlich gute Entsprechung in der Normalsprache, nämlich das „ ... genau dann, wenn ..." und das „ ... dann und nur dann, wenn ...". Wenn man beispielsweise sagt, dass man dann und nur dann zum HSV-Stadion geht, wenn Schalke zu Gast ist, dann folgt daraus auch, dass, wenn Schalke zu Gast ist, man dann auch zum HSV-Stadion geht, und wenn Schalke nicht zu Gast ist, man dann auch nicht zum HSV-Stadion geht. Eine Bisubjunktion liegt also dann vor, wenn zwei Teilaussagen so verknüpft sind, dass die Verknüpfung nur wahr sein kann, wenn beide Teilaussagen wahr oder beide Teilaussagen falsch sind. Mittlerweile haben wir uns schon an Wahrheitstafeln gewöhnt, so dass wir dies besser sehen, wenn wir die Bisubjunktion schematisch darstellen:

p	q	p ↔ q
W	W	W
W	F	F
F	W	F
F	F	W

Jetzt verstehen wir die Negation und die Bisubjunktion. Mit diesen beiden Funktionen können wir auch das ausschließende „oder" darstellen (das „entweder-oder", also die Kontravalenz), ohne dafür eigens einen logischen Operator einführen zu müssen. Die Kontravalenz kann man nämlich (wie schon gesagt) als negierte Bisubjunktion darstellen, also als ‚¬ (p ↔ q)'. Dafür müssen wir zunächst wieder die Bewertung vornehmen, also Wahrheitswerte unter den Satzbuchstaben eintragen (das ist der Eintrag unter der linken Spalte):

p	q	¬ (p ↔ q)
W	W	
W	F	
F	W	
F	F	

Den daraus resultierenden, sogenannten *Wahrheitswertverlauf* der Bisubjunktion kennen wir ja schon (das ist der Eintrag in der rechten Spalte):

p	q	¬ (p ↔ q)
W	W	W
W	F	F
F	W	F
F	F	W

Der Negator dreht dann nur noch die Wahrheitswerte um:

p	q	¬	(p ↔ q)
W	W	F	W
W	F	W	F
F	W	W	F
F	F	F	W

Die Spalte unter dem Negationszeichen zeigt wie gesagt an, unter welchen Wahrheitsbedingungen die Aussage, in diesem Fall: ‚¬ (p ↔ q)' – sprich: „nicht: p genau dann, wenn q" –, wahr beziehungsweise falsch ist. Wie man sieht, ist der Wahrheitswertverlauf in der Spalte unter dem Negationszeichen identisch mit dem Wahrheitswertverlauf in der Wahrheitstafel mit dem logischen Operator der Kontravalenz. Stellen wir die beiden Tafeln einmal untereinander:

p	q	¬	(p ↔ q)
W	W	F	W
W	F	W	F
F	W	W	F
F	F	F	W

p	q	p >< q
W	W	F
W	F	W
F	W	W
F	F	F

Man sieht, der Wahrheitswertverlauf ist in beiden Wahrheitstafeln identisch, und das heißt, zwischen ‚¬ (p ↔ q)' und ‚p >< q' besteht mit Blick auf die Wahrheitswerte überhaupt kein Unterschied.

Schon dieses Beispiel zeigt, dass nicht alle Funktoren wirklich zwingend gebraucht werden. So kann man die üblichen fünf Wahrheitswertfunktionen, die wir hier darstellen (also die Negation, Konjunktion, Disjunktion, Bisubjunktion und die noch zu behandelnde Subjunktion) noch weiter auf jeweils zwei von ihnen reduzieren, etwa auf die Negation und die Konjunktion, so dass man z.B. die Aussage ‚q → (p ∨ q)‘ darstellen kann als ‚¬ [q ∧ (¬ p ∧ ¬ q)]‘. Tatsächlich kann man die Zahl der logischen Operatoren noch weiter auf einen einzigen reduzieren, z.B. auf den sogenannten *Shefferstrich* (‚|‘), demzufolge ‚p|q‘ äquivalent ist mit ‚¬ (p ∧ q)‘. In der Regel arbeitet man aber mit den hier vorgestellten Funktoren, schlicht deshalb, weil es einfacher (übersichtlicher) und das (wenn auch problematische) Verhältnis zur Normalsprache so besser nachvollziehbar ist.

Dass dieses Verhältnis alles andere als ein 1:1-Verhältnis ist, zeigt am deutlichsten die nächste und letzte Wahrheitsfunktion, die wir betrachten wollen, die *Subjunktion*. Hier zunächst wieder die Wahrheitstafel:

p	q	p → q
W	W	W
W	F	F
F	W	W
F	F	W

Die Aussage ‚p → q‘ liest man als „wenn p, dann q". Dabei nennt man die Aussage vor dem Satzoperator, in diesem Fall also ‚p‘, das *Antezedens* (Vorderglied) der Subjunktion, die Aussage nach dem Satzoperator, in diesem Fall also ‚q‘, nennt man das *Konsequens* oder auch *Sukzedens* (Hinterglied) der Subjunktion. Blickt man auf die Wahrheitstafel, so sieht man leicht, dass eine Subjunktion nur dann falsch ist, wenn ihr Antezedens wahr und ihr Konsequens falsch ist.

Ü27*
Das bisher Gesagte reicht aus, um einen größeren Übungsblock einzubauen. Bitte schauen Sie sich die folgenden Übungen an.

Welche der folgenden normalsprachlichen Sätze können mit unseren logischen Hilfsmitteln in eine Wahrheitsfunktion (also eine Negation, Konjunktion, Disjunktion, Subjunktion oder Bisubjunktion) übersetzt werden, welche nicht? Nennen Sie auch jeweils den Namen der Wahrheitsfunktion. Welche der Wahrheitsfunktionen ist dann wahr, welche falsch?

1. Genau dann, wenn jemand Junggeselle ist, ist er ein unverheirateter Mann.
2. Wenn Pisa in Italien liegt, ist Goethe ein Schriftsteller oder Caesar ein Feldherr.

> 3. Kommst du nun endlich, Adson, oder soll ich den Fall ohne dich lösen?
> 4. Dann und nur dann, wenn jemand Junggeselle ist, ist er ein unverheirateter Mann.
> 5. Goethe ist ein Mann, Diotima aber eine Frau.
> 6. München liegt in Bayern, und Goethe ist eine Frau.
> 7. Goethe ist ein toller Schriftsteller!
> 8. Paris ist die Hauptstadt Frankreichs, und New York ist die Hauptstadt der USA.
> 9. 1 + 1 = 3, und 2 x 2 = 6.
> 10. 1 + 1 = 2, oder 2 + 2 = 4.
> 11. Der Tag hat 24 Stunden, oder die Minute hat 33 Sekunden.
> 12. Hat der Tag 24 Stunden, oder die Minute 33 Sekunden?
> 13. Der Mensch ist kein Säugetier, oder der Wal ist ein Fisch.
> 14. Wenn Kaffee ein Metall ist, dann hat Goethe den „Faust" geschrieben.

Sie haben jetzt auch Aufgaben zur Subjunktion gelöst. Das kann man ziemlich mechanisch tun, ohne darauf zu achten, was da eigentlich gesagt oder getan wird. Dass eine Subjunktion falsch ist, wenn ihr Antezedens wahr und ihr Konsequens falsch sind, stimmt auch gut mit unserem normalsprachlichen Verständnis überein. Dass eine Subjunktion aber *nur* dann falsch ist, wenn ihr Antezedens wahr und ihr Konsequens falsch ist, so dass sie also auch dann immer wahr ist, wenn das Antezedens falsch ist, entspricht nicht unserer Normalsprache; so ist ein Satz wie „Wenn Paris die Hauptstadt von Italien ist, dann ist Frankreich ein europäischer Staat" nach den üblichen logischen Voraussetzungen wahr, auch wenn wir das im Alltag wohl kaum sagen würden. Zwar kann man Fälle ausfindig machen, in denen unsere Sprache eine solche Interpretation auch erlaubt; aber das sind Ausnahmefälle, und der Versuch, die Subjunktion vollständig normalsprachlich zu deuten, ist zum Scheitern verurteilt.

> Ü28*
> Was würde allerdings passieren, wenn wir einmal provisorisch annähmen, die Subjunktion als ganze wäre falsch, wenn das Antezedens falsch wäre?

Was wir uns auf jeden Fall aus dem Kopf schlagen müssen, ist die Vorstellung, es ginge bei einer Subjunktion, so wie die Aussagenlogik sie definiert, um ein *kausales* Verhältnis, etwa wie in dem Satz „Weil es regnet, wird die Straße nass". Es geht in einer Subjunktion keineswegs um Ursachen und Wirkungen, wie man an folgendem Beispiel einer Subjunktion leicht erkennen kann: „Wenn Deutschland Fußballweltmeister 2014 ist, dann sind die Red Sox Gewinner der World Series 2004". Es geht bei einer Subjunktion aber auch auf keinen Fall um eine *temporale* Beziehung; so hat zum Beispiel in dem Satz „Wenn es blitzt, dann donnert es" das logische Wenn-dann nichts mit der zeitlichen Abfolge von Blitz und Donner zu tun.

Wenn aber die Subjunktion normalsprachlich nicht vollständig rekonstruiert werden kann, wie ist sie dann zu deuten? Wie sind überhaupt logische Operatoren zu verstehen? Diese Frage ist eine typisch philosophische Frage. Denn sie entspringt der Reflexion darüber, wie das, was man tut und im alltäglichen Geschäft des Nachdenkens gebraucht, eigentlich zu verstehen ist. Aber halten wir noch einmal fest, was wir schon oben bei den Aussagen angedeutet haben: In der Philosophie sprechen wir ständig so, als wüssten wir, was genau Aussagen (oder Wahrheit, Tatsachen, Normen usw. usf.) überhaupt sind. Das tun wir zwar nicht – letztlich ist alles dies umstritten –, und dennoch müssen wir ja irgendwo anfangen; wir können nicht alles auf einmal erklären (wenn wir überhaupt alles erklären könnten). Eines ist aber klar: Wer philosophieren will, der muss die Grundbedeutungen solcher Ausdrücke kennen. Und so muss man auch wissen, wie Subjunktionen gehandhabt werden (nämlich genau so wie die Wahrheitstafel es darstellt). Wenn wir aber erst einmal verstanden haben, wie die Wahrheitstafel funktioniert und gebraucht wird, dann können wir einen Schritt weitergehen. Versuchen wir also eine Präzisierung: Die Frage ist, welche Bedeutung das Subjunktionszeichen hat. Wenn wir davon ausgehen, dass wir die Bedeutung eines Zeichens verstehen, wenn wir wissen, unter welchen Bedingungen eine Aussage mit diesem Zeichen wahr ist (solche Bedingungen heißen daher *Wahrheitsbedingungen*), dann verstehen wir die Bedeutung des Subjunktionszeichens dann, wenn wir wissen, unter welchen Bedingungen eine Aussage wahr ist, die auf dem Subjunktionszeichen beruht – oder kurz: Wir verstehen die Bedeutung einer Aussage dann, wenn wir wissen, unter welchen Bedingungen sie wahr ist, wenn wir also um die Wahrheitsbedingungen der Aussage wissen; und genau solche Wahrheitsbedingungen gibt eine Wahrheitstafel an. Die Bedeutung des Subjunktionszeichens ist also *nichts anderes* als das, was die Wahrheitstafel besagt. Da die Wahrheitstafel angibt, welche Wahrheitsbedingungen die Aussagesätze haben, die mit Hilfe des Subjunktors gebildet werden, könnte man vielleicht auch sagen, dass die Frage nach der Bedeutung des Subjunktionszeichens irreführend ist, weil es insofern gar keine Bedeutung hat, als es sich auf gar nichts bezieht, sondern eine Funktion ist – es ist ja wahrheitsfunktional. (Aber spätestens hier müssen wir uns fragen, was genau eigentlich „Bedeutung" bedeutet. Wieder sehen wir, wir kommen vom begrifflichen Hölzchen aufs begriffliche Stöckchen.)

So oder so, ist uns mit dem bisher Gesagten wirklich geholfen? Eine Wahrheitstafel operiert mit den beiden Ausdrücken „wahr" und „falsch". Nun sind zwar Aussagen in der Aussagenlogik nicht einfach wahr oder falsch, sondern sie sind immer nur wahr oder falsch bezüglich einer *Zuordnung* von Wahrheitswerten zu den Satzbuchstaben ‚p', ‚q', ‚r' usw. Solch eine Zuordnung (*Bewertung*) geschieht aber im Rekurs auf normalsprachliche Sätze. Das heißt: Zu jedem dieser Satzbuchstaben müssen wir einen normalsprachlichen Satz angeben, für den der Satzbuchstabe steht, z.B. p: „Die Erde ist ein Planet" (das ist wahr) oder z.B. q: „Die Sonne ist ein Planet" (das ist falsch). Bezüglich dieser Bewertung wäre dann ‚p' wahr und ‚q' falsch. Selbst wenn man also, wie es manchmal geschieht, die Ausdrücke „wahr" (‚W') und „falsch" (‚F') durch die Ausdrücke ‚1' und ‚0' ersetzt, ist der Wahrheitsbegriff für die Aussagenlogik unersetzlich. Und dann ist es keine hilfreiche Auskunft, dass die Bedeutung der Subjunktion durch die Wahrheitsbedingungen festgelegt wird, weil sich dann sofort die Frage aufdrängt, warum denn der Wahrheitsverlauf so ist, wie er ist.

> **Ü29**
> Wie viele mögliche verschiedene Operatoren können wir definieren, wenn wir genau *zwei* Aussagen miteinander verbinden?

Genau, bei zwei Aussagen haben wir vier Zeilen unter dem Operator. In jeder Zeile könnte ein ‚W' oder ein ‚F' unter dem Operator stehen. Also ergeben sich bei zwei Aussagen insgesamt 2 x 2 x 2 x 2 = 16 Möglichkeiten für verschiedene Wahrheitstafeln und Operatoren. Wir wollen sie einmal aufschreiben. Damit das nicht zu unübersichtlich wird, schreiben wir alle 16 Fälle zusammen in eine einzige große Wahrheitstafel:

p	q	1	2	3	4	5	6	7	8	9	10	11	12	13	14	15	16
W	W	W	W	W	W	W	W	W	W	F	F	F	F	F	F	F	F
W	F	W	W	W	W	F	F	F	F	W	W	W	W	F	F	F	F
F	W	W	W	F	F	W	W	F	F	W	W	F	F	W	W	F	F
F	F	W	F	W	F	W	F	W	F	W	F	W	F	W	F	W	F

> **Ü30**
> Ordnen Sie die uns bereits bekannten Junktoren diesen 16 Fällen zu. Für wie viele Fälle haben wir keinen Junktor eingeführt?

Richtig, Fall 2 ist die Disjunktion („∨"), Fall 5 die Subjunktion („→"), Fall 7 die Äquivalenz („↔"), Fall 8 die Konjunktion („∧") und Fall 10 die Kontravalenz („><"). Außerdem ist Fall 1 ist eine Tautologie (ein unter allen Interpretationen logisch wahrer Satz) und Fall 16 eine Kontradiktion (ein unter allen Interpretationen logisch falscher Satz). Da uns damit sieben Fälle schon bekannt sind, bleiben immerhin noch neun Fälle (oder wenn wir die Tautologie und die Kontradiktion nicht als Junktor zählen: *elf* Fälle) für andere mögliche Junktoren übrig. Die Negation taucht in dieser Wahrheitstafel deshalb nicht auf, weil sie ja nicht *zwei* Aussagen miteinander verbindet, sondern sich nur auf *eine* Aussage bezieht.

Nachdem wir uns jetzt einige Gedanken (und Sorgen) über die Bedeutung von wahrheitsfunktionalen Satzoperatoren gemacht haben, wollen wir nun noch einmal zum Handwerkszeug zurückkehren. Am Beispiel der negierten Bisubjunktion ‚¬(p ↔ q)' sahen wir schon, dass man mit Hilfe der logischen Operatoren komplexe Aussagen bilden kann. Eine Aussage wie ‚p ∧ q' ist komplex, aber eine Aussage wie ‚((p ∧ q) ↔ ¬(¬p ∨ ¬q))' ist offenkundig komplexer. Der Wahrheitswert solcher komplexen Aussagen ist nicht direkt erkennbar, weil er ja von den Wahrheitswerten der Teilaussagen abhängt (deren Wahrheitswerte wiederum von den Wahrheitswerten ihrer Teilaussagen abhängen). Wenn man sehen will, welchen Wahrheitswert eine solche komplexe Aussage hat, muss man deshalb eine neue Wahrheitstafel aufstellen. Das funktioniert genauso wie bei den Wahrheitstafeln der Satzoperatoren. Betrachten wir als Beispiel einmal folgende Aussage ‚p → (q → p)'.

Da mit ‚p' und ‚q' auch hier zwei Satzbuchstaben gegeben sind, gibt es wieder vier Möglichkeiten, wie man die Wahrheitswerte auf ‚p' und ‚q' verteilen kann.

p	q	p → (q → p)
W	W	
W	F	
F	W	
F	F	

Das erste Subjunktionszeichen (‚→') nach dem p stellt die Verknüpfung zwischen den beiden Teilaussagen ‚p' und ‚q → p' her. Da solche Aussagenverknüpfungen wahrheitsfunktional sind, hängt der Wahrheitswertverlauf der Verknüpfung von dem Wahrheitswertverlauf (den Wahrheitswerten) der Teilaussagen ab. Für ‚p' ergibt sich der Wahrheitswertverlauf aus der linken Bewertungsspalte. Da es sich bei der Teilaussage ‚q → p' um eine Subjunktion handelt, müssen wir zunächst den Wahrheitswertverlauf dieser Teilaussage (also dieser Subjunktion) auf der Grundlage der Wahrheitswerte von ‚p' und ‚q' ermitteln (beachten Sie, dass ‚q' das Antezedens ist und ‚p' das Konsequens!):

p	q	p → (q → p)
W	W	W
W	F	W
F	W	F
F	F	W

Jetzt haben wir also für die Teilaussage ‚p' den Wahrheitswertverlauf W W F F und für die Teilaussage ‚q → p' den Wahrheitswertverlauf W W F W. Jetzt müssen wir nur noch den Wahrheitsverlauf eintragen, der sich aus der Verknüpfung dieser beiden Teilaussagen ergibt, eine Verknüpfung, die wieder eine Subjunktion ist:

p	q	p	→	(q → p)
W	W	W	W	W
W	F	W	W	W
F	W	F	W	F
F	F	F	W	W

Und jetzt zeigt sich etwas Bemerkenswertes: Der Wahrheitswertverlauf für diese Aussage – also für die ganze Aussage ‚p → (q → p)' – ist nämlich W W W W, und das bedeutet: Diese Aussage ist *unter allen möglichen* Bewertungen (bzw. Wahrheitswertverteilungen) immer wahr. Ganz gleich, für welche Aussage auch immer ‚p' und ‚q' stehen (ob für wahre oder für falsche Aussagen), die Aussage ‚p → (q → p)' kann nie falsch sein. Eine solche Aussage nennt man auch *logisch wahr*, und eine logisch wahre Aussage heißt auch *Tautologie*.

> Ü31*
> Prüfen Sie, ob eine oder mehrere der folgenden Aussagen Tautologien sind:
> 1. Wenn eine Aussage eine Tautologie ist, dann ist sie wahr oder nicht wahr.
> 2. Dies ist ein weißer Schimmel.
> 3. 1 + 1 = 3
> 4. Es ist nicht der Fall, dass alle mathematischen Sätze beweisbar und nicht beweisbar sind.
> 5. Der menschliche Wille ist frei oder er ist nicht frei.
> 6. Wenn 1 + 1 = 3, dann sind alle Gedanken frei.

Die vielleicht bekannteste (und wichtigste) Tautologie ist der sogenannte *Satz vom ausgeschlossenen Widerspruch* (auch *Satz vom zu vermeidenden Widerspruch*, *Satz vom Nichtwiderspruch* oder *Principium contradictionis* genannt). Normalsprachlich formuliert besagt dieses Prinzip, dass es nicht sein kann, dass etwas der Fall ist und zugleich nicht der Fall ist; bezogen auf Aussagen bedeutet dies, dass ein und dieselbe Aussage nicht zugleich und in derselben Hinsicht wahr und falsch sein kann (dieses Prinzip geht auf Aristoteles zurück). Anhand einer Wahrheitstafel kann man das Prinzip gut veranschaulichen. Betrachten wir zunächst den Wahrheitswertverlauf der Aussage ‚$p \land \neg p$‘, die in der folgenden Tafel in der Klammer steht (den Wahrheitswertverlauf finden wir in der Tafel unter dem Konjunktionszeichen):

p	$\neg (p \land \neg p)$
W	F
F	F

Wie man sieht, ist die Aussage ‚$p \land \neg p$‘ unter allen möglichen Bewertungen (bzw. Wahrheitswertverteilungen) falsch; eine solche Aussage nennt man eine *Kontradiktion*. Daher ist die Negation dieser Kontradiktion – also der Satz vom ausgeschlossenen Widerspruch: ‚$\neg (p \land \neg p)$‘ – logisch wahr, also eine Tautologie:

p	$\neg (p \land \neg p)$		
W	**W**	F	
F	**W**	F	

Da Tautologien logisch wahr sind, können sie, auch wenn sie mit ‚echten' Aussagen gefüllt werden, niemals Informationen vermitteln. Wer sagt „Es ist nicht der Fall, dass Joachim Löw der Bundestrainer von Deutschland ist und zugleich nicht der Bundestrainer von Deutschland ist", der sagt etwas aus, das trivialerweise wahr ist. Man braucht keine empirischen Untersuchungen, um die Wahrheit dieses Satzes festzustellen; er ist ja aus logischen Gründen ohnehin immer wahr. Dennoch sind solche Tautologien sehr wichtig. Sie heißen auch *logische Gesetze*, und das in einem zweifachen Sinne: Zum einen sind sie logisch (immer) wahr, zum anderen sind sie aber auch Gesetze im Sinne von Regeln, an die wir uns im Denken halten *sollen*; sie sind also *normativ*. Daher heißt der Satz vom ausgeschlossenen Widerspruch manchmal eben auch *Satz vom zu vermeidenden Widerspruch*. Ein ‚zu vermeidender' Widerspruch ist etwas, das man vermeiden *soll* (eben einen Widerspruch), und ein Satz wird ja gerade dadurch normativ, dass er uns sagt, was wir tun sollen oder eben nicht tun sollen. Was auch immer wir also behaupten, keine unserer Behauptungen sollte die Form eines *Widerspruchs* (Kontradiktion) haben, also niemals die Form ‚$p \land \neg p$', weil ein Widerspruch immer (logisch) falsch ist. Daher kommt es auch, dass Argumente keine Widersprüche enthalten dürfen. Ob es solche logischen Gesetze überhaupt gibt und wie genau sie zu verstehen sind, ist übrigens eine andere Frage, auf die wir noch einmal zurückkommen müssen; Tatsache ist jedenfalls, dass jedes dieser angeblich logischen Gesetze irgendwann (und manchmal erfolgreich) angezweifelt wurde, ohne dass man einfach sagen könnte, die Zweifler seien obskure Spinner. Im Gegenteil: Oft waren es die besten Logiker ihrer Zeit, die einen Angriff auf die logischen Gesetze gewagt haben. Für jetzt und für unsere Zwecke gehen wir einmal davon aus, dass es solche Gesetze gibt (im Alltagsgeschäft der Philosophie lässt sich zum Beispiel ohne den Satz vom Widerspruch einfach schlecht argumentieren).

Wenn man nun weiß, welche Tautologien bzw. logische Gesetze es gibt, dann weiß man damit auch, welche Kontradiktionen (Widersprüche) man vermeiden muss. Denn jede Negation einer Tautologie ist ja eine Kontradiktion. Neben dem Satz vom ausgeschlossenen Widerspruch sind der *Satz vom ausgeschlossenen Dritten* (oder *Tertium non datur*) und der *Satz der Identität* besonders wichtige Tautologien:

$\neg (p \land \neg p)$ (Satz vom ausgeschlossenen Widerspruch)
$p \lor \neg p$ (Satz vom ausgeschlossenen Dritten)
$p \rightarrow p$ (Satz der Identität)

> **Ü32***
> „Kräht der Hahn auf dem Mist, dann ändert sich das Wetter oder es bleibt wie es ist." Warum ist dieser Satz inhaltsleer?

Kehren wir noch einmal zurück zum Satz vom ausgeschlossenen Widerspruch. Wir werden im nächsten Abschnitt (3) sehen, dass die Verneinung dieses Prinzips, also die widersprüchliche Behauptung ‚p ∧ ¬p', oder irgendein anderer Widerspruch zur Folge hätte, dass jede beliebige Aussage aus ihm ableitbar (und damit wahr) wäre (das Prinzip *ex falso quodlibet* besagt, dass aus einer falschen Aussage jede beliebige Aussage logisch gefolgert werden kann). Eine Menge von Aussagen (z.B. eine Theorie) muss also *widerspruchsfrei* sein, das heißt, sie darf keine zwei Aussagen ‚p' und ‚¬p' enthalten, die sich direkt widersprechen, weil sonst jede beliebige Aussage, also auch jede beliebige *falsche* Aussage, aus ihr folgt. Solche widersprüchlichen Aussagen nennt man auch kontradiktorische Aussagen oder Aussagen, die kontradiktorisch zueinander sind. Eine Menge von Aussagen, die widerspruchsfrei ist, nennt man auch *konsistent* (*Konsistenz* ist nichts anderes als *Widerspruchsfreiheit*). Man wird kaum philosophische Theorien finden, die unmittelbar widersprüchlich sind, also widersprüchlich dergestalt, dass jemand die kontradiktorischen Aussagen ‚p' und ‚¬p' behauptet. Oft wird man aber darauf stoßen, dass aus einer Aussage ‚p' als Element einer Theorie oder allgemeiner eines Überzeugungs- bzw. Meinungssystems eine Aussage, etwa ‚r', folgt (ohne dass man dies gleich bemerkte), die aber mit anderen Aussagen des Systems, etwa ‚q', direkt oder indirekt im Widerspruch steht (ohne dass man dies gleich sähe). So sind z.B. die Aussagen p: „Im Universum gibt es keine Milch" und q: „Der Mond besteht aus Käse" nicht direkt widersprüchlich. Allerdings folgt aus ‚p' auch die Aussage r: „Im Universum gibt es keinen Käse", wohingegen aus ‚q' die Aussage ‚¬r' folgt, also die Aussage, dass es im Universum Käse gibt (nun, jedenfalls gibt es keinen klassisch verstandenen Käse ohne Milch; man sieht, wir müssten also erst „Käse" genauer definieren, also z.B. ausschließen, dass Analog-Käse Käse ist).

> **Ü33***
> Manchmal liegen Widersprüche nicht offen zutage, sondern sind verdeckt. Überlegen Sie, ob die beiden folgenden Aussagen kompatibel sind, sich also nicht widersprechen.
> p: Mein Bauch gehört mir.
> q: Spätabtreibungen sind verboten.

Im Zusammenhang mit dem Begriff der Konsistenz findet man häufig den Begriff der *Kohärenz*, auf den wir daher kurz eingehen wollen. Oft werden diese beiden Begriffe synonym verwendet, so dass also Kohärenz nichts anderes bedeutet als Konsistenz. Und es ist in der Tat nicht leicht zu bestimmen, was genau Kohärenz eigentlich ist, wenn sie von Konsistenz verschieden ist (was unglücklich ist, weil es sowohl in der Erkenntnistheorie wie in der Wahrheitstheorie ‚kohärentistische' Theorien gibt). Klar scheint zu sein, dass Konsistenz eine notwendige Bedingung für Kohärenz ist; eine Theorie oder eine Interpretation kann nicht kohärent sein, wenn sie nicht konsistent ist. Aber Konsistenz ist nur eine notwendige Bedingung für Kohärenz, nicht zugleich auch eine hinreichende (sonst wäre sie ja auch, wie sich aus unseren Überlegungen zur Definition ergibt, nichts anderes als Kohärenz). Kohärenz muss zusätzlich so etwas wie ‚innerer Zusammenhang' bedeuten, und das wiederum soll so etwas bedeuten wie ‚umfassende Erklärungskompetenz' und ‚gegenseitiges Stützen der Theoriebausteine' (also letztlich der Aussagen). Eine Theorie wäre demnach kohärent, wenn sie nicht nur ein widerspruchsfreies System von (in sich) gerechtfertigten Überzeugungen hervorbringt, sondern auch in der Lage ist, möglichst viele Phänomene zu erklären (wobei diese Erklärungskompetenz selbst wieder die Rechtfertigung der Überzeugungen verstärkt). Wir werden später sehen, dass der Kohärenzbegriff für die Hermeneutik sehr wichtig ist (man versteht ihn dort in der konkreten Anwendung auch besser).

> **Ü34***
> Nehmen wir an, dass ‚p' („William von Baskerville ist ein ehemaliger Inquisitor") und ‚q' („Adson ist Williams Adlatus") wahr sind, ‚r' („Jorge von Burgos versteckt Platons Traktat über das Eine") dagegen falsch. Wie steht es dann mit den Wahrheitswerten der folgenden Aussagen? Bitte rechnen Sie die Wahrheitswerte der Aussagen aus, d.h. schreiben Sie die gegebenen Wahrheitswerte unter die Aussagen und bestimmen Sie dann,

beginnend mit der *innersten* Verknüpfung bis hin zur *äußersten* Verknüpfung, den Wahrheitswert der gesamten Aussage.
1. ¬r
2. ¬(p → q)
3. ¬(p → q) → r
4. ¬(p → q) → ¬r
5. ¬r ∧ ¬(p → q)
6. ¬[¬(p → q) → ¬r]
7. ¬r ∨ q
8. [¬(p → q) → ¬r] ∧ (¬r ∨ q)
9. r ↔ q
10. ¬r ↔ q
11. ¬(p → q) ↔ ¬r

Äquivalenzregeln

Wieder zurück zur Logik. Wir haben die klassischen Wahrheitsfunktionen kennengelernt: Negation, Konjunktion, Disjunktion, Subjunktion und Bisubjunktion sowie einiges mehr. In diesem Kontext müssen wir nun auch kurz auf die sogenannten *Äquivalenzregeln* eingehen. Wir erinnern uns, dass man statt von einer Bisubjunktion („↔") oft auch von einer materialen Äquivalenz spricht. Die Äquivalenzregeln machen deutlich, welche Aussagen *logisch äquivalent* sind. Das ist oft sehr hilfreich, weil es uns ermöglicht, Aussagen zu vereinfachen und logische Beziehungen besser zu erfassen. Im Grunde lagen schon unseren früheren Überlegungen, wie man einen Begriff analysieren kann, ähnliche Regeln zugrunde. Erinnern Sie sich? Bei der Definition hatten wir den Begriff, der definiert werden sollte (das Definiendum), und die Begriffe, mit deren Hilfe das Definiendum definiert werden sollte, mit der Formel „… genau dann, wenn …" (gdw.) verbunden. Zum Beispiel war ein Junggeselle (das Definiendum) definiert als ein unverheirateter Mann (das Definiens). Deshalb ist jemand ein Junggeselle genau dann, wenn (gdw.) er ein unverheirateter Mann ist. Das „gdw." ist hier nichts anderes als eine Äquivalenzbeziehung, die zwischen dem Definiendum und dem Definiens besteht. Sie garantiert, dass das Definiendum immer wahr ist, wenn das Definiens wahr ist, und umgekehrt; es ist nämlich wahr, *dass jemand ein Junggeselle ist*, genau dann, wenn es wahr ist, *dass jemand ein unverheirateter Mann ist*. Und die Äquivalenzbeziehung zwischen dem Definiendum und dem Definiens garantiert auch, dass das Definiendum immer falsch ist, wenn das Definiens falsch ist, und umgekehrt; es ist nämlich falsch, dass jemand ein Junggeselle ist, genau dann, wenn es falsch ist, dass jemand ein unverheirateter Mann ist.

Es gibt eine Vielzahl von Äquivalenz- oder Umformungsregeln. Für sie gilt ebenso wie für die meisten logischen Operatoren, dass sie auf andere Regeln zurückführbar sind; dennoch sind sie praktisch. Das Zeichen ‚≡' (sprich: „ist äquivalent zu") zeigt dabei an, dass der Satz links von ihm dieselbe Wahrheitswertverteilung hat wie der Satz rechts von ihm. Solche Sätze nennt man *logisch (extensional) äquivalent*. Wir wollen hier nur einige exemplarisch benennen; sie sind zugleich aber besonders wichtig.

Diverse *Gesetze der Kommutation* sind Ihnen sicher aus anderen (mathematischen) Kontexten vertraut. Sie bedürfen keiner weiteren Erläuterung:

$(p \wedge q) \equiv (q \wedge p)$
$(p \vee q) \equiv (q \vee p)$
$(p \leftrightarrow q) \equiv (q \leftrightarrow p)$

Auch das *Gesetz der Doppelten Negation* (*duplex negatio affirmat*) versteht sich fast von selbst: Statt zu sagen, dass es nicht der Fall ist, dass es nicht der Fall ist, dass p, kann man einfacher sagen: Es ist der Fall, dass p.

$\neg \neg p \equiv p$

Man kann deshalb einen doppelt negierten Satz auch einfach durch den nicht negierten Satz ersetzen.

Schwieriger ist das *Gesetz der Kontraposition*:

$p \rightarrow q \equiv \neg q \rightarrow \neg p$

Es besagt, dass immer dann, wenn die Aussage ‚p → q' wahr ist, auch die Aussage ‚¬q → ¬p' wahr ist, und wenn die Aussage ‚p → q' falsch ist, auch die Aussage ‚¬q → ¬p' falsch ist. Das *Äquivalenzzeichen* ‚≡' verbindet also auch hier zwei Aussagen miteinander und besagt, dass die linke und rechte Aussage zueinander äquivalent sind, dass sie also jeweils dieselben Wahrheitswerte haben: Wenn beide Aussagen zugleich wahr sind oder beide zugleich falsch sind, dann ist die Äquivalenz wahr.

Ihnen ist jetzt vielleicht aufgefallen, dass die Äquivalenz ‚≡' und die Bisubjunktion ‚↔' etwas gemeinsam haben: Wenn zwei einzelne Aussagen ‚p' und ‚q' tatsächlich zueinander äquivalent sind (‚p ≡ q'), dann muss auch die Aussage ‚p ↔ q' immer wahr sein. Denn wenn ‚p' und ‚q' tatsächlich äquivalent sind, haben sie dieselben Wahrheitswerte, und wenn sie dieselben Wahrheitswerte haben, ergibt sich aus der Wahrheitstafel der Bisubjunktion, dass eine Bisubjunktion, die aus ‚p' und ‚q' gebildet ist, *immer wahr* sein muss. Das ist eine sehr wichtige Einsicht, denn sie erlaubt es uns, Äquivalenzen auf ihre Gültigkeit zu prüfen, indem wir die zueinander äquivalenten Aussagen mit Hilfe der Bisubjunktion zu einer *neuen* Aussage verbinden und dann mit Hilfe einer Wahrheitstafel prüfen, ob unter dem Bisubjunktionszeichen immer ein ‚W' steht. Beachten Sie aber bitte, dass es sich trotz aller Gemeinsamkeiten bei der Äquivalenz ‚≡' und der Bisubjunktion ‚↔' um zwei *verschiedene* Operatoren handelt: Die Äquivalenz besteht zwischen *verschiedenen* Aussagen, während die Bisubjunktion verschiedene Aussagen zu einer *neuen* verbindet.

Betrachten wir nun eine Wahrheitstafel, mit der wir die Äquivalenz der Kontraposition überprüfen können:

p	q	(p → q)	↔	(¬q →		¬p)
W	W	W	W		W	
W	F	F	W		F	
F	W	W	W		W	
F	F	W	W		W	

Wir sehen: Genau dann, wenn ‚p → q' wahr ist, ist auch ‚¬q → ¬p' wahr, und genau dann, wenn ‚p → q' falsch ist, ist auch ‚¬q → ¬p' falsch. Also sind beide Aussagen logisch äquivalent. (Wir sehen auch, dass solche logischen Äquivalenzen *logisch wahr* sind.) Wir haben übrigens die Kontraposition informell schon bei den notwendigen und hinreichenden Bedingungen (in Abschnitt 1) kennengelernt. Das kann man sich so klar machen: Zu sagen, dass ‚q' eine notwendige Bedingung für ‚p' ist, bedeutet soviel wie zu sagen: Wenn ‚q' nicht der Fall ist, dann auch nicht ‚p'. Das heißt aber auch, dass, wenn ‚p' der Fall ist, dann auch ‚q' der Fall sein muss, weil ja ‚p' ohne ‚q' eben nicht der Fall wäre: ohne ‚q' kein ‚p'. Anders gesagt: Wenn ‚p', dann ‚q' (‚p → q'), und das eben ist gleichbedeutend mit: wenn nicht ‚q', dann nicht ‚p' (‚¬q → ¬p'). Und dass dies „gleichbedeutend" ist, ist ja genau das, was die Kontraposition besagt. Deshalb sind z.B. die Aussagen „Wenn 12 eine gerade Zahl ist, dann ist 12 durch 2 teilbar" und „Wenn 12 nicht durch 2 teilbar ist, dann ist 12 keine gerade Zahl" aussagenlogisch äquivalent.

Noch ein weiteres Gesetz wollen wir benennen: das erste und zweite *Gesetz von De Morgan*. Allerdings gewinnt man ein echtes Verständnis dieser Regeln erst dadurch, dass man sie anwendet und übt; wir wollen es hier also zunächst beim bloßen Benennen belassen und nur eine Wahrheitstafel aufführen (für die erste Variante des Ersten Gesetzes von De Morgan). Der Kerngedanke dieser Variante besteht darin, dass man auf eine bestimmte Art und Weise jede Aussage, die ein „und" enthält, in eine Aussage umwandeln kann, die ein „oder" enthält, und jede Aussage, die ein „oder" enthält, in eine Aussage umwandeln kann, die ein „und" enthält:

p	q	$(p \land q)$	$\leftrightarrow$	$\neg$	$(\neg p \lor \neg q)$
W	W	W	W	W	F
W	F	F	W	F	W
F	W	F	W	F	W
F	F	F	W	F	W

Hier nun ein Überblick über die vier Varianten der Gesetze von De Morgan:

Erstes Gesetz von De Morgan:
1. $(p \land q) \equiv \neg(\neg p \lor \neg q)$
2. $\neg(p \land q) \equiv (\neg p \lor \neg q)$

Zweites Gesetz von De Morgan:
3. $(p \lor q) \equiv \neg(\neg p \land \neg q)$
4. $\neg(p \lor q) \equiv (\neg p \land \neg q)$

Ü35*
Hier einige leichte und einige etwas schwierigere Übungen zu den Gesetzen von De Morgan. Wenden Sie die Gesetze von De Morgan auf die folgenden Aussagen an:
1. $(\neg p \land \neg q)$
2. $(\neg r \land r)$
3. $\neg(\neg s \land t)$
4. $\neg(\neg s \lor t)$
5. $\neg(s \lor \neg t)$

Logisches Quadrat

Nun wollen wir ein weiteres wichtiges Element des logischen Werkzeugkastens einführen, das sogenannte *logische Quadrat*. Es wird uns außerdem weiter verdeutlichen, wie wir die Negation und den Widerspruch zu verstehen haben.

In der klassischen Logik werden sogenannte *kategorische* Aussagen als Aussagen mit einem Subjektbegriff, einem Prädikatbegriff und einer Kopula verstanden, die eine bestimmte Quantität und eine bestimmte Qualität haben. Betrachten wir folgendes Beispiel:

„Alle Menschen sind weitsichtig."

Subjektbegriff in diesem Satz ist „Mensch", Prädikatbegriff ist „weitsichtig". Die Verbindung (Kopula) zwischen dem Subjektbegriff und dem Prädikatbegriff wird hergestellt durch das „sind", und zwar auf eine bejahende (affirmative) Weise: Es wird ja gesagt (bejaht), dass in der Tat alle Menschen weitsichtig *sind*. Es wird aber nicht nur gesagt, dass alle Menschen weitsichtig *sind*, es wird zugleich gesagt, dass *alle* Menschen weitsichtig sind (eine solche Aussage nennt man deshalb eine *universale* oder eine *generelle* Aussage); das muss ja nicht so sein (es ist ja auch nicht so, wie wir alle wissen), es könnte ja auch sein, dass nur *einige* Menschen weitsichtig sind (eine solche Aussage nennt man eine *partikuläre*). Noch eine andere Aussage wäre die Aussage, dass *kein* Mensch weitsichtig ist. In diesem Fall ist die Verbindung zwischen Subjektbegriff und Prädikatbegriff nicht bejahend (affirmativ), sondern verneinend (negierend), und zwar universal verneinend. Schließlich ist noch eine vierte Aussage denkbar, nämlich dass *einige* Menschen *nicht* weitsichtig sind (diese Aussage ist also partikulär verneinend). Hier nun die vier Möglichkeiten im Überblick:

1. Alle Menschen sind weitsichtig.
2. Kein Mensch ist weitsichtig.
3. Einige Menschen sind weitsichtig.
4. Einige Menschen sind nicht weitsichtig.

Abgesehen von dem Subjektbegriff und dem Prädikatbegriff hängen die Bedeutung und der Wahrheitswert solcher kategorischen Sätze also davon ab, welche *Qualität* und welche *Quantität* sie haben. Mit der Qualität ist gemeint, dass eine kategorische Aussage bejahend oder verneinend ist; mit der Quantität ist gemeint, dass eine Aussage universal ist (sich also auf alle Individuen bezieht, die unter den Subjektbegriff fallen:

„Alle", „Kein") oder partikulär ist (sich also auf mindestens ein Individuum bezieht, aber nicht auf alle: „Einige", „Einige nicht"). Auch hier zeigt sich übrigens wieder ein sprachliches Problem: „Einige" (man liest in diesem Kontext zuweilen auch „Manche") heißt nicht, wie in der Normalsprache, drei oder mehrere (es müssen wohl mindestens drei sein, zwei reichen nach unserem Sprachgefühl nicht aus); „einige" bedeutet „mindestens einer", so dass, wenn auch nur ein Mensch weitsichtig ist, die Aussage „Einige Menschen sind weitsichtig" bereits wahr ist.

Ersetzen wir das obige Beispiel durch Aussagen, in denen die Subjekt- und Prädikatbegriffe in einer Symbolsprache ausgedrückt werden, so erhalten wir Folgendes (wobei ‚S' für den Subjektbegriff und ‚P' für den Prädikatbegriff steht; diese Begriffe in einer kategorischen Aussage nennt man auch *Termini*):

1. Universal bejahend: Alle S sind P.
2. Universal verneinend: Kein S ist P.
3. Partikulär bejahend: Einige S sind P.
4. Partikulär verneinend: Einige S sind nicht P.

Auf solchen kategorischen Sätzen ist die sogenannte *Syllogistik* aufgebaut. Wir werden im nächsten Kapitel darauf eingehen, wollen aber jetzt schon einen weiteren Formalisierungsschritt vollziehen, der einfach und üblich ist und den wir später benötigen. Und zwar verwendet man die beiden ersten Vokale aus dem lateinischen Wort a*ffi*rmo („ich bejahe"), um die beiden bejahenden Urteile darzustellen und die beiden ersten Vokale aus dem lateinischen Wort *n*eg*o* („ich verneine"), um die verneinenden Urteile darzustellen. Das ergibt dann folgendes Bild:

1. Universal bejahend (a: affirmo):   SaP (Alle S sind P).
2. Universal verneinend (e: nego):   SeP (Kein S ist P).
3. Partikulär bejahend (i: affirmo):   SiP (Einige S sind P).
4. Partikulär verneinend (o: nego):   SoP (Einige S sind nicht P).

Auch diese Formalisierungen müssen wieder durch Übung gefestigt werden:

Ü36*
Bitte formalisieren Sie (falls möglich) in der eben angegebenen Weise folgende Sätze:
1. Alle Menschen sind weitsichtig.
2. Jeder Fußball ist rund.
3. Nicht alle Philosophiestudierende kennen das logische Quadrat.
4. Einige Menschen sind weitsichtig.
5. Otto, hilf dem Mops!
6. Manche Menschen sind eitel.
7. Kein Mensch ist weitsichtig.
8. Einige Menschen sind nicht weitsichtig.
9. Immanuel Kant starb 1804.
10. Warum ist die postmoderne Philosophie so langweilig?
11. Fast alle analytischen Philosophen sind borniert.
12. Jeder menschliche Embryo ist ein Wesen, das Menschenwürde hat.

Zwischen den vier Aussagetypen bestehen nun diverse interessante und wichtige logische Verhältnisse. Die Aussagen können sich zueinander

- kontradiktorisch
- konträr
- subkonträr
- subaltern

verhalten. Schauen wir uns das näher an. (Jetzt müssen Sie wirklich langsam lesen, auch wenn das folgende von der Sache her einfach zu verstehen ist.)

Wir sahen schon, dass *kontradiktorische* Aussagen einander ausschließen: Wenn zwei Aussagen ‚p' und ‚q' sich kontradiktorisch zueinander verhalten, dann ist, wenn ‚p' wahr ist, ‚q' falsch, und umgekehrt. So muss, wenn die Aussage, dass alle Menschen weitsichtig sind (‚SaP'), wahr ist, die Aussage, dass einige Menschen nicht weitsichtig sind (‚SoP'), falsch sein (und umgekehrt); und wenn die Aussage, dass alle Menschen weitsichtig sind (‚SaP'), falsch ist, muss die Aussage, dass einige Menschen nicht weitsichtig sind (‚SoP'), wahr sein (und umgekehrt). Das gleiche kontradiktorische Verhältnis gilt für ‚SeP' und ‚SiP': Wenn die Aussage, dass kein Mensch weitsichtig ist (‚SeP'), wahr ist, muss die Aussage, dass einige Menschen weitsichtig sind (‚SiP'), falsch sein (und umgekehrt); und wenn die Aussage, dass kein Mensch weitsichtig ist (‚SeP'), falsch ist, muss die Aussage, dass einige Menschen weitsichtig sind (‚SiP'), wahr sein (und umgekehrt).

Das Verhältnis von ‚SaP' zu ‚SeP' ist ein anderes; es ist *konträr*. Konträre Aussagen sind Aussagen, die nicht zugleich wahr, aber dennoch zugleich falsch sein können. Wenn die Aussage, dass alle Menschen weitsichtig sind (‚SaP'), wahr ist, kann die Aussage, dass kein Mensch weitsichtig ist (‚SeP'), nicht zugleich wahr sein. Allerdings folgt aus der Falschheit der Aussage, dass alle Menschen weitsichtig sind (‚SaP'), nicht, dass die Aussage, dass kein Mensch weitsichtig ist, wahr ist (‚SeP'); es könnte ja auch die Aussage, dass *einige* Menschen weitsichtig sind (‚SiP'), wahr sein (und wenn ‚SiP' wahr ist, ist ‚SeP' auf jeden Fall falsch). ‚SaP' und ‚SeP' können also nicht zugleich wahr, aber durchaus zugleich falsch sein. Es kann nicht zugleich wahr sein, dass alle Europäer Deutsche sind und dass kein Europäer Deutscher ist; es kann aber sehr wohl sein, dass beide Aussagen falsch sind (wenn etwa einige Europäer Deutsche sind, also eben nicht alle, aber auch nicht keiner).

Wir sagten gerade, dass, wenn die Aussage, dass alle Menschen weitsichtig sind (‚SaP'), falsch ist, dennoch die Aussage, dass einige Menschen weitsichtig sind (‚SiP'), wahr sein kann. Wir sahen aber auch, dass aus der Falschheit von ‚SaP' folgt, dass die Aussage, dass einige Menschen nicht weitsichtig sind (‚SoP'), wahr sein muss (‚SaP' und ‚SoP' verhalten sich ja kontradiktorisch zueinander). Das wiederum bedeutet, dass die Aussage, dass einige Menschen weitsichtig sind (‚SiP'), und die Aussage, dass einige Menschen nicht weitsichtig sind (‚SoP'), zugleich wahr sein können. Allerdings können ‚SiP' und ‚SoP' nicht zugleich falsch sein: Wenn die Aussage, dass einige Menschen weitsichtig sind (‚SiP'), falsch ist, dann ist die Aussage, dass kein Mensch weitsichtig ist (‚SeP') wahr (‚SiP' und ‚SeP' verhalten sich ja kontradiktorisch zueinander); und wenn es wahr ist, dass kein Mensch weitsichtig ist (‚SeP'), dann ist es auch wahr, dass einige Menschen nicht weitsichtig sind (‚SoP'). ‚SiP' und ‚SoP' verhalten sich also *subkonträr* zueinander: Sie können zugleich wahr, aber nicht zugleich falsch sein.

Beiläufig haben wir eben auch schon die vierte logische Beziehung zwischen kategorischen Aussagen eingeführt. Wir sagten, dass, wenn es wahr ist, dass kein Mensch weitsichtig ist (‚SeP'), es auch wahr ist, dass einige Menschen nicht weitsichtig sind (‚SoP'). Diese Beziehung zwischen ‚SeP' und ‚SoP' nennt man *subaltern*, genau wie die Beziehung zwischen ‚SaP' und ‚SiP': Von der Wahrheit von ‚SaP' darf man auf die Wahrheit von ‚SiP' schließen. Umgekehrt geht das nicht: Von ‚SiP' darf man nicht auf ‚SaP' schließen und von ‚SoP' nicht auf ‚SeP'. Es kommt noch hinzu, dass man nur dann von dem universalen Satz (a oder e) auf den entsprechenden partikulären Satz (i oder o) schließen darf, wenn der universale Satz tatsächlich wahr ist.

Diese letzte Regel (die Subalternation) gilt allerdings nur für die klassische Logik, da sie voraussetzt, dass alle ihre Sätze über etwas sprechen, das tatsächlich *existiert*. In der (modernen) Prädikatenlogik, die wir gleich kennenlernen werden, gilt diese Voraussetzung und damit auch die Regel der Subalternation nicht. Denn in der Prädikatenlogik wird nicht vorausgesetzt, dass die Dinge, über die gesprochen wird, auch existieren. Um das an einem Beispiel klarzumachen: Wenn man sagt, dass alle Einhörner weiße Pferde sind, dabei aber nicht voraussetzt, dass das, worüber man spricht, auch existiert (nämlich Einhörner), dann folgt aus diesem universal bejahenden Satz natürlich nicht der partikulär bejahende Satz, dass mindestens ein Einhorn existiert, das ein weißes Pferd ist (dazu später noch etwas mehr).

Das sogenannte *logische Quadrat* (auch *Quadrat der Gegensätze* genannt) erlaubt es nun, diese logischen Verhältnisse zwischen den vier Formen kategorischer Aussagen übersichtlich darzustellen:

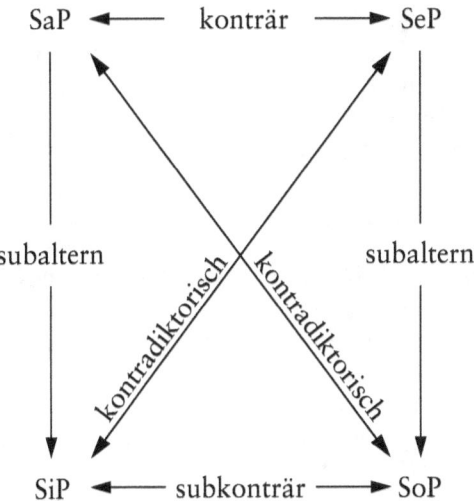

Für *kontradiktorische* Aussagen (SaP–SoP; SeP–SiP) gilt: Wenn die eine Aussage wahr ist, ist die andere falsch, und umgekehrt.

Konträre Aussagen (SaP–SeP) können nicht zugleich wahr, jedoch zugleich falsch sein.

Subkonträre Aussagen (SiP–SoP) können nicht zugleich falsch, jedoch zugleich wahr sein.

Bei *subalternen* Aussagen (SaP–SiP; SeP–SoP) darf nur von den universalen auf die partikulären Aussagen geschlossen werden, aber nicht umgekehrt, und auch nur unter der Voraussetzung, dass ‚SaP' bzw. ‚SeP' wahr sind.

(Die prädikatenlogische Variante des logischen Quadrats werden wir später kennenlernen.)

Ü37*

Bestimmen Sie das logische Verhältnis folgender Aussagenpaare. Überführen Sie dazu zunächst die Sätze in die a,e,i,o-Schreibweise, und lesen Sie dann die Verhältnisse am logischen Quadrat ab.
1. Kein Mensch ist weitsichtig. Einige Menschen sind weitsichtig.
2. Einige Menschen sind weitsichtig. Alle Menschen sind weitsichtig.
3. Alle Menschen sind weitsichtig. Kein Mensch ist weitsichtig.
4. Manche Menschen sind eitel. Einige Menschen sind nicht eitel.
5. Kein Mensch ist eitel. Einige Menschen sind nicht eitel.
6. Alle Menschen sind vernünftige Lebewesen. Einige Menschen sind keine vernünftigen Lebewesen.
7. Einige Würfel haben sechs Seiten. Kein Würfel hat sechs Seiten.

Das logische Quadrat hilft uns auch, die Funktion des Negators besser zu verstehen. In einer Negation, so sagten wir, wird der Wahrheitswert einer Aussage umgekehrt: Wer ‚p' negiert, behauptet damit, dass ‚¬ p' wahr ist, und umgekehrt. Wie die kategorischen Aussagen und ihre Verhältnisse zueinander deutlich machen, kann man eine Aussage ‚p' aber auch anders negieren. Wer die Aussage „Alle Menschen sind weitsichtig" (‚SaP') negiert, sagt damit, dass es nicht der Fall ist, dass alle Menschen weitsichtig sind; wenn „Alle Menschen sind weitsichtig" falsch ist, dann ist die Aussage ‚¬ SaP': „Es ist nicht der Fall, dass alle Menschen weitsichtig sind" wahr, und umgekehrt. Aber die Aussage, dass kein Mensch weitsichtig ist (‚SeP'), ist, obwohl eine Negation von

‚SaP', *nicht* einfach als ‚¬ SaP' zu verstehen. Wenn das so wäre, dann müsste ja, wenn ‚SaP' falsch ist, ‚SeP' wahr sein – und wir sahen ja, dass dies nicht der Fall ist: Konträre Aussagen wie ‚SaP' und ‚SeP' können ja zugleich falsch sein. Nur für die kontradiktorische Negation von ‚SaP' – also für ‚SoP' – gilt, dass, wenn ‚SaP' wahr ist, ‚SoP' falsch ist, und umgekehrt. Wenn wir also eine Negation aussagenlogisch verstehen als Aussage, die einen Wahrheitswert hat, die dem Wahrheitswert der negierten Aussage entgegengesetzt ist, dann kann bei kategorischen Aussagen die Negation nur als kontradiktorische Negation verstanden werden.

Negationen im strikten (kontradiktorischen) Sinne negieren die ganze Aussage: „Alle S sind P" (‚SaP') wird negiert durch „nicht: Alle S sind P" (das nennt man *externe Negation* oder *Satznegation*). Mit dieser externen Negation ist aber die zu ‚SaP' kontradiktorische Aussage „Einige S sind nicht P" gemeint (‚SoP'), und die muss wahr sein, wenn „Alle S sind P" falsch ist. Die Negation kann aber auch innerhalb des Satzes stattfinden: „Alle S sind nicht-P" (das nennt man *interne Negation* oder *Prädikatsnegation*), und damit ist ausgesagt, dass kein S P ist (also das konträre ‚SeP'). (Außerdem gibt es normalsprachlich noch die sogenannte Kontrastnegation: „Alle S sind nicht P, *sondern* Q ...".) Es gibt also zwei Arten von *Gegensätzen*, den kontradiktorischen Widerspruch und den konträren Gegensatz (man sollte am besten nicht vom konträren *Widerspruch* sprechen, sondern unter einem Widerspruch immer nur den kontradiktorischen Widerspruch verstehen). Wir müssen uns also bei jeder Aussage, die eine *interne Negation* enthält, fragen, ob sie die Funktion hat, die ganze Aussage zu verneinen oder nur einen Teil der Aussage. (Das ist auch deshalb wichtig, weil Aussagen triftiger Argumente, wie wir später sehen werden, weder kontradiktorisch noch konträr zueinander stehen dürfen.)

Ü38*
Eine der berühmtesten Stellen der philosophischen Weltliteratur ist die 3. Antinomie in Kants *Kritik der reinen Vernunft*. Schauen Sie sich bitte die Stelle an, und fragen Sie sich, in welchem Verhältnis These und Antithese zueinander stehen. (Gehen Sie dabei die Alternativen ‚kontradiktorisch', ‚konträr' und ‚subkonträr' durch.)

Prädikatenlogik

Wir haben bislang die Struktur von Aussagen unter verschiedenen Gesichtspunkten betrachtet. In der Aussagenlogik haben wir uns nicht für die Binnenstruktur der einfachen Aussagen interessiert, sondern für ihre Wahrheitswerte. Es ging nur darum, ob eine Aussage wahr oder falsch ist. Deshalb haben wir zur Formalisierung einer Aussage nur einen Aussagenbuchstaben („p', ‚q', ‚r', ‚s' usw.) benötigt, der für einen ganzen Aussagesatz steht – ganz gleich, wie dieser Aussagesatz in seiner Feinstruktur auch aussieht. Zwar haben Aussagen in der Aussagenlogik auch insofern eine Binnenstruktur, als man in ihr komplexe Aussagen aus einfachen Aussagen bildet; aber diese Komplexität ergibt sich (mit Ausnahme der Negation) aus der Verknüpfung zweier oder mehrerer Aussagen, nicht durch eine Struktur innerhalb einer einfachen Aussage. Erst mit den kategorischen Sätzen haben wir dann in der Syllogistik auch die Binnenstruktur von Aussagen in den Blick genommen. Wir haben gesehen, dass solche Aussagen eine Quantität haben: Sie sprechen über *alle* Gegenstände einer gegebenen Menge (*universale* Aussagen) oder nur über *einige* dieser Gegenstände (*partikuläre* Aussagen). (Dieses Festlegen, über wie viele Gegenstände man spricht – alle, einige, keinen –, nennt man auch *quantifizieren*.)

Kategorische Aussagen können zudem eine Qualität haben: Universale Aussagen sprechen allen Gegenständen einer gegebenen Menge eine Eigenschaft *zu* oder *ab* (‚bejahen' sie oder ‚verneinen' sie), partikuläre Aussagen einigen dieser Gegenstände. Alle diese Arten von Aussagen quantifizieren über eine gegebene Menge von Gegenständen. So ergeben sich insgesamt vier Arten der quantifizierenden Aussagen:

1. Universal bejahende Aussagen: *Alle* S sind P.
2. Universal verneinende Aussagen: *Kein* S ist P.
3. Partikulär bejahende Aussagen: *Einige* S sind P.
4. Partikulär verneinende Aussagen: *Einige* S sind *nicht* P.

Für die universale und die partikuläre Quantifikation sind in diesen Sätzen zwei besondere Ausdrücke zuständig: „alle" und „einige", die sogenannten *Quantoren*.

Damit haben wir allerdings noch bei weitem nicht alle möglichen Arten von Aussagen erfasst. Denn außer den universalen und partikulären Aussagen gibt es noch eine weitere Art von Aussagen, die uns täglich begegnet: Aussagen wie „Aristoteles ist ein Philosoph" – die sogenannten *singulären* Aussagen. Solche Aussagen heißen „singuläre" Aussagen, weil sie nicht über alle oder einige Gegenstände einer gegebenen Menge sprechen, sondern nur über einen einzigen. Während eine partikulär bejahende Aussage wie „Einige S sind P" erlaubt, dass nur ein einziges S P ist (oder aber mehr als ein S), treffen singuläre Aussagen immer nur Aussagen über genau ein Objekt. Singuläre Aussagen sind nicht kompatibel mit der Interpretation „mindestens einer", weil sie ausschließen, dass es auch mehr als einer sein könnte. Denn „mindestens einer" oder eben der Existenzquantor lässt ja beide Möglichkeiten zu: Ein einziger oder auch mehr als ein einziger. Die zweite Möglichkeit ist aber für einen singulären Satz ausgeschlossen. Singuläre Aussagen sind also nicht identisch mit Existenzaussagen. Allerdings gilt, dass wir von einer singulären Aussage auf eine existenzquantifizierte logisch schließen können: Wenn „a ist F" wahr ist, dann auch „Es gibt mindestens ein x, das F ist".

Singuläre Aussagen gehören zur Gruppe der *Elementaraussagen*, die keine quantifizierenden Ausdrücke und keine logischen Konstanten enthalten, sondern nur aus einem Prädikat und Eigennamen (oder Ausdrücken, die wie Eigennamen fungieren) bestehen. Elementaraussagen sind z. B. „Platon ist Grieche", „Sokrates ist der Lehrer des Platon", „Der FC Bayern steht in der Bundesligatabelle zwischen Dortmund und Schalke".

In singulären Aussagen wie „Aristoteles ist ein Philosoph" wird einem einzelnen Gegenstand (Aristoteles) eine Eigenschaft (Philosophsein) ab- oder zugesprochen. Die Binnenstruktur der singulären Aussagen ist die einfachste, die möglich ist. Sie besteht aus einem *singulären* und einem *generellen Term*. Mit dem singulären Term beziehen wir uns auf einen Einzelgegenstand; dabei kann der singuläre Term ein *Eigenname* wie „Aristoteles" sein, aber auch eine *definite Kennzeichnung* wie „die gegenwärtige Königin von England" oder ein *Indikator* wie „das da". Der singuläre Term steht an der Subjektstelle des singulären Satzes. An der Prädikatstelle steht der generelle Term; das kann eine *Eigenschaft* sein, die einem Gegenstand zukommt (Aristoteles *ist Philosoph*), aber auch eine Relation, die zwischen zwei oder mehr Gegenständen besteht (Platon *ist Lehrer des* Aristoteles, Luzern *liegt zwischen* Zürich *und* Bern).

Dieser Binnenstruktur der kleinsten (manchmal sagt man auch: elementaren oder atomaren) Aussagen, also der Subjekt-Prädikat-Sätze, widmet sich die *Prädikatenlogik*. Doch lassen sich in dieser Logik nicht nur singuläre Sätze formalisieren. Auch die Satztypen, die wir bereits aus der Syllogistik kennen, also die quantifizierten Sätze, können mit Hilfe der Prädikatenlogik formalisiert werden. Da die Prädikatenlogik dieselben Junktoren wie die Aussagenlogik verwendet, ist es in ihr also (im Gegensatz zur Syllogistik) auch möglich, universale, partikuläre und singuläre Aussagen mit Hilfe der Junktoren zu komplexen Sätzen zu verbinden.

Die Prädikatenlogik baut, wie gesagt, auf der Aussagenlogik auf; in ihr werden die Junktoren und die entsprechenden logischen Symbole („¬', ,∧', ,∨', ,→', ,↔') so verwendet wie in der Aussagenlogik. Neu hinzu kommen in der Prädikatenlogik kleine lateinische Buchstaben („a', ,b', ,c', ,d' usw.), die für Einzelgegenstände (Individuen) stehen (die sogenannten *Individuenkonstanten*); große lateinische Buchstaben ,F', ,G', ,H' usw., die für Eigenschaften oder Relationen stehen (die sogenannten *Prädikatbuchstaben*); sowie die beiden Quantoren ,∀x' und ,∃x', die die quantifizierenden Ausdrücke „alle" und „einige" (bzw. „es gibt mindestens einen") vertreten. ,∀x' wird der *Allquantor* und ,∃x' der *Existenzquantor* genannt. Mit diesem Material (und zusätzlich den kleinen lateinischen Buchstaben ,x', ,y', ,z' usw., die *Variablen* für individuelle Gegenstände sind, sowie den beiden Klammern) lassen sich im Prinzip alle deutschen Aussagesätze formalisieren. Das ist im einzelnen ein sehr schwieriges Geschäft und erfordert mehr Aufwand, als wir an dieser Stelle leisten können. Wir hatten ja schon darauf hingewiesen, dass wir keinen umfassenden Logikkurs ersetzen können und möchten. Es ist aber zumindest möglich, einen ersten Eindruck über die Standardanalysen deutscher Aussagesätze in der Prädikatenlogik zu vermitteln, so dass Sie formalisierte Sätze der Prädikatenlogik in philosophischen Texten lesen und vielleicht sogar schon selbst einfache Aussagesätze des Deutschen in Sätze der Prädikatenlogik übersetzen können. Der volle Nutzen der Prädikatenlogik erschließt sich später, wenn wir uns im Kapitel „Wie man argumentieren sollte" mit der Frage beschäftigen, wann ein Argument ein *valides* Argument ist. Dann werden wir sehen, dass wir die Prädikatenlogik benötigen, um Argumente überprüfen zu können, die allein mit Hilfe der Aussagenlogik und Syllogistik nicht überprüft werden können.

Atomare Sätze

In atomaren Aussagen wird einem Gegenstand eine Eigenschaft zugesprochen („Aristoteles ist Philosoph"); oder sie besagen, dass zwei oder mehr Gegenstände in einer bestimmten Relation zueinander stehen („Sherlock Holmes ist mit Watson befreundet"). Übertragen wir das erste Beispiel einmal in die Sprache der Prädikatenlogik: So nehmen wir für den Eigennamen „Aristoteles" in „Aristoteles ist Philosoph" als Individuenkonstante das kleine ,a'; für die Eigenschaft „ ... ist Philosoph" nehmen wir den Prädikatbuchstaben ,P'.

Diese Zuordnung von Eigennamen zu Individuenkonstanten und von Eigenschaften oder Relationen zu Prädikatbuchstaben nennt man eine *Interpretation*. Eine Individuenkonstante wird also als ein Eigenname interpretiert und ein Prädikatbuchstabe als eine Eigenschaft oder Relation. Nur wenn wir eine Interpretation angeben, wissen wir auch, was die Zeichen, die wir in der Prädikatenlogik verwenden, überhaupt bedeuten. Das hat im übrigen das Interpretieren in der Logik mit dem Interpretieren gemeinsam, über das wir im dritten Kapitel ausführlich sprechen werden: das *texthermeneutische Interpretieren*. Auch dort geht es im Kern darum anzugeben, was ein Text, den man interpretiert, überhaupt *bedeutet*.

Zu einer logischen Interpretation gehört zudem, dass wir den *Bereich D* angeben, worüber wir überhaupt sprechen wollen. Im Falle des Satzes „Aristoteles ist Philosoph" sprechen wir über Menschen, aber wir können je nach Fall den Bereich auch kleiner oder größer ansetzen. Der größtmögliche Bereich, den wir wählen können, ist die Menge aller Dinge, über die man sinnvoll sprechen kann.

Die Individuenkonstante ‚a', die nach unserer Interpretation (Zuordnung) nun für „Aristoteles" steht, und den Prädikatbuchstaben ‚P', der nach unserer Interpretation nun für „ ... ist Philosoph" steht, verbinden wir dann zu dem Satz ‚Pa'; ‚Pa' ist also die prädikatenlogische Formalisierung von „Aristoteles ist Philosoph" bezüglich der gewählten Interpretation. Auch im zweiten Beispiel nehmen wir wieder Individuenkonstanten, und zwar ‚s' für „Sherlock Holmes" und ‚w' für „Dr. Watson" sowie den Prädikatbuchstaben ‚B', der für die Relation „ ... ist befreundet mit ---" steht; dann verbinden wir diese Elemente zu dem Satz ‚Bsw'. Oft (d.h. in Notationssystemen, denen wir hier folgen werden) ergänzt man bei den Prädikatbuchstaben Hochindizes, um anzuzeigen, ob es sich um eine *einstellige* Eigenschaft (wie „... ist Philosoph"), um eine *zweistellige* Relation (wie „... ist befreundet mit ---") oder um eine Relation *mit mehr als zwei Stellen* (wie z.B. die *dreistellige* Relation „... liegt zwischen --- und ===") handelt:

(1) P^1a Aristoteles ist Philosoph.
(2) B^2sw Sherlock Holmes ist mit Dr. Watson befreundet.
(3) L^3lzb Luzern liegt zwischen Zürich und Bern.

Nur wenn alle Stellen (d.h. alle Stellen, die aufgrund der Natur des Prädikates mit so-und-so-vielen Individuenkonstanten zu besetzen sind) hinter dem Prädikat mit Individuenkonstanten besetzt sind, entsteht in der Prädikatenlogik eine *wohlgeformte* Elementaraussage. „Wohlgeformt" sind Aussagen als Aussagen einer Logik dann, wenn sie nach den semantischen und syntaktischen Regeln dieser Logik geformt werden; so ist z. B. ‚P¹a' eine wohlgeformte Elementaraussage, oder eben ein syntaktisch korrekter Satz der Prädikatenlogik, weil sie nach der Regel geformt wurde, dass einstellige Prädikate mit einer Individuenkonstante zu besetzen sind. Auch in der normalen Sprache gibt es Sätze, die den syntaktischen Regeln entsprechen, und solche, die das nicht tun: „Der Krieg hat begonnen" wäre beispielsweise ein wohlgeformter Satz der deutschen Sprache, während „Der Krieg begonnen hat" im Deutschen nicht wohlgeformt ist. „Der Krieg begonnen hat" kann aber in anderen Sprachen durchaus ein wohlgeformter Ausdruck sein, z. B. in der Sprache des Jedis Yoda aus *Star Wars*. Im Englischen werden die wohlgeformten Ausdrücke (Sätze) einer logischen Sprache wie der Prädikatenlogik in der Regel mit „wff" abgekürzt (für „well-formed formula").

Komplexe Aussagen

Aus den atomaren Aussagen können wir mit Hilfe der uns aus der Aussagenlogik bekannten Junktoren komplexe Aussagen erzeugen. So ist die Aussage „Aristoteles ist kein Philosoph" einfach die Negation des Satzes (1):

(4) $\neg P^1a$ *Es ist nicht der Fall*, dass Aristoteles ein Philosoph ist.

Auch mit den übrigen Junktoren können wir atomare Aussagen zu komplexen Aussagen verknüpfen:

(5) $P^1a \wedge B^2sw$ Aristoteles ist Philosoph *und* Sherlock Holmes ist mit Dr. Watson befreundet.

(6) $P^1a \vee B^2sw$ Aristoteles ist Philosoph *oder* Sherlock Holmes ist mit Dr. Watson befreundet.

(7) $P^1a \rightarrow B^2sw$ *Wenn* Aristoteles Philosoph ist, *dann* ist Sherlock Holmes mit Dr. Watson befreundet.

(8) $P^1a \leftrightarrow B^2sw$ *Genau dann, wenn* Aristoteles Philosoph ist, ist Sherlock Holmes mit Dr. Watson befreundet.

Ü39*
Gegeben sei folgende Interpretation:
D = die Menge aller Dinge, über die man sinnvoll sprechen kann
a: Sherlock Holmes
b: Dr. Watson
c: Prof. Moriarty
d: Irene Adler
F^1: ... ist Arzt
G^1: ... ist Detektiv
L^2: ... liebt ---
T^2: ... tötet ---
V^2: ... verfolgt ---
Übersetzen Sie anhand dieser Interpretation die folgenden deutschen Sätze in die Prädikatenlogik:
1. Sherlock Holmes ist ein Detektiv.
2. Sherlock Holmes liebt Irene Adler und verfolgt Prof. Moriarty.
3. Wenn Dr. Watson kein Detektiv ist, dann ist Irene Adler kein Arzt.
4. Prof. Moriarty tötet Sherlock Holmes nicht.
5. Dr. Watson, Sherlock Holmes oder Irene Adler ist ein Detektiv.

Quantifizierte Sätze

Die Prädikatenlogik erlaubt es, wie gesagt, quantifizierte Sätze zu formalisieren. Sogenannte allquantifizierte Sätze („Alle F sind G") machen eine Aussage über *alle* Gegenstände eines gegebenen Bereichs D, den wir in der Interpretation festgelegt haben. Die Aussage „Alle Katzen sind Säugetiere" (bzw. „Jede Katze ist ein Säugetier") sagt prädikatenlogisch gedeutet:

Für alle gegebenen Gegenstände (aus dem Bereich der Lebewesen) x gilt: *Wenn* x eine Katze ist, *dann* ist x auch ein Säugetier.

Grundsätzlich lässt sich deshalb jede allquantifizierte Aussage („Alle F sind G"; bzw. „Jedes F ist G") als eine *allquantifizierte Subjunktion* übersetzen. „Alle F sind G" würde man prädikatenlogisch also so ausdrücken:

(9) $\forall x\, (F^1x \rightarrow G^1x)$
sprich: „Für alle x: Wenn x F ist, dann ist x G." Alternativ kann man lesen: „Für alle x: Wenn F eins x, dann G eins x."

Im Deutschen haben wir mehrere Möglichkeiten, eine Allquantifikation auszudrücken. Wir können sagen, dass *alle* Katzen Säugetiere sind oder dass *jede* Katze ein Säugetier ist. Doch auch die verkürzten Formen *„Katzen* sind Säugetiere" und *„Die Katze* ist ein Säugetier" stehen in der Regel für eine Allquantifikation.

Sogenannte existenzquantifizierte Sätze machen eine Aussage über einen Teilbereich einer gegebenen Menge von Gegenständen. Sie sprechen nicht von allen, sondern nur von *einigen*, oder genauer: *von mindestens einem* Gegenstand des Bereiches, über den man sprechen will. Die Aussage „Einige Katzen sind Säugetiere" drückt dabei aus, dass es mindestens einen Gegenstand gibt, der eine Katze *und* ein Säugetier ist:

Es gibt mindestens einen Gegenstand x, so dass gilt: x ist eine Katze *und* x ist ein Säugetier.

Es lässt sich deshalb jede existenzquantifizierte Aussage („Es gibt mindestens ein x, das die Eigenschaft F und die Eigenschaft G hat") als eine *existenzquantifizierte Konjunktion* übersetzen. „Einige F sind G" würde man prädikatenlogisch also so ausdrücken:

(10) $\exists x\, (F^1x \wedge G^1x)$
sprich: „Es gibt mindestens ein x, so dass x F und x G ist."

Auch für die Existenzquantifikation gilt, dass sie im Deutschen unterschiedlich zum Ausdruck gebracht werden kann. *„Einige* Katzen sind Säugetiere", *„Manche* Katzen sind Säugetiere", *„Es gibt Katzen*, die Säugetiere sind" und *„Mindestens eine* Katze ist ein Säugetier" haben alle gemeinsam, dass sie aussagen, *es gebe mindestens einen* Gegenstand, der eine Katze und ein Säugetier ist.

Ü40*
Übersetzen Sie die folgenden Sätze in Sätze der Prädikatenlogik:
1. Jeder Mensch ist ein Lebewesen.
2. Mindestens ein Mensch ist vernünftig.
3. Einige Menschen sind Frauen.
4. Alle Tische sind Möbelstücke.
5. Manche Aussagen sind allquantifiziert.

Kategorische Aussagen in der Prädikatenlogik

Alle kategorischen Aussagen, die wir früher kennengelernt haben, können wir nun auch in Sätze der Prädikatenlogik übersetzen:

(11) universal bejahend: *Alle S sind P.*
$$\forall x\,(S^1x \to P^1x)$$
sprich: „Für alle x: Wenn x S ist, dann ist x P."

(12) universal verneinend: *Kein S ist P.*
$$\neg \exists x\,(S^1x \wedge P^1x)$$
sprich: „Es gibt kein x, so dass x S und x P ist."

(13) partikulär bejahend: *Einige S sind P.*
Mindestens ein S ist P.
$$\exists x\,(S^1x \wedge P^1x)$$
sprich: „Es gibt mindestens ein x, so dass x S und x P ist."

(14) partikulär verneinend: *Einige S sind nicht P.*
$$\exists x\,(S^1x \wedge \neg P^1x)$$
sprich: „Es gibt mindestens ein x, so dass x S und x nicht P ist."
Alternative prädikatenlogische Fassungen finden Sie im Anhang.

Ü41*
Versuchen Sie, die folgenden Sätze prädikatenlogisch zu analysieren:
1. Äpfel sind Früchte.
2. Einige Äpfel sind nicht sauer.
3. Kein Apfel ist ein Tier.
4. Manche sauren Äpfel sind gesund.
5. Alle grünen Äpfel sind Früchte.
6. Gesunde Äpfel sind nicht gespritzt.
7. Pflaumen und Äpfel sind Früchte.

Prädikatenlogisches Quadrat

Wir haben bereits darauf hingewiesen, dass die Prädikatenlogik im Unterschied zur klassischen Syllogistik keine Existenzvoraussetzungen macht. Während nämlich die Syllogistik voraussetzt, dass jeder in einem syllogistischen Schluss vorkommende Terminus (wie ‚S', ‚M' usw.) tatsächlich auf einen Gegenstand zutrifft, macht die Prädikatenlogik diese Voraussetzung nicht. Das liegt daran, dass in der Prädikatenlogik allquantifizierte Aussagen mit Hilfe der Subjunktion formalisiert werden, also z. B. so: ‚$\forall x\,(S^1x \rightarrow P^1x)$'. Eine solche Aussage ist aber, wie jede Subjunktion, auch dann wahr, wenn das Antezedens falsch ist, wenn es also gar keinen Gegenstand gibt, der S^1 ist. Eine Aussage wie „Alle Schweine im Weltall heißen Miss Piggy" (‚$\forall x\,(S^1x \rightarrow P^1x)$') ist also auch dann wahr, wenn es tatsächlich gar keine Schweine im Weltall gibt. Das hat aber nun Konsequenzen für die (logischen) Beziehungen. Denn während man in der Syllogistik aus dem Satz „Alle Katzen sind Säugetiere" folgern kann, dass einige Katzen Säugetiere sind, geht das in der Prädikatenlogik nicht: Denn eine Aussage wie ‚$\exists x\,(S^1x \wedge P^1x)$' sagt ja aus, dass es tatsächlich einen Gegenstand *gibt*, der S^1 und P^1 ist; da aber ‚$\forall x\,(S^1x \rightarrow P^1x)$', wie gesagt, auch dann wahr ist, wenn es gar keinen Gegenstand gibt, der S^1 ist, dürfte man, wenn die logische Beziehung der Subalternität hier griffe, aus einem solchen Satz folgern, dass es einen entsprechenden Gegenstand gibt; man dürfte dann aus der Aussage, dass alle Schweine im Weltall Miss Piggy heißen, folgern, dass es mindestens ein Schwein im Weltall gibt, das Miss Piggy heißt, und das ist natürlich Unfug.

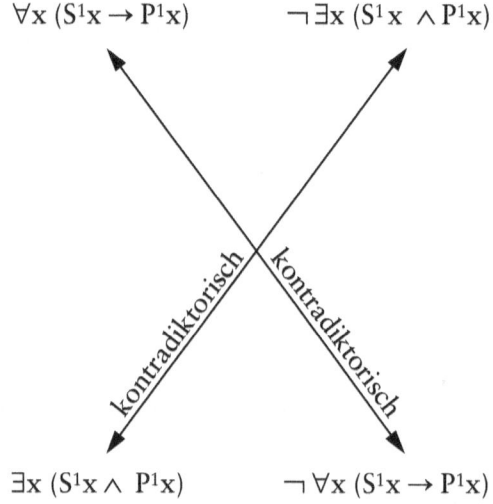

Von den bekannten logischen Beziehungen aus dem logischen Quadrat gilt im prädikatenlogischen Quadrat tatsächlich nur die Kontradiktorietät: Die universal bejahende Aussage ‚$\forall x\,(S^1x \rightarrow P^1x)$' ist kontradiktorisch zu ‚$\neg \forall x\, (S^1x \to P^1x)$', was äquivalent zur partikulär verneinenden Aussage ‚$\exists x\, (S^1x \land \neg P^1x)$' ist; und die universal verneinende Aussage ‚$\neg \exists x\, (S^1x \land P^1x)$' ist kontradiktorisch zur partikulär bejahenden Aussage ‚$\exists x\, (S^1x \land P^1x)$'. Die Subalternation gilt in der Prädikatenlogik nicht; es ist daher möglich, dass die Aussagen ‚$\forall x\, (S^1x \to P^1x)$' und ‚$\neg \exists x\, (S^1x \land P^1x)$' zusammen wahr sind. Daraus folgt aber auch sofort, dass die Kontrarietät nicht mehr gilt. Denn bei konträren Aussagen sollte ja gelten, dass sie zwar zusammen falsch, aber nicht zusammen wahr sein können. Und wenn die Aussagen ‚$\forall x\, (S^1x \to P^1x)$' und ‚$\neg \exists x\, (S^1x \land P^1x)$' zusammen wahr sein können, dann können die zu ihnen kontradiktorischen Aussagen – also ‚$\neg \forall x\, (S^1x \to P^1x)$' und ‚$\exists x\, (S^1x \land P^1x)$' – zusammen falsch sein; und damit ist dann auch die Subkontrarietät nicht mehr möglich. Denn subkonträre Aussagen sollten ja zwar zusammen wahr, aber gerade nicht zusammen falsch sein können.

Die Prädikatenlogik kann für die Philosophie sehr wichtig sein. Dennoch ist es eine unbestreitbare Tatsache, dass die allermeisten philosophischen Texte ohne ihre Hilfe geschrieben und auch ohne ihre Hilfe verstanden werden. Das liegt schon daran, dass es die Prädikatenlogik erst seit relativ kurzer Zeit überhaupt gibt (seit dem letzten Jahrhundert), so dass von den Vorsokratikern bis hin zu, sagen wir: G.E. Moore, die Philosophie ohne die Prädikatenlogik auskam und auskommen musste; und es liegt daran, dass auch heute noch sehr viele philosophische Texte ohne prädikatenlogisches Instrumentarium geschrieben werden (das gilt auch für die sogenannte analytische Philosophie; es ist kein Zufall, dass in unserem Kanon auch die Texte aus dem 20. Jahrhundert allesamt ohne PL auskommen).

Aussagen, Wahrheit, Sachverhalte

Wir haben zu Beginn unserer Beschäftigung mit der Aussagenlogik gesagt, dass Aussagen entweder wahr oder falsch sind, also einen Wahrheitswert haben. Das scheint richtig zu sein. Dennoch ist alles andere als klar, ob es sich wirklich so verhält, so wie auch unklar ist, was Wahrheit eigentlich ist. Überlegen wir uns nun also etwas genauer, was Aussagen sind und wie Wahrheit zu verstehen ist. Wieder ist es nicht unser Ziel, einen vollständigen Überblick zu geben; wir springen sozusagen nur kurz ins Haifischbecken, wollen uns aber aus naheliegenden Gründen nicht allzu lange darin aufhalten.

Nicht jeder Satz, so sahen wir schon, hat einen Wahrheitswert (Ausrufesätze z.B. nicht). Sätze, die einen Wahrheitswert haben, nennt man auch Aussagesätze; solche Sätze sind also, noch einmal gesagt, Sätze, die entweder wahr oder falsch sind. Dass diese Unterscheidung zwischen Satz und Aussagesatz aber noch weiterer Präzisierung bedarf, können wir uns anhand des folgenden Beispiels klarmachen: Der (für die Philosophie mittlerweile klassische) Aussagesatz „Schnee ist weiß" ist wahr. „Snow is white" ist ebenfalls ein wahrer Aussagesatz. Was aber ist der Unterschied zwischen diesen beiden Aussagesätzen? Nun, der eine ist ein deutscher Aussagesatz, der andere ein englischer; es handelt sich also um verschiedene Aussagesätze. Dennoch sagen beide *dasselbe* aus, und das, was sie aussagen (dass nämlich Schnee weiß ist), haben sie gemeinsam; und diesen *Sachverhalt*, den verschiedene Aussagesätze zum Ausdruck bringen, nennt man *Aussage* (oder auch *Proposition*). Wir müssen also nicht nur Sätze von Aussagesätzen unterscheiden, sondern außerdem Aussagesätze von Aussagen. Die Aussage, dass Schnee weiß ist, wäre demnach nicht identisch mit dem Aussagesatz „Schnee ist weiß" und auch nicht identisch mit dem Aussagesatz „Snow is white" (wäre sie es, dann müssten die beiden Aussagesätze „Schnee ist weiß" und „Snow is white" ebenfalls identisch sein, und das ist ja nicht der Fall).

Diese Unterscheidung zwischen Aussagesatz und Aussage (Proposition) leuchtet zunächst ein. Allerdings resultiert daraus das Problem, die gewissermaßen im Hintergrund stehende Proposition nicht benennen zu können. Denn immer dann, wenn man sagt, dass sie *dasjenige* zum Ausdruck bringt, was beide Sätze, der englische und der deutsche, beinhalten, kann man dieses „Dasjenige" eben entweder wieder nur durch einen englischen oder einen deutschen Aussagesatz (oder einen anderssprachigen) zum Ausdruck bringen oder eben gar nicht. Weder die eine noch die andere Alternative hilft uns wirklich weiter, wenn wir wissen wollen, warum wir die Proposition dem Aussagesatz als Wahrheitsträger vorziehen sollen.

Ein zweites Problem besteht in der Frage, was denn nun der *Träger* von Wahrheitswerten ist: Sind es Aussagesätze, die wahr oder falsch sind, oder sind es Aussagen? Um diese Frage diskutieren zu können, müssen wir uns aber zunächst der Frage zuwenden, was Wahrheit eigentlich ist. Statt zu fragen, was Wahrheit eigentlich ist, können wir auch fragen, was der Begriff „Wahrheit" eigentlich *bedeutet*. Um diese Frage zu beantworten, müssen wir versuchen, den Begriff zu definieren, und um das zu tun, müssen wir uns zunächst überlegen, wie denn dieser Begriff gebraucht wird.

Ü42
Überlegen Sie selbst: Wie wird der Begriff der Wahrheit gebraucht?

Wie also wird er gebraucht? Es gibt sicher einen Gebrauch von „Wahrheit" (und von entsprechenden grammatischen Formen wie „wahr"), der für uns hier nicht relevant ist; so sagt man etwa, jemand sei ein „wahrer Freund", aber dieser vielleicht „attributiv" zu nennende Gebrauch hat nur wenig mit der Wahrheit von Aussagen zu tun. Natürlich können wir hier nicht wirklich untersuchen, wie der Wahrheitsbegriff gebraucht wird (wir sahen ja schon, wie schwierig die Definition des Begriffs „Tisch" war, und dieser Begriff ist gewiss harmloser). Erst recht können wir nicht auf die diversen Wahrheitstheorien eingehen, die es gibt (und es gibt viele!). Wir können uns allerdings klarmachen, dass es *eine* Sache ist, zu fragen, was „Wahrheit" *bedeutet* (oder Wahrheit ist), und eine ganz *andere* Sache, zu fragen, wie wir Wahrheit *erkennen* können. Denn selbst wenn wir ein Verständnis des Begriffs „Wahrheit" haben, demzufolge es möglich ist, dass wir vielleicht niemals wissen, ob eine bestimmte Aussage wahr ist, folgt daraus ja nicht, dass wir nicht verstehen können, was es für eine Aussage bedeuten würde, von ihr zu behaupten, sie sei wahr. Man muss bei der Wahrheit also ihre *Bedeutung* und die *Kriterien* dafür, dass sie vorliegt, klar voneinander unterscheiden. Was würde es z.B. für die Aussage „Es gibt nichtmenschliche Intelligenz im Universum" bedeuten, wahr zu sein? Geht man mit einem vorphilosophischen Verständnis an diese Frage heran (und das heißt ja auch: mit einem normalsprachlichen), so würden doch vermutlich die meisten Menschen sagen: Die Aussage „Es gibt nichtmenschliche Intelligenz im Universum" ist genau dann wahr, wenn es tatsächlich nichtmenschliche Intelligenz im Universum gibt. (Natürlich müsste man sich erst darauf einigen, was „nichtmenschliche Intelligenz" eigentlich bedeutet. So könnte man unter nichtmenschlicher Intelligenz ja auch die Intelligenz von Tieren verstehen; und dass es Tiere im Universum gibt, ist ja unbestritten. Was gemeint ist, ist eine Form von ‚höherer' Intelligenz, die mindestens der Intelligenz von gesunden, durchschnittlich begabten Menschen entspricht. Wieder sehen wir, wie wichtig Definitionen sind. Wir sehen auch, dass die Wahrheit von Aussagen – und unsere Erkenntnis der Wahrheit von Aussagen – davon abhängt, welche Bedeutung die Begriffe in den Aussagen haben.) Niemand weiß, ob es nichtmenschliche Intelligenz im Universum gibt; ja vielleicht, oder sogar wahrscheinlich – gegeben die Dimensionen des Universums und die absolute Grenze der Lichtgeschwindigkeit – wird nie jemand wissen, ob es solche Intelligenz im Universum gibt. Dennoch ist ja die Annahme sehr einleuchtend, dass es entweder nichtmenschliche Intelligenz im Universum gibt oder eben nicht. Und wenn es entweder nichtmenschliche Intelligenz im Universum gibt oder nicht, und wenn das, was die Aussage „Es gibt nichtmenschliche Intelligenz im Universum" *wahr* oder *falsch macht* – nämlich die Tatsache, dass es nichtmenschliche Intelligenz im Universum gibt, bzw. das Fehlen dieser Tatsache – gegeben ist, dann ist die Aussage „Es gibt nichtmenschliche Intelligenz im Universum" wahr oder falsch, ganz unabhängig davon, ob irgendjemand weiß, dass sie wahr oder falsch ist. (Das bedeutet auch: Wir müssen zwischen Wahrheit und der *Erkenntnis* von Wahrheit, und daher auch zwischen Wahrheit und der *Rechtfertigung* unserer Erkenntnisansprüche unterscheiden.) Dieses normalsprachliche Verständnis entspricht genau dem, was man auch die *Korrespondenztheorie der Wahrheit* nennt: Eine Aussage ist demnach wahr, wenn das, was sie zum Ausdruck bringt, der Fall ist, und sie ist falsch, wenn das, was sie zum Ausdruck bringt, nicht der Fall ist. Es gibt, wie gesagt, konkurrierende (und auch verwandte) Theorien. Wer sich mit ihnen beschäftigt, sollte aber jedenfalls im Auge behalten, dass man zwischen der Frage, was Wahrheit *ist* und der Frage, wie und anhand welcher *Kriterien* wir Wahrheit *erkennen*, unterscheiden muss. Ob man diesen Unterschied langfristig aufrechterhalten kann, ist wieder eine andere Frage.

Nehmen wir an, die korrespondenztheoretische (normalsprachliche) Auffassung ist richtig. Dann haben wir es auf der einen Seite mit so etwas wie Aussagen zu tun, und auf der anderen Seite mit so etwas wie Tatsachen, die jene Aussagen wahr machen. (Neuerdings nennt man das auch „truthmakers". Sachlich gesehen enthält diese Theorie der „Wahrmacher" nicht viel Neues; man muss übrigens aufpassen, sich im Studium der Philosophie und beim Philosophieren nicht von neuer Terminologie blenden zu lassen – oft ist das gewissermaßen nur alter Wein in neuen Schläuchen.) Nun haben wir aber zwischen Aussagesätzen und Aussagen unterscheiden wollen. Ist das richtig, so müssen wir drei Dinge unterscheiden: Erstens Aussagesätze („Schnee ist weiß", „Snow is white"), zweitens Aussagen (wie die, dass Schnee weiß ist) und drittens Sachverhalte (wie den, dass Schnee weiß ist). Als Wahrheitsträger würden wir Aussagen (Propositionen) begreifen. Das würde uns vielleicht auch helfen, mit einem anderen Problem fertig zu werden. Es gibt nämlich Aussagesätze, die sogenannte *indexikalische* Ausdrücke enthalten, also Ausdrücke des Ortes (z. B. „hier", „dort", „nebenan"), der Zeit (z. B. „jetzt", „morgen", „gestern") und der Person (z. B. „ich", „du", „er", „sie", „es" …; „mein", „dein" …). Der Wahrheitswert solcher Aussagen mit indexikalischen Ausdrücken ist kontextabhängig. So hängt der Wahrheitswert der Aussage „Ich bin in Marburg" davon ab, wer ihn zu welchem Zeitpunkt aussagt; wenn Martin diese Aussage macht, während er in Marburg ist, dann ist sie wahr, wenn Hannah diese Aussage macht, während sie in New York ist, dann ist sie falsch.

Verstehen wir eine Aussage als das, was mit Hilfe eines Aussagesatzes zum Ausdruck gebracht wird (bzw. zum Ausdruck gebracht werden soll), so ist z. B. die Aussage des Aussagesatzes „Ich bin in Marburg", wenn Martin sie aussagt, während er in Marburg ist, „Ich, Martin, bin (zu dem und dem Zeitpunkt) in Marburg". Und entsprechend würde z. B. der indexikalische Aussagesatz „Heute ist Dienstag" in verschiedenen Äußerungskontexten verschiedene Aussagen hervorbringen. Wenn wir den Satz heute niederschreiben (das tun wir gerade), dann ist die Aussage, die wir mit ihm machen, wahr. Die Bedeutung dieses Aussagesatzes wäre nämlich: „Der 8.2.2011 ist ein Dienstag". Schreiben wir den Satz „Heute ist Dienstag" morgen, also am 9.2.2011, einem Mittwoch, auf, dann ist das, was damit ausgesagt wird, falsch. Denn die Aussage „Der 9.2.2011 ist ein Dienstag" ist falsch.

Doch die Unterscheidung zwischen Aussagesätzen, Aussagen und Sachverhalten bereitet ihrerseits auch große Probleme. Um das zu sehen, muss man nur ein wenig darüber nachdenken, was eigentlich ein Sachverhalt ist. Eine Aussage ist wahr, so sagten wir, wenn das, was sie aussagt, der Fall ist. Aber was heißt es denn, dass *etwas der Fall ist*? Was der Fall ist, nennt man auch eine *Tatsache* oder eben einen *wahren Sachverhalt*. Aber was sind eigentlich Tatsachen? Es ist von großer Wichtigkeit zu sehen, dass Tatsachen *nicht* einfach Dinge oder Ereignisse in Raum und Zeit sind. Man könnte ja auf den Gedanken kommen, dass das, was die Aussage „Auf dem Schreibtisch liegt ein Computer" wahr macht, der wirkliche (materielle) Computer ist. Dass dies nicht so ist, kann man sich schon daran klarmachen, dass alle wahren Aussagen über *vergangene* Dinge oder Ereignisse wahr sind, obwohl es diese Dinge oder Ereignisse als materielle Dinge oder Ereignisse in Raum und Zeit gar nicht mehr gibt. Die Aussage, dass Brutus der Mörder von Caesar war, ist wahr, obwohl es weder Brutus noch Caesar noch den Vorgang des Tötens von Caesar durch Brutus jetzt gibt. Was die Aussage wahr macht, ist die Tatsache, dass Brutus der Mörder von Caesar war; aber was auch immer eine solche Tatsache ist (irgendwie etwas Abstraktes), sie ist nichts Materielles wie ein Computer auf einem Schreibtisch. Und eine Tatsache bleibt eine Tatsache, auch wenn niemand von ihr weiß.

Wenn das aber stimmt, worin unterscheiden sich dann eine Aussage (verstanden als die Proposition, die durch verschiedene Aussagesätze zum Ausdruck gebracht werden kann) und ein Sachverhalt? Manche haben gesagt: Durch gar nichts, so dass, was wir die Proposition nennen, nichts anderes ist als der Sachverhalt. Dann aber kann, wenn wir an der korrespondenztheoretischen Wahrheitstheorie festhalten wollen, die Aussage nicht der Wahrheitsträger sein; denn die Proposition als Sachverhalt wäre dann ja das, was eine Aussage wahr macht. Demnach müssten also doch (nichtindexikalische) Aussagesätze die Wahrheitsträger sein. Und spätestens dann wird es wichtig, zwischen *Satztyp* und *Satzvorkommnissen* zu unterscheiden. Ein Satztyp ist wie ein Stempel, mit dem man immer wieder dasselbe, das Satzvorkommnis, drucken kann. Wir haben vorhin den Satz „Auf dem Schreibtisch liegt ein Computer" niedergeschrieben; jetzt, in diesem Satz, den Sie gerade lesen, taucht derselbe Satztyp noch einmal als Satzvorkommnis auf. Mit Blick auf diese Terminologie wären nur Satzvorkommnisse wahr oder falsch, nicht aber Satztypen.

Fängt man erst einmal an, den Wahrheitsbegriff zu problematisieren, dann werden also auch andere Begriffe, die zunächst sehr klar scheinen, problematisch. Ein solcher Begriff ist auch der Begriff der Tautologie oder logischen Wahrheit. Eine komplexe Aussage ist dann *logisch* wahr, so sagten wir, wenn sie unter allen möglichen Wahrheitswertverteilungen ihrer Teilaussagen wahr ist. Aber worin besteht die *Wahrheit* einer logisch wahren Aussage? Was korrespondiert einer logischen Wahrheit?

> Ü43
> Versuchen Sie bitte selbst, die Frage zu beantworten! Überlegen Sie zunächst, worin die Wahrheit einer Aussage wie „Brian Moore ist der Autor von *Black Robe*" besteht und was diese Aussage wahr macht. Worin besteht dann die Wahrheit einer Aussage wie ‚$\neg (p \wedge \neg p)$‘, also des Satzes vom ausgeschlossenen Widerspruch?

Bivalenz und Konsistenz

Wir haben keinen Zweifel, dass hier noch genügend Raum ist, selbst zu philosophieren und vielleicht sogar etwas Neues zu sagen. Das gilt auch, um noch ein letztes Problemfeld zu benennen, für die Frage, ob es selbstverständlich ist, dass eine Logik immer genau zwei Wahrheitswerte, den des Wahren und den des Falschen hat.

In der Tat ist das nämlich alles andere als selbstverständlich. Vielmehr hängt es mit zwei wichtigen Prinzipien zusammen, dem Satz vom ausgeschlossenen Widerspruch und dem Satz vom ausgeschlossenen Dritten, und deren genaue Bedeutung und Reichweite ist nur auf den ersten Blick klar. Wir erinnern uns: Der Satz vom ausgeschlossenen Widerspruch, ‚¬ (p ∧ ¬ p)', und der Satz vom ausgeschlossenen Dritten, (‚p ∨ ¬ p'), wie wir sie früher in diesem Kapitel eingeführt hatten, sind beide Tautologien *innerhalb* der zweiwertigen Aussagenlogik; es sind also Sätze, die allein aufgrund ihrer Form immer wahr sind.

Dass sie innerhalb dieser Art der Aussagenlogik immer wahr sind, hängt allerdings von bestimmten *Voraussetzungen* ab: Erstens davon, dass es in der Aussagenlogik nur zwei Wahrheitswerte gibt, nämlich wahr und falsch; und zweitens davon, dass eine Aussage ‚p' (i) *mindestens* einen und (ii) *höchstens* einen, also zusammengenommen *genau einen* dieser beiden Wahrheitswerte hat bzw. haben darf. Bei diesen Voraussetzungen handelt es sich jedoch um Prinzipien, die der Aussagenlogik *zugrunde* liegen; nur auf ihrer Grundlage stimmt es, dass ‚¬ (p ∧ ¬ p)' und ‚p ∨ ¬ p' Tautologien sind.

Nun hat es sich eingebürgert, dass man jene beiden Annahmen der zweiten Voraussetzung – eine Aussage p hat (i) mindestens einen und (ii) höchstens einen Wahrheitswert – auch anders nennt: (i) nennt man nämlich manchmal auch „Satz vom ausgeschlossenen Dritten"; und (ii) nennt man manchmal auch „Satz vom ausgeschlossenen Widerspruch". Das ist in Ordnung, solange man sich darüber im Klaren ist, dass man dabei in einer Perspektive von den *Grundlagen* für eine bestimmte Logik spricht – also davon, dass es in der Aussagenlogik nur zwei Wahrheitswerte (wahr und falsch) gibt, und davon, dass eine Aussage ‚p' (i) mindestens einen und (ii) höchstens einen dieser Wahrheitswerte hat; und dass man aber in einer anderen Perspektive von Prinzipien spricht – also vom Satz vom ausgeschlossenen Dritten und vom Satz vom ausgeschlossenen Widerspruch –, die *nur unter Voraussetzung* dieser bestimmten Logik oder eben: unter jenen Voraussetzungen Gültigkeit besitzen. Um Missverständnisse zu vermeiden, hat man den Satz vom ausgeschlossenen Dritten in seiner Funktion als Grundlage der Logik auch als *Bivalenzprinzip* bezeichnet und den Satz vom ausgeschlossen Widerspruch in seiner Funktion als Grundlage der Logik auch als *Konsistenzprinzip*. Auf die Namen kommt es hier, wie gesagt, nicht an, solange man sich klar macht, worüber man sprechen möchte. Der Einfachheit halber soll der Satz vom ausgeschlossenen Dritten in seiner Funktion als Grundlagenprinzip hier „Bivalenzprinzip" heißen und der Satz vom ausgeschlossenen Widerspruch „Konsistenzprinzip".

Das Konsistenzprinzip besagt, dass keine Aussage sowohl wahr als auch falsch sein kann (also höchstens einen Wahrheitswert hat). Die klassischen, zweiwertigen Logiken setzen dieses Prinzip voraus. Es gibt aber auch logische Systeme, in denen manche Aussagen zugleich wahr und auch falsch sein können. In diesen Logiken ist das Konsistenzprinzip also eingeschränkt (deshalb heißen sie auch „parakonsistente" Logiken). In ihnen sind sogenannte Ballungen von Wahrheitswerten auf einer Aussage möglich (deshalb nennt man diese Logiken häufig auch „glutty logics"), oder Aussagen haben einen *dritten* Wahrheitswert: „sowohl wahr als auch falsch".

Das zweite logische Prinzip, das den zweiwertigen Logiken zugrundeliegt, ist das Bivalenzprinzip. Es besagt, dass jede Aussage entweder wahr oder falsch ist: Jede Aussage hat einen Wahrheitswert, keine ist wahrheitswertlos, wobei als Wahrheitswerte nur „wahr" und „falsch" anerkannt werden. In Logiken, die das Bivalenzprinzip einschränken, gibt es demnach auch Aussagen, die weder wahr noch falsch sind. Das lässt sich auf zwei Arten verstehen. Entweder haben solche Logiken Wahrheitswertlücken, also Aussagen, die *gar keinen* Wahrheitswert haben (man nennt sie deshalb auch „gappy logics" – „Lückenlogiken"); oder man interpretiert den Zustand „weder wahr noch falsch" als einen *dritten* Wahrheitswert. Wie auch immer man die Einschränkung des Bivalenzprinzips versteht, sie führt – genauso wie die Einschränkung des Konsistenzprinzips – zu einer anderen, nicht-klassischen Logik.

Das Bivalenzprinzip und das Konsistenzprinzip scheinen unmittelbar einzuleuchten, aber sie sind aus mehreren Gründen alles andere als unproblematisch – unproblematisch wären sie nur, wenn man die Bedeutung von „Aussage" bzw. „Aussagesatz" stipulativ so festlegte, dass nur, was entweder wahr oder falsch und nicht sowohl wahr als auch falsch ist, eine Aussage bzw. ein Aussagesatz ist. Der Satz „Der Mensch, der die Präsidentschaftswahlen in den USA 2016 gewinnen wird, ist eine Frau" sieht aus wie ein Aussagesatz, der eine Aussage zum Ausdruck bringt. Wenn Aussagen (oder Aussagesätze) aber stets wahr oder falsch sind, dann wäre „Der Mensch, der die Präsidentschaftswahlen in den USA 2016 gewinnen wird, ist eine Frau" *jetzt* bereits wahr oder falsch, obwohl wir vom Jahr 2016 jetzt (2012) noch weit entfernt sind – doch es ist eine sehr umstrittene Frage, ob die Zukunft offen ist oder determiniert.

Gewichtiger ist jedoch ein berühmt-berüchtigtes Problem, das Graham Priest zur Einschränkung des Konsistenzprizips und Saul Kripke zur Einschränkung des Bivalenzprinzips geführt hat: das Lügnerparadox. Das Standardlügnerparadox L ist ein Satz, der über sich selbst spricht. L sagt von sich selbst, dass L falsch ist:

(L) L ist falsch.

In einer zweiwertigen Logik gibt es für die Aussage L nur zwei Möglichkeiten: L kann wahr oder falsch sein. Spielt man beide Möglichkeiten durch, ergibt sich jedoch folgendes Paradox:

Wenn L wahr ist, dann trifft es zu, was L aussagt; L sagt aber aus, dass L falsch ist, mithin ist L falsch.
Wenn L falsch ist, trifft es zu, was L aussagt (L sagt ja aus, dass L falsch ist), mithin ist L wahr. Usw.

Wenn L wahr ist, ist L falsch, und wenn L falsch ist, ist L wahr. Fasst man dies zusammen, ergibt sich also folgendes:

L ist genau dann wahr, wenn L falsch ist

– und das ist innerhalb der zweiwertigen Logik ein unhaltbarer Zustand.
Graham Priest versucht dieses Paradox zu lösen, indem er das Konsistenzprinzip einschränkt: L sei ein Paradefall für eine Aussage, die sowohl wahr als auch falsch sei. Saul Kripke versucht einen anderen Lösungsweg, indem er das Bivalenzprinzip einschränkt. Er nimmt an, dass L in eine sogenannte *Wahrheitswertlücke* fällt. L ist zwar eine Aussage, aber sie ist weder wahr noch falsch. Beide Lösungsansätze können allerdings nur mit dem Standardlügner L fertig werden. Es hat sich nämlich gezeigt, dass man den beiden Einschränkungen, die Priest und Kripke vornehmen, durchaus folgen kann und sich gerade aufgrund dieser Einschränkungen neue, verstärkte Lügnerparadoxien erzeugen lassen, die unter dem Titel „Verstärkter Lügner" diskutiert werden. So gibt es z. B. den Verstärkten Lügnersatz VL, der sich ergibt, wenn man Kripkes Einwand aufgreift:

(VL) VL ist nicht wahr.

> Ü44*
> Wenn man Priests Einwand ernstnimmt, also das Konsistenzprinzip angreift, ergibt sich ein von VL verschiedener Verstärkter Lügnersatz. Können Sie sich denken, welcher?

Der Verstärkte Lügnersatz VL greift den Einwand der Gegner des Standardlügners auf (in diesem Falle Kripkes Einwand), dass dieser vielleicht nicht wahr oder falsch, sondern weder wahr noch falsch, also zumindest *nicht wahr* sei. Deshalb sagt VL von sich selbst, dass VL *nicht wahr* sei. Allerdings führt auch dieses Zugeständnis zu keiner befriedigenden Lösung. Denn VL kann entweder wahr oder falsch oder weder wahr noch falsch sein; gehen wir diese Möglichkeiten einmal durch:

1. Wenn VL *wahr* ist, dann gilt, was VL aussagt, und dann ist VL nicht wahr. Wenn VL nicht wahr ist, dann stimmt, was VL sagt, und dann ist VL wahr. Usw. Wir geraten also in eine endlose paradoxale Schleife, in der sich aus dem Wahrheitswert des Wahren der Wahrheitswert des Nicht-Wahren ergibt, aus dem Wahrheitswert des Nicht-Wahren der des Wahren. – Usw.

2. Wenn VL *falsch* ist, dann stimmt es nicht, was VL aussagt (VL sagt ja: „nicht wahr") und dann ist VL nicht wahr. (Wenn VL falsch ist und es also nicht stimmt, was VL aussagt – dass nämlich VL nicht wahr ist –, folgt daraus nicht, dass VL wahr ist, weil das Bivalenzprinzip ja aufgegeben ist). Wenn VL nicht wahr ist, dann stimmt es, was VL sagt, und dann ist VL wahr. Wenn VL wahr ist, dann stimmt, was VL aussagt, und dann ist VL nicht wahr. Usw. Auch in diesem Fall geraten wir in die paradoxale endlose Schleife.

3. Wenn VL *weder wahr noch falsch* ist, dann stimmt es nicht, was VL aussagt (es sagt ja: „nicht wahr") und dann ist VL nicht wahr. Wenn VL nicht wahr ist, dann stimmt es, was VL sagt und dann ist VL wahr. Wenn VL wahr ist, dann stimmt, was VL aussagt, und dann ist VL nicht wahr. Usw. Auch hier geraten wir wie in den beiden anderen Fällen in eine endlose Schleife.

Wir können diesen Gedanken hier nicht weiter verfolgen. Wichtig war uns zu zeigen, dass auch die zweiwertige Logik von Voraussetzungen abhängt, die man unter Umständen mit guten Gründen philosophisch diskutieren und kritisieren kann. Denn es ist eine Sache, eine mathematische Logik kennenzulernen und mit ihr als Mathematiker zu arbeiten, und eine ganz andere Sache, sich als Philosoph mit Logik zu beschäftigen. Genauer betrachtet handelt es sich sogar um zwei grundlegende Unterschiede:

Den ersten haben wir bereits genannt. Während die Mathematikerin die *Voraussetzungen* einer bestimmten Logik einfach als Axiome als wahr annimmt, ohne sie weiter zu hinterfragen, ist es eine der zentralen Tätigkeiten der Philosophie, nach der Begründung für die Annahme der Wahrheit solcher Axiome zu fragen. Eine solche Frage ist dann keine rein logische oder mathematische mehr, weil sie gar nicht im Rahmen und mit den Methoden der Mathematik beantwortet werden kann, sondern eine genuin philosophische, für die man auch eine genuin philosophische Methode benötigt.

Der zweite Unterschied zwischen der Beschäftigung der Mathematikerin und des Philosophen mit der Logik liegt in der Frage der *Anwendung* der Logik auf normale Sprachen. Mathematiker sehen logische Sprachen nur als formale Spiele an, die nach bestimmten Regeln ablaufen; die Validität von Argumenten innerhalb dieser Sprachspiele wird überprüft, ohne dass es zwischen diesen mathematischen Spielen und unserer natürlichen Sprache irgendeinen zwingenden Bezug geben müsste. Dagegen beschäftigen wir uns als Philosophen in diesem Buch vor allem deshalb mit den logischen Sprachen, weil wir annehmen, dass sich normalsprachliche *Aussagen* und, wie wir gleich sehen werden, normalsprachliche formulierte *Argumente* genauer und das heißt: besser verstehen lassen, wenn man sie logisch rekonstruiert. Wenn es tatsächlich keine Verbindung zwischen den Logikspielen und der natürlichen Sprache gäbe (wie manche Mathematiker und Philosophen behaupten), hätten wir mit Blick auf unsere Leitfrage, wann ein Argument valid ist und wann nicht, keinen guten Grund, uns überhaupt mit der Logik zu beschäftigen. Die Beschäftigung mit Logik kann und darf daher für die Philosophie nie ein Selbstzweck, sondern immer nur ein Mittel sein, um normalsprachliche Aussagen und Argumente zu untersuchen. Deshalb fragt die Philosophie nach den *Anwendungsmöglichkeiten* der Logik und benötigt, im Gegensatz zur reinen Logik oder Mathematik, auch eine Reihe von *Übersetzungsregeln*, die es erlauben, normalsprachliche Aussagen und Argumente in die gewählte Logik zu übersetzen und dort zu prüfen. Solche Übersetzungsregeln mögen niemals die Präzision und Genauigkeit besitzen, die wir innerhalb der Mathematik erreichen können, aber daraus folgt sicherlich nicht, dass man überhaupt nicht nach ihnen suchen sollte.

KAPITEL II
Selbst argumentieren

Philosophen, so haben wir gesehen, analysieren Begriffe, und sie analysieren Aussagen und deren Beziehungen zueinander. Wenn wir das können, dann können wir schon viel. Ihren besonderen Wert haben solche Analysen aber vor allem dadurch, dass sie uns erlauben, das zu tun, worauf es beim Philosophieren letzten Endes ankommt – nämlich zu *argumentieren*, oder mehr noch: *gut* zu argumentieren. Dazu gehört auch, Argumente von solchen (angeblichen) Argumenten, die keine sind, und gute von schlechten Argumenten unterscheiden zu können. Wir werden uns jetzt überlegen, wie man argumentieren sollte (Abschnitt 3) und wie man es lieber nicht tun sollte (Abschnitt 4).

3. Triftig argumentieren

Inhalt: Argumentieren: Ein Beispiel – Warum-Frage und Begründung – Prämissen und Konklusion – Signalwörter der Folge, logische Signalwörter – Enthymem – zirkuläre Argumente – Validität – Argumentform – Was ist ein gutes Argument? – Triftigkeit – nicht-triftige Argumente – Gegenbeispielmethode – zwei Fragen zur Definition des Arguments – deduktive Argumente – direkter und indirekter Beweis – Modus ponens – Modus tollens – Konjunktion – Hinsichten und Scheinwidersprüche – Simplifikation – Addition – disjunktiver Syllogismus – Beweis der Regel „Ex falso quodlibet" – hypothetischer Syllogismus – Dilemma – Syllogismus – Mittelbegriff, Prädikatbegriff, Subjektbegriff – Figuren – Modi – Prädikatenlogik – Reductio ad impossibile und Reductio ad absurdum – Kann man alles deduktiv begründen? Das Münchhausentrilemma – Achill und die Schildkröte über Logik – Probleme mit dem Modus ponens – deduktive Argumentformen und logische Wahrheit – induktive Argumentformen und Bewährung durch Induktion – reflexive Argumente – performativer Widerspruch und performative Tautologie – Selbstevidenz

Zum Argumentieren gehört vor allem, selbst gute Argumente zu finden, Argumente auf ihre Güte zu prüfen und ihre Struktur zu analysieren. Selbst argumentieren zu können ist aber nicht nur unentbehrlich für Philosophen, die vor allem systematisch arbeiten. Auch für alle, die sich interpretierend mit der Geschichte des Faches beschäftigen, ist selbständiges Argumentieren unerlässlich. Denn wer nicht selbst argumentieren kann, der wird auch nicht selbst interpretieren können.

Was ist ein Argument?

Aber was ist das überhaupt – ein Argument? Nehmen wir wieder unseren Meisterdetektiv William von Baskerville als Beispiel. Scharfsinnig (und eitel) wie er ist, glaubt William, die geheimnisvollen Morde in der reichen Benediktinerabtei an den Hängen des Apennin gelöst zu haben. Stolz verkündet er seinem Adlatus Adson von Melk: „Mein lieber Adson, Jorge von Burgos ist der Mörder!" Falls Adson zurückfragt: „Aber Bruder William, habt Ihr denn auch ein Argument dafür?" – nach was fragt Adson dann genau? Er verlangt offensichtlich eine Begründung dafür, dass Williams Behauptung wahr ist. Williams Behauptung, oder wir können auch sagen: seine *Aussage* ist ja, dass Jorge von Burgos der Mörder ist. Aber woher weiß William das? Williams Behauptung ist eine Aussage, die entweder wahr oder falsch ist. Da William behauptet, dass diese Aussage wahr ist, verlangt Adson, wenn er nach einem Argument für Williams Behauptung fragt, eine *Begründung* dafür, dass sein Meister William, und jeder andere rationale Mensch auch, diese Aussage für wahr halten darf und für wahr halten muss. Man könnte es auch so formulieren, dass Adson eine Begründung für die *Wahrheit der Aussage* haben will, dass *tatsächlich* Jorge der Mörder ist. Allerdings ist diese Aussage ja nicht wahr, weil andere Aussagen wahr sind, sondern sie ist wahr, weil es eine Tatsache ist (wenn es denn eine ist), *dass* Jorge der Mörder ist. Man sollte also nicht sagen, dass Argumente *Begründungen* für die *Wahrheit* einer Aussage sind; vielmehr sind Argumente in praktischen Kontexten immer *Begründungen* für das *Fürwahrhalten* einer Aussage.

Genau wie Adson verlangt auch die Philosophie Begründungen, und zwar nicht irgendwelche, sondern vernünftige und plausible. Das unterscheidet Philosophen von denen, die eine Behauptung dadurch stützen wollen, dass sie andere überreden, sich blind auf Autoritäten berufen, lügen und betrügen, ein X für ein U vormachen, strafen und erziehen, Zuckerbrot und Peitsche anwenden, dogmatisch verkünden, drohen, nötigen, erpressen, foltern, schmeicheln, Gutes oder Schlechtes versprechen, jemanden lächerlich machen, bloßstellen oder ausgrenzen (falls er das Gegenteil vertritt), oder einfach auch nur dunkel raunen. Dies alles können zwar Gründe (oder besser: Ursachen) dafür sein, dass die Wahrheit eines Satzes faktisch akzeptiert wird. In allen diesen Fällen handelt es sich aber um Gründe, die, rational und philosophisch betrachtet, unakzeptabel sind; sie taugen nicht zum guten Begründen. Gründe können nur dann gute und plausible Begründungen oder eben gute und plausible Argumente sein, wenn sie bestimmte Bedingungen mit Blick auf ihre Form und ihren Inhalt erfüllen. Welche Bedingungen das sind, damit müssen wir uns jetzt beschäftigen.

Wenn Philosophen nach Argumenten fragen oder solche vortragen, dann fragen sie nach einem Warum oder geben eine Antwort auf genau diese Frage. Das kann man ganz nüchtern als eine der Methoden beschreiben, die Philosophen beherrschen. Hinter der unscheinbaren Fähigkeit, nach dem Grund zu fragen, steckt jedoch weitaus mehr. Denn wir können unsere Vernunft und Rationalität gerade dadurch verstehen, ja definieren, dass sie uns erlaubt und gleichzeitig dazu auffordert, für unsere Thesen und Meinungen, aber auch für unser Handeln Begründungen anzugeben, die von anderen überprüft und kritisiert werden können. Wer niemals nach dem Warum, Weshalb und Wieso fragt, wer handelt, ohne jemals kritisch nachzudenken, bleibt nicht nur ignorant. Er kann auch nie einen wichtigen Teil dessen ausbilden, was ihn zu einem selbstbestimmten Leben befähigt. Seine ‚Argumente' sind eben keine: Er kann sein Verhalten nicht vernünftig, sondern nur mit Gewalt ‚begründen' und durchsetzen. Nur für die Dummheit gibt es kein Warum.

Aber welche Gründe sind nun (philosophisch) tauglich? Es gibt viele wahre Aussagen und noch mehr Möglichkeiten, sie zu begründen. William könnte Adson zum Beispiel antworten, er sei zu der Überzeugung gekommen, dass Jorge der Mörder ist, *weil* der Mörder seine Opfer mit Hilfe der giftgetränkten zweiten *Poetik* des Aristoteles getötet hat, und nur Jorge in der Lage war, das Gift auf die Seiten dieses Buches aufzutragen. William hat also ein Argument, das seine Überzeugung *begründen* soll, und er will mit diesem Argument Adsons *Zustimmung* zu der Behauptung, dass Jorge der Mörder sei, erreichen. Jedes Argument enthält diese beiden Momente: Begründung und Erheischung der Zustimmung. (Allerdings muss man nicht immer *andere* überzeugen und ihre Zustimmung gewinnen wollen. Vernünftig sein bedeutet auch, *sich selbst* durch ein Argument überzeugen oder jedenfalls einer bereits vorhandenen Überzeugung vergewissern zu wollen.)

Betrachten wir Williams Begründung noch etwas genauer. Er argumentiert ungefähr folgendermaßen:

Wenn Jorge derjenige ist, der die zweite *Poetik* des Aristoteles mit Gift getränkt hat, dann ist Jorge der Mörder.
Jorge ist derjenige, der die zweite *Poetik* des Aristoteles mit Gift getränkt hat.
Also: Jorge ist der Mörder.

Williams Argument enthält insgesamt drei Aussagen: Die ersten beiden, die die *Begründung geben,* und die dritte, die *begründet wird.* Die begründenden Aussagen nennt man die *Prämissen* (von lateinisch *praemissa,* ungefähr: „das Vorausgeschickte"); die Aussage, die begründet wird oder jedenfalls begründet werden soll, heißt die *Konklusion* (alternativ auch der *Schlusssatz* oder die *Conclusio*) des Arguments (lateinisch ungefähr: „das Erschlossene"). Der Witz an jedem Argument ist nun, dass die Konklusion aus den Prämissen *folgt* (oder folgen soll). Williams Argument enthält daher noch ein drittes, wichtiges Element, das diese Folge, also den Übergang von den Prämissen zu der Konklusion des Argumentes, markiert: das kleine Wörtchen „also". Ob wir nun selbst Argumente aufstellen, oder ob wir Argumente in Texten anderer erkennen und rekonstruieren wollen – die sogenannten *Signalwörter der Folge* wie das „also" machen Argumente für uns und andere identifizierbar. In deutschsprachigen Texten gehören zu diesen Signalwörtern „also", „daraus folgt", „deshalb", oder auch, besonders deutlich, „infolgedessen"; im Englischen „consequently", „therefore", „thus", „hence", „so"; im Lateinischen „ergo", „igitur", „itaque", „proinde"; im Französischen „donc", usw. – vermutlich werden alle natürlichen Sprachen solche Signalwörter für das Vorliegen einer logischen Folgerungsbeziehung haben. Mit ihrer Hilfe können wir in einem (unübersichtlichen) Text feststellen, ob er überhaupt ein Argument oder Argumente enthält, aber auch, welche Aussage die Konklusion des Argumentes ist. Und natürlich können wir mit ihnen auch selbst zu erkennen geben, dass wir ein Argument vortragen.

Die Signalwörter der Folge stehen stets vor der Konklusion und trennen so die Prämissen von der Konklusion ab. Es kommt in normalsprachlichen Texten oder Äußerungen allerdings häufig vor, dass die Konklusion vor den Prämissen genannt wird oder auch zwischen ihnen steht. Es ist deshalb nützlich, nicht nur die Signalwörter zu kennen, die die Konklusion einleiten, sondern auch jene, die auf die Prämissen hinweisen. Zu ihnen gehören im Deutschen „da", „weil", „denn", „aus dem Grunde, dass", „insofern als", „dies ist wahr, weil". Nehmen wir folgendes Beispiel:

William ist ein Franziskaner, also ist er nicht reicher als der Papst. Denn Franziskaner leben in strikter Armut.

> Ü45
> Überlegen Sie sich bitte, was in diesem Argument die Prämissen sind und was die Konklusion.

Genau, hier ist die Konklusion der Satz, dass William von Baskerville nicht reicher als der Papst ist. Die beiden anderen Sätze bilden die Prämissen des Arguments. Auf die Konklusion („William ist nicht reicher als der Papst") weist das „also" hin, auf die zweite Prämisse („Franziskaner leben in strikter Armut") das „denn"; bei der ersten Prämisse („William ist ein Franziskaner") fehlt ein Signalwort. Man kann sich also nicht immer sicher sein, alle Prämissen eines Arguments oder auch die Konklusion gefunden zu haben, wenn man nur auf die kleinen logischen Signalwörter achtet (manchmal fehlen sogar alle Signalwörter). Meistens stellen sie aber eine große Hilfe dar.

Jedes Argument hat immer nur genau eine Konklusion. Es kann aber durchaus mehr oder sogar – dies in der Praxis aber selten – weniger als zwei Prämissen haben. Dazu zwei Beispiele:

Die vergiftete zweite *Poetik* des Aristoteles befindet sich auf dem Tisch des Jorge von Burgos.
Der Tisch des Jorge von Burgos befindet sich in der Mitte des Raumes ‚Finis Africae'.
Der Raum ‚Finis Africae' befindet sich in der achteckigen Bibliothek.
Die achteckige Bibliothek befindet sich in der stolzen Benediktinerabtei an den Hängen des Apennin.
Also: Die vergiftete zweite *Poetik* des Aristoteles befindet sich in der stolzen Benediktinerabtei an den Hängen des Apennin.

In diesem Beispiel haben wir vier Prämissen für die Aussage, die begründet werden soll, also für die Konklusion „Die vergiftete zweite *Poetik* des Aristoteles befindet sich in der stolzen Benediktinerabtei an den Hängen des Apennin." Das ist schon ziemlich kompliziert. Aber wir können dieses eine komplexe Argument bei genauerem Hinsehen auf drei Argumente zurückführen, die jeweils nur zwei Prämissen haben. Dafür müssen wir zunächst die ersten beiden Prämissen miteinander verbinden, dann die dritte hinzunehmen und schließlich auch die vierte:

Die vergiftete zweite *Poetik* des Aristoteles befindet sich auf dem Tisch des Jorge von Burgos.
Der Tisch des Jorge von Burgos befindet sich in der Mitte des Raumes ‚Finis Africae'.
Also: Die vergiftete zweite *Poetik* des Aristoteles befindet sich in der Mitte des Raumes ‚Finis Africae'.

Die vergiftete zweite *Poetik* des Aristoteles befindet sich in der Mitte des Raumes ‚Finis Africae'.
Der Raum ‚Finis Africae' befindet sich in der achteckigen Bibliothek.
Also: Die vergiftete zweite *Poetik* des Aristoteles befindet sich in der achteckigen Bibliothek.

Die vergiftete zweite *Poetik* des Aristoteles befindet sich in der achteckigen Bibliothek.
Die achteckige Bibliothek befindet sich in der stolzen Benediktinerabtei an den Hängen des Apennin.
Also: Die vergiftete zweite *Poetik* des Aristoteles befindet sich in der stolzen Benediktinerabtei an den Hängen des Apennin.

Ein Argument mit mehr als zwei Prämissen lässt sich also in der Regel auf mehrere miteinander verbundene Argumente mit zwei Prämissen zurückführen.

Es gibt auch Argumente, die weniger als zwei Prämissen haben:

William von Baskerville ist Franziskanermönch.
Also: William von Baskerville darf keine Frau heiraten.

Aber folgt die Konklusion hier wirklich aus der Prämisse? Sicher, so werden fast alle antworten, denn kein Franziskanermönch darf eine Frau heiraten. Das stimmt, aber offenkundig ist diese Prämisse („Kein Franziskanermönch darf eine Frau heiraten") nur stillschweigend mitgedacht, nicht hingeschrieben. Solch eine Prämisse nennt man auch eine *implizite Prämisse*, und ein Argument mit mindestens einer expliziten und mindestens einer zweiten stillschweigend vorausgesetzten, impliziten Prämisse nennt man auch *Enthymem* (im Mittelalter abgeleitet von griechisch *en thymo*, „im Geiste", weil eine Prämisse ja nur *mitgedacht* wird). Expliziert man die stillschweigend vorausgesetzte Prämisse, ergibt sich das Argument, das eigentlich gemeint war:

Kein Franziskanermönch darf eine Frau heiraten.
William von Baskerville ist Franziskanermönch.
Also: William von Baskerville darf keine Frau heiraten.

Auch im folgenden Beispiel ist die stillschweigend zu ergänzende Prämisse nur für den verständlich, der die Bedeutung des verwendeten generellen Terms kennt, oder anders gesagt: der die Definition des vorkommenden Begriffs gelernt hat.

Benedikt ist Junggeselle.
Also: Benedikt ist unverheiratet.

> Ü46
> Rekonstruieren Sie dieses Enthymem bitte so, dass daraus ein Argument mit zwei Prämissen und einer Konklusion wird.

Wenn Sie die implizite Prämisse richtig expliziert haben, sollte Ihre Rekonstruktion so lauten:

Alle Junggesellen sind unverheiratet.
Benedikt ist Junggeselle.
Also: Benedikt ist unverheiratet.

Mit sehr wenigen Ausnahmen gilt, dass in der Konklusion eines Argumentes kein Begriff enthalten sein darf, der nicht zumindest *implizit* bereits in den Prämissen enthalten ist (eine solche Ausnahme werden wir gleich kennenlernen, die sogenannte Addition). Ein Beispiel für ein Argument, das tatsächlich nur eine Prämisse hat, ist:

Heidegger ist ein großer Philosoph.
Also: Heidegger ist ein großer Philosoph.

> Ü47
> Was meinen Sie, ist hier irgendetwas verkehrt? Und wenn ja, was ist es, das Sie stört?

Hier gibt es keine implizite zweite Prämisse, die wir ergänzen müssten, um das Argument zu verstehen. Obwohl diese Abfolge von Aussagesätzen eine begründende Prämisse und eine begründete Konklusion enthält, ist mit ihr dennoch etwas nicht in Ordnung: Das Argument gibt keine Begründung, die uns genügen würde. Das liegt einfach daran, dass die Begründung und das, was begründet wird, *identisch* sind („Warum?" – „Darum."). Die Begründung enthält keine Information, die über das, was uns die Konklusion ohnehin schon mitteilt, hinausginge; die Begründung dreht sich im Kreis und ist deshalb leer. So manches nicht überzeugende Argument in der Philosophie lässt sich auf diese Kurzform zurückführen, auch wenn solche Argumente in ihrer ursprünglichen Gestalt meist noch zusätzliche Sätze enthalten, die von der Zirkularität ablenken, z. B.:

Aristoteles ist ein großer Denker. Deshalb sind seine Einsichten philosophisch bedeutsam, seine Art zu schreiben ist nachahmenswert, und seine Bücher muss jeder gelesen haben, der sich mit Philosophie beschäftigt. Und weil Aristoteles' Einsichten philosophisch bedeutsam sind, seine Art zu schreiben nachahmenswert ist und seine Bücher jeder gelesen haben muss, der sich mit Philosophie beschäftigt, ist er ein großer Denker.

> Ü48
> Auch hier stimmt etwas nicht; allerdings ist es etwas schwieriger zu sehen. Worin liegt der Fehler?

Warum also sind Aristoteles' Einsichten philosophisch bedeutsam, warum ist seine Art zu schreiben nachahmenswert, und warum muss seine Bücher jeder gelesen haben, der sich mit Philosophie beschäftigt? Nun, ‚deshalb', so wird gesagt, weil er ein großer Denker ist. Aber was ist ein großer Denker? Nun, jemand, dessen Einsichten philosophisch bedeutsam sind, dessen Art zu schreiben nachahmenswert ist, und dessen Bücher jeder gelesen haben muss, der sich mit Philosophie beschäftigt. Das läuft aber auf folgendes hinaus: ‚Warum ist Aristoteles ein großer Denker?' ‚Darum.' Man kann ein solches Gebilde noch ein Argument nennen, aber es ist sicherlich kein gutes. Doch dazu später mehr.

Der Einfachheit halber wollen wir im folgenden meistens von Argumenten ausgehen, die genau zwei Prämissen haben. Kommen wir noch einmal zu Williams Argument zurück.

Wenn Jorge derjenige ist, der die zweite *Poetik* des Aristoteles mit Gift getränkt hat, dann ist Jorge der Mörder.
Jorge ist derjenige, der die zweite *Poetik* des Aristoteles mit Gift getränkt hat.
Also: Jorge ist der Mörder.

Wir sagten, das Signalwort der Folge „also" zeige an, dass die Konklusion aus den Prämissen folgt. Aber was genau ist damit eigentlich gesagt? Was genau soll es heißen, dass die Prämissen eine *Begründung* für die Konklusion liefern bzw. die Konklusion aus den Prämissen *folgt*?

William selbst wird das zwar für sehr unwahrscheinlich halten – aber kann es denn nicht sein, dass er sich in seiner Meinung irrt, der alte Jorge habe die zweite *Poetik* des Aristoteles mit dem heimtückischen Gift getränkt? Dann wäre der zweite Satz des Arguments falsch. Könnte er dann zusammen mit dem ersten Satz noch eine Begründung für den Schlusssatz geben? Es kann in der Tat sein, dass William sich tatsächlich irrt und eine der beiden Prämissen falsch ist, oder vielleicht sogar beide. Niemand würde dann behaupten wollen, William habe ein gutes Argument vorgelegt. Nichtsdestoweniger handelt es sich bei dem, was er Adson präsentiert, zunächst einmal *der Form nach* um ein Argument, also ganz *unabhängig* davon, ob die Prämissen falsch sind oder nicht. Und das liegt daran, dass es vernünftig *wäre*, die Wahrheit von Williams Konklusion anzunehmen, *wenn* die beiden Prämissen, die er präsentiert, tatsächlich zusammen wahr *wären*. Und natürlich ist William als Meisterdetektiv schlau genug, sein Argument so zuzuschneiden, dass es tatsächlich vernünftig wäre, die Wahrheit der Konklusion anzunehmen, wenn wir davon ausgehen, dass die Prämissen zusammen wahr sind: *Wenn* es wahr ist, dass für den Fall, dass Jorge derjenige ist, der die zweite *Poetik* des Aristoteles mit Gift getränkt hat, dann Jorge auch der Mörder ist; und *wenn* es zudem wahr ist, dass Jorge derjenige ist, der die zweite *Poetik* des Aristoteles mit Gift getränkt hat; *dann* muss Jorge auch der Mörder sein – diese Konklusion folgt dann notwendig. Man kann also nicht zustimmen, dass all jenes der Fall ist, aber dennoch die Konklusion bestreiten.

Betrachten wir noch ein anderes Argument. Es ist insofern ein ‚anderes' Argument, als seine Prämissen und seine Konklusion einen anderen Gehalt haben. Seine Form aber ist dieselbe wie bei Williams Argument:

Wenn 1 + 1 = 2 ist, dann ist 2 = 1 + 1.
1 + 1 = 2.
Also: 2 = 1 + 1.

An der Wahrheit dieser Prämissen werden die wenigsten zweifeln. Und man sieht, dass, wenn man die Wahrheit der beiden Prämissen annimmt, es vollkommen vernünftig ist, auch die Wahrheit der Konklusion anzunehmen. In diesem Sinne ist auch Williams Argument zu verstehen.

Fassen wir die bisherigen Ergebnisse zusammen: Ein Argument ist ein Verbund von in der Regel mindestens zwei wahrheitsfähigen Aussagen, die durch ein Signalwort der Folge miteinander verbunden werden, wobei der Anspruch erhoben wird, dass die Aussagen, die vor dem Signalwort der Folge stehen (die Prämissen), die Aussage, die nach dem Signalwort der Folge steht (die Konklusion), in dem Sinne begründen, dass es vernünftig ist, die Konklusion für wahr zu halten, falls man alle Prämissen für wahr hält.

Bevor wir fortfahren, noch ein wichtiger Hinweis: Wir reden in der Alltagssprache (und auch in der Philosophie) oft so, dass wir nur die *Prämissen* für eine Konklusion als Argument bezeichnen, nicht das Ganze aus Prämissen und Konklusion. Wenn Adson seinen Lehrer William fragt, was denn eigentlich das Argument *für* seine These sei, dass Jorge der Mörder ist, dann versteht er dabei indirekt die These Williams (also die Konklusion), dass Jorge der Mörder ist, nicht als Teil des

Argumentes, sondern als dasjenige, *für* das ein Argument (eine Begründung, also die Prämissen) angeführt wird. Strenggenommen ist aber das Ganze aus Prämissen und Konklusion das Argument.

Unsere Definition des Arguments lässt es offen, ob der Anspruch, der mit einem Argument erhoben wird, tatsächlich *zu Recht* erhoben wird oder nicht. Denn es gibt neben guten Argumenten bekanntermaßen auch solche, für die der Anspruch, dass die Prämissen die Konklusion begründen sollen, nicht eingelöst werden kann, selbst wenn die Prämissen wahr sind. Das gilt etwa für das folgende Beispiel:

China ist ein Staat in Asien.
Hamburg ist eine Stadt in Deutschland.
Also: Der Mond kreist um die Erde.

Hier ist nicht klar, in welchem Sinne es vernünftig sein sollte, die Konklusion für wahr zu halten, selbst wenn man davon ausgeht, die Prämissen seien beide wahr (was ja tatsächlich der Fall ist, da China tatsächlich ein Staat in Asien ist und Hamburg tatsächlich eine Stadt in Deutschland). Offensichtlich erhebt hier zwar jemand den Anspruch, dass die Konklusion aus den Prämissen folge (das zeigt das „also"), ebenso offensichtlich wird dieser Anspruch aber nicht eingelöst. Das Argument ist misslungen oder eben einfach schlecht.

Validität

Unsere bisherige Bestimmung des Arguments schließt nicht aus, dass es auch schlechte Argumente gibt. Es gibt sogar eine große Zahl von verschiedenen Gründen dafür, warum ein Argument kein gutes Argument sein kann. Wir werden uns im nächsten Abschnitt ausführlich damit beschäftigen, wie man nicht argumentieren sollte. Um aber noch besser zu verstehen, was ein (gutes) Argument überhaupt ausmacht, müssen wir uns vorab Klarheit darüber verschaffen, wodurch ein Argument schlecht wird.

Betrachten wir dazu folgendes Beispiel:

Wenn René Grippe hat, dann hat er Fieber.
René hat keine Grippe.
Also: René hat kein Fieber.

> **Ü49**
> Warum ist das ein schlechtes Argument? Wir erklären es gleich, aber versuchen Sie zunächst selbst, den Fehler herauszufinden.

Alle drei Sätze könnten, für sich betrachtet und auf dieselbe Person bezogen, wahr sein. Dennoch wird nach einiger Überlegung klar, dass dieses Argument ein schlechtes Argument ist. Denn die Annahme, dass die Konklusion notwendigerweise aus den Prämissen folgt, ist in diesem Falle nicht vernünftig, selbst wenn alle Sätze wahr *wären*. Stutzig macht, dass es durchaus sein kann, dass es *wahr* ist, dass eine echte Grippe immer mit Fieber verbunden ist, und es natürlich ebenfalls *wahr* sein kann, dass jemand keine Grippe hat, es aber gleichfalls *falsch* sein kann, dass er kein Fieber hat – es könnte ja jemand keine Grippe, aber etwa Malaria und also trotz fehlender Grippe Fieber haben. Der Fehler scheint also nicht mit dem *Inhalt* der Sätze zu tun zu haben, sondern irgendetwas stimmt mit der *Form* des Argumentes nicht. Bei einem Argument (wie dem vorliegenden), dessen Form es zulässt, dass alle Prämissen des Arguments wahr sein können und die Konklusion *trotzdem falsch ist*, ist es eben nicht vernünftig und zwingend anzunehmen, dass die Konklusion wahr sein *muss*, wenn die Prämissen alle wahr sind. Kurz gesagt: In solch einem Argument können die Prämissen die Konklusion eben nicht begründen oder stützen. Solche Argumente nennt man *invalide* Argumente. Ein Argument, das invalid ist, kann also kein gutes Argument sein. Wir werden uns, wie gesagt, mit solchen invaliden Argumenten ausführlich im nächsten Abschnitt befassen.

Eine der Eigenschaften, die ein Argument besitzen muss, um ein gutes zu sein, ist also die *Validität*. Und ein Argument ist genau dann valid, wenn es aufgrund der formalen Struktur tatsächlich vernünftig ist, die Konklusion für wahr zu halten, wenn alle Prämissen zusammen wahr sind. Man spricht deshalb auch davon, dass in einem validen Argument die Konklusion aus den Prämissen *logisch folgt*. Leider hat sich im deutschen Sprachraum für diese Eigenschaft der Validität noch kein von allen akzeptierter Begriff eingebürgert. Manche nennen sie „(logische) Gültigkeit" oder auch „(logische) Korrektheit"; der Terminus „Gültigkeit" bzw. „gültig" wird außerdem von manchen auch für eine andere logische Eigenschaft von Argumenten benutzt, auf die wir gleich zu sprechen kommen. Der englische Ausdruck „validity" bzw. „valid" ist dagegen üblich und eindeutig; wir wollen daher im Folgenden, wenn von der formalen Gültigkeit oder Korrektheit eines Arguments die Rede ist, davon sprechen, dass ein Argument *valid* ist. („Valid" ist auch ein deutscher, wenngleich veralteter Ausdruck. Dies ist übrigens ein gutes Beispiel dafür, dass stipulative Definitionen durchaus sinnvoll sein können.)

Es gibt eine ganze Reihe valider Argumentformen, von denen wir die bekanntesten und wichtigsten gleich im einzelnen vorstellen werden. Was macht ein Argument nun zu einem validen Argument? Was sagte noch William?

Wenn Jorge derjenige ist, der die zweite *Poetik* des Aristoteles mit Gift getränkt hat, dann ist Jorge der Mörder.
Jorge ist derjenige, der die zweite *Poetik* des Aristoteles mit Gift getränkt hat.
Also: Jorge ist der Mörder.

Es sieht so aus, dass man bei Williams Argument folgendes zugeben muss: Unter der Annahme, die Prämissen seien beide wahr, ist es tatsächlich vernünftig, ebenfalls anzunehmen, die Konklusion sei wahr. Hier kann es nicht geschehen, dass alle Prämissen wahr sein können, die Konklusion aber falsch. Wir hatten ebenfalls schon gesehen, dass es andere Argumente gibt, die dieselbe Form wie Williams Argument aufweisen:

Wenn $1 + 1 = 2$ ist, dann ist $2 = 1 + 1$.
$1 + 1 = 2$.
Also: $2 = 1 + 1$.

Die Eigenschaft der Validität scheint also in der *Form* zu stecken, die beiden Argumenten gemeinsam ist.

Ü50
Versuchen Sie selbst, die Form der beiden Argumente herauszufinden! Überlegen Sie zunächst, was die beiden Argumente gemeinsam haben und was sie unterscheidet.

Was also ist die Form der beiden Argumente? Man findet sie ganz leicht, wenn man auf diejenigen Elemente in den Argumenten achtet, die in beiden Fassungen die gleichen bleiben. Was nicht gleich bleibt, ist das, wovon die Argumente handeln: In dem einen Argument ist von Jorge, Mord und Gift die Rede, in dem anderen von diversen Zahlen, die addiert werden. Was dagegen gleich bleibt, ist folgendes: In der jeweils ersten Prämisse das „Wenn ..., dann ---" („*Wenn* Jorge derjenige ist, der die zweite *Poetik* des Aristoteles mit Gift getränkt hat, *dann* ist Jorge der Mörder" bzw. „Wenn 1 + 1 = 2, *dann* 2 = 1 + 1"); in der zweiten Prämisse die Tatsache, dass der Satz genau dem Satz entspricht, der in der ersten Prämisse nach dem „wenn" und vor dem „dann" steht („Jorge ist derjenige, der die zweite Poetik des Aristoteles mit Gift getränkt hat" bzw. „1 + 1 = 2"); und in der Konklusion, dass der Satz genau dem Satz entspricht, der in der ersten Prämisse nach dem „dann" kommt („Jorge ist der Mörder" bzw. „2 = 1 + 1"). Wenn wir in dem Ausdruck „Wenn ..., dann ---" die Punkte („...") durch den Satzbuchstaben ‚p' und die Striche („---") durch den Satzbuchstaben ‚q' ersetzen, erhalten wir folgendes formale Schema für beide Argumente:

Wenn p, dann q.
p.
Also: q.

So ein Schema nennt man auch eine *Argumentform*. Es ist genau diese Argumentform, die jedes Argument *mit* dieser Argumentform zu einem *validen* Argument macht. Denn was auch immer für ‚p' und ‚q' eingesetzt wird, es gilt: Wenn man annimmt, dass alle Prämissen wahr sind (was sie aber de facto nicht tatsächlich sein müssen), dann ergibt sich unter Verwendung dieser Argumentform zwingend, dass dann auch die Konklusion wahr ist. In einem validen Argument *garantiert* schon allein seine *Form*, dass die Konklusion wahr ist, falls auch alle Prämissen wahr sind. Es gibt also kein valides Argument, bei dem tatsächlich alle Prämissen wahr sind, die Konklusion aber falsch ist. Validität ist eine Eigenschaft der *Form* oder *Struktur* eines Arguments, ganz unabhängig davon, welchen Wahrheitswert die in dem Argument enthaltenen Aussagen haben.

Das Beispiel für eine valide Argumentform, das wir gerade betrachtet haben, war der sogenannte *Modus ponens*. Falls gilt: ‚Wenn p, dann q; und wenn zusätzlich auch p der Fall ist; dann gilt zwingend, dass auch q der Fall ist'. Aber es gibt noch andere valide Argumentformen, die wir in diesem Kapitel kennenlernen werden. Es sind eigentlich nicht allzuviele, und wenn man die wichtigsten kennt, wird man schon viel besser selbst argumentieren und interpretieren können.

Triftigkeit

Wir haben gesehen, dass ein Argument, das invalid ist, kein gutes Argument sein kann. Aber ist jedes valide Argument auch schon ein gutes Argument? Reicht es aus, dass die Form des Argumentes korrekt ist (also valid), oder müssen wir zusätzlich auch auf die Eigenschaften der Aussagen achtgeben, die das Argument enthält?

Betrachten wir dazu folgendes Beispiel:

Wenn Martin Luther Papst ist, dann ist er Oberhaupt der katholischen Kirche.
Martin Luther ist Papst.
Also: Martin Luther ist Oberhaupt der katholischen Kirche.

> Ü51
> Ist das ein valides Argument? Versuchen Sie, die Argumentform zu identifizieren, so wie wir das oben getan haben.

Bei der Argumentform dieses Arguments handelt es sich wieder um einen Modus ponens. Das Argument ist also valid, denn wenn alle seine Prämissen wahr *wären*, dann *wäre* es auch vernünftig anzunehmen, dass die Konklusion wahr ist. Seiner Form nach könnte das Argument daher ein gutes Argument sein. Das Argument ist aber nicht wirklich plausibel, und das können wir schon daran erkennen, dass seine Konklusion de facto *falsch* ist. Eine Begründung für einen falschen Satz kann jedoch nie eine gute Begründung sein, und eine Begründung, die (wie in diesem Beispiel) außerdem noch mindestens eine falsche Prämisse aufweist (denn Luther ist ja tatsächlich nie Papst gewesen), sicherlich auch nicht. Damit aus einem validen Argument ein *gutes* oder *plausibles* Argument wird, bedarf es also einer weiteren Bedingung: Die Prämissen müssen tatsächlich alle *wahr* sein. Wenn die Prämissen eines Argumentes alle wahr sind *und* seine Argumentform valid, dann *folgt* auch *zwingend*, dass seine Konklusion wahr ist. Ein solches Argument, das valid ist *und* dessen Prämissen alle zusammen wahr sind, nennen wir ein (logisch) *triftiges* Argument: Ein Argument ist triftig genau dann, wenn es valid ist und alle seine Prämissen wahr sind. Diese Eigenschaft der *Triftigkeit* eines Arguments wird in der philosophischen Fachliteratur bisweilen auch als (logische) *Schlüssigkeit* oder *Wahrheit* des Arguments bezeichnet. Wir meinen aber, dass man „Schlüssigkeit" zu leicht mit dem verwechseln könnte, was wir „Validität" nennen, und

die Bezeichnung „Wahrheit" sollte man besser allein für Aussagen reservieren. Im englischen Sprachraum bezeichnet man die Eigenschaft, dass ein Argument valid ist und alle seine Prämissen wahr sind – also die Eigenschaft der Triftigkeit –, als „soundness" bzw. „sound".
Triftig ist dann etwa das folgende berühmte Argument:

Alle Menschen sind sterblich.
Sokrates ist ein Mensch.
Also: Sokrates ist sterblich.

Um feststellen zu können, ob ein solches Argument triftig ist, reicht es also niemals aus, allein seine Form auf Validität zu untersuchen. Wir müssen in allen Fällen zusätzlich auch noch überprüfen, ob alle Prämissen tatsächlich wahr sind. Darin besteht im übrigen auch der Unterschied zwischen einer Logikerin und einem Philosophen. Die Logikerin ist vor allem an der formalen Gültigkeit ihrer Argumentformen interessiert und an den Aussagesätzen, die schon aus formalen bzw. logischen Gründen immer wahr oder falsch sind (wir hatten in einem früheren Abschnitt ja schon solche tautologischen und widersprüchlichen Sätze kennengelernt). Dagegen muss sich der Philosoph zusätzlich auch noch mit der Frage beschäftigen, ob die Prämissen der Argumente, die er aufstellt oder überprüft, auch tatsächlich wahr oder falsch sind. Im obigen Beispiel mit Sokrates ist das ja ziemlich leicht (obwohl manche vielleicht argumentieren würden, dass Menschen in einem religiösen Sinn gar nicht sterblich sind). Aber in den wirklich interessanten Fällen ist das natürlich viel schwieriger (sonst würden sich die Philosophen ja auch nicht seit Jahrtausenden streiten). Was macht man etwa mit solchen philosophischen Prämissen wie „Der menschliche Wille ist frei", „Gott existiert notwendigerweise", „Gerechtigkeit ist eine Tugend"? Wenn wir bestimmen wollen, welchen Wahrheitswert diese Aussagen haben, helfen uns weder die Logik allein noch die empirischen Wissenschaften weiter. Die Logik allein deshalb nicht, weil solche philosophischen Aussagen sicherlich keine Aussagen sind, die schon allein aufgrund ihrer Form wahr oder falsch sind; und die empirischen Wissenschaften nicht, weil sie nicht einmal angeben könnten, was sie untersuchen sollten, wenn vom menschlichen Willen, Gott und der Gerechtigkeit die Rede ist. Hier, mit der Bestimmung dieser nicht-empirischen Begriffe, beginnt eben das philosophische Geschäft, wie wir es im Abschnitt zur Begriffsanalyse kennengelernt haben.
Halten wir zunächst noch einmal fest: Ein gutes Argument muss auf jeden Fall valid und seine Prämissen müssen ohne Ausnahme wahr sein (dann ist natürlich auch garantiert, dass die Konklusion wahr ist). Au-

ßer diesen guten, oder wie wir ab jetzt sagen wollen: *triftigen* Argumenten gibt es dann aber auch noch sechs andere Formen von *schlechten (nicht-triftigen) Argumenten*, die wir voneinander unterscheiden müssen (Beispiele folgen gleich):

1. valide Argumente, die falsche Prämissen und eine falsche Konklusion haben;
2. valide Argumente, die falsche Prämissen und eine wahre Konklusion haben;
3. invalide Argumente, die wahre Prämissen und eine falsche Konklusion haben;
4. invalide Argumente, die falsche Prämissen und eine falsche Konklusion haben;
5. invalide Argumente, die falsche Prämissen und eine wahre Konklusion haben, und
6. invalide Argumente, die wahre Prämissen und eine wahre Konklusion haben.

Es gibt nur einen Typ von Argumenten, der niemals auftauchen kann: valide Argumente, die wahre Prämissen, aber eine falsche Konklusion haben. Das ist einfach deswegen ausgeschlossen, weil ein valides Argument ja gerade dadurch definiert ist, dass die Konklusion garantiert wahr ist, wenn alle Prämissen wahr sind.

Zum ersten Typ der schlechten Argumente gehört etwa das folgende Beispiel:

Alles, was außerhalb meiner selbst existiert, ist materiell.
Alles Wahrgenommene existiert außerhalb meiner selbst.
Also: Alles Wahrgenommene ist materiell.

In diesem Argument sind alle Prämissen und auch die Konklusion de facto falsch.

Ü52*
Überlegen Sie bitte selbst, warum die Prämissen und die Konklusion falsch sind.

Dennoch muss man zugeben, dass die Konklusion zwingend aus den Prämissen folgen *würde*, wenn die Prämissen wahr *wären*, und das heißt ja: Das Argument ist valid. Es gab und gibt tatsächlich viele solcher Argumente, die zwar auf falschen Prämissen beruhen, aber valid sind.

> **Ü53***
> Finden Sie ein triviales, nicht-philosophisches Beispiel mit wahren Prämissen und wahrer Konklusion, das *dieselbe logische Form* hat wie das Beispiel für den ersten Typ der schlechten Argumente.

Auch die zweite Gruppe der schlechten Argumente ist nicht so selten anzutreffen, wie man vielleicht denken könnte:

Alles Gedachte hat einen Wahrheitswert.
Jede Aussage ist etwas Gedachtes.
Also: Jede Aussage hat einen Wahrheitswert.

Auch hier gilt ganz unabhängig von der Wahrheit oder Falschheit der im Argument vorkommenden Sätze: Wenn alle Prämissen wahr *wären*, dann sicher auch die Konklusion; auch dieses Argument ist also valid.
  Über die in den Prämissen vorkommenden Begriffe „Gedachtes", „Aussage" und „Wahrheitswert" sowie über ihre Verbindung kann man sich aber nun schon einmal irren. Das betrifft auch die erste Prämisse: Tatsächlich hat nicht alles Gedachte einen Wahrheitswert. Denken Sie beispielsweise nur an irgendeinen beliebigen Menschen und sonst an nichts. Sie haben dann eine Vorstellung von diesem Menschen. Das, was wir als Wahrheitswert kennengelernt haben, war aber immer der Wahrheitswert eines *ganzen Aussagesatzes*. Die kleinsten wahrheitsfähigen Sätze, die es gibt, haben die Form „Dies ist so-und-so", „Das Ding mit dem Eigennamen X ist so-und-so" und „Das-und-das ist so-und-so" (wobei „so-und-so" stellvertretend für Begriffe wie etwa „Mensch" steht). Solange Sie sich nur irgendeinen Menschen vorstellen und nicht zugleich noch „Dies ist ein Mensch", „Sokrates ist intelligent", „Menschen sind Lebewesen" oder ähnliches denken, hat Ihr Gedachtes keinen Wahrheitswert. Aber auch die zweite Prämisse ist falsch. Denn es kann doch wahre Aussagen geben, die noch nie jemand gedacht hat. Vor Einstein hatte, soweit wir wissen, zum Beispiel niemand an „$E = mc^2$" gedacht.
  Die beiden Prämissen unseres Argumentes sind also beide falsch. Wie kommt es nun, dass die Konklusion wahr ist? Sie ist zwar wahr, aber eben, in Relation zu den Prämissen, nur *zufälligerweise*, und das

reicht für ein gutes Argument natürlich nicht aus; ihre Wahrheit kann man nicht aus den Prämissen ableiten, weil diese ja gar nicht wahr sind. Hätte die erste falsche Prämisse nur ein wenig anders gelautet, etwa „Alles Gedachte ist wahr", und hätte man dann daraus zusammen mit der zweiten Prämisse („Jede Aussage ist etwas Gedachtes"), den Schluss gezogen, dass jede Aussage wahr ist, dann wäre diese Konklusion falsch (denn „Jede Aussage ist wahr" ist ja offensichtlich falsch).

Beispiele für die dritte und vierte Gruppe der nicht-triftigen Argumente (also der invaliden Argumente, die wahre Prämissen und eine falsche Konklusion oder falsche Prämissen und eine falsche Konklusion haben) können insofern leicht als schlechte Argumente enttarnt werden, als mindestens die Konklusion falsch ist. Argumente aus der fünften Gruppe der nicht-triftigen Argumente, also aus der Gruppe der invaliden Argumente mit falschen Prämissen und wahrer Konklusion, sind nicht so leicht zu bemerken.

Ü54*
Finden Sie für die Gruppen 3, 4 und 5 der schlechten (nicht-triftigen) Argumente geeignete Beispiele!

Auch Argumente aus der sechsten Gruppe der nicht-triftigen Argumente können immer wieder einmal ein gutes Argument vortäuschen, wo gar keines ist. Denn solche Argumente haben nicht nur wahre Prämissen, sondern auch eine wahre Konklusion:

Alle Professoren haben ein Bewusstsein.
Alle Vernunftwesen haben ein Bewusstsein.
Also: Alle Professoren sind Vernunftwesen.

Diese drei Aussagen sind, soweit wir wissen, alle wahr – und dennoch haben wir hier kein triftiges Argument, weil das Argument invalid ist. Das Argument ist invalid, weil aus der Wahrheit der Prämissen die Wahrheit der Konklusion nicht zwingend folgt (obwohl die Konklusion wahr *ist*); das Argument hat keine Argumentform, die so beschaffen wäre, dass die Prämissen die Konklusion stützen könnten. Der Fehlschluss wird sichtbar, wenn wir probeweise die zweite Prämisse des Arguments durch eine andere wahre Aussage ersetzen, die dieselbe logische Struktur hat, z.B. „Alle Schimpansen haben ein Bewusstsein". Dann ergibt sich:

Alle Professoren haben ein Bewusstsein.
Alle Schimpansen haben ein Bewusstsein.
Also: Alle Professoren sind Schimpansen.

Im Grunde haben wir nur an allen Stellen des ursprünglichen Arguments, an denen vorher „Vernunftwesen" stand, diesen Ausdruck durch „Schimpansen" ersetzt. Dann aber wird die Konklusion falsch, obwohl nach wie vor beide Prämissen wahr sind und die Form des Argumentes dieselbe ist. Und da die Konklusion nicht falsch sein kann, wenn alle Prämissen wahr und die Form valid ist, kann, da in diesem Argument die Prämissen wahr sind, die Form des Argumentes nicht valid sein.

Damit haben wir ein gutes Testverfahren gefunden, um ein invalides von einem validen Argument zu unterscheiden. Wenn man zeigen möchte, dass ein Argument invalid ist, muss man nämlich nach einem *Gegenbeispiel* suchen, wie wir das gerade getan haben (deshalb heißt dieses Prüfverfahren auch die *Gegenbeispielmethode*). Existiert so ein Gegenbeispiel, kann das Argument nicht valid sein. Den validen Argumentformen werden wir uns gleich zuwenden. Bevor wir dies tun, müssen wir aber noch zwei wichtige Fragen behandeln.

Zwei Fragen zur Definition des Arguments

Wir hatten ein Argument als einen Verbund von (mindestens zwei) wahrheitsfähigen Aussagen definiert, die durch ein Signalwort der Folge miteinander verbunden werden, wobei *der Anspruch erhoben wird*, dass die Prämissen die Konklusion in dem Sinne begründen, dass es *vernünftig* ist, die Konklusion für wahr zu halten, wenn man alle Prämissen für wahr hält. Wir müssen uns nun zum einen noch etwas genauer anschauen, warum nach dieser Definition etwas ein Argument sein kann, obwohl der genannte Anspruch, dass die Prämissen die Konklusion begründen, nicht zu Recht erhoben wird; zum anderen müssen wir noch etwas genauer überlegen, welche Rolle die Vernünftigkeit in der Definition des Argumentes spielt.

Wenn wir in unserem Alltag Begründungen überprüfen, kommen wir häufig zu dem Ergebnis, dass es sich bei der Begründung tatsächlich um ein gutes oder genauer: triftiges Argument handelt. Manchmal hält die vermeintliche Begründung unserer Prüfung aber auch nicht stand; dann sprechen wir von einem „schlechten Argument". Diese Redeweise ist uns vertraut, sie ist gut etabliert und verständlich, und es ist in der Regel nicht ratsam, im philosophischen Sprachgebrauch von der Normalsprache (allzusehr) abzuweichen. Allerdings müssen wir uns klar darüber sein, dass wir, wenn wir von einem *„schlechten* Argument" sprechen, damit auch voraussetzen, dass mit dem Ausdruck „Argument" nicht zwangsläufig valide oder triftige Argumente gemeint sein müssen; auch die Gebilde, die den Anspruch erheben, valide zu sein, diesen Anspruch jedoch nicht einlösen können, können dann Argumente genannt werden. Natürlich könnte man „Argument" durchaus so definieren, dass nur valide Abfolgen von Sätzen Argumente sind. Dann hätten wir aber eben das Problem, dass wir gute Argumente nicht mehr von schlechten Argumenten unterscheiden könnten, und das ist ja gerade das, was die Normalsprache tut. Dann gäbe es eben nur Begründungen, die (valide) Argumente sind, und solche, die gar keine Argumente sind. Es ist, wie gesagt, möglich, „Argument" so zu definieren, und tatsächlich gibt es solche Definitionen. Wir müssen deshalb in philosophischen Diskussionen, in denen es um das Aufstellen, die Überprüfung und die Rekonstruktion von Begründungen geht, immer nachfragen, wie unser Gesprächspartner „Argument" definiert: ob er „Argument" mit „valides Argument" gleichsetzt, oder ob er valide und invalide Argumente zulässt. Wir jedenfalls verstehen unter „Argument" auch invalide Argumente.

Kommen wir nun zu dem zweiten Punkt, der in unserer Definition problematisch ist. Wie Sie sicherlich bemerkt haben, hängt bei unserer Definition von „Argument" bzw. „Validität" alles davon ab, dass es „vernünftig" bzw. „unvernünftig" wäre, bei vorausgesetzter Wahrheit der Prämissen die Konklusion als Folgerung aus den Prämissen zu akzeptieren (oder eben nicht). Aber was heißt hier eigentlich „vernünftig"?

Ü55
Versuchen Sie, den Begriff „vernünftig" bzw. „Vernünftigkeit" zu definieren. Es ergibt sich dann nämlich ein Problem für unsere Definition von „Argument".

Wie gesagt, valide Argumente sind Argumente, bei denen es vernünftig ist, die Konklusion für wahr zu halten, wenn man die Prämissen für wahr hält. Aber schon ein wenig Nachdenken darüber, was „vernünftig" bedeutet, verwickelt uns in ein großes Problem. Den Begriff der Vernünftigkeit wenden wir nämlich (u.a.) auf Menschen an, die sich, ganz allgemein gesprochen, in ihrem Denken und Handeln von diversen Regeln der Logik leiten lassen. Wer etwa in seinem Denken und

Handeln den Modus ponens nicht anerkennt, der denkt und handelt nicht vernünftig. Es wäre doch auch wirklich unvernünftig 1. zu glauben, dass es wahr ist, dass, wenn Jorge derjenige ist, der das Buch mit Gift getränkt hat, dann Jorge der Mörder ist; *und* 2. zu glauben, dass Jorge derjenige ist, der das Buch mit Gift getränkt hat; *aber* 3. dennoch nicht zu glauben, dass Jorge der Mörder ist – oder etwa nicht? Ein wichtiger Teil dessen, was Vernünftigkeit auszeichnet, ist das Fürwahrhalten und die Anwendung des Modus ponens als Argumentform. Woher wissen wir aber, dass der Modus ponens überhaupt eine valide Argumentform ist? Nun, weil es vernünftig ist zu glauben, dass, wenn ‚p' ‚q' impliziert und ‚p' gegeben ist, dann auch ‚q' folgt. Wenn aber, wie wir sahen, Vernünftigkeit schon mit Bezug auf (u.a.) den Modus ponens definiert wird, dann ist diese Antwort *zirkulär*. Die Frage, wie man eine Begründungsform begründen kann, führt übrigens, wie sich in diesem Abschnitt noch zeigen wird, in weitere Schwierigkeiten.

Deduktive Argumente 1: Aussagenlogik

Logisch valide Argumente werden auch *deduktive* Argumente genannt. „Deduktiv" bedeutet dabei nichts anderes als „logisch valid", d.h. deduktive Argumente sind Argumente, bei denen die Konklusion logisch (und d.h. absolut zwingend) aus den Prämissen folgt, wenn alle Prämissen wahr sind. In einem deduktiven Argument garantiert die Wahrheit der Prämissen ohne Ausnahme die Wahrheit der Konklusion. Da nicht jedes valide Argument schon ein triftiges Argument ist (zur Triftigkeit bedarf es auch noch der Wahrheit aller Prämissen), ist auch nicht jedes deduktive Argument ein triftiges Argument. Später werden wir sehen, dass es auch noch andere, nicht-deduktive Argumenttypen gibt: *induktive* und *reflexive* Argumente.

Deduktive Argumentformen sind zum einen der *direkte Beweis* und zum anderen der *indirekte Beweis*. In einem indirekten Beweis wird zunächst die Negation der zu verteidigenden Konklusion angenommen, um dann in einem zweiten Schritt zu zeigen, dass diese Negation der zu verteidigenden Konklusion falsch und damit die zu verteidigende Konklusion wahr ist. Ein direkter Beweis hingegen muss diesen Umweg nicht machen.

> **Ü56**
> Vielleicht fragen Sie sich, warum daraus, dass die Negation einer zu verteidigenden Konklusion falsch ist, folgt, dass die zu verteidigende Konklusion wahr ist. Wenn ja, schauen Sie bitte noch einmal unter „doppelte Negation" nach.

Die wichtigsten (oder jedenfalls gebräuchlichsten) deduktiven Argumentformen, die wir uns jetzt anschauen werden, sind die folgenden: Modus ponens, Modus tollens, Konjunktion, Simplifikation, Addition, disjunktiver Syllogismus, hypothetischer Syllogismus, Dilemma sowie die diversen Varianten des aristotelischen Syllogismus. Als Beispiel für einen indirekten Beweis stellen wir die Reductio ad absurdum vor. Solche deduktiven Argumentformen nennt man auch *Schlussregeln*.

Eine generelle Vorschrift für alle deduktiven Argumentformen bzw. Schlussregeln vorweg: In keinem guten Argument darf es zwei Aussagen geben, die kontradiktorisch oder konträr zueinander sind. Mit kontradiktorischen Sätzen sind zwei Aussagen ‚p' und ‚¬ p' gemeint, die niemals zusammen wahr, aber auch niemals zusammen falsch sein können, weil, wenn die eine wahr ist, die andere falsch ist, und umgekehrt. Wenn man nun zeigen kann, dass zwei Aussagen, die in einem Argument vorkommen, kontradiktorisch zueinander sind, so kann das Argument nicht gut, d.h. nicht triftig sein. Denn in einem triftigen Argument müssen ja alle Prämissen wahr sein, was aber unmöglich ist, wenn die Abfolge von Prämissen zwei kontradiktorische Aussagen ‚p' und ‚¬ p' enthält, weil ja dann eine von beiden Aussagen falsch sein muss. Aber auch der Nachweis, dass zwei Aussagen eines Arguments konträr zueinander sind, genügt schon für den Nachweis, dass das Argument nicht triftig ist. Wir erinnern uns: Zwei Aussagen ‚p' und ‚q' sind konträr, wenn sie nicht zusammen wahr, aber zusammen falsch sein können. Sind also zwei Aussagen eines Arguments konträr zueinander, so ist mindestens eine der Aussagen falsch, vielleicht sogar beide. Auch dann kann das Argument also nicht triftig sein. Es ist also sehr hilfreich, kontradiktorische und konträre Aussagenpaare zu erkennen, wenn man Argumente auf ihre Triftigkeit hin beurteilen möchte.

> **Ü57***
> Warum dürfen sich die Prämissen eines Argumentes subkonträr zueinander verhalten?

Jetzt aber zu den deduktiven Argumentformen! Eine besonders vertraute deduktive Argumentform ist der schon erwähnte *Modus ponens*. Er ist ein direkter Beweis für die Wahrheit der Konklusion. Die Grundidee hinter diesem Schluss hatten wir schon kennengelernt: Nimmt man an, die Aussage „Wenn p, dann q" sei wahr, und nimmt man an, ‚p' sei wahr, dann kann ‚q' nicht falsch sein. Diese Struktur wird im vollständigen Namen des Modus ponens sichtbar. Man nennt ihn nämlich auch *Modus ponendo ponens*. Im Modus ponendo ponens wird also dadurch, dass man die Subjunktion annimmt und etwas anderes, das Antezedens, ebenfalls annimmt oder anders gesagt: setzt (lateinisch *ponendo*), etwas Drittes (das Konsequens) gesetzt (lateinisch *ponens*). Durch die Annahme der Subjunktion ‚p → q' und das Setzen des Antezedens ‚p' wird also das Konsequens ‚q' ebenfalls gesetzt:

$$\frac{p \rightarrow q}{q}$$

Wie man sieht, kann man das Signalwort „also", mit dem die Folgerungsbeziehung ausgedrückt wird, auch durch einen waagerechten Strich ersetzen, der die Prämissen von der Konklusion abtrennt. Alternativ dazu findet man als Folgerungszeichen auch das Zeichen ‚∴'. Man könnte den Modus ponens also auch so notieren:

p → q
p
∴ q

Ein Beispiel für den Modus ponens ist:

Wenn der Mensch willensfrei ist, dann kann er moralische Verantwortung übernehmen.
Der Mensch ist willensfrei.
Also: Der Mensch kann moralische Verantwortung übernehmen.

Die Wahrheitstafelmethode

Gibt es eine generelle Methode, mit der wir eindeutig entscheiden können, ob ein Argument valid ist oder nicht? Wir erinnern uns: Die Grundidee hinter der Validität war, dass für den Fall, dass alle Prämissen des Arguments wahr wären, dann auch die Konklusion wahr sein müsste, oder anders gesagt: Bei vorausgesetzter Wahrheit der Prämissen kann, wenn das Argument valid ist, die Konklusion auf keinen Fall falsch sein. Es gibt nun eine einfache Methode, um die Validität eines formalen Argumentes zu überprüfen – die Wahrheitstafelmethode. Wir wollen sie am Beispiel des Modus ponens vorstellen.

Sie erinnern sich gewiss: Zunächst schreiben Sie nebeneinander die Aussagenbuchstaben auf, die in dem Argument vorkommen; beim Modus ponens sind das also nur die Aussagenbuchstaben ‚p' und ‚q'. Dann schreiben Sie unter ‚p' und ‚q' alle Bewertungen (also ‚W' für „wahr" und ‚F' für „falsch"), die die Aussagenbuchstaben annehmen können, und zwar in allen möglichen Kombinationen. Das sieht dann so aus:

p	q
W	W
W	F
F	W
F	F

Jetzt notieren Sie neben ‚p' und ‚q' die beiden Prämissen und die Konklusion des Arguments, in diesem Fall also die Prämissen ‚p → q' und ‚p' und die Konklusion ‚q' des Modus ponens:

p	q	p → q	p	q
W	W			
W	F			
F	W			
F	F			

Im nächsten Schritt schreiben wir in die Spalten unter den Prämissen und der Konklusion die Wahrheitswerte, die sich aufgrund der Bewertung ergeben.

Ü58
Füllen Sie bitte die Spalten in der obigen Wahrheitstafel aus. Wenn Sie sich nicht mehr sicher sind, wie die Subjunktion ‚p → q' funktioniert, schauen Sie bitte noch einmal im zweiten Abschnitt „Aussagen analysieren" unter dem entsprechenden Punkt nach.

Ihre Wahrheitstafel müsste jetzt so aussehen:

p	q	p → q	p	q
W	W	W	W	W
W	F	F	W	F
F	W	W	F	W
F	F	W	F	F

Ü59
Suchen Sie nun *alle* Zeilen, in denen *alle Prämissen* wahr sind!

Richtig, hier ist das nur in der ersten Zeile der Fall:

p	q	p → q	p	q
W	W	W	W	W
W	F	F	W	F
F	W	W	F	W
F	F	W	F	F

In anderen Argumenten können aber durchaus in *mehreren* Zeilen alle Prämissen wahr sein. Sie müssen dann entsprechend *alle* diese Zeilen markieren. (Das werden wir später in mehreren Beispielen üben.)

Nun kommt der entscheidende Schritt: Wir müssen überprüfen, ob die *Konklusion* in *allen* Fällen, in denen alle Prämissen wahr sind, *ebenfalls wahr wird*. Nur wenn die Konklusion in *allen* Zeilen, in denen alle Prämissen wahr sind, ebenfalls wahr ist (also ohne Ausnahme), ist das Argument valid. Finden wir nur eine einzige Zeile, in der zwar alle Prämissen wahr sind, die Konklusion jedoch falsch, ist das Argument nicht valid.

In unserer Wahrheitstafel ist in allen Zeilen, in denen alle Prämissen wahr sind (und das gilt hier nur für Zeile 1), auch die Konklusion wahr:

p	q	p → q	p	q	
W	W	W	W	W	✓
W	F	F	W	F	
F	W	W	F	W	
F	F	W	F	F	

Der Modus ponens ist also valid. Mit Hilfe dieses einfachen Wahrheitstafelverfahrens können Sie jetzt in allen Fällen, in denen Sie Argumente mit Aussagenbuchstaben rekonstruieren können, entscheiden, ob diese Argumente valid sind oder nicht.

Ü60*
Überprüfen Sie bitte mit dem Wahrheitstafelverfahren, ob die folgenden Argumente valid sind:

1. $\neg(q \rightarrow r) \leftrightarrow (p \leftrightarrow \neg q)$
   ─────────────────────
   $p \rightarrow (q \wedge r)$

2. $p \vee q$
   $(p \wedge q) \rightarrow r$
   ─────────
   r

3. $p \rightarrow (q \wedge r)$
   $r \rightarrow s$
   p
   ─────────
   s

4. $p \rightarrow (q \rightarrow r)$
   p
   q
   ─────────
   r

5. $p \rightarrow q$
   $r \rightarrow s$
   ─────────────────
   $(p \vee r) \rightarrow (q \vee s)$

Wie das folgende kurze Gespräch zeigt, sind wir in ganz alltäglichen Situationen auf den Modus ponens angewiesen, auch wenn wir ihn nicht immer gleich als solchen erkennen:

‚Vor einigen Jahren hat jemand die These vertreten, Jesus sei in Wirklichkeit mit Julius Caesar identisch.' – ‚Nein, das ist nicht möglich. Sie können nicht einmal Zeitgenossen gewesen sein, da Caesar bereits im Jahr 44 v. Chr. ermordet wurde.'

> **Ü61***
> Versuchen Sie bitte, die Konklusion (Gegenthese) zu bestimmen sowie die Prämissen, aus denen sie folgt. Verwenden Sie dabei als Argumentform einen Modus ponens.

Eine andere, ebenso wichtige Argumentform wie der Modus ponens ist der *Modus tollens*. Er besagt, dass, wenn ‚q' von ‚p' impliziert wird (‚p → q'), und ‚q' nicht der Fall ist (‚¬ q'), dann auch ‚p' nicht der Fall ist (‚¬ p'). So wie im Modus (ponendo) ponens etwas angenommen wird, wird im *Modus tollendo tollens*, wie er auch genannt wird, etwas verneint (von lateinisch *tollere*, „aufheben"). Indem im Modus tollendo tollens die Subjunktion (‚p → q') angenommen und das Konsequens ‚q' verneint wird, wird etwas anderes verneint oder eben aufgehoben, nämlich das Antezedens ‚p':

p → q
¬ q
―――
¬ p

Ein Beispiel:
Wenn der Konsequentialismus stimmt, dann darf man Menschen manchmal foltern.
Man darf Menschen nie foltern.
Also: Der Konsequentialismus stimmt nicht.

> **Ü62***
> Zeigen Sie mit Hilfe des Wahrheitstafelverfahrens, dass der Modus tollens tatsächlich valid ist.

Entsprechend zum validen Modus ponens und zum validen Modus tollens gibt es auch zwei ungültige Argumentformen, die man beide im Alltag häufig „Umkehrschluss" nennt – den „falschen" Modus ponens und den „falschen" Modus tollens. Beide werden im nächsten Abschnitt über Fehlschlüsse vorgestellt.
Eine sehr einfache, aber äußerst nützliche Argumentform ist die *Konjunktion*. Wir dürfen sie allerdings nicht mit der Konjunktion verwechseln, die wir im letzten Abschnitt kennengelernt haben. Die aussagenlogische Konjunktion *verbindet zwei* Aussagen zu einer *neuen*,

z. B. ‚p' und ‚q' zu der Aussage ‚p ∧ q'. Dagegen wird in der Schlussregel der Konjunktion aus zwei Aussagen (den Prämissen) *eine* aussagenlogische Konjunktion *abgeleitet*: Wenn man annimmt, dass ‚p' wahr ist, und wenn man zusätzlich auch annimmt, dass ‚q' wahr ist, dann muss man auch die Wahrheit der Aussage ‚p ∧ q' annehmen:

p
q
―――
p ∧ q

Ein Beispiel:

Durs Grünbein hat über Descartes geschrieben.
Durs Grünbein hat über Seneca geschrieben.
Also: Durs Grünbein hat über Descartes geschrieben, und Durs Grünbein hat über Seneca geschrieben.

> Ü63*
> Es leuchtet sofort ein, dass die Schlussregel der Konjunktion valid ist. (Warum?) Zeigen Sie aber bitte trotzdem auch mit Hilfe des Wahrheitstafelverfahrens, dass die Schlussregel valid *ist*.

Die Konjunktion ist unverzichtbar, wenn wir in der Argumentation von Diskussionspartnern Widersprüche aufzeigen wollen. Nehmen wir etwa an, Ingeborg behauptet, Rom sei die schönste Stadt der Welt, zugleich aber auch, Wien sei die schönste Stadt der Welt. Aufgrund der Regel der Konjunktion können wir nun diese beiden voneinander getrennten Aussagen zu einer einzigen verbinden. Spätestens dann wird deutlich, dass Ingeborg einen Fehler gemacht hat. Denn sie kann natürlich nicht sinnvoll behaupten, dass Rom die schönste Stadt der Welt sei und (zugleich) Wien, weil es nur *eine* schönste Stadt der Welt geben kann, nicht zwei – jedenfalls dann, wenn man nur von einer einzigen *Hinsicht* ausgeht. Also können die beiden Aussagen nicht zusammen wahr sein, obwohl sie durchaus zusammen falsch sein können (sie sind also konträr).

Wenn zwei Aussagen in einem Widerspruch zu stehen scheinen, muss man sich als Philosoph immer zuerst die Frage stellen, ob die beiden Aussagen überhaupt *in ein und derselben Hinsicht* gemeint sind. Denn nur wenn sie in ein und derselben Hinsicht gemeint sind, kann sich überhaupt ein echter Widerspruch ergeben. Hinsichten sind die

Zeit, der Ort, aber auch jeder andere Gesichtspunkt. Angenommen, jemand behauptet, ein bestimmter erwachsener Mann sei noch ein Kind. Ist das ein Widerspruch? Meint der Sprecher, dass ein und derselbe Mann in ein und derselben Hinsicht zugleich ein erwachsener Mann und ein Kind sei? Falls ja, wäre das zumindest ein konträrer Gegensatz. Wenn man zusätzlich noch annähme, dass ein erwachsener Mann kein Kind ist, würde sich anscheinend sogar ein kontradiktorischer Widerspruch ergeben: die Person, über die gesprochen wird, ist zugleich ein Kind und kein Kind. Aber will der Sprecher das wirklich sagen? Wohl nicht. Was er sagen möchte, ist doch, dass eine Person *in der Hinsicht des biologischen Alters* ein erwachsener Mann und zugleich (z.B.) *in der Hinsicht seines Verhaltens* ein Kind sein kann. Oder nehmen wir den Fall, dass Sokrates größer als Theätet ist, aber kleiner als Aristoteles. Ist dann Sokrates größer und kleiner zugleich? Wäre Sokrates größer und kleiner in ein und derselben Hinsicht, also etwa zum selben Zeitpunkt größer und kleiner als Gorgias, müssten wir uns Gedanken darüber machen, ob ein konträrer oder sogar kontradiktorischer Widerspruch vorliegt. Aber das ist hier ja nicht der Fall: Sokrates ist im Vergleich zu Theätet größer; das ist die eine Hinsicht. Er ist aber im Vergleich zu Aristoteles kleiner, das ist eine ganz andere, zweite Hinsicht. Es liegt also nicht ein und dieselbe Hinsicht vor, mit Blick auf die Sokrates die Eigenschaften, größer und kleiner zu sein, zugeschrieben werden. So lassen sich durch die Frage, ob die vermeintlich widersprüchlichen Aussagen überhaupt in ein und derselben Hinsicht gemeint seien, auch gerade in philosophischen Kontexten vermeintliche Widersprüche als *Scheinwidersprüche* entlarven.

Wir haben schon erwähnt, dass es Argumentformen gibt, die nur eine einzige Prämisse haben, aber dennoch, anders als zirkuläre Argumente, nicht inhaltsleer sind. Dabei handelt es sich um die Simplifikation und die Addition.

Die *Simplifikation* besagt, dass aus der Wahrheit einer konjunktiven Aussage die Wahrheit eines ihrer Konjunktionsglieder folgt. Es gilt demnach sowohl:

$$\frac{p \wedge q}{p}$$

als auch

$$\frac{p \wedge q}{q}$$

Mit Hilfe dieser Argumentform kann man aus einer Konjunktion also eine Aussage erzeugen, die weniger komplex ist (deshalb auch „Simplifikation"). Auch die Validität der Simplifikation ergibt sich direkt aus den Wahrheitsbedingungen für eine Konjunktion (‚p ∧ q'): Eine Konjunktion ist wahr, wenn ‚p' wahr ist und wenn ‚q' wahr ist. Wenn also ‚p ∧ q' wahr ist, dann muss sowohl ‚p' als auch ‚q' wahr sein. So gilt etwa:

Eco ist Semiotiker, und Eco ist Romancier.
Also: Eco ist Semiotiker.

Es gilt aber auch:

Eco ist Semiotiker, und Eco ist Romancier.
Also: Eco ist Romancier.

Ü64*
Überprüfen Sie mit dem Wahrheitstafelverfahren, ob die Simplifikation tatsächlich valid ist.

Die andere Argumentform, die nur eine einzige Prämisse hat, aber nicht zirkulär ist, ist die *Addition*. Wie schon ihr Name sagt, fügt sie einer Aussage etwas hinzu. Hier ist die Grundidee folgende: Wenn man annimmt, die Aussage ‚p' ist wahr, dann kann man mit ihr jede beliebige zweite Aussage ‚q' mit Hilfe eines einschließenden Oder verknüpfen – die dadurch entstandene Aussage ‚p ∨ q' ist dann auf jeden Fall auch wahr (denn eine Disjunktion ist ja schon wahr, wenn nur eines ihrer Disjunktionsglieder wahr ist):

$$\frac{p}{p \vee q}$$

Ein Beispiel:

Argumente enthalten mindestens eine Prämisse.
Also: Argumente enthalten mindestens eine Prämisse, oder das Universum enthält 10^{22} Sterne.

Niemand weiß, ob es im Universum wirklich 10^{22} Sterne gibt, aber es ist in diesem Fall auch egal. Denn unter der Annahme, dass die Prämisse dieses Arguments wahr ist, ist eben auch die Konklusion insgesamt wahr. Man sagt übrigens oft, dass in einem deduktiven Argument in der Konklusion nicht mehr Begriffe enthalten sein können, als schon in den Prämissen enthalten sind. Wie wir sehen, trifft dies auf die Addition aber nicht zu: Die Addition ist eine (und die einzige) valide Argumentform, in der die Konklusion mehr Begriffe enthält, als in den Prämissen vorhanden sind.

> Ü65*
> Zeigen Sie mit Hilfe des Wahrheitstafelverfahrens, dass die Addition valid ist.

Eine sehr häufig verwendete deduktive Argumentform ist auch der *disjunktive Syllogismus*. Er liegt fast jeder Entscheidung zwischen alternativen Möglichkeiten zugrunde: Wenn man voraussetzt oder weiß, dass die disjunktive Aussage ‚p ∨ q' wahr ist, dann muss man auch voraussetzen, dass zumindest eines der beiden Glieder wahr ist (denn eine Disjunktion ist ja auch wahr, wenn nur eines der Disjunktionsglieder wahr ist); setzt man nun voraus oder weiß man, dass eines der Glieder falsch ist, dann muss das andere eben wahr sein. Dementsprechend gibt es zwei disjunktive Syllogismen:

p ∨ q   und auch   p ∨ q
¬p   ¬q
───   ───
q   p

Ein Beispiel für den ersten Typ des disjunktiven Syllogismus ist:

Gott existiert kontingent oder notwendig.
Gott existiert nicht kontingent.
Also: Gott existiert notwendig.

> Ü66*
> Bitte geben Sie ein Beispiel für den zweiten Typ des disjunktiven Syllogismus an.

Diese verschiedenen Argumentformen oder Schlussregeln kann man nun auch verknüpfen, um daraus ein größeres Argument zu konstruieren. So können wir z. B. mit Hilfe der Konjunktion, der Simplifikation, der Addition und des disjunktiven Syllogismus ein Gesetz beweisen, das für das Selbstverständnis des rationalen Argumentierens eine ganz besondere Rolle spielt: das Gesetz *ex falso quodlibet* – aus Widersprüchlichem (Falschem) folgt alles. Dieses Gesetz besagt, dass jeder Verbund von Aussagen, der zwei kontradiktorische Aussagen enthält, insofern völlig wertlos ist (ganz gleich wie umfangreich sie sein mag), als aus einem Widerspruch *jede beliebige* Aussage folgt, also auch jede falsche und jede widersprüchliche.

Der Beweis umfasst insgesamt sieben Schritte. Beginnen wir mit einer Prämisse ‚p':

p

Nun nehmen wir zusätzlich zur Prämisse ‚p' noch die zu ihr kontradiktorische Prämisse ‚¬ p' an:

¬ p

Damit haben wir einen Verbund von zwei Aussagen, der kontradiktorische bzw. widersprüchliche Aussagen enthält. Mit Hilfe der Schlussregel der Konjunktion fassen wir beide Prämissen zu einer neuen Prämisse zusammen, einem kontradiktorischen Widerspruch, ‚p ∧ ¬ p':

$$\frac{\begin{array}{l}p\\ \neg p\end{array}}{p \wedge \neg p}$$

Aus dieser Konklusion folgt mit Hilfe der Simplifikation zunächst wieder ‚p':

$$\frac{p \wedge \neg p}{p}$$

Nun nehmen wir ‚p' und wenden die Regel der Addition an, indem wir ein *beliebiges* ‚q' zu ‚p' addieren:

$$\frac{p}{p \vee q}$$

Bis jetzt haben wir also aus dem Widerspruch ‚p ∧ ¬ p' sowohl ‚p' als auch ‚p ∨ q' abgeleitet. Mit Hilfe der Simplifikation können wir aus der widersprüchlichen Aussage ‚p ∧ ¬ p' aber auch noch eine zweite Aussage ableiten, nämlich ‚¬ p':

$$\frac{p \wedge \neg p}{\neg p}$$

Und nun können wir auf die beiden zuletzt gewonnenen Aussagen, also auf ‚¬ p' und ‚p ∨ q', die Schlussform des disjunktiven Syllogismus anwenden:

$$\frac{\begin{array}{c} p \vee q \\ \neg p \end{array}}{q}$$

Wir erhalten somit ‚q'. Erinnern wir uns noch einmal: Wir wollten zeigen, dass aus kontradiktorischen Aussagen jede beliebige andere Aussage, die wir hier z. B. ‚q' nennen, folgt, und auch jeder beliebige Widerspruch. Da nun alle Schritte unserer Argumentation valid gewesen sind und unsere Ausgangsprämissen die kontradiktorischen Aussagen ‚p' und ‚¬ p' sowie der daraus abgeleitete Widerspruch ‚p ∧ ¬ p' waren, haben wir also unser Beweisziel erreicht. Wir können das auch formalisiert darstellen:

1. p ∧ ¬ p   Prämisse, Widerspruch
2. p   aus 1, Simplifikation
3. p ∨ q   aus 2, Addition
4. ¬ p   aus 1, Simplifikation
5. q   aus 3 und 4, disjunktiver Syllogismus

Wenn irgendein Widerspruch als wahr angenommen wird, dann folgt tatsächlich aus ihm jede andere *beliebige* Aussage (hier hatten wir sie ‚q' genannt), also alles Beliebige; es folgt also erstens alles, von dem wir wissen, dass es falsch ist, und zweitens wiederum auch alles Widersprüchliche – und damit wird eben jedes Argumentieren unmöglich.

Ü67*
Beweisen Sie, dass unter Voraussetzung zweier widersprüchlicher Prämissen die Naturgesetze sowohl gültig als auch nicht gültig sind.

Eine weitere sehr nützliche deduktive Schlussregel ist der *hypothetische Syllogismus* oder *Kettenschluss*. Wie in einer Kette die außenliegenden Kettenglieder durch die dazwischenliegenden Glieder miteinander verbunden sind, so verbindet der hypothetische Syllogismus zwei Aussagen durch andere ihnen gemeinsame Aussagen miteinander. Die Grundidee ist dabei, dass, wenn ‚p' hinreichend für ‚q' ist und ‚q' zugleich hinreichend ist für ‚r', dann auch ‚p' hinreichend für ‚r' ist:

$$\frac{\begin{array}{c} p \to q \\ q \to r \end{array}}{p \to r}$$

Ein hypothetischer Syllogismus ist zum Beispiel das folgende Argument:

Wenn man eine der Prämissen eines guten Argumentes stützen will, sucht man nach einem guten Argument für sie.
Wenn man nach einem guten Argument für die Prämissen eines guten Argumentes sucht, sucht man u.a. nach anderen Prämissen, die sie stützen.
Also: Wenn man eine der Prämissen eines guten Argumentes stützen will, sucht man u.a. nach anderen Prämissen, die sie stützen.

Ü68*
Zeigen Sie, dass der hypothetische Syllogimus ein valides Argument ist.

Wir alle sprechen im Alltag zuweilen von einem *Dilemma*. Damit meinen wir eine Situation, in der wir so oder so handeln können, und in der, so oder so, etwas herauskommt, das uns nicht genehm ist. Auch in der Philosophie spricht man von Dilemmata. Ein solches philosophisches Dilemma ist z.B. das folgende:

Alle Handlungen sind durch Ereigniskausalität determiniert, oder sie entstehen durch Zufall.
Wenn alle Handlungen durch Ereigniskausalität determiniert sind, dann entstehen sie nicht aus freiem Willen.
Wenn alle Handlungen durch Zufall entstehen, dann entstehen sie nicht aus freiem Willen.
Also: Keine Handlung entsteht aus freiem Willen.

> **Ü69**
> Schauen Sie nicht nach unten. Versuchen Sie bitte, dieses Argument mit Hilfe der Satzbuchstaben ‚p', ‚q' und ‚r' und derjenigen Wahrheitsfunktionen, die Ihnen geeignet erscheinen, zu formalisieren.

Genau, dieses Dilemma hat die folgende valide Argumentform:

p ∨ q
p → ¬ r
q → ¬ r
―――――
¬ r

Wenn man davon ausgeht, dass ‚p' und ‚q' die einzigen Alternativen sind, und ‚p' und ‚q' jeweils ‚¬ r' zur Folge haben, dann ergibt sich zwingend ‚¬ r', weil ja unter der Annahme der Wahrheit von ‚p ∨ q' mindestens eines der Disjunktionsglieder ‚p' oder ‚q' wahr sein muss. Dann folgt, so oder so, ‚¬ r'. In diesem Beispiel ist die Konklusion ‚¬ r' vielleicht wenig akzeptabel (nun, jedenfalls scheint vielen von uns die Konsequenz, dass wir keinen freien Willen haben, nicht sonderlich attraktiv). Es wäre allerdings auch denkbar, dass in einem anderen Argument die Konklusion ‚¬ r' akzeptabel ist, so z.B. in einem berühmten Dilemma, das mit der Allmacht Gottes verbunden ist:

Es ist Gott möglich, einen Stein zu erschaffen, den er nicht hochheben kann, oder es ist Gott nicht möglich, einen Stein zu erschaffen, den er nicht hochheben kann.
Wenn es Gott möglich ist, einen Stein zu erschaffen, den er nicht hochheben kann, ist er nicht allmächtig.
Wenn es Gott nicht möglich ist, einen Stein zu erschaffen, den er nicht hochheben kann, ist er nicht allmächtig.
Also: Gott ist nicht allmächtig.

Atheisten werden diese Konklusion für akzeptabel halten, Theisten natürlich nicht. Man nennt die zugrundeliegende Argumentform allerdings immer *konstruktives* Dilemma, ganz gleich, ob das ‚¬ r' akzeptabel ist oder nicht. Genaugenommen sind die beiden genannten Argumente (über Willensfreiheit und Gottes Allmacht) allerdings nur ein Spezialfall des konstruktiven Dilemmas. Es handelt sich um einen

Spezialfall, weil die Konsequenzen aus ‚p' und ‚q' formal identisch sind (hier ‚¬ r'). In der üblichen Darstellung des konstruktiven Dilemmas haben ‚p' und ‚q' verschiedene Konsequenzen (‚r' und ‚s'):

p ∨ q
p → r
q → s
―――
r ∨ s

> **Ü70***
> Beweisen Sie mit Hilfe des Wahrheitstafelverfahrens, dass das konstruktive Dilemma mit verschiedenen Konsequenzen eine valide Argumentform ist.

Die alternativen Möglichkeiten ‚p' und ‚q' werden auch die *Hörner* des Dilemmas genannt – Hörner, auf die man seinen Gegner gleichsam aufspießen kann. Der Name „gehörntes Dilemma" kommt (historisch nicht ganz korrekt) von einem berühmten Fehlschluss der Antike, dem *Cornutus* („Gehörnter"), der sich auch als Dilemma darstellen lässt. Nehmen wir an, wir sprechen über irgendjemanden, etwa Herrn von Innstetten:

Herr von Innstetten hat seine Hörner verloren, oder Herr von Innstetten hat seine Hörner nicht verloren.
Wenn Herr von Innstetten seine Hörner verloren hat, dann hatte Herr von Innstetten Hörner.
Wenn Herr von Innstetten seine Hörner nicht verloren hat, dann hat er sie immer noch.
Also: Herr von Innstetten hatte Hörner, oder er hat sie immer noch.

Natürlich ist diese Konklusion (nicht nur für Herrn von Innstetten) inakzeptabel, zumal sie anscheinend immer zu gelten scheint, ganz gleich, ob Herrn von Innstetten tatsächlich irgendwann einmal Hörner aufgesetzt wurden oder nicht. Aber wie kann man gegen solche Dilemmata vorgehen?

Es gibt prinzipiell zwei Möglichkeiten, um gegen ein Dilemma vorzugehen: Die eine besteht darin, die Wahrheit der obersten Prämisse anzugreifen, die die möglichen Alternativen aufzählt. So könnte man bei dem Dilemma der Freiheit sagen, dass es außer den Möglichkeiten, dass alle Handlungen durch Ereigniskausalität oder durch Zufall bewirkt werden, eben noch eine dritte Möglichkeit gibt, nämlich die, frei (undeterminiert) und selbstbestimmt zu handeln.

Die zweite Möglichkeit, ein Dilemma anzugreifen, besteht darin, dass man eine oder beide der Subjunktionen angreift, die das Dilemma enthält. So könnte man beim Dilemma zu Gottes Allmacht etwa sagen, dass aus der Tatsache, dass Gott einen Stein, den er selbst nicht hochheben kann, nicht erschaffen kann, nicht folgt, dass er nicht allmächtig ist. Man könnte argumentieren, dass Gott einen *derartig definierten* Stein, also einen Stein mit der Eigenschaft der Unhebbarkeit für ein allmächtiges Wesen, nicht erschaffen kann, obwohl er durchaus allmächtig ist in dem Sinne, dass er *jeden* Stein schaffen und heben kann, der ein *bestimmtes messbares und numerisch anzugebendes* Gewicht hat. Die Eigenschaft der „Unhebbarkeit für ein allmächtiges Wesen" scheint gar nicht zu existieren, und dann gibt es folglich auch keinen Stein, der diese Eigenschaft hat.

> Ü71*
> Wie würden Sie Herrn von Innstetten zu Hilfe kommen? War oder ist er wirklich unvermeintlich gehörnt?

Wie wir gesehen haben, ist die Aussagenlogik ein kraftvolles Werkzeug, um philosophische Argumente zu analysieren. Allerdings können mit ihrer Hilfe nicht alle Argumente in angemessener Weise untersucht werden. Denn es gibt Argumente, von denen wir annehmen und annehmen müssen, dass sie valid sind, ohne dass wir ihre Validität in der Aussagenlogik auch zeigen könnten. Das gilt zum Beispiel für das folgende Argument:

Alle Geschöpfe sind sterblich.
Alle Menschen sind Geschöpfe.
Also: Alle Menschen sind sterblich.

Leuchtet Ihnen das Argument nicht auch auf Anhieb ein? Zu Recht: Wenn die Prämissen des Arguments wahr wären, dann wäre doch sicher auch seine Konklusion wahr. Obwohl das Argument sicher valid ist, sind wir dennoch nicht in der Lage, mit Hilfe des Wahrheitstafelverfahrens der Aussagenlogik dies auch nachzuweisen. Wenn wir folgende Aussagenbuchstaben für die Prämissen und die Konklusion wählen (p: Alle Geschöpfe sind sterblich; q: Alle Menschen sind Geschöpfe; r: Alle

Menschen sind sterblich), können wir das Argument nur so formalisieren:

p
q
‾
r

Diese Argumentform ist *in der Aussagenlogik* jedoch nicht valid!

Ü72*
Dass diese Schlussregel in der Aussagenlogik nicht valid ist, sieht man sofort. Zeigen Sie trotzdem mit Hilfe der Wahrheitstafelmethode, dass das Argument in der Aussagenlogik nicht valid ist und wir also eine andere Logik brauchen, um das normalsprachliche Argument rekonstruieren zu können.

Die Validität des normalsprachigen Argumentes über die sterblichen Menschen hängt von einem Ausdruck ab, der in der Binnenstruktur der Sätze enthalten ist: dem quantifizierenden Ausdruck „alle".

Alle Geschöpfe sind sterblich.
Alle Menschen sind Geschöpfe.
Also: *Alle* Menschen sind sterblich.

Da sich die Aussagenlogik aber auf Aussagen als ganze konzentriert und deshalb hinsichtlich der Binnenstruktur nur auf die Junktoren und Wahrheitswerte achtet, benötigen wir zur Analyse von Argumenten, deren Validität auf quantifizierenden Ausdrücken beruht, eine andere Logik – eben eine Logik, die sich auf die quantifizierenden Ausdrücke „alle" und, wie wir gleich sehen werden, „einige" und auf die damit verbundenen validen Argumente spezialisiert hat: die Syllogistik.

Deduktive Argumente 2: Syllogistik

Damit kommen wir zum kategorischen *Syllogismus*. Im zweiten Abschnitt haben wir schon die kategorischen Aussagen kennengelernt. Der Syllogismus ist nun ein Schluss von genau zwei kategorischen Aussagen auf eine dritte kategorische Aussage. Man nennt die erste der Ausgangsaussagen die *obere Prämisse* (*praemissa maior*) und die zweite die *untere Prämisse (praemissa minor)*. Die dritte Aussage, d.h. die Aussage, auf die geschlossen wird, nennt man auch in der Syllogistik die *Konklusion* (bzw. *conclusio* oder Schlusssatz). Betrachten wir einmal folgenden Syllogismus:

Alle Doppeldeutigkeiten sind Fehler.
Alle Ambiguitäten sind Doppeldeutigkeiten.
Also: Alle Ambiguitäten sind Fehler.

Die beiden Prämissen dürfen insgesamt nur drei Terme enthalten, wobei einer dieser Terme in beiden Prämissen vorkommen muss. Die drei Terme in diesem Syllogismus sind „Ambiguität", „Doppeldeutigkeit" und „Fehler". Mit Hilfe der Zeichen ‚M', ‚P' und ‚S' für diese Terme können wir den Syllogismus zunächst folgendermaßen aufschreiben:

Alle M sind P.
Alle S sind M.
Also: Alle S sind P.

Das ist seine logische Form, d.h. das ist das logische Skelett, das der Syllogismus hat, unabhängig davon, ob er nun von Ambiguitäten, Doppeldeutigkeiten und Fehlern handelt oder von was auch immer, also unabhängig davon, was wir für ‚M', ‚P' und ‚S' einsetzen. In der uns schon aus dem Aussagenkapitel bekannten Schreibweise für kategorische Aussagen können wir den Syllogismus auch folgendermaßen wiedergeben:

MaP
SaM
$\overline{\text{SaP}}$

Die erste Prämisse enthält die Terme ‚M' und ‚P', die zweite Prämisse die Terme ‚S' und ‚M'. Der Term ‚M' kommt in beiden Prämissen vor. Er wird deshalb als *Mittelbegriff* bezeichnet; ‚P' nennt man den *Prädikatbegriff*, ‚S' den *Subjektbegriff*. In einem Syllogismus enthält die Konklusion immer nur die beiden Terme, die in den Prämissen nicht doppelt vorkommen, also ‚S' und ‚P'. Der Mittelbegriff findet sich in der Konklusion nie. Je nachdem, wo der Mittelbegriff in den Prämissen steht, ergeben sich die vier sogenannten *Figuren* des Syllogismus:

Erste Figur	Zweite Figur	Dritte Figur	Vierte Figur
M – P	P – M	M – P	P – M
S – M	S – M	M – S	M – S
S – P	S – P	S – P	S – P

Die Striche (–) sind hier Platzhalter für die Abkürzungen der kategorischen Satzarten a, e, i und o. Da es nur diese vier Satzarten gibt, ergeben sich damit in jeder Figur jeweils vier Möglichkeiten für die erste Prämisse, für die zweite Prämisse und noch einmal vier Möglichkeiten für die Konklusion. Jede Figur lässt also 4 x 4 x 4 = 64 verschiedene Syllogismen zu, die sogenannten *Modi der Figur*. Da es vier Figuren gibt, ergibt das insgesamt 4 x 64 = 256 Modi.

Nicht alle Modi sind jedoch auch valide Argumentformen; tatsächlich gibt es nur 24 valide Syllogismen. Damit man sie sich leichter merken kann, entstanden im Mittelalter zahlreiche Merkverse. Der bekannteste dieser Merkverse ist der folgende:

Barbara, Celarent *primae*, Darii, Ferio*que*
Cesare, Camestres, Festino, Baroco *secundae*.
Tertia grande sonans recitat Darapti, Felapton,
Disamis, Datisi, Bocardo, Ferison. *Quartae
sunt* Bamalip, Calemes, Dimatis, Fesapo, Fresison.

Wie man sieht, enthält dieser Merkvers insgesamt 19 künstliche Namen (in den nicht-kursivierten Teilen des Textes, in der ersten Reihe also etwa „Barbara", „Celarent", „Darii" und „Ferio"). Die drei Vokale jedes Namens geben dabei an, welcher der vier kategorischen Satztypen im Obersatz, im Untersatz und in der Konklusion Verwendung findet. So ist z. B. ein Syllogismus, der im Obersatz einen universell verneinenden („e"), im Untersatz einen partikulär bejahenden („i") und in der Konklusion einen partikulär verneinenden („o") Satz enthält und dessen Mittelbegriff in den beiden Prämissen am Anfang steht, valid; dass er es ist, sagt einem der Name „F*e*r*i*s*o*n", der nicht nur die drei Vokale enthält (e, i, o), sondern von dem ja auch in dem Merkvers gesagt wird, er gehöre zur dritten Figur („tertia"), in der dieser Modus valid ist. Der valide Modus Ferison lautet also:

MeP
MiS
‾‾‾
SoP

Ein Beispiel dafür wäre:

Nichts Elementares ist teilbar.
Einiges Elementare ist einfach.
Einiges Einfache ist nicht teilbar.

Innerhalb der Syllogistik wird „Nichts" also als „Kein" gedeutet.

Der Merkvers gibt nur 19 Modi an, obwohl es, wie gesagt, 24 valide gibt. Ergänzen wir also den Merkvers um die fünf fehlenden validen Modi:

1. Figur	2. Figur	3. Figur	4. Figur
aaa (Barbara)	eae (Cesare)	aai (Darapti)	aai (Bamalip)
eae (Celarent)	aee (Camestres)	eao (Felapton)	aee (Calemes)
aii (Darii)	eio (Festino)	iai (Disamis)	iai (Dimatis)
eio (Ferio)	aoo (Baroco)	aii (Datisi)	eao (Fesapo)
aai (*Barbari*)	eao (*Cesaro*)	oao (Bocardo)	eio (Fresison)
eao (*Celaront*)	aeo (*Camestrop*)	eio (Ferison)	aeo (*Calemop*)

Die fünf neuen Modi, die nicht explizit im Merkvers enthalten sind, sind hier kursiviert. Schauen wir uns mit Hilfe einiger Beispiele die validen Modi der ersten Figur noch etwas genauer an.

1. Modus Barbara

MaP
SaM
SaP

Ein Beispiel für den Modus Barbara wäre:

Alle Lebewesen sind schützenswert.
Alle Tiere sind Lebewesen.
Also: Alle Tiere sind schützenswert.

2. Modus Celarent

MeP
SaM
SeP

Hier ein Beispiel für den Modus Celarent:

Kein Sinneseindruck ist eine Begriffsanalyse.
Alle Farbwahrnehmungen sind Sinneseindrücke.
Also: Keine Farbwahrnehmung ist eine Begriffsanalyse.

3. Modus Darii

MaP
SiM
―――
SiP

Ein Beispiel für den Modus Darii wäre:

Alles Kontingente ist endlich.
Einige Erkenntnisse sind kontingent.
Also: Einige Erkenntnisse sind endlich.

4. Modus Ferio

MeP
SiM
―――
SoP

Und auch für den Modus Ferio möchten wir ein Beispiel angeben:

Kein Embryo ist eine Person.
Einige Menschen sind Embryonen.
Also: Einige Menschen sind keine Personen.

Die anderen beiden validen Modi der ersten Figur, die in der oben genannten Tabelle enthalten sind (aai – „Barbari" und eao – „Celaront"), entstehen durch die uns schon bekannte Regel, dass man im aussagenlogischen Quadrat von oben nach unten schließen kann, oder genauer gesagt: Sie entstehen daraus, dass in der aristotelischen Syllogistik aus der Aussage ‚SaP' die Aussage ‚SiP' folgt, und aus ‚SeP' ‚SoP', falls ‚SaP' bzw. ‚SeP' wahr sind. Im Modus Barbara ist die Konklusion eine Aussage der Form ‚SaP', aus der ‚SiP' folgt. Deshalb ist neben dem Modus Barbara auch der schon erwähnte Modus *Barbari* valid:

5. Modus Barbari

MaP
SaM
―――
SiP

Im Beispiel:

Alle Lebewesen sind schützenswert.
Alle Tiere sind Lebewesen.
Also: Einige Tiere sind schützenswert.

Es leuchtet ja ein, dass, wenn alle Tiere schützenswert sind (a), dann auch einige (i) es sind.

Beim Modus Celarent ist die Konklusion die Aussage ‚SeP'. Aus ihr folgt ‚SoP', und deshalb gibt es neben dem Modus Celarent auch noch den ebenfalls schon erwähnten Modus *Celaront*:

6. Modus Celaront

MeP
SaM
―――
SoP

Wieder im Beispiel:

Kein Sinneseindruck ist eine Begriffsanalyse.
Alle Farbwahrnehmungen sind Sinneseindrücke.
Also: Einige Farbwahrnehmungen sind keine Begriffsanalyse.

Der mittelalterliche Merkvers für die validen Syllogismen gibt zwar explizit nur 19 valide Syllogismen an. Aber wenn wir nun die gerade besprochene Regel hinzunehmen, dass man aus universell bejahenden Konklusionen (‚SaP') partikulär bejahende (‚SiP') und aus universell verneinenden (‚SeP') partikulär verneinende (‚SoP') erschließen kann, sind (implizit) doch alle 24 validen Syllogismen in dem Merkvers genannt.

> **Ü73***
> Überlegen Sie bitte selbst: Aus welchen der im Merkvers genannten validen Modi ergeben sich die Modi Cesaro, Camestrop und Calemop?

Deduktive Argumente 3: Prädikatenlogik

Selbst wenn wir mit Hilfe der Aussagenlogik und der Syllogistik schon sehr viele Argumente auf ihre Validität hin testen können, gibt es immer noch eine ganze Reihe von Argumenten, die wir auf diese Weise nicht überprüfen können. Zu diesen Argumenten gehört das folgende, sehr berühmte Beispiel:

1. Alle Menschen sind sterblich.
2. Sokrates ist ein Mensch.
Also: 3. Sokrates ist sterblich.

Dieses Argument leuchtet zwar unmittelbar als valid ein, aber wir können es mit den Mitteln der Aussagenlogik nicht als valid erweisen. Denn wenn wir für die verschiedenen Aussagen Satzbuchstaben wählen, erhalten wir als Argumentform:

1. p
2. q
Also: 3. r

So einleuchtend das Sokrates-Argument auch ist, so offensichtlich ist es in der Aussagenlogik nicht valid. Denn es gibt für die Argumentform mindestens ein Gegenbeispiel, so dass zwar die beiden Prämissen ‚p' und ‚q' wahr sind, die Konklusion ‚r' aber falsch.

> **Ü74***
> Das ist natürlich sehr einfach, aber bitte lassen Sie sich trotzdem ein solches Gegenbeispiel einfallen.

Aber auch in der Syllogistik ist das Sokrates-Argument nicht valid. Denn wir können in der Syllogistik zwar die erste Prämisse formal darstellen, weil sie ein kategorischer Satz ist (genauer gesagt, eine universal bejahende Aussage); aber wir haben in ihr keine Möglichkeit, die beiden singulären Aussagen „Sokrates ist ein Mensch" und „Sokrates ist sterblich" zu analysieren.

Es leuchtet zwar sofort ein, dass der Schluss auf die Sterblichkeit des Sokrates valid ist; aber erst die Prädikatenlogik erlaubt es uns, diesen Schluss so zu formalisieren, dass seine Validität auch bewiesen werden kann. Denn in der Prädikatenlogik können wir neben universellen und partikulären Aussagen eben auch singuläre Aussagen analysieren. Mit Hilfe der Prädikatenlogik können wir das Argument zunächst so übersetzen:

1. $\forall x\,(M^1x \to S^1x)$ Alle Menschen (M^1) sind sterblich (S^1).
2. M^1s Sokrates (s) ist ein Mensch (M^1).
Also: 3. S^1s Sokrates (s) ist sterblich (S^1).

Wenn eine Aussage wie die Prämisse 1 für *alle* Gegenstände eines Bereiches gilt, dann sicher auch für *einen einzelnen*. Wenn also *alle* Menschen sterblich sind und wir annehmen, dass Sokrates zum Bereich aller Menschen gehört, dann dürfen wir folgern: Wenn Sokrates ein Mensch ist, dann ist er sterblich. Aus der ersten Prämisse ‚$\forall x\,(M^1x \to S^1x)$' folgt also:

4. $M^1s \to S^1s$ Wenn Sokrates ein Mensch ist, dann ist er sterblich.

Die Prämisse 2 ist mit dem Antezedens der Subjunktion in Satz 4 identisch. Wenn man die atomaren Sätze ‚M^1s' und ‚S^1s' durch die aussagenlogischen Satzbuchstaben ‚p' und ‚q' ersetzt, erhält man:

2.* p
4.* p → q

Wir können hier also auf die Sätze 2 und 4 einen Modus ponens anwenden und erhalten in der Tat als Konklusion ‚q' den angestrebten Satz:

3. S^1s

Damit haben wir bewiesen, dass es sich bei dem Argument über Sokrates' Sterblichkeit um ein valides Argument handelt. Da alle validen Schlussregeln, die in der Aussagenlogik gelten, auch in der Prädikatenlogik gelten (also der Modus ponens, der Modus tollens, die Konjunktion, die Simplifikation, die Addition, der disjunktive Syllogismus, das

Dilemma und der hypothetische Syllogismus), können wir in der Prädikatenlogik PL alle Argumente analysieren, die wir auch in der Aussagenlogik AL analysieren können.

Die Prädikatenlogik PL kann aber noch mehr. Wir hatten gesehen, dass wir in der Prädikatenlogik alle kategorischen Aussagen der Syllogistik ausdrücken können, wenn wir die Voraussetzung machen, dass die Begriffe, die wir verwenden, leer sein können, d.h. dass kein Gegenstand unter sie fällt (während sie in der Syllogistik nie leer sein dürfen):

1. universal bejahend: *Alle S sind P.*
$\forall x\, (S^1 x \rightarrow P^1 x)$

2. universal verneinend: *Kein S ist P.*
$\neg \exists x\, (S^1 x \wedge P^1 x)$

3. partikulär bejahend: *Einige S sind P.*
Mindestens ein S ist P.
$\exists x\, (S^1 x \wedge P^1 x)$

4. partikulär verneinend: *Einige S sind nicht P.*
$\exists x\, (S^1 x \wedge \neg P^1 x)$

Da alle Satzarten der Syllogistik in Sätze von PL überführt werden können, sind wir in der Lage, auch alle validen 24 Syllogismen in PL auszudrücken. Ein Modus Barbara wie beispielsweise

Alle Menschen (M) sind sterblich (S).
Alle Griechen (G) sind Menschen (M).
Also: Alle Griechen (G) sind sterblich (S).

sieht dann in PL so aus:

1. $\forall x\, (M^1 x \rightarrow S^1 x)$
2. $\forall x\, (G^1 x \rightarrow M^1 x)$
Also: 3. $\forall x\, (G^1 x \rightarrow S^1 x)$

Indirekte Beweise

Die letzten deduktiven Argumentformen, denen wir uns noch zuwenden müssen, sind die *Reductio ad absurdum* und *die Reductio ad impossibile*. Beide gehören zur Gruppe der indirekten Beweise.

In einem *indirekten Beweis* geht man anders als in einem direkten Beweis vor: Wenn man die Wahrheit der Aussage ‚p' beweisen will, nimmt man in einer Reductio zunächst einmal provisorisch an, dass die Negation der Aussage ‚p', also die Aussage ‚¬ p', wahr ist. Dann leitet man aus ‚¬ p' mit Hilfe einer (oder auch mehrerer) deduktiver Schlussregeln und mit Hilfe einer Zusatzprämisse ‚q', von der man weiß, dass sie wahr ist, entweder eine absurde und damit eine von uns für falsch gehaltene Aussage ‚r' ab (Reductio ad absurdum); oder man leitet eine unmöglich wahre Aussage ‚s' ab (Reductio ad impossibile), wobei ‚s' eine Aussage sein kann, die entweder zu ‚¬ p' kontradiktorisch oder bereits in sich widersprüchlich ist (etwa „Alle Kreise sind eckig" oder auch „s und nicht-s"). Daraus folgt dann, dass ‚¬ p' falsch ist. Denn wenn die Aussagen ‚¬ p' und ‚q' beide wahr wären und die Konklusion (wie vorausgesetzt) auf deduktivem Weg erschlossen wird, dürfte die Konklusion ja niemals falsch sein. Das ist sie aber. Also muss mindestens eine von den beiden Prämissen ‚¬ p' oder ‚q' falsch sein. Da wir aber wissen, dass ‚q' wahr ist, muss dann ‚¬ p' auf jeden Fall falsch sein. Wenn jedoch ‚¬ p' falsch ist, ist logischerweise die Aussage ‚p' wahr; und genau das war es ja, was wir beweisen wollten.

Ein eindrucksvolles Beispiel für eine Reductio ad absurdum, die zur Widerlegung einer Aussage ‚¬ p' verwendet wird, ist das sogenannte *Gameten-Argument* in der Medizinethik. (Als „Gameten" bezeichnet man Ei- und Samenzellen.) Philosophen, die dieses Argument heranziehen, vertreten damit in der Regel die Position, dass menschliche Embryonen zum Zwecke medizinischer Forschung getötet werden dürfen, obwohl sie das Potential haben, autonom handelnde, rationale Menschen zu werden. Das heißt: Es gibt etwas, das das Potential hat, ein autonom handelnder, rationaler Erwachsener zu werden, und das dennoch getötet werden darf. Diese Position nennen wir ‚p'. Die philosophische Position, die durch das Gameten-Argument angegriffen werden soll, ist die entgegengesetzte: Menschliche Embryonen dürfen zum Zwecke medizinischer Forschung nicht getötet werden, gerade weil sie das Potential haben, autonom handelnde, rationale Erwachsene zu werden. Manche Gegner der Potentialitätsposition greifen nun nicht dieses Argument direkt an, sondern erweitern es zunächst zu der Position, dass *nichts*, das das Potential hat, ein autonom handelnder, rationaler erwachsener Mensch zu werden, zum Zwecke medizinischer Forschung getötet werden darf. (Diesen Schritt würden viele Anhänger der Potentialitätsposition durchaus mitmachen, deshalb liegt hier noch kein Problem.) Nennen wir diese Aussage ‚¬ p'. Die Gegner der Potentialitätsposition führen nun folgende Reductio ad absurdum durch:

1. Keine Entität, die das Potential hat, ein autonom handelnder, rationaler erwachsener Mensch zu werden, darf zum Zwecke medizinischer Forschung getötet werden.
2. Alle menschlichen Gameten haben das Potential, ein autonom handelnder, rationaler erwachsener Mensch zu werden.
Also: 3. Keine menschliche Gamete (also Ei- und Samenzelle) darf zum Zwecke medizinischer Forschung getötet werden.

> Ü75
> Stellen Sie diesen Schluss als Syllogismus dar! Welcher Modus liegt vor?

Diese Konklusion halten die meisten von uns für absurd (und damit für falsch). Deshalb argumentieren die Gegner der Potentialitätsposition, dass dann auch die Aussage 1 falsch sein muss, wenn die Aussage 2 wahr ist. Aber wenn die Aussage 1 falsch ist, dann ist natürlich die zu ihr kontradiktorische Aussage wahr. Die Aussage 1 war die Aussage ‚¬ p‘, also wäre dann die Aussage ‚¬ ¬ p‘, also ‚p‘, wahr. Was auch immer ein Vertreter der Potentialitätsposition entgegnen mag, er wird nicht die formale Validität der Reductio ad absurdum anzweifeln – wie sollte er auch, da diese Reductio als solche nur ein valider Syllogismus ist? Die Lösung der Übungsaufgabe, das obige Argument als Syllogismus darzustellen, lautet nämlich, dass es sich um einen Modus Celarent handelt: 1. PeT, 2. GaP, also: 3. GeT.

Der Vertreter der Potentialitätsposition kann natürlich die Absurdität der Konklusion 3 bezweifeln; doch, wie gesagt, das würden die allerwenigsten wirklich tun (obwohl es auch dafür Beispiele in der Medizinethik gibt). Er kann aber mit großer Aussicht auf Erfolg die Wahrheit der Aussage 2 angreifen (und wer etwas nachdenkt, wird in der Tat sehen, dass hier der Begriff des Potentials möglicherweise nicht derselbe ist, der im Zusammenhang mit den Embryonen verwendet wurde). So oder so, man sieht auch hier wieder, wie sehr echte philosophische Argumente davon abhängen, dass man Hintergrundannahmen zum Wahrheitswert der Konklusion und der Prämissen hat.

Leider kann man bei Prämissen und Konklusionen wie denen, um die es bei indirekten Beweisen geht (Prämissen also, die weder tautologisch noch selbstwidersprüchlich sind), nicht wirklich verallgemeinern, wie man sich für die richtigen entscheiden kann. Natürlich dürfen die Prämissen, die Sie bevorzugen, zumindest nicht mit anderen Annahmen, die Sie für richtig halten, im Widerspruch stehen oder selbst widersprüchlich sein. Das ist ein wichtiger Punkt, und Sie müssen die Prämissen der Argumente, die Sie untersuchen, immer wieder daraufhin prüfen. Dazu müssen Sie sich auch immer wieder Rechenschaft darüber geben, was Sie eigentlich alles meinen, und vor allem, welche rationalen Gründe Sie für diese Meinungen haben. Die Gründe für Ihre Meinungen können sich ändern, vor allem dann, wenn Sie es mit empirischen Sätzen zu tun haben, über deren Wahrheitsgehalt Ihnen die empirischen Wissenschaften Auskunft geben können. Aber auch im Bereich der Sätze, zu denen die empirischen Wissenschaften nichts oder nur wenig beitragen können (ethische, ontologische, metaphysische, ästhetische Sätze usw.), können sich Ihre Rechtfertigungen für die Wahrheit dieser Sätze ändern. Hier müssen Sie selbst im Laufe der Zeit eigene Fähigkeiten des richtigen Abwägens entwickeln; diese Fähigkeiten können wir Ihnen nicht einfach mitteilen (aber auch kein anderer). Auch scheint doch zu gelten: Man kann nicht alles begründen. Genausowenig, wie man alles definieren kann, kann man für alles ein Argument anführen. Jedenfalls kann man nicht alles *deduktiv* begründen; wir müssen uns gleich damit beschäftigen, warum das so ist.

> Ü76
> In der Zwischenzeit können Sie aber bitte schon einmal selbst überlegen, warum das so ist: Warum kann man nicht alles deduktiv begründen? Schreiben Sie bitte Ihre Antwort auf. Sie können sie dann später mit unserer Antwort vergleichen.

Zunächst müssen wir aber noch einen Blick auf die Reductio ad impossibile werfen. Ein berühmtes Beispiel ist der sogenannte *ontologische Gottesbeweis,* der auf Anselm von Canterburys *Proslogion* zurückgeht, den wir aber hier nach einer Rekonstruktion von Alvin Plantinga präsentieren. Anselm gibt zunächst folgende Definition für Gott: „Gott ist dasjenige Wesen, über das hinaus nichts Größeres (Besseres) gedacht werden kann." Das Ziel des Argumentes ist der Nachweis, dass Gott in Wirklichkeit existiert (p). Die Kontradiktion dazu lautet Nicht-p: „Gott existiert nicht in Wirklichkeit." Mit diesem Satz beginnt die Reductio ad impossibile. Nun wird noch eine Annahme ergänzt, der alle, nämlich sowohl die Skeptiker als auch die Anhänger der Existenz Gottes zustimmen können (ein unmittelbar einleuchtendes Postulat), q_1: „Gott existiert (zumindest) im Verstand" (so die Formulierung bei Anselm; gemeint ist „als etwas Gedachtes", „als etwas, das wir denken"). Aus den Annahmen ‚¬p' und ‚q_1' ergibt sich mit

Hilfe der Schlussregel der Konjunktion der Satz q_2: „Gott existiert im Verstand, aber (= und) nicht in Wirklichkeit." Die Reductio besteht bislang aus vier Schritten:

1. Gott existiert in Wirklichkeit.	Beweisziel p
2. Gott existiert nicht in Wirklichkeit.	Annahme der Reductio $\neg p$
3. Gott existiert (zumindest) im Verstand.	Allgemein geteilte Auffassung q_1
4. Gott existiert (zumindest) im Verstand, aber nicht in Wirklichkeit.	Prämisse q_2, gefolgert aus 2 und 3 mit Hilfe der Regel der Konjunktion

In den nächsten fünf Zwischenschritten des ontologischen Beweises werden weitere Prämissen ‚q_3', ‚q_4' und ‚q_7' eingeführt sowie deduktiv die Prämissen ‚q_5' und ‚q_6':

5. Existenz in der Wirklichkeit ist größer als Existenz allein im Verstand.	Prämisse q_3
6. Ein Wesen, das alle Eigenschaften Gottes hat und zusätzlich in Wirklichkeit existiert, kann gedacht werden.	Prämisse q_4
7. Ein Wesen, das alle Eigenschaften Gottes hat und zusätzlich in Wirklichkeit existiert, ist größer als Gott.	Prämisse q_5, gefolgert aus 4 und 5
8. Ein Wesen, das größer als Gott ist, kann gedacht werden.	Prämisse q_6, gefolgert aus 6 und 7
9. Es ist nicht der Fall, dass ein Wesen gedacht werden kann, das größer als Gott ist.	Prämisse q_7, sie ergibt sich aus der Definition von „Gott" als dem „Wesen, über das hinaus nichts Größeres gedacht werden kann".

Die Aussagen 8 und 9 sind offensichtlich kontradiktorisch zueinander. Wenn man sie mit Hilfe der Addition verbindet, erhält man den widersprüchlichen Satz s: „Ein Wesen, das größer als Gott ist, kann gedacht werden, *und es ist nicht der Fall*, dass ein Wesen, das größer als Gott ist, gedacht werden kann." Wenn man aus Prämissen einen Widerspruch (und damit falschen Satz) deduktiv folgern kann, muss mindestens eine der Prämissen falsch sein; da aber alle Prämissen außer ‚$\neg p$' entweder Prämissen waren, deren Wahrheit wir angenommen haben, oder Prämissen waren, die wir aus diesen Prämissen mit Hilfe von validen Argumenten gefolgert haben, kann nur eine einzige Prämisse falsch sein, und das ist ‚¬p': „Gott existiert nicht in Wirklichkeit." Wenn aber ‚¬p' falsch ist, muss ‚p' wahr sein. *Also* ist erwiesen, dass Gott in Wirklichkeit existiert.

> Ü77*
> Finden Sie dieses Argument triftig? Wenn nicht, welche der Prämissen ist denn Ihrer Auffassung nach falsch (an der Validität gibt es ja nichts auszusetzen)?

Die Reductio ad impossibile unterscheidet sich von der Reductio ad absurdum in der Stärke: Während die Reductio ad impossibile unstrittig ist (weil eben jede Kontradiktion eindeutig falsch ist), hängt die argumentative Stärke der Reductio ad absurdum ganz davon ab, für wie absurd man die Konklusion hält (wenn man sie überhaupt für absurd hält).

Kann man alles deduktiv begründen?
Das Münchhausentrilemma

Abgesehen davon, dass es nicht nur deduktive Argumenttypen gibt, könnte man selbst dann, wenn alle Argumente allein deduktiv wären, nicht alles deduktiv begründen. Warum das so ist, kann man sich leicht klar machen (obwohl man es, wie viele leichte Dinge, erst einmal sehen muss). Was heißt es denn, etwas deduktiv zu begründen? Es bedeutet, für eine Konklusion ein deduktives Argument anzuführen. Ein solches Argument hat eine Form, und es hat einen Inhalt. Damit das Argument triftig ist, muss die Form (die Schlussregel) valid sein und der Inhalt (die Prämissen) wahr. Das heißt aber, dass wir uns bei jedem Argument, wenn es triftig sein soll, auf zwei Dinge verlassen müssen: Erstens muss die Argumentform wirklich valid sein, und zweitens müssen die Prämissen wirklich wahr sein. Woher wissen wir aber bei einem gegebenen Argument, dass seine Form valid ist und seine Prämissen wahr? Beides können wir nicht einfach voraussetzen, sondern wir müssen es wieder begründen (zumindest müssen wir es dann begründen, wenn jemand nach einer Begründung fragt). Wie begründen wir es? Nun, mit Bezug auf die Prämissen können wir, wenn wir deduktiv vorgehen, doch nicht anders als so verfahren, dass wir mindestens *ein anderes deduktives*

Argument anführen, in dem mindestens eine der Prämissen (die begründungsbedürftige) nun die Konklusion ist. Das heißt: Was vorher Prämisse war, ist nun Konklusion und wird also durch ein anderes Argument und damit auch andere Prämissen begründet. Aber genau dies – eine Prämisse wird bezweifelt und muss durch ein anderes Argument begründet werden, wird also selbst zur Konklusion – kann sich ja auf der nächsten Ebene wiederholen: Mindestens eine der begründenden Prämissen für die Konklusion, die selbst erst Prämisse war, kann selbst wieder bezweifelt werden, müsste also durch andere Prämissen begründet werden, die aber wiederum durch andere Prämissen begründet werden müssten, und so weiter und so fort.

Wie kann man hier sinnvoll an ein Ende kommen? Überhaupt nicht, haben viele gesagt (vor allem die sogenannten Fallibilisten) und uns vor folgendes Trilemma gestellt: Wer eine Aussage begründen will, der muss entweder immer weiter im Begründen fortfahren, was offenkundig nicht ergiebig ist (weil man in einen *infiniten Regress* gerät); oder man gerät in einen *Zirkel*, wenn eine der begründungsbedürftigen Prämissen im Begründungsprozess (also in der Kette deduktiver Argumente) selbst als eine der begründenden Prämissen auftaucht; oder man bricht den Prozess einfach irgendwo dogmatisch ab (das wird auch *dezisionistischer Abbruch* genannt), und dann wäre der Abbruch selbst unbegründet (was uns mit Blick auf die Frage der Begründung nicht weiterhilft), oder man müsste für diesen Abbruch wieder Gründe angeben: Das könnte dann aber nur wieder in einen infiniten Regress, einen Zirkel oder einen erneuten dezisionistischen Abbruch führen usw. usf. Keines dieser drei Hörner, so wird behauptet, sei akzeptabel. Dieses Trilemma – das sogenannte *Münchhausentrilemma* – ist aber erstens nur dann ein Trilemma (also ein Problem), wenn *alles* Argumentieren wirklich *deduktiv* ist; und zweitens könnte ja, selbst wenn deduktive Argumente alles sind, was uns zum Argumentieren zur Verfügung steht, eines der Hörner des Trilemmas nicht wirklich ein *Problem* sein. Mit Blick auf den ersten Punkt wurden in der Philosophie zwei andere Argumentformen als Alternative zu den deduktiven vorgeschlagen: *induktive* Argumente und *reflexive (transzendentale)* Argumente. Hinsichtlich des zweiten Punktes wurde behauptet, dass der Abbruch deduktiven Argumentierens insofern kein Problem ist, als wir es ohnehin ständig einvernehmlich tun, und dass wir es tatsächlich deshalb oft einvernehmlich tun, weil bestimmte Aussagen (oder genereller: Sachverhalte) einfach *selbstevident* sind.

Bevor wir uns diese Lösungen des Münchhausentrilemmas näher anschauen, wollen wir das Problem aber noch verschärfen. Nehmen wir dazu einmal an, wir hätten es zu tun mit einem deduktiven Argument mit zwei Prämissen, deren Wahrheit von niemandem bestritten würde. Dann bliebe immer noch das Problem, dass die Argumentform valid sein muss, damit das Argument triftig ist. Nun sind z.B. der Modus ponens, der Modus tollens und der Modus Barbara deduktive Argumentformen, denen fast alle ohne weiteres zustimmen werden. Ohne weiteres, das heißt: Kaum jemand wird auch nur fragen, ob diese Schlussformen wirklich valid sind. Aber vergessen Sie nicht: In der Philosophie ist nichts selbstverständlich! Dementsprechend sollte es auch nicht selbstverständlich sein, dass der Modus ponens, der Modus tollens und der Modus Barbara uns zwingen, die Konklusion für wahr zu halten, wenn wir annehmen, die Prämissen seien es. Wir müssen uns also fragen, *warum* wir diese Argumentformen eigentlich für zwingend halten bzw. *woher* und *wie* wir eigentlich wissen können, dass die genannten Argumentformen wirklich valid sind.

Machen wir uns das Problem mit Hilfe von Lewis Carroll weiter deutlich. Sein *Alice im Wunderland* ist Ihnen sicher ein Begriff. Aber Carroll hat uns noch eine andere, weniger bekannte Geschichte hinterlassen: *Was die Schildkröte zu Achill sagte*. In ihr geht es um die Beweisbarkeit logischer Schlussformen. Wir geben die Geschichte leicht modernisiert wieder:

> Die Schildkröte war außer Atem; sie hatte nach dem Wettrennen mit allerletzter Kraft die Ziellinie erreicht. „Ich muss zugeben, dass du für deine Größe gar nicht *so* langsam warst", sagte Achill, der es sich auf einem Sitz im Stadion bequem gemacht hatte. „Aber du hattest natürlich keine Chance gegen mich. Jemand wie ich muss einfach jedes Rennen gewinnen, selbst so einfache mathematische wie das gerade eben." „Bist du dir da ganz sicher?", fragte die Schildkröte. „Dass das Rennen mathematisch war?" „Nein, dass du *jedes* Rennen gewinnen wirst." „Hatte ich nicht gerade gesagt, dass ein Achill nie verliert? Im übrigen muss ich jetzt los, ich habe Karten für das Fußballspiel." „Na dann ist ja noch etwas Zeit für ein kleines Rennen. Fußball wird ja erst in zweitausend Jahren erfunden." „Da hinkst du aber kräftig hinterher, liebe Schildkröte. Ich habe neulich hier im Lexikon gelesen", Achill hielt triumphierend ein Buch (nämlich den *Neuen Pauly*) hoch, das er gerade unter seinem Helm hervorgeholt hatte, „dass wir Griechen das Fußballspiel bereits jetzt erfunden haben. Es heißt (er betonte langsam jede Silbe) *Apopoudobalia*. Also dann, ich muss los." (Nein, wir wissen auch nicht, woher Achill die Karten hatte, zumal es natürlich auch noch keine Bücher gab, in denen vom Fußballspiel die Rede hätte sein können.) „Na, fünf Minuten wirst du doch noch Zeit haben. Das Rennen besteht auch nur aus drei winzigen Schritten." „Drei Schritte? Die macht ein Achill doch mit links. Gut, um was für Schritte handelt es sich denn?" „Dafür brauchst du nicht einmal deine Beine." „Keine Beine?" „Genau. Hast du etwas zu schreiben?" Achill nickte. „Gut, dann schreib' einmal folgende drei Schritte auf: Schritt (A): Wenn Achill ein Rennen bestreitet, dann gewinnt er.

Schritt (B): Achill bestreitet ein Rennen. Schritt (Z): Achill gewinnt." „Das gefällt mir sehr, und es ist alles so stimmig", sagte Achill. „Schön, dass du dich freust", sagte die Schildkröte. „Wird nun nicht jeder, der dies liest, sagen, dass Z *logisch* aus A und B *folgt*, so dass, wer A und B als wahr akzeptiert, auf jeden Fall auch Z als wahr akzeptieren *muss*?" „Aber natürlich muss er das. Es ist ja auch alles wahr." „Nicht so schnell. Nehmen wir einmal an, jemand hält A und B nicht für wahr, muss er dann nicht trotzdem zugeben, dass Z *wahr wäre, wenn* A und B es auch *wären*?" „Auf jeden Fall. Und wenn er es nicht tut, sollte er lieber Fußballer werden." „Gut", sagte die Schildkröte, „stell' dir jetzt jemanden vor, der sagt: ‚Ich bestreite nicht die Wahrheit von A und B, aber ich glaube nicht, dass Z aus A und B folgt.' Wie kannst du den eines Besseren belehren?" „Du glaubst also, dass A und B wahr sind, bezweifelst aber, dass Z logisch aus A und B folgt. Anders gesagt: Du bezweifelst, dass das Argument valid ist?" „Genau." „Dann muss ich dich also nur dazu bringen, die logische Folge zu akzeptieren, und schon habe ich gewonnen." „Ja", sagte die Schildkröte. „Gut", sagte Achill, „dann habe ich dich zwar nicht nach drei, aber bereits nach vier Schritten des Rennens schon besiegt. Ich nenne die logische Folge, die du bestreitest, einfach (C): ‚Wenn A und B wahr sind, dann muss auch Z wahr sein', und zwinge dich dann, C zu akzeptieren." „Kein Problem, ich akzeptiere C, aber schreib' bitte vorher einmal auf, was ich bisher alles akzeptiert habe."
„Das mach' ich gern", sagte Achill siegesgewiss und notierte folgendes:
(A) Wenn Achill ein Rennen bestreitet, dann gewinnt er.
(B) Achill bestreitet ein Rennen.
(C) Wenn A und B wahr sind, dann muss auch Z wahr sein.
(Z) Achill gewinnt.
„So, nun habe ich gewonnen, liebe Schildkröte. Wenn du, wie du sagst, A, B und C akzeptierst, dann *musst* du auch Z akzeptieren. Auf bald …" „Halt, halt", sagte die Schildkröte. „Warum *muss* ich das denn akzeptieren?" „Weil Z *logisch* aus A, B und C folgt. Wenn A, B und C wahr sind, dann muss auch Z wahr sein. *Das* willst du doch nicht auch noch bezweifeln? Ich bitte dich!" „*Wenn* A, B und C wahr sind, *dann* muss auch Z wahr sein", wiederholte die Schildkröte bedächtig. „Ist das nicht eine *weitere* logische Folge? Und wenn ich *diese* logische Folge nicht akzeptiere?" „Dann mach' ich aus dir Schildkrötensuppe", murmelte Achill. „Was?", fragte die Schildkröte. „Dann zwinge ich dich dazu, auch diese logische Folge zu akzeptieren, und zwar wie vorhin. Ich nenne die logische Folge einfach (D) ‚Wenn A, B und C wahr sind, dann muss auch Z wahr sein' und schreibe sie zu den anderen Prämissen. Jetzt ist doch wirklich sonnenklar, dass Z folgt, wenn A, B, C und sogar D wahr sind. Gibst du nun endlich Ruhe?" „Wenn du die Prämissen aufschreibst", sagte die Schildkröte. „So", sagte Achill, „ich habe jetzt A, B, C, D und Z aufgeschrieben. Kann ich jetzt endlich zu meinem Fußballspiel?" „Eigentlich ja", sagte die Schildkröte, „nur noch eine Sekunde. Was ist, wenn ich zwar A, B, C und D akzeptiere, aber nicht, dass dann auch Z wahr ist?" Achill ballte seine Fäuste, aber Gewalt, das wusste er, würde ihn das Rennen, auf das er sich dummerweise eingelassen hatte, nicht gewinnen lassen. Vielleicht würde er ja beim nächsten Schritt die Schildkröte endlich besiegen.

Hier verließen die Erzähler die beiden Diskutanten kurz, um ein sehr wichtiges Buch fertigzuschreiben. Als sie zurückkamen, waren die Schildkröte und Achill schon beim 1001. Schritt angelangt. „Schön", sagte die Schildkröte zu Achill, „aber wir werden noch unendlich viele weitere Schritte benötigen." Da sah Achill schließlich ein, dass er in einer völlig hoffnungslosen Lage war. Niemals würde er die Schildkröte allein mit logischen Mitteln davon überzeugen können, dass der Modus ponens valid war, und niemals würde er zu seinem Fußballspiel kommen, selbst wenn es doch erst in 2000 Jahren erfunden würde. Und der große Held begann, leise zu weinen.

Was kann Achill nun tun? Gibt es doch noch einen Weg, wie er die Schildkröte besiegen kann? Eines ist jedenfalls klar: Achill kann die Validität deduktiver Schlussformen nicht *deduktiv* begründen, weil er dazu die Validität deduktiver Schlussformen ja schon voraussetzen muss. Um deduktiv begründen zu können, dass der Modus ponens eine valide Argumentform ist, muss Achill nämlich entweder den Modus ponens selbst bereits als eine valide Argumentform *voraussetzen* (wodurch seine Argumentation zirkulär wird); oder er muss sich einer anderen deduktiven Argumentform bedienen, was das Problem nur verschiebt, weil dann diese Argumentform wieder deduktiv begründet werden muss, also wieder im Rückgriff auf eine deduktive Argumentform, und so weiter und so fort. Auf diese Weise kommt Achill also offenkundig an kein Ende.

Angenommen, Achill würde das folgende Argument vortragen:

Wenn eine Argumentform so beschaffen ist, dass in ihr die Konklusion logisch aus den Prämissen folgt, ist sie valid.
Der Modus ponens ist eine Argumentform, die so beschaffen ist, dass in ihr die Konklusion logisch aus den Prämissen folgt.
Also: Der Modus ponens ist valid.

> Ü78*
> Wieso reicht das als Nachweis für die Validität des Modus ponens nicht aus?

Deduktiv kann Achill die Validität deduktiver Argumentformen also nicht begründen. Aber vielleicht könnte Achill darauf hinweisen, dass alle deduktiven Argumentformen in ihrem Kern *logische Wahrheiten* sind. So lässt sich ja z.B. der Modus ponens in folgende Aussage übersetzen:

Wenn gilt: Wenn p, dann q, und p, *dann* gilt: q.

Mit den formalen Hilfsmitteln, die im letzten Abschnitt eingeführt wurden, können wir diese Aussage auch so darstellen:

$((p \rightarrow q) \land p) \rightarrow q$

Wenn wir nun eine Wahrheitstafel für diese Aussage erstellen, sehen wir, dass es sich um einen logisch wahren Satz, also eine Tautologie, handelt. Denn unter der Hauptverknüpfung der Aussage lesen wir nur den Wahrheitswert ‚W', und das heißt, dass diese Aussage logisch wahr ist:

p	q	((p	→	q)	∧	p)	→	q
W	W	W	W	W	W	W	**W**	W
W	F	W	F	F	F	W	**W**	F
F	W	F	W	W	F	F	**W**	W
F	F	F	W	F	F	F	**W**	F

> Ü79*
> Wie hängt diese Beobachtung – dass die besagte Aussage eine logische Wahrheit ist – und die damit verbundene Wahrheitstafel mit dem Wahrheitstafelverfahren zusammen, das wir für die Validität von Argumenten in der Aussagenlogik kennengelernt haben?

Mit geringem Aufwand kann sich jeder selbst davon überzeugen, dass auch alle anderen deduktiven Argumentformen logische Wahrheiten sind.

> Ü80*
> *Sind* Argumente in ihrem Kern tatsächlich logisch wahre Subjunktionen, wie wir hier unterstellt haben, oder ist die logische Wahrheit von derartigen Subjunktionen nur ein *Kriterium* für die Validität der Argumente? Wie würden Sie darauf antworten?

Aber selbst wenn deduktive Argumentformen logische Wahrheiten sind, ist Achill damit geholfen? Wohl kaum. Denn dann wird die schlaue Schildkröte ihn gewiss fragen, warum sie denn nun die Regeln der Aussagenlogik akzeptieren soll, und was soll Achill ihr darauf antworten?

Doch noch ist nicht alles verloren. Denn wie schon mit Bezug auf die Wahrheit von Prämissen scheinen auch mit Bezug auf die Validität von Argumentformen wieder drei mögliche Wege beschreitbar: Erstens könnte Achill die Schildkröte darauf aufmerksam machen, dass der Modus ponens (und mit ihm die Aussagenlogik wie überhaupt die Logik der Schlüsse) sich bisher doch sehr gut *bewährt* habe, so dass wir alle darauf vertrauen sollten, jetzt und auch in Zukunft zuverlässig mit ihm arbeiten zu können. Zweitens könnte Achill die Schildkröte freundlich, aber bestimmt darauf hinweisen, dass der Modus ponens von ihr nicht wirklich bestritten werden könne, weil sie diese Schlussform immer schon als valid *präsupponieren* (voraussetzen) müsse, um sie überhaupt bestreiten zu können. Und schließlich könnte Achill drittens darauf hinweisen, dass der Modus ponens einfach *evident* sei, und wenn der Schildkröte diese Schlussform nicht einleuchte, dann sei ihr eben nicht zu helfen.

Wir schauen uns diese Antworten gleich im Einzelnen und in dieser Reihenfolge an. Zuvor wollen wir aber noch auf ein Problem aufmerksam machen, das mit dem Modus ponens und der Frage zusammenhängt, wie man eigentlich Argumente kritisieren kann. Üblicherweise lautet die Antwort so: Ein Argument soll den Nachweis führen, dass eine bestimmte Aussage (die Konklusion) wahr ist, indem auf der Grundlage von Schlussregeln und unter der Annahme der Wahrheit anderer Aussagen (der Prämissen) die Konklusion aus eben diesen Prämissen logisch abgeleitet wird. Wer ein Argument kritisieren will, kann nicht einfach die Konklusion bestreiten; denn wenn seine Argumentform valid ist und seine Prämissen wahr sind, folgt die Konklusion zwingend. Wer ein Argument kritisieren will, muss also die Invalidität der Argumentform nachweisen (indem man etwa zeigt, dass es sich um einen falschen Modus ponens handelt), oder die Falschheit mindestens einer der Prämissen muss erwiesen werden. Validität und Wahrheit müssen die Angriffsziele sein, nicht die Konklusion selbst. – So weit, so gut, würde man denken. Nun wissen wir aber, dass in jedem beliebigen Schluss der Form Modus ponens

$$\frac{p \rightarrow q}{q}$$

die darin enthaltene Subjunktion ‚p → q' nur falsch sein kann, wenn das Antezedens wahr und das Konsequens falsch ist. Hat man nun einen Schluss, in dem das Antezedens nicht bestritten wird (und auch nicht bestritten werden kann), dann bleibt nichts anderes übrig, als das Konsequens aus der Subjunktion zu bestreiten (also ‚q'). Die Aussage ‚q' ist aber identisch mit der Konklusion. Folglich wird in einem Schluss der Form Modus ponens, dessen Antezedens für wahr gehalten, dessen Triftigkeit aber dennoch bestritten werden soll, die Wahrheit der Konklusion bestritten – und genau das soll man doch eigentlich nicht tun, weil man nur dasjenige bestreiten soll, aus dem bzw. mit Hilfe dessen die Konklusion abgeleitet wird (eben die Validität der Form oder die Wahrheit der Prämissen).

Kommen wir damit zurück zu den drei Antworten, die Achill der Schildkröte auf die Frage geben könnte, warum der Modus ponens valid ist: 1. der Modus ponens hat sich in zahllosen Anwendungsfällen bewährt (*Bewährung durch Induktion*); 2. der Modus ponens (oder eine andere valide Schlussregel) muss immer schon vorausgesetzt (*präsupponiert*) werden, wenn man ihn bestreiten möchte; oder 3. der Modus ponens ist einfach *selbstevident*.

Induktive Argumente und Bewährung durch Induktion

Wir hatten bislang „valid" immer mit „logisch valid" gleichgesetzt, und dafür gab es gute Gründe. Denn wir suchen in der Philosophie ja nach Argumenten, die zwingend sind, und zwingend sind eben nur Argumente, bei denen die Konklusion ohne Ausnahme wahr ist, wenn auch alle Prämissen wahr sind. Das aber leisten allein die deduktiven oder eben logisch validen Argumente. Bislang haben wir noch nicht in den Blick genommen, dass es *zwei* Arten von Validität gibt (die aber gemäß unserer Definition der Validität beide möglich sind): Argumente, bei denen die Wahrheit der Konklusion *immer* aus der Wahrheit der Prämissen folgt (logisch valide = deduktive Argumente), und solche, bei denen die Wahrheit der Konklusion *mit hoher Wahrscheinlichkeit* aus der Wahrheit der Prämissen folgt (*induktiv* valide Argumente). Gerade weil „zwingend" das gleiche bedeutet wie „logisch valid" und weil wir bisher Argumente, die nicht zwingend sind, nicht beachtet haben, haben wir Validität mit logischer Validität gleichgesetzt. Jetzt zeigt sich eben, dass wir differenzieren müssen. Es gibt nämlich noch eine zweite Klasse von Argumenten, die von vielen „valid" genannt werden, obwohl sie nicht in unserem Sinne logisch valid sind: die *induktiven* Argumente. Wieder gilt, dass man natürlich so reden kann. Allerdings muss man sich klar machen, worin der Unterschied zwischen deduktiven und induktiven Argumenten genau besteht: Während bei einem deduktiven Argument die Wahrheit der Prämissen die Wahrheit der Konklusion *ohne Ausnahme garantiert*, kann die Wahrheit der Prämissen eines induktiven Arguments die Wahrheit der Konklusion nur *wahrscheinlich* machen, aber eben nicht garantieren. Selbst wenn also die Prämissen eines induktiven Arguments wahr sind, folgt daraus nicht zwingend die Wahrheit der Konklusion; dagegen folgt bei vorausgesetzter Validität eines deduktiven Arguments dessen Konklusion mit Notwendigkeit, wenn alle Prämissen wahr sind. Eine induktive Folgerung ist deshalb nicht so zwingend wie eine deduktive. Das zeigt auch das folgende induktive Argument des wissenschaftlichen Anti-Realismus. Realisten behaupten, dass wissenschaftliche Theorien wahr sind, oder zumindest annäherungsweise wahr, und dass die in ihnen enthaltenen theoretischen Begriffe bezüglich von Gegenständen, die keiner Beobachtung zugänglich sind (wie etwa der Begriff des Protons oder des Phlogistons), sich tatsächlich auf etwas beziehen (solche Gegenstände also tatsächlich existieren); würde man davon nicht ausgehen, könnte man gar nicht erklären, warum solche Theorien so empirisch erfolgreich sind (das sogenannte Wunderargument). Dagegen weisen Anti-Realisten (z.B. Larry Laudan) darauf hin, dass sehr viele wissenschaftlichen Theorien, die als erfolgreich galten und also auch Vorhersagen treffen konnten (wie etwa die verschiedenen Äthertheorien des 19. Jahrhunderts), die Existenz von Gegenständen behauptet haben, die nach heutiger Überzeugung tatsächlich *nicht* existieren (Äther), oder jedenfalls nicht mit den Eigenschaften existieren, die von den Theorien postuliert wurden. Wenn das aber für Theorien aus der Vergangenheit zutrifft – so das pessimistisch-induktive Argument –, spricht zumindest nichts dafür, dass dies für gegenwärtige oder zukünftige Theorien anders sein wird. In der Vergangenheit war die Theorie des Äthers sehr erfolgreich; aus heutiger Sicht sagt man, es gebe überhaupt keinen Äther. Heute sagt man, es gibt Gene, die sich auf Chromosomen befinden und dies oder jenes bewirken – was wird man morgen sagen? Nach diesem induktiven Argument ist es sehr wahrscheinlich, dass man dann sagen wird, es gebe überhaupt keine Gene.

Oder nehmen Sie das folgende Beispiel: Niemand bezweifelt ernsthaft, dass die Sonne auch heute (oder morgen) wieder aufgehen wird. Sie etwa? Immerhin tut sie dies ja beglaubigtermaßen schon seit vielen tausend Jahren; die Wahrheit der Prämisse macht die Wahrheit der Konklusion also *sehr wahrscheinlich*. Dennoch kann man sich ja ohne weiteres Situationen ausmalen, die so beschaffen sind, dass die Konklusion falsch ist, obwohl die Prämisse wahr ist: So wird in der Sonne eines

Tages sicherlich keine Kernreaktion mehr stattfinden, und sie wird aufhören zu strahlen, obwohl es nach wie vor richtig ist, dass vor diesem Zeitpunkt die Sonne (von der Erde betrachtet) immer aufgegangen ist. Es wäre auch möglich, dass der Einschlag eines gewaltigen Meteoriten die Erde so aus ihrer Bahn wirft, dass von der Erde aus betrachtet die Sonne nicht mehr aufgeht. Oder vielleicht bauen irgendwelche intelligenten Lebewesen (z.B. Vogonen) eine Hyperraumumgehungsstraße, zu welchem Zweck sie die Sonne explodieren lassen. Das ist vielleicht nicht gerade plausibel, aber auch nicht völlig ausgeschlossen, und jedenfalls würde dann die Sonne heute auch nicht aufgehen. Die Konklusion ist also nicht *zwingend* wahr. Dennoch scheint es nicht unvernünftig, sie für wahr zu halten. Wie gesagt, niemand bestreitet ja ernsthaft, dass heute oder morgen die Sonne aufgehen wird, und in diesem Sinne könnte man das Argument auch valid nennen. Allerdings hätten wir dann nicht mehr unser vorhin besprochenes Testverfahren (die Gegenbeispielmethode), um valide von invaliden Argumenten zu unterscheiden. Die Gegenbeispielmethode beruhte ja gerade darauf, dass man einen Fall finden kann, so dass die Konklusion des Argumentes falsch wird, obwohl die Prämissen alle wahr sind. Und bei induktiven Argumenten kann es eben immer vorkommen, dass die Konklusion falsch ist, obwohl alle Prämissen wahr sind.

Ü81*
Angenommen, jemand würde das Argument etwas ändern und folgendermaßen argumentieren:

Die Sonne ist seit mindestens 5000 Jahren an jedem Tag vor dem heutigen Tag aufgegangen.
Wenn es wahr ist, dass die Sonne seit mindestens 5000 Jahren an jedem Tag vor dem heutigen Tag aufgegangen ist, dann ist es auch wahr, dass sie auch am heutigen Tag aufgehen wird.
Also: Die Sonne wird am heutigen Tag aufgehen.

Was meinen Sie, ist das ein induktives Argument?

Ob wir nun allein deduktive Argumente valid nennen oder nicht – ohne induktive Argumente kommen wir in der Philosophie nicht aus, einfach deshalb, weil in vielen Fällen ein naturwissenschaftliches Faktenwissen in philosophische Argumente eingeht. So setzt ein universaler Satz wie „Alle Menschen sind sterblich" sicherlich ein induktives Argument voraus, das unserem Sonnenaufgangsargument ähnelt. Worauf könnten wir sonst die Annahme gründen, dass *alle* Menschen sterblich sind? Induktive Argumente kommen aber nicht nur im Zusammenhang mit Faktenwissen in der Philosophie vor. Zuweilen findet man sie auch als selbständige Argumente in der Philosophie. Auf das pessimistisch-induktive Argument gegen den Realismus hatten wir schon hingewiesen; ein anderes Beispiel gibt der englische Philosoph Richard Swinburne, der einen Gottesbeweis auf kumulativ-induktivem Wege versucht hat (wonach die Aussage, dass Gott existiert, wahrscheinlicher wahr ist als die dazu kontradiktorische Annahme, Gott existiere nicht).

Eines ist jedenfalls klar, und man kann es drehen und wenden wie man will: Ein induktives Argument macht die Konklusion nur wahrscheinlich, garantiert aber nicht ihre Wahrheit. Daraus folgt nicht, dass wir uns nicht auf die Induktion verlassen sollten (was sollen wir sonst tun?), aber daraus folgt, dass wir vorsichtig sein müssen. Das ist besonders auch für unser Verständnis des Wahrheitsanspruches der Naturwissenschaften wichtig. Denn wie gut auch immer eine Theorie bewährt ist, daraus folgt nicht, dass sie wahr ist (so war ja z.B. die Physik Newtons hervorragend bewährt, und dennoch hat sie sich als falsch oder zumindest beschränkt gültig herausgestellt). Das gilt auch für die Logik: Aus der Tatsache, dass es bisher niemandem gelungen ist, ein Gegenbeispiel zum Modus ponens zu finden, folgt nicht zwingend, dass dies nicht dennoch möglich ist (und also nicht doch der Modus ponens invalid ist). Dasselbe gilt natürlich auch für den Modus tollens und die anderen deduktiven Schlussregeln.

Ü82*
Solch ein Gegenbeispiel (und zwar für den Modus tollens) wurde einmal in der Zeitschrift *Analysis* veröffentlicht:

Wenn es regnete, dann regnete es nicht stark.
Es regnete stark.
Also: Es regnete nicht.

Aber zeigt das Beispiel wirklich, dass der Modus tollens invalid ist?

Wie der englische Philosoph Bertrand Russell so schön sagte: Auch einem Huhn, das tagtäglich gefüttert wird, kann zu guter Letzt das Genick umgedreht werden.

Reflexive Argumente

Mit Hilfe induktiver Überlegungen lässt sich also nicht zwingend für die Validität deduktiver Schlussformen argumentieren. Aber vielleicht kann Achill den Spieß ja herumdrehen: Wenn er die deduktiven Schlussformen auf deduktive Weise begründen will, gerät er in einen Zirkel, so hatten wir gesagt; was aber, wenn die Schildkröte ihrerseits nicht anders könnte als die Validität deduktiver Schlussformen *vorauszusetzen*, um sie überhaupt *bezweifeln* zu können? Dann wären die deduktiven Schlussformen genauso gut, ja sogar besser begründet, weil letztgültig begründet (also *letztbegründet*), als wenn man sie deduktiv begründet hätte. Solche Argumente heißen auch *reflexive* oder *transzendentale* Argumente. Weil sie mit dem Phänomen des Selbstbezugs zusammenhängen, nennt man sie auch *Argumente durch Selbstbezug*.

Schauen wir uns einmal einige reflexive Argumente an, um das besser zu verstehen. Da gibt es zum einen Argumente, die sich durch Bezug auf sich selbst widerlegen und zum anderen Argumente, die sich durch den Selbstbezug selbst bestätigen. Nehmen wir etwa die Position (A) „Es gibt mindestens eine Behauptung." Wenn man behauptet (und zwar mit Wahrheitsanspruch), dass es keine Behauptung gibt, dann ergibt sich ein logischer Widerspruch zwischen dem Inhalt dieser Behauptung (B: „Es gibt keine Behauptung") und der Voraussetzung, dass das, was vorgetragen wurde, eine Behauptung ist, es also mindestens eine Behauptung gibt. Es gilt also: (A) „Es gibt mindestens eine Behauptung", nämlich diese Behauptung selbst. Man kann den Satz B nicht (mit Wahrheitsanspruch) behaupten, ohne sich selbst zu widersprechen. Deshalb ist B falsch und A wahr. Satz A bestätigt sich selbst, Satz B widerlegt sich selbst. Zu den sich selbst bestätigenden reflexiven Positionen (den *performativen Tautologien*) gehören z. B. auch die Sätze: „Ich behaupte, dass ich existiere", „Es gibt Aussagen", „Es gibt Wahrheit", „Es gibt wahre Sätze", „Es gibt etwas", „Es gibt Wörter".

Ü83*
Zeigen Sie bitte, inwiefern sich diese Aussagen durch Selbstbezug bestätigen!

Alle sich selbst widerlegenden reflexiven Positionen (die *performativen Widersprüche*) sind Negationen der sich selbst bestätigenden Positionen, z.B. „Es gibt keine Wahrheit", „Es gibt keine Behauptungen", „Es gibt keine Aussagen", „Es gibt nichts", „Ich behaupte, nichts ist wahr". Daher widerlegt der radikale epistemische Relativismus („Man kann nichts wissen") sich selbst.

> Ü84*
> Überlegen Sie bitte, wie man die ursprüngliche Position des logischen Positivismus – „Nur logisch wahre Sätze und Sätze, die auf Sinnesdaten beruhen, sind sinnvoll, alle anderen sinnlos" – durch ein reflexives Argument widerlegen kann. Warum ist dagegen der radikale moralische Relativismus („Es gibt keine objektiven moralischen Normen oder Werte") nicht selbstwiderlegend?

Aus den Prämissen eines guten reflexiven Arguments folgt die Konklusion mit *derselben Garantie* wie bei einem deduktiven Argument. Insofern haben wir hier keine Schwierigkeiten, die guten reflexiven Argumente valid zu nennen. Allerdings ist die Art, *wie* diese Folgerung gezogen wird, eine ganz andere als bei den deduktiven Argumenten, eben eine *reflexive*, und zwar beruht diese Methode im besonderen auf dem Konzept des performativen Widerspruchs und der performativen Tautologie. Reflexive Argumente können durchaus aus einer einzigen Prämisse und Konklusion bestehen, ohne dass sie aber ein Enthymem wären oder inhaltsleer wie der Schluss einer Prämisse auf sich selbst (‚Wenn A, dann A'). Dass es reflexive Argumente gibt, ändert aber nichts daran, dass Argumente nur dann gut sind, wenn sie triftig sind. Denn obwohl jedes reflexive Argument darin, wodurch es seine eigentliche argumentative Kraft entwickelt, von einem deduktiven Argument unterschieden ist, kann dennoch jedes reflexive Argument dann, wenn man es erst einmal *verstanden* hat, als ein deduktives *nachkonstruiert* werden. Daraus folgt allerdings nicht, dass reflexive Argumente ihrer Form nach deduktive sind, sondern eben nur, dass sie *nachträglich* als deduktive dargestellt werden können.

Vielleicht hätte auch Achill mit einem reflexiven Argument ansetzen müssen, um die Schildkröte ein zweites Mal zu besiegen. Denn wer auch immer (so wie die Schildkröte) behauptet, dass der Modus ponens keine der geeigneten Formen ist, um Begründungen zu geben, wird diese Behauptung ebenfalls begründen müssen. Und das kann er nicht tun, ohne bereits eine akzeptierte Form der Begründung vorauszusetzen (ansonsten müssten wir uns mit diesem Zweifel gar nicht ernsthaft beschäftigen). Diese Begründung muss jedoch ihrerseits die Gestalt einer deduktiven Begründung haben (weil induktive Argumente alleine nicht zwingend sind, wie wir gesehen haben). Wer also begründet bezweifelt, dass die deduktiven Begründungsformen zwingend sind, verstrickt sich in einen performativen Widerspruch, also in einen Widerspruch zwischen dem, *was er sagt* (deduktive Begründungen sind nicht valid), und dem, *was er dabei tut* (eine deduktive Begründung vortragen mit dem Anspruch, dass sie valid ist). Obwohl wir also das (deduktive) Begründen letztendlich nicht begründen können, ohne in einen Zirkel zu geraten oder an kein Ende zu kommen, müssen wir nichtsdestoweniger alle notwendigerweise voraussetzen, dass es so etwas wie (deduktive) Begründungen gibt.

Selbstevidenz

Abschließend wollen wir nun noch einige Überlegungen zum Thema Selbstevidenz anstellen. Achill, so hatten wir gesagt, könnte der Schildkröte einfach nur erwidern: „Meine liebe Schildkröte, Du nervst! Es ist doch *völlig einleuchtend* und jeder *sieht* sofort, dass der Modus ponens valid ist. Wenn *Du* das nicht siehst, dann kann ich Dir auch nicht helfen. Und wenn Du es auch zusätzlich noch bestreiten willst, dann sollte ich vielleicht doch lieber *Schildkrötensuppe* aus Dir machen!" Würde die Schildkröte darauf (vielleicht nach Lektüre des Kapitels, das Sie gerade lesen) unbeeindruckt erwidern, dass man philosophische Debatten grundsätzlich nicht mit der Androhung von roher Gewalt gewinnen kann, hätte sie gut gekontert. Und wenn sie dann noch ergänzen würde, dass aus der Tatsache allein, dass Achill etwas einleuchtet, nicht folgt, dass es auch tatsächlich wahr ist, so hätte sie vollkommen Recht damit. Das folgt nicht einmal, wenn dieses „Einleuchten" hier im starken Sinne als Selbstevidenz verstanden wird, also als das sehr starke und unmittelbare Einsehen einer Aussage als wahr ohne Begründung: Selbstevidenz garantiert nicht Wahrheit oder auch nur Validität.

> Ü85*
> Fällt Ihnen ein Beispiel ein für eine Überzeugung, die lange Zeit für selbstevident gehalten wurde, und von der wir jetzt sagen würden, sie sei alles andere als evidenterweise wahr, ja vielleicht sogar falsch?

Dass eine Aussage im starken Sinne selbstevident ist, ist weder eine notwendige noch eine hinreichende Bedingung dafür, dass sie wahr ist. Hinreichend deshalb nicht, weil, wie gesagt, uns etwas als selbstevident erscheinen kann, ohne dass es wahr ist. Aber die Selbstevidenz einer Aussage ist auch keine notwendige Bedingung für die Wahrheit einer Aussage: Es kann ja Aussagen geben, die wahr sind, und die dennoch niemals von jemandem als solche (also als wahr) erkannt werden, und folglich auch nicht als selbstevident wahr erkannt werden. Daraus folgt aber nicht, dass Selbstevidenz im Argumentieren keine Rolle spielt, ganz im Gegenteil. Das liegt schon daran, dass wir nicht beanspruchen können, eine Aussage für wahr zu halten, wenn uns diese Aussage nicht einleuchtet (also zunächst in diesem schwachen Sinne selbstevident ist). Was auch immer wir für wahr halten, es muss uns auf die eine oder andere Weise einleuchten, sonst könnten wir es eben nicht für wahr halten. Klar scheint nun auch, dass wir bestimmte Dinge für wahr halten, und zwar für *berechtigterweise* wahr halten, obwohl wir dafür keinen abschließenden Beweis haben. Das kann ja auch nicht anders sein, weil wir ja (wenn wir jetzt einmal von den reflexiven Argumenten absehen), irgendwann den deduktiven Begründungsprozess abbrechen und abbrechen müssen, wenn wir nicht, wie wir oben gesehen haben, in einen infiniten Regress oder in einen Zirkel geraten wollen. Fast immer brechen wir und unsere Gesprächspartner diesen Prozess *de facto* dann ab, wenn beide Gesprächspartner zufrieden sind, und das heißt: wenn ihnen die Prämissen und die Form einleuchten. In einem stärkeren Sinne brechen wir den Begründungsprozess dann ab, wenn uns bestimmte Aussagen (oder allgemeiner gesprochen: etwas Gegebenes) als wahr und schlechterdings unbestreitbar erscheinen, ohne dass wir uns in der Lage sehen, diese Aussagen irgendwie zu beweisen. Wir setzen sie einfach voraus (und nennen sie dann manchmal auch *Axiome*), und selbst wenn wir einen reflexiven Beweis führen, muss uns doch jeder Beweisschritt darin einleuchten. In diesem Sinne kommen wir um Selbstevidenz nicht herum; und in diesem Sinne verlangt die Schildkröte mehr, als Achill ihr jemals geben könnte.

4. Schlecht argumentieren

Inhalt: Fehlerhaft argumentieren: Ein Beispiel – Fehler und Fehlschlüsse – falscher Modus ponens – unerlaubte Transposition – falscher Modus tollens – Vertauschung der Bedingungen – Umkehrschluss – vitiöser Zirkel – Ambiguität und Äquivokation – Quaternio terminorum – Argumentum ad hominem – genetischer Fehlschluss – Reductio ad Hitlerum

Im letzten Abschnitt haben wir den Begriff der Validität und Invalidität eines Argumentes schon kennengelernt. Jetzt wollen wir uns den Fehlschlüssen und ganz allgemein den Fehlern im Argumentieren genauer zuwenden. Unter einem Fehlschluss im engeren Sinne verstehen wir hier jeden *logischen*, d.h. formalen Fehler in der Ableitung einer Konklusion aus den gegebenen Prämissen. Ein Fehlschluss besteht also nicht darin, dass ein Argument nicht triftig ist, weil mindestens eine seiner Prämissen falsch ist. Der Fehler besteht in der formalen Invalidität der Ableitung; und wie wir schon sahen, ist eine Ableitung invalid, wenn bei Wahrheit aller Prämissen die Konklusion nicht aus den Prämissen folgt. Daneben gibt es Fehler, die nicht direkt logischer Natur sind, sondern Fehler im weiteren Sinne. Es gibt eine Vielzahl solcher nichtformalen und formalen Fehler, und ganze Bücher sind darüber geschrieben worden, wie sie sich am besten ordnen lassen.

Man sollte nun nicht so tun, als bestünde die Hauptquelle philosophischer Differenzen in solchen Fehlschlüssen oder Fehlern. Philosophinnen und Philosophen sind sich in vielen Dingen uneins, und sie kritisieren einander. Aber der Grund dafür ist eher selten der, dass man der gegnerischen Seite einen logischen Fehler (also einen Fehlschluss) nachzuweisen können glaubt oder sonst einen der nichtformalen Fehler. Uneinigkeit besteht meistens über die Wahrheit mindestens einer der Prämissen. Da die Wahrheit einer Aussage in der Regel an ihren Inhalt gebunden ist, kann man über die Wahrheit einer Aussage nur entscheiden, wenn man sich mit ihrem Inhalt beschäftigt. Wie man den Anspruch, dass Aussagen (Prämissen) tatsächlich wahr sind, *rechtfertigen* oder *begründen* kann, ist ein großes Thema der Erkenntnistheorie, auf das wir hier nicht weiter eingehen können. Wir sahen ja schon bei unseren Begriffsanalysen, wie schwierig die Frage ist, wie eigentlich solche Begriffsanalysen begründet werden können. Und bei der Diskussion der Argumenttypen wurde deutlich, dass wir zwar irgendwo mit dem Begründen aufhören bzw. anfangen müssen, dass aber die Frage, wo dieser Anfang oder das Ende sind, nur schwer zu beantworten ist. Mit dem Inhalt konkreter Aussagen können wir uns hier natürlich nicht beschäftigen, da wir uns ja offenkundig nicht einfach mit dem Inhalt irgendwelcher und erst recht nicht mit dem Inhalt aller möglichen Aussagen beschäftigen können.

Aber Fehlschlüsse und Fehler kommen, wie wir gleich an einem konkreten Beispiel sehen werden, tatsächlich vor, und im Alltag wird man sie recht häufig finden. Hier werden wir nur die wichtigsten behandeln; wie gesagt, die Ursachen für sachliche Differenzen liegen meistens auf einer anderen Ebene. Wir werden also z.B. nicht den Fehlschluss behandeln, den man *post hoc ergo propter hoc* nennt, obwohl dieser Fehler in öffentlichen Debatten sehr häufig auftaucht. Er besteht, kurz gesagt, darin, eine bestimmte zeitliche Korrelation als Ursache-Folge-Beziehung misszuverstehen – daher der Name ‚danach, also dadurch'. Es wäre zum Beispiel ein Fehlschluss, aus der Tatsache, dass der Donner immer dem Blitz zeitlich *folgt*, den Schluss zu ziehen, der Blitz wäre die *Ursache* des Donners.

Beginnen wir also mit einem konkreten Beispiel. Ein recht bekannter Rechtswissenschaftler, Reinhard Merkel, hat den Nachweis zu führen versucht, dass keines der üblichen Argumente gegen die Stammzellforschung und für einen starken moralischen Status menschlicher Embryonen haltbar ist. Eines dieser Argumente ist das sogenannte Speziesargument. Merkel gibt dieses Argument wieder und schließt dann sofort die These an, es handele sich um einen sogenannten naturalistischen Fehlschluss:

„Das Speziesargument ist sehr einfach: Der Schutz des Tötungsverbots gelte für den Embryo schon und allein deshalb, weil er biologisch der Spezies Homo sapiens angehört. Da alle geborenen Angehörigen dieser Spezies ein Grundrecht auf Leben haben, gebiete das Prinzip der Gleichbehandlung auch den Lebensschutz des Embryos.

Das Argument ist nicht haltbar, ein Musterfall dessen, was Philosophen den ‚naturalistischen Fehlschluss' nennen: die (unmögliche) direkte Ableitung einer Norm aus einem Faktum."

Wer ein Argument kritisch in den Blick nimmt, ist gut beraten, es zunächst richtig zu verstehen und wiederzugeben. Ein typischer Fehler, oder genauer gesagt: eine übliche Strategie, rationales Argumentieren zu unterlaufen, besteht darin, die Position des Opponenten so wiederzugeben, dass neutrale Betrachter fragen werden, ob der Opponent noch recht bei Trost ist; eine solche Strategie hat wenig mit Argumentieren, aber viel mit Rhetorik zu tun.

> **Ü86**
> Bevor Sie fortfahren, hier wieder eine Aufgabe: Versuchen Sie, das Speziesargument, so wie Merkel es versteht, als echtes Argument mit klar identifizierten Prämissen und einer Konklusion darzustellen.

Das war nicht ganz leicht, oder? Wenn Sie Schwierigkeiten hatten, dann lag das vermutlich auch daran, dass nicht unmittelbar klar ist, was Merkel mit dem ‚Prinzip der Gleichbehandlung' meint. Da vorher weder von diesem Prinzip die Rede war noch auch direkt von dem ‚Lebensschutz des Embryos', müssen wir ihn wohl so verstehen, dass das ‚Prinzip der Gleichbehandlung' zu den Prämissen gehört und er mit dem ‚Lebensschutz des Embryos' genau das meint, was er das ‚Grundrecht auf Leben' nennt. Wenn wir ihn nicht auf diese Weise wohlwollend interpretierten, hätte Merkels Wiedergabe des Speziesargumentes nämlich einen großen formalen Haken. Es hätte dann folgende Form:

1. Alle Embryonen gehören biologisch der Spezies Homo sapiens an.
2. Alle geborenen Angehörigen der Spezies Homo sapiens haben ein Grundrecht auf Leben.
Also: 3. Alle Embryonen haben ein Grundrecht auf Leben.

Es ist offenkundig, dass ein so wiedergegebenes Speziesargument, wenn in Prämisse 2 der Ausdruck „geboren" im üblichen Wortsinne verwendet wird (was wir annehmen müssen), invalid ist. Es fehlte dann nämlich der Mittelbegriff des Schlusses: Denn selbst wenn es wahr wäre, dass alle menschlichen Embryonen biologisch der Spezies Homo sapiens angehören (und dies ist ja durchaus richtig), und selbst wenn es wahr wäre, dass alle *geborenen* Angehörigen dieser Spezies ein Grundrecht auf Leben haben (und auch das ist ja durchaus plausibel), folgt daraus ja keineswegs die gewünschte Konklusion, weil Embryonen gerade *keine geborenen* Angehörigen der Spezies Mensch sind. Es handelte sich dann schlicht und einfach um einen ungültigen Syllogismus.

Wir sollten daher die wohlwollende Annahme machen – wir werden später noch auf das hermeneutische Prinzip des Wohlwollens zu sprechen kommen –, mit dem ‚Prinzip der Gleichbehandlung' sei ja gerade gemeint, dass es keinen Unterschied mache, ob ein Angehöriger der Spezies Homo sapiens geboren sei oder nicht (also ungeboren). Doch auch wenn wir dies tun, muss Merkel sich die Kritik gefallen lassen, dass er dies dann auch deutlich hätte sagen müssen, so dass seine Wiedergabe des Speziesargumentes und damit dieses Argument selbst verstehbar sind (und wir nicht, wie wir es jetzt tun, spekulieren müssen, was denn nun gemeint sei). Bringen wir Merkels Wiedergabe des Speziesargumentes also in eine etwas klarere Form:

1. Alle Embryonen gehören biologisch der Spezies Homo sapiens an.
2. Alle geborenen Angehörigen der Spezies Homo sapiens haben ein Grundrecht auf Leben.
3. Es gilt das Prinzip der Gleichbehandlung.
Also: 4. Alle Embryonen haben ein Grundrecht auf Leben.

Doch auch in dieser Form ist das Argument unbefriedigend. Denn nun könnte (und müsste) man die zweite und dritte Prämisse einfach durch die Prämisse ersetzen, dass alle Angehörigen der Spezies Homo sapiens ein Grundrecht auf Leben haben. (Unklar ist in Merkels Wiedergabe übrigens auch die Bedeutung des Ausdrucks „biologisch" in der ersten Prämisse. Aber davon wollen wir hier absehen, ebenso wie von der Kautele, es sei „allein" die Spezieszugehörigkeit, die ein Grundrecht auf Leben garantiere. Nur soviel zu dem Wörtchen „allein": Wenn *allein* die Spezieszugehörigkeit ein Grundrecht auf Leben garantiert, dann liegt die Interpretation nahe, dass die Verfechter des Speziesargumentes damit explizit ausschließen möchten, dass das Grundrecht auf Leben auch durch etwas anderes als durch die Zugehörigkeit zur Menschheit garantiert werden könnte. Logisch bedeutet das, dass ein Lebewesen ein Grundrecht auf Leben *dann und nur dann* (‚↔') hat, wenn es auch der Spezies Homo sapiens angehört. Der Einfachheit halber wollen wir hier aber nur die eine Hälfte dieser Bisubjunktion verwenden: *Wenn* jemand der Spezies angehört, *dann* hat er auch ein Grundrecht auf Leben.)

Um dem eigentlichen Speziesargument gerecht zu werden, müsste man es also folgendermaßen wiedergeben:

1. Alle Embryonen gehören der Spezies Homo sapiens an.
2. Alle Angehörigen der Spezies Homo sapiens haben ein Grundrecht auf Leben.
Also: 3. Alle Embryonen haben ein Grundrecht auf Leben.

> **Ü87***
> Ist Ihnen aufgefallen, dass das Argument in gewisser Hinsicht einen kleinen formalen Fehler enthält?

Da Merkel in seiner Kritik des Speziesarguments die von uns kritisierten Mängel gar nicht thematisiert, ist nicht davon auszugehen, dass er sie selbst bemerkt hat; offenkundig handelt es sich also nicht um eine gezielte Verzerrung des Argumentes, sondern nur um eine sehr ungenaue Wiedergabe. Das macht es aber nicht viel besser, weil auch die Advokaten des Speziesargumentes zu Recht verlangen können, dass man ihr Argument angemessen wiedergebe.

Nehmen wir an, ein Vertreter des Speziesargumentes wäre mit dieser letzten Rekonstruktion einverstanden. Wie steht es dann um Merkels These, dieses Argument sei unhaltbar, weil es ein „Musterfall" des sogenannten *naturalistischen Fehlschlusses* sei, also der, wie Merkel schreibt, ‚(unmöglichen) direkten Ableitung einer Norm aus einem Faktum'? Nun, in der von uns soeben wiedergegebenen Form ist der Schluss tatsächlich formal *valid* und keineswegs ein Fehlschluss. Es handelt sich jedenfalls nicht einfach um die „Ableitung einer Norm aus einem Faktum". (Eine solche Ableitung wäre in der Tat ein Fehlschluss, denn es ist tatsächlich unzulässig, aus einer bloßen Menge von *rein deskriptiven* Aussagen auf eine *normative* Aussage zu schließen.) Denn die in der Konklusion *abgeleitete Norm* (Embryonen haben ein Grundrecht auf Leben) wird nicht einfach aus dem *Faktum* der Spezieszugehörigkeit abgeleitet (Prämisse 1), sondern aus diesem Faktum *und* der in Prämisse 2 zugrundegelegten *allgemeineren Norm*, wonach alle Angehörigen der Spezies Homo sapiens ein *Grundrecht* auf Leben haben. Vermutlich richtet sich Merkels Kritik auf eben diese zweite Prämisse. Aber auch dann geht seine Kritik ins Leere. Denn bei dieser Prämisse allein handelt es sich natürlich keineswegs um die ‚direkte *Ableitung* einer Norm aus einem Faktum' (also nicht um einen *Schluss*). Vielmehr handelt es sich um einen wahren oder falschen *Aussagesatz*, der mehr oder weniger gut begründet ist. So oder so kann also von einem naturalistischen Fehlschluss im Sinne einer invaliden ‚Ableitung' keine Rede sein. Was Merkel hier vielleicht hat in die Irre gehen lassen, ist der Fehler, einen Allsatz für einen Schluss zu halten. Wie wir vorher sahen, wird ein Allsatz prädikatenlogisch mit Hilfe einer allquantifizierten Subjunktion dargestellt. Das würde für Prämisse 2 bedeuten, dass sie folgendermaßen wiedergegeben werden kann: Für alle Dinge gilt, *wenn* sie Angehörige der Spezies Homo sapiens sind, *dann* haben sie ein Grundrecht auf

Leben. Aber ein solcher allquantifizierter Aussagesatz ist trotz seiner Wenn-dann-Struktur immer noch eine Aussage, kein Schluss.

Es geht uns hier natürlich nicht um eine weiterführende Analyse von Merkels Thesen und erst recht nicht um eine Stellungnahme zur Stammzelldebatte oder zur Problematik naturalistischer Fehlschlüsse. Was dieses Beispiel aber sehr schön zeigt, so meinen wir, ist die Wichtigkeit von formaler und sachlicher Klarheit. Es ist nicht nur wichtig zu wissen, wie man gut argumentiert. Fast genauso wichtig ist es, nicht schlecht zu argumentieren, also mögliche Fehler und Fehlschlüsse im Argumentieren zu kennen, um sie dann auch tatsächlich vermeiden zu können. Wer solche Fehler und Fehlschlüsse vermeidet, wird nicht zwangsläufig gut argumentieren. Denn das Vermeiden von Fehlern und Fehlschlüssen ist ja nur eine notwendige, keine hinreichende Bedingung für gutes Argumentieren. Aber wer Fehler macht und Fehlschlüsse begeht, wird jedenfalls nicht beanspruchen können, gut zu argumentieren.

Betrachten wir nun zunächst einige formale Fehler, die es unbedingt zu vermeiden gilt. Bei der Behandlung der Syllogismen sahen wir schon, wie schnell solche Fehler unterlaufen können. Von den 256 möglichen Syllogismen sind nur 24 valid, und für die invaliden gibt es keine eigenen Namen. Einige andere typische logische Fehler haben aber einen Namen.

Falscher Modus ponens

Wie gesagt, wir verwenden in der Regel nur konstruierte Beispiele, um Philosophen nicht Fehler zu unterstellen, die sie, wie sich nach genauerer Lektüre vielleicht herausstellen könnte, womöglich gar nicht begangen haben; schon bei dem kurzen Text von Merkel sahen wir ansatzweise, wie aufwendig sorgfältige Rekonstruktionen sein können. Hier also nun ein konstruiertes Beispiel, wenn es auch durchaus vorgekommen sein mag:

1. Wenn Gott existiert, dann gibt es ein moralisches Gesetz.
2. Gott existiert nicht.
Also: 3. Es gibt kein moralisches Gesetz.

> Ü88
> Was ist hier logisch verkehrt? Überlegen Sie zunächst selbst, bevor Sie weiterlesen!

Im Antezedens der ersten Prämisse wird eine hinreichende Bedingung dafür genannt, dass es ein moralisches Gesetz gibt (nämlich dass Gott existiert). Da die Existenz Gottes im Antezedens aber nur als eine hinreichende, nicht als eine notwendige Bedingung verstanden wird, kann aus der angenommenen Tatsache, dass Gott nicht existiert, nicht gefolgert werden, dass der Nachsatz nicht wahr ist. Es könnte auch ohne Gott ein moralisches Gesetz geben; der Vordersatz bringt ja *nur* zum Ausdruck, dass, *wenn* Gott existiert, es *dann* auch ein moralisches Gesetz gibt. Daraus folgt aber nicht (und diese falsche Folgerung unterläuft in diesem Fehlschluss), dass, wenn Gott nicht existiert, es dann auch kein moralisches Gesetz gebe. Das wäre nur dann richtig, wenn die Aussage der ersten Prämisse gewesen wäre, dass dann und *nur dann*, wenn Gott exisitiert, es auch ein moralisches Gesetz gäbe; das besagt die erste Prämisse aber nicht. Das obige Argument beruht auf einer Schlussform, die immer invalid ist, dem *falschen Modus ponens*:

$$\frac{\begin{array}{l}p \rightarrow q \\ \neg p\end{array}}{\neg q}$$

Eng verwandt mit dem falschen Modus ponens und aus dem gleichen Grund invalid ist folgende Schlussform (*unerlaubte Transposition*):

$$\frac{p \rightarrow q}{\neg p \rightarrow \neg q}$$

Hier ein Beispiel:

1. Wenn die Golfkriege gerecht waren, gibt es gerechte Kriege.
2. Also: Wenn die Golfkriege nicht gerecht waren, gibt es keine gerechten Kriege.

Falscher Modus tollens

Betrachten wir jetzt das obige Beispiel zum falschen Modus ponens noch einmal, dieses Mal aber in einer anderen logischen Form:

1. Wenn Gott existiert, dann gibt es ein moralisches Gesetz.
2. Es gibt ein moralisches Gesetz.
Also: 3. Gott existiert.

> Ü89
> Wir würden Sie jemanden, der so argumentiert, kritisieren, ohne die Wahrheit der Prämissen zu bezweifeln?

Die erste Prämisse ist gleich geblieben. Jetzt wird aber angenommen, dass das Konsequens wahr ist, um dann die Wahrheit des Antezedens abzuleiten. Aber auch diese Ableitung ist falsch, weil wieder die zugrundeliegende Argumentform invalid ist:

$p \rightarrow q$
$\underline{q}$
p

Betrachten wir folgendes Argument, bei dem dieselbe invalide Form gebraucht wird:

1. Wenn der Teufel Jesus in der Wüste verführt hat, ist der Teufel ein böses Wesen.
2. Der Teufel ist ein böses Wesen.
Also: 3. Der Teufel hat Jesus in der Wüste verführt.

Es mag durchaus sein, dass der Teufel ein böses Wesen ist. Aber daraus allein folgt nicht, dass er Jesus tatsächlich in der Wüste verführt hat. Im Vordersatz wird nur gesagt, dass, wenn es wahr ist, dass der Teufel Jesus in der Wüste verführt hat, es dann auch wahr ist, dass er ein böses Wesen ist. Es wurde nicht behauptet (aber das wird im Fehlschluss unterstellt), dass, wenn es wahr ist, dass der Teufel ein böses Wesen ist, es dann auch wahr ist, dass er Jesus in der Wüste verführt hat. Es gibt viele böse Wesen, und wenn die Tatsache allein, dass jemand ein böses Wesen ist, hinreichend dafür wäre, Jesus in der Wüste zu verführen, dann hätten viele Jesus verführt!

Wiederum eng verwandt mit dem falschen Modus tollens und aus dem gleichen Grund invalid ist folgende Schlussform (*Vertauschung der Bedingungen*):

$\underline{p \rightarrow q}$
$q \rightarrow p$

Hier ein Beispiel:

1. Wenn alle vernünftigen Wesen willensfrei sind, dann sind alle Menschen willensfrei.
Also: 2. Wenn alle Menschen willensfrei sind, dann sind alle vernünftigen Wesen willensfrei.

Übrigens ist der sogenannte *Umkehrschluss* ein Sammelbegriff für die vier zuletzt genannten Fehlschlüsse, also für den falschen Modus ponens, den falschen Modus tollens, die unerlaubte Transposition und die Vertauschung der Bedingungen. Zwei Dinge sollte man sich dabei merken: Erstens bezieht sich die Bezeichnung „Umkehrschluss" in der Tat nicht einfach nur auf den falschen Modus tollens, sondern auf alle vier besagten Fehlschlüsse. Zweitens ist die manchmal zu findende Bezeichnung „falscher Umkehrschluss" irreführend, weil es keine richtigen Umkehrschlüsse gibt. Umkehrschlüsse sind immer falsch, oder genauer: invalid. Zwar kann die Konklusion eines Umkehrschlusses wahr sein, aber das macht einen solchen Umkehrschluss, als Schluss, natürlich nicht ‚richtig', genauer: valid.

Vitiöser Zirkel

Wir hatten beim Paradox der Analyse gesehen, dass kreisförmige Strukturen in der Philosophie Schwierigkeiten bereiten können. Eine solche Struktur in einem engeren Sinne hatten wir im Fehler des *Zirkels* schon bei der Diskussion deduktiver Argumente kennengelernt. Machen wir uns aber jetzt noch deutlicher, worin genau der Fehler des *vitiösen Zirkels* (circulus vitiosus) besteht. Allgemein gesagt liegt der Fehler darin, dass die Aussage, die bewiesen werden soll, selbst im Beweis vorausgesetzt oder verwendet wird. Angenommen, Reinhard will beweisen, dass Gott existiert. Er argumentiert für diese These folgendermaßen:

1. Alle Aussagen der Bibel sind wahr.
2. Die Bibel sagt aus, dass Gott existiert.
Also: 3. Gott existiert.

An der zweiten Prämisse gibt es wenig auszusetzen. Mit der ersten Prämisse liegt es offenkundig anders. Viele werden sie bezweifeln, und so wird man Reinhard fragen, woher er eigentlich wisse, oder genauer: wie er eigentlich beweisen könne, dass alle Aussagen der Bibel wahr sind. Reinhard wird dann vielleicht antworten, dass er folgendes Argument für triftig halte (dass er also alle Prämissen des Arguments für wahr und seine Form für valid halte):

1. Alle Aussagen Gottes sind wahr.
2. Alle Aussagen der Bibel sind Aussagen Gottes.
Also: 3. Alle Aussagen der Bibel sind wahr.

Zunächst ist zu bemerken, dass jedes dieser beiden Argumente in der Tat für sich logisch valid ist. Auch ist es nicht so, dass die zu begründende Aussage („Gott existiert") selbst explizit im begründenden Argument verwendet wird (solch einen eklatanten Fehler wird man selten finden). Dennoch läuft hier etwas schief. Und das liegt daran, dass genau diese Aussage („Gott existiert") eine *Voraussetzung* der Wahrheit der beiden Prämissen des zweiten Argumentes ist, mit dem diese Aussage bewiesen werden soll. Damit die beiden Prämissen des zweiten Argumentes, wie Reinhard behauptet, wirklich wahr sein können, muss die Existenz Gottes bereits vorausgesetzt werden; wenn Gott nicht existiert, können die Aussagen der Bibel nicht die Aussagen Gottes sein. Anders gesagt: Die Aussage, deren Wahrheit bewiesen werden soll, wird bei dem Argument, mit dem sie bewiesen werden soll, bereits als wahr vorausgetzt. Aufgrund dieses Verhältnisses hat man den vitiösen Zirkel auch als *petitio principii* bezeichnet, also als Erbittung eines Prinzips.

Ü90*
Woran liegt es aber genau, dass Reinhards zweites Argument tatsächlich eine petitio enthält? Liegt es an dem Begriff „Gott", dem Begriff „Aussage" oder etwa am Begriff „Bibel"? Analysieren Sie dazu das folgende, strukturgleiche Argument:

1. Alle Aussagen von Dr. Allwissend sind wahr.
2. Alle Aussagen des Dr. Allwissend-Buches sind Aussagen von Dr. Allwissend.
Also: 3. Alle Aussagen des Dr. Allwissend-Buches sind wahr.

Muss man die Existenz von Dr. Allwissend annehmen, damit die beiden Prämissen wahr sein können?

Zweierlei ist bei einer petitio principii zu beachten: Erstens ist nicht jede petitio principii ein vitiöser Zirkel; manchmal ist eine der Aussagen des begründenden Argumentes selbst ebenso eines Argumentes bedürftig wie die Aussage, die durch das Argument begründet werden soll, ohne dass die zu begründende Aussage Teil des begründenden Argumentes wäre. Wer zum Beispiel behauptet, dass der Mensch ein der Verantwortung fähiges Wesen ist, und dies damit begründet, dass der Mensch willensfrei ist, begeht eine petitio, da die begründende Aussage genauso begründungsbedürftig ist wie die begründete Aussage. Zweitens ist zu beachten, dass, strikt genommen, bei einem vitiösen Zirkel kein Fehlschluss vorliegt, also kein formaler Fehler. Denn es ist zwar richtig, dass in einem solchen Zirkel die zu begründende Aussage (in unserem Beispiel: „Gott existiert") in dem begründenden Argument bereits als wahr vorausgesetzt wird. Da aber jede Aussage sich selbst impliziert (aus „Gott existiert" folgt „Gott existiert"), ist das, formallogisch betrachtet, kein Problem. (Wir hatten bereits früher gesehen, dass ‚1. p, also: 2. p' ein logisch valides Argument ist.) Das eigentliche Problem besteht darin, dass die Aufgabe nicht erfüllt, oder eben das ‚Prinzip erbeten' wird. Denn was man von Reinhard wissen will, ist ja, *warum* wir an die Existenz Gottes glauben sollen, und wenn er bei seinem Argument für die Existenz Gottes eben diese Existenz schon voraussetzt, kommen wir nicht weiter, weil wir genau diese Existenz Gottes ja bezweifeln. Reinhards Begründung ist also leer, sie enthält keine neuen Gründe bzw. Argumente. (Weiter kämen wir z.B dann, wenn er einen Beweis für die Zuverlässigkeit der Bibel hätte, der nicht schon die Existenz Gottes voraussetzte.)

Ambiguität und Äquivokation

Die Welt musste nicht auf Präsident Clintons berühmt-berüchtigte Verlautbarung warten, dass er keine „sexual relations with that woman, Miss Lewinsky" gehabt habe, um zu begreifen, dass manche Ausdrücke (hier: „sexual relation") mehrdeutig sind und dass Leute versuchen, Positionen (und Präsidentschaften) mit solchen Mehrdeutigkeiten zu verteidigen. Wir sahen schon, dass wir die Triftigkeit von Argumenten nur beurteilen können, wenn wir verstehen, was die in ihnen vorkommenden Termini und Aussagen bedeuten, und dass eine Aufgabe von Begriffsanalysen darin besteht, Bedeutungen zu präzisieren, um Missverständnisse zu vermeiden. Tatsächlich können Argumente, je nachdem, wie man die in ihnen gebrauchten Wörter und Sätze versteht, wahre Prämissen haben und *auf den ersten Blick* eine valide Form, und dennoch zeigt sich sich bei genauerem Hinsehen, dass sie nicht triftig sind. Das liegt dann daran, dass auf verschiedene Weisen die Bedeutung von Wörtern oder auch Aussagesätzen insofern unklar sein kann, als dass sie mehrere Bedeutungen haben können, also *ambig* sind (wir hatten das im ersten Abschnitt bei den Definitionsversuchen schon erwähnt). Die wichtigste Form einer solchen *Ambiguität* (Mehrdeutigkeit) ist die *Äquivokation*. Sie liegt dann vor, wenn ein Wort oder Terminus (in einem Argument) mehrere Bedeutungen hat. Wenn ein solcher mehrdeutiger Terminus in einem Argument einmal so, das andere Mal anders verwendet wird, entsteht ein Fehlschluss (der, wenn er absichtlich gebraucht wird, auch *Trugschluss* genannt wird). Betrachten wir folgendes Beispiel:

1. Nichts ist besser als Lasagne.
2. Ein Stück trockenes Brot ist besser als nichts.
Also: 3. Ein Stück trockenes Brot ist besser als Lasagne.

> Ü91
> Wo liegt hier der Fehler? Und inwiefern ist dieser Schluss auch als echter Fehlschluss zu verstehen, nicht nur als Fehler? Überlegen Sie zuerst wieder selbst!

Dieses Argument hat, wenn man eine bestimmte Weise der formalen Wiedergabe wählt, durchaus eine valide Form: ‚A ist besser als B, B ist besser als C, also ist A besser als C'. In dieser Wiedergabe sind die Symbole ‚A', ‚B' und ‚C' aber nun gerade nicht ambig, sondern eindeutig. Erst wenn man sie durch die echten Begriffe des Beispieles ersetzt (also etwa ‚B' durch „nichts" bzw. durch „Nichts") entsteht der Fehler. Denn man sieht rasch, dass der Mittelbegriff ‚nichts' mehrdeutig ist. In der ersten Prämisse bedeutet er soviel wie „Es gibt nichts, das ...". In der zweiten Prämisse dagegen bedeutet er „nichts (zu essen zu haben)". Dann aber folgt aus den beiden Prämissen nicht die Konklusion. Denn dann haben wir nicht *drei* Begriffe in unserem Argument, sondern *vier* (das nennt man auch einen *Quaternio terminorum*), und wir hatten ja bei der Einführung der Syllogismen bereits gesehen, dass ein Syllogismus wie der über die Lasagne immer nur genau drei Begriffe enthalten darf.

Um noch einmal auf Clinton zurückzukommen: Eine andere bemerkenswerte Feststellung des ehemaligen US-Präsidenten im Zusammenhang mit der Lewinsky-Affäre war diese: „It all depends upon what the meaning of the word ‚is' is". Wohl wahr. Der Terminus „ist" hat, wie wir schon gesehen haben, mehrere Bedeutungen, und auch dies kann zu

Fehlschlüssen führen. Es ist zum Beispiel einfach zu sehen, dass jemand, der eine Aussage wie „Jedes Einhorn *ist* weiß" macht, über Einhörner spricht, ohne zugleich annehmen zu müssen, dass Einhörner auch existieren. Das Wörtchen „ist" hat hier nur die Funktion, den Begriff des Einhorns mit dem Begriff des Weißseins zu verbinden (Kopula). Dass die Existenz tatsächlich nicht mit solch einer Aussage ausgedrückt wird und auch nicht aus ihr folgt, zeigt sich besonders deutlich, wenn wir statt von Einhörnern, die ja zumindest existieren könnten, von etwas sprechen, dessen Existenz aus logischen Gründen ausgeschlossen ist, z.B. einem runden Viereck. „Jedes runde Viereck ist rund" ist eine (analytisch) wahre Aussage, ohne dass das „ist" in solchen Sätzen die Funktion der Existenz ausüben könnte.

Argumentum ad hominem

Es gibt noch einige andere Fehler, die wir kurz erwähnen möchten. Es versteht sich eigentlich von selbst, dass sie zu vermeiden sind, aber auch Philosophen und Philosophinnen sind nicht frei von ihnen, im Gegenteil. Eine Vorgehensweise, die sich seit jeher besonderer Beliebtheit erfreut, besteht darin, nicht ein Argument, sondern die Person anzugreifen, die es vorträgt. So etwas nennt man ein *argumentum ad hominem*. Es ist nicht zu verwechseln mit einfachen Beschimpfungen. Wenn Nietzsche Kant einen ‚verwachsenen Begriffskrüppel' nennt oder Schopenhauer Hegel einen ‚Scharlatan', der die Jugend verderbe, ist das allein noch kein Argumentum ad hominem. Der Witz an einer solcher ‚Attacke gegen den Menschen' besteht darin, dass ein vermeintlicher *Zusammenhang* zwischen der Person und ihrem Argument hergestellt wird, der angeblich das Argument desavouiere. So bekommt man zuweilen folgendes Argumentum ad hominem zu hören: „Du bist ein Mann, also solltest Du auch nichts über die Legitimität von Abtreibungen sagen!". Wenn das ein echtes Argument sein soll, muss man es natürlich in eine um Validität bemühte Form bringen können (und darin unterscheidet sich ein Argument von einer bloßen Beschimpfung – ‚Sie verwachsener Begriffskrüppel, Sie!' ist nicht argumentativ rekonstruierbar). In diesem Falle ließe sich das Argument wohl so konstruieren:

1. Wer sinnvoll über Abtreibung sprechen kann, der muss selbst schwanger werden können.
2. Männer können nicht schwanger werden.
Also: 3. Männer können nicht sinnvoll über Abtreibung sprechen.

Es geht hier natürlich um die erste Prämisse. Es ist nicht einsichtig, warum sie wahr sein sollte. Die Abtreibungsdebatte zeichnet sich durch eine Vielzahl von Argumenten und Gegenargumenten aus, und jedenfalls nicht alle davon (tatsächlich die wenigsten) bedürfen zu ihrem Verständnis der Voraussetzung, eine Frau zu sein. Außerdem müsste die These, wenn sie irgendwie sinnvoll sein soll, weiter präzisiert werden im Sinne von ‚Nur wer schon einmal schwanger *war*, kann sinnvoll über Abtreibung sprechen‘, und dann würden die Verfechter dieser These mehr Diskutierende ausschließen, als ihnen vermutlich lieb ist. Damit die These Gehalt haben kann, muss sie irgendwie darauf abzielen, dass schwangere Frauen Erfahrungen machen, die ihnen die Abtreibungsdebatte in einem neuen Licht erscheinen lassen können. Nun ist dies wiederum, wie die Erfahrung bestätigt, durchaus richtig. Daraus folgt aber noch immer nicht, was folgen soll, dass nämlich Männer nicht sinnvoll über Abtreibung sprechen könnten. Denn auch wenn es wahr ist, dass schwangere Frauen aufgrund ihrer Erfahrungen wichtige Aspekte in die Diskussion einbringen können (und das ist ja tatsächlich wahr), *folgt* daraus nicht, dass allein diese Aspekte zählen und deshalb Männer (und Frauen, die noch nicht schwanger waren), ein Rede- und Denkverbot erhalten müssen.

> Ü92*
> Man kann sich fast sicher sein, dass Abtreibung legal wäre und moralisch akzeptiert würde, könnten auch Männer schwanger werden. Warum ist dieser Befund trotzdem für die Abtreibungsdebatte irrelevant?

Es ist übrigens bemerkenswert, dass vielleicht nicht hier, aber durchaus in anderen Fällen ein argumentum ad hominem einen Funken Wahrheit enthalten kann. Aus der Tatsache *allein*, dass Jean-Jacques Rousseau vier seiner fünf Kinder ins Waisenhaus gesteckt hat, folgt nicht, dass seine Schriften über die Erziehung von vorneherein diskreditiert sind, ebenso wenig wie aus der Tatsache *allein*, dass Heidegger (vorübergehend) ein Nazi war, folgt, dass seine Schriften nicht lesenswert sind. Aber da, wie wir noch sehen werden, Argumente in der Regel in Texten vorkommen und solche Texte auch im Lichte von Hintergrundinformationen gelesen werden müssen, sind solche Informationen durchaus relevant. Man darf sie nur nicht ohne weiteres als ‚Argument‘ verwenden.

Genetischer Fehlschluss

Auch der sogenannte *genetische Fehlschluss* ist ein informeller Fehler, den zu kennen wichtig ist, weil er tatsächlich in philosophischen Texten und Debatten zu finden ist. Er ist aber nicht immer leicht zu identifizieren. Der Fehler besteht darin, Fragen der natürlichen, sozialen, oder individuellen *Entwicklung* (Genese) mit Fragen der *Rechtfertigung* (Geltung) zu verwechseln. Der Fehler besteht, anders gesagt, darin, die Wahrheit und Rechtfertigung von Überzeugungen und der ihnen zugrundeliegenden Aussagen *allein* aufgrund der Entwicklungsumstände zu bezweifeln, die diesen Überzeugungen zugrundeliegen. Der Chemiker Friedrich August Kekulé von Stradonitz bekam, wie er selbst berichtete, die Idee zur Erklärung des Benzolmoleküls im Traum. In diesem Traum sieht Kekulé eine Schlange, die sich selbst in den Schwanz beißt. Die mittelalterliche Alchemie hat ein Symbol für eine solche Schlange, den Ouroboros: einen Ring in Form einer Schlange ohne Anfang und Ende. Hielte nun jemand Kekulés Idee allein deshalb für falsch, weil sie im Traum gekommen ist, so wäre das offenkundig absurd. Denn dieser genetische (entwicklungsgeschichtliche) Umstand allein – der Traum von einem alchemistischen Symbol – macht Kekulés chemische Theorie noch nicht zu alchemistischem Schabernack.

Betrachten wir noch einen weiteren typischen genetischen Fehlschluss: ‚Du glaubst doch nur an die katholische Lehre, weil Du in München geboren bist und Deine Eltern Dich katholisch erzogen haben; ein Argument hast Du doch gar nicht!'

> Ü93
> Überlegen Sie zunächst einmal selbst, worin hier der genetische Fehlschluss besteht!

Es stimmt zwar, dass in den allermeisten Fällen Menschen einer bestimmten Religion deswegen anhängen, weil sie in sie hineingeboren und mit ihr groß werden. Daraus allein folgt aber nicht, dass diese Menschen nicht auch eine Rechtfertigung für ihren Glauben haben, und daraus folgt erst recht nicht, dass sie keine Rechtfertigung haben könnten. Menschen, die in der westlichen Welt groß werden, glauben in der Regel an bestimmte mathematisch-naturwissenschaftliche Theorien und Inhalte, und zwar faktisch deshalb, weil sie mit ihnen groß werden. Dies allein und die Tatsache, dass die meisten von uns nicht in der Lage sind, diese Theorien und Inhalte näher auszuführen, geschweige denn selbständig zu begründen (welcher Laie weiß denn schon genau, was ein *Vitamin* eigentlich ist?), erlaubt aber offenkundig nicht die Schlussfolgerung, es *gäbe* auch keine Rechtfertigung. Diese Art von Fehlschluss findet man häufig bei Anhängern des Kulturrelativismus (weshalb man auch von einem ‚kulturalistischen Fehlschluss' sprechen könnte, wenn dieser Begriff in der Anthropologie nicht schon besetzt wäre): Bestimmte Überzeugungen sind Produkte einer bestimmten Kultur, und *deswegen* können sie nicht universal gültig sein. – Aber in gewisser Hinsicht sind natürlich alle geistigen Produkte kulturelle Produkte. Auch die Syllogistik ist in gewisser Hinsicht ein Produkt der altgriechischen Welt, aber deswegen ist ihre Gültigkeit nicht auf Griechenland beschränkt, ebensowenig wie die Tatsache allein, dass Darwin ein Kind seiner englischen Zeit war, den Darwinismus nur für Briten gültig macht.

In jüngerer Zeit hat der Philosoph Leo Strauss übrigens den Terminus *Reductio ad Hitlerum* eingeführt. Er macht das Fehlerhafte genetischer Fehlschlüsse vielleicht besonders deutlich: Ist der Bau von Autobahnen deshalb falsch, weil Hitler den Autobahnbau forciert hat? Ist Vegetarismus deshalb falsch, weil Hitler (angeblich) Vegetarier war? Ist Wagners Musik deshalb abstoßend, weil Hitler Wagner liebte? Ist Nationalstolz deshalb falsch, weil Hitler nationalstolz war? Oder, provokativer, ist Eugenik deshalb verwerflich, weil Hitler sie propagiert hat? Eugenik ist zwar tatsächlich verwerflich, aber nicht deshalb, weil Hitler sie auf seine Fahnen geschrieben hatte. Und entsprechend fällt die Antwort auf die anderen Fragen aus. Paul Feyerabend hat schon ganz Recht mit seiner Bemerkung, dass er sich nicht die Nase abschneiden müsse, nur weil Hitler eine gehabt habe.

KAPITEL III
Selbst interpretieren

Philosophie, so haben wir gesagt, besteht als eigentliche, systematische Philosophie in methodischer Hinsicht primär aus Begriffsanalyse, Aussagenanalyse und Argumentation. Als Philosophiehistorie geht es in der Philosophie um das Interpretieren philosophischer Texte. Was das eigentlich bedeutet und beinhaltet – dieses *Interpretieren philosophischer Texte* – ist eine Frage, die man theoretisch beantworten kann. Die Wissenschaft, die sich damit beschäftigt, heißt *Hermeneutik*. Über sie lässt sich viel reden und streiten. So viel, dass die eigentliche Aktivität, um die es dabei geht (eben das Interpretieren von Texten) leicht aus dem Blickfeld gerät. Wer vornehmlich über die Interpretation von Texten redet, statt tatsächlich zu interpretieren, wird sich leicht in den Tiefen und Untiefen der Theorie verlieren. Man gelangt dann schnell zu Aussagen wie „Allein die Lesenden bestimmen die Bedeutung eines Textes" oder „Man kann Texte nicht besser, sondern immer nur anders interpretieren". Dagegen gehen wir davon aus, dass Hermeneutik auf Interpretationen und auf der Reflexion über erbrachte Interpretationen beruhen muss und nicht umgekehrt; sie ist oder sollte ein Nachdenken über das Interpretieren im Vollzug sein. Wir werden zwar mit einer Theorie des Interpretierens beginnen; aber es soll nur eine kleine Theorie sein, eine ganz einfache Skizze und fast schon ein Credo.

Wichtiger als die Theorie ist die Praxis. Und was unsere Interpretation dreier Stellen aus berühmten Werken der Philosophiegeschichte zeigen soll (Kants *Grundlegung zur Metaphysik der Sitten* und *Tugendlehre*), ist dies: Das Wichtigste ist die Zuwendung zum Text selbst. Denn *eine* Sache ist an einem vorhandenen Text unveränderlich, nämlich das (in der Regel immer noch) mehr oder weniger Schwarze auf dem mehr oder weniger Weißen – das geschriebene Wort. Was immer man auch für die Bedeutung oder den Sinn eines Textes halten mag, es steht da, was da steht.

5. Theorie des Interpretierens

Inhalt: Die Abstraktheit der Hermeneutik – das Schwarze auf dem Weißen: Textvergessenheit – Wahrheitssuche und Bedeutungssuche – Kohärenz – Parallelstellenmethode – Prinzip des Wohlwollens und seine Grenzen – Interpretationshypothesen – Wahrheitsunterstellungen – Wahrheitssuche als methodisches Instrument der Bedeutungssuche – intentio auctoris und ihre Grenzen – intentio lectoris und ihre Grenzen – Überinterpretation und Unterinterpretation – intentio operis – Text und Kontext – Originalsprache und Übersetzung

Die einfachste, aber dennoch wichtigste hermeneutische Einsicht lautet: Wer gut oder jedenfalls besser interpretieren will, der muss sich mit dem Schwarzen auf dem Weißen in allen Details und Einzelheiten beschäftigen; im Zentrum der Aufmerksamkeit muss immer der Text selbst stehen. Philosophische Texte verstehen sich nicht von selbst. Nichts ist auf Anhieb klar, und das gilt nicht nur für ‚schwere' Autoren wie Kant oder sogar ‚dunkle' wie Heraklit. Auch vermeintlich ‚einfache' Autoren wie Hume sind letztlich nicht leichter zu verstehen als die sogenannten ‚schweren' Autoren. Das erste Lesen fällt gewiss leichter; aber das wirkliche Verstehen verlangt nicht weniger schwierige und mühsame Detailanalysen und Hypothesenkonstruktionen als die Analyse vermeintlich schwerer Autoren. Buchstäblich kein Wort darf unbeachtet bleiben, keine mögliche Interpretation unversucht. Sorgfältige Interpretationen sind daher mühselig und zeitaufwendig. Philosophiehistorie ist eine Wissenschaft für sich.

Was es nun wirklich bedeutet, Texte sorgfältig zu lesen, kann sich erst (wir sagten es schon in der Einleitung) in der echten Interpretation zeigen. Wer würde schon der These zustimmen wollen, es komme beim Interpretieren *nicht* darauf an, genau zu lesen? Dennoch findet solches genaue Lesen selten statt (ein Phänomen, das wir *Textvergessenheit* nennen). Um zu begreifen, was genaues Lesen ist, muss man es vollziehen.

Ein Grund für diese Textvergessenheit ist – auch dies sprachen wir in der Einleitung bereits an –, dass viele Philosophen ihre Rolle als Philosophen mit der Rolle verwechseln, die sie innehaben, wenn sie über die Bedeutung von Texten schreiben; sie unterscheiden nicht oder jedenfalls nicht hinreichend deutlich zwischen der Wahrheitssuche und der Bedeutungssuche. Es ist eine Sache, nach dem Wahrheitsgehalt einer in einem Text niedergelegten Theorie zu fragen, und eine andere, nach ihrer Bedeutung zu fragen – denn man muss ja erst einmal herausfinden, welche Theorie es überhaupt ist, die in einem Text enthalten ist und deren Wahrheitsgehalt man dann prüft. Zugleich darf aber nicht übersehen werden, dass man, um die Bedeutung von Texten zu verstehen, zugleich in einem vorläufigen Sinne nach der Wahrheit der in ihnen niedergelegten Theorien fragen muss. Das hängt mit dem Begriff der *Kohärenz* zusammen (er ist uns ja schon im Zusammenhang mit der Logik begegnet). Wer einen Text liest, geht (außer in ganz speziellen Kontexten) erst einmal davon aus, dass der Text sinnvoll ist und dass das, was in ihm behauptet wird, wahr sein kann. Eine notwendige, wenn auch nicht hinreichende Bedingung für Sinn und Wahrheit ist Kohärenz. Darunter verstehen wir zunächst einerseits Widerspruchsfreiheit, darüber hinausgehend aber auch so etwas wie einen ‚inneren Zusammenhang' der einzelnen Teile des Textes (ein Text kann widerspruchsfrei sein und trotzdem wirr oder zusammenhanglos). Nehmen wir an, wir stoßen bei der Lektüre von Platons *Parmenides* auf den Begriff der „Idee". Die Bedeutung eines solchen Begriffs kann man in der Regel nur dadurch erfassen, dass man andere Stellen sucht und Vergleiche anstellt (das nennt man auch *Parallelstellenmethode*). Sollte sich dabei herausstellen, dass Platon an einer Stelle mit „Idee" eine bestimmte Sache X meint und an anderer Stelle eine Sache Y, dann darf man nicht gleich vermuten, er benutze den Ideenbegriff widersprüchlich. Das sogenannte „principle of charity" (das hermeneutische *Prinzip des Wohlwollens*) muss uns annehmen lassen, dass es für X und Y eine kohärente Interpretation gibt. So könnte es sein, dass damit zwei verschiedene, aber einander ergänzende Aspekte einer und derselben Sache gemeint sind; es könnte auch sein, dass die in den verglichenen Textpassagen beschriebenen Sachen (X und Y) gar nicht verschieden, sondern tatsächlich eine und dieselbe Sache sind (sagen wir X), so dass sich an der einen Stelle nach genauerer Analyse das vermeintliche Y tatsächlich als X erweist. Es kommt daher beim Interpretieren ganz wesentlich auf das Aufstellen von *Interpretationshypothesen* an. Dabei wird sich, mit Blick auf die terminologische Fragestellung (etwa über die Bedeutung von „Idee"), diejenige Hypothese bewähren, die es erlaubt, dem Text nicht zu unterstellen, in ihm werde an verschiedenen Stellen (im gleichen Kontext) derselbe Terminus auf verschiedene und widersprüchliche Weise benutzt – außer man kann zeigen, *dies* selbst habe einen guten Sinn oder erfülle eine bestimmte Funktion. Allerdings benötigt man für diese letzte Vermutung wirklich *sehr* gewichtige Gründe; in der Regel ist die Annahme von Kohärenz vorzuziehen. Sonst lässt sich der Text nämlich gar nicht mehr verstehen.

Von den vorläufigen Interpretationshypothesen wird sich diejenige zwangsläufig durchsetzen, die es erlaubt, dem Text nicht zu unterstellen, er enthalte massive logische Widersprüche. Von diesen internen Kohärenzunterstellungen sind wiederum externe Wahrheitsunterstellungen zu unterscheiden. Damit ist gemeint, dass man zunächst und grundsätzlich einer Theorie unterstellen muss, sie sei nicht von vornherein unplausibel, unwahrscheinlich, abwegig oder ähnliches. ‚Extern' sind diese Wahrheitsunterstellungen insofern, als die Maßstäbe für solche Qualifizierungen von außen herangetragen werden; es sind philosophische Maßstäbe, und es handelt sich hierbei also um die Anwendung genuin philosophischer Argumente. Wer eine bestimmte Interpretationshypothese zu einem Text vorschlägt, die zur Folge hat, dem Autor eine absurde Theorie zuzuschreiben, der sollte zunächst davon ausgehen, dass diese Interpretationshypothese nicht zutrifft. Genauso wichtig ist aber, dass der Text selbst Grenzen der Interpretation setzt und damit auch Grenzen für das hermeneutische Wohlwollen. Kohärenz ist bei der Interpretation wichtiger als die Wahrheit der zu verstehenden Theorie. Wenn man eine kohärente Lesart findet, die ein theoretisch unbefriedigendes Modell ergibt, dann darf man diese Lesart nicht zugunsten einer Lesart aufgeben, die einen Text willkürlich lesen oder Textpassagen ausschließen muss, nur um zu einer befriedigenden Theorie zu gelangen. Sonst entdeckt man im oder unterstellt dem Text nämlich nur die Dinge, die man schon für wahr hält; umgekehrt müssen wir dem Autor und Text bei gleich guter Textgrundlage die plausiblere Theorie zuschreiben (oder was immer wir dafür halten). Das „principle of charity" oder der „Vorgriff der Vollkommenheit" dürfen also nicht auf Kosten der Texttreue gehen.

Das Ziel der Philosophiehistorie ist das Verstehen der Bedeutung von Texten und der Theorien, die in diesen Texten entfaltet werden; das Ziel der eigentlichen (systematischen) Philosophie ist die Erkenntnis von Wahrheit. Diese beiden Ziele sind deutlich voneinander unterschieden. Auch wenn wir philosophische Texte letztlich mit dem Ziel der Wahrheitssuche lesen, so muss der erste Schritt dennoch die angemessene Interpretation des Textes sein, in dem Wahrheitsansprüche aufgestellt werden. Zugleich ist es ein wichtiges methodisches Instrument der Philosophiehistorie, dass sie nach der terminologischen und logischen Kohärenz sowie nach der möglichen philosophischen Wahrheit (Plausibilität, Triftigkeit usw.) fragt. Die Wahrheitssuche ist also ein methodisches Instrument der Bedeutungssuche.

Bisher haben wir vorausgesetzt, wir wüssten, was das überhaupt ist – die *Bedeutung* eines Textes. Doch was es ist, darüber gehen die Meinungen seit langem auseinander. Eine sehr klassische Position besteht darin, dass die Absicht eines Autors festlegt, was sein Text bedeutet (*intentio auctoris*). Die Bedeutung eines Textes wäre demnach gleichbedeutend mit der richtigen Antwort auf die berühmte Frage alter Schullehrer: „Was will uns denn der Autor sagen?". Diese Position halten wir für falsch. Der Grund dafür besteht nicht primär darin, dass wir dann für alle Texte von Autoren, die bereits tot sind, kein Kriterium besäßen, um die Richtigkeit einer Interpretation ihrer Texte zu bewerten. Denn wenn die Bedeutung eines Textes darin bestünde, was der Autor mit ihm sagen wollte, dann müsste man, um herauszufinden, was ein Text bedeutet, den Autor fragen. Und wenn der tot ist, geht das natürlich nicht mehr. Doch selbst wenn der Autor noch unter den Lebenden weilte, bliebe ein unlösbares Problem: Denn selbst wenn wir über Antworten von den Autoren auf Fragen über die Bedeutung ihrer Texte verfügten (und das tun wir manchmal), dann müssten diese Antworten – seien sie schriftlich oder mündlich verfasst – wiederum interpretiert werden, und wenn die Bedeutung dieser Antwort-Texte erneut in der Autorintention bestünde, müsste man erneut die Autoren fragen, was denn diese Antworten bedeuteten, usw., ohne Ende (es ist übrigens ein bekanntes Phänomen, dass einem auch die eigenen Texte nach gewisser Zeit durchaus fremd werden können und man vielleicht gar nicht mehr weiß, was man ursprünglich einmal sagen wollte).

Ein anderer Einwand gegen die Annahme, dass die Bedeutung eines Textes allein durch die Gedanken seines Autors festgelegt wird, wird durch das folgende Gedankenexperiment veranschaulicht: Stellen Sie sich vor, ein Affe sitzt vor einem Computer und drückt die Tasten der Tastatur, ohne sich dabei etwas zu denken. Nehmen wir an, dass nach endlosen Versuchen durch Zufall auf dem Bildschirm der Satz „Ich weiß, dass ich nicht alles weiß; aber zumindest dies weiß ich: das Ganze ist das Wahre" erscheint. Wenn die These von der intentio auctoris richtig wäre, würde dieser Satz *rein gar nichts* bedeuten. Denn der Affe dachte sich bei seinen Fingerübungen auf der Tastatur ja nichts. Dass der Satz deshalb rein gar nichts bedeutet, ist jedoch absurd. Denn *für uns*, die wir Deutsch sprechen, hat der Satz offensichtlich eine Bedeutung – wenn vielleicht auch nicht für jeden dieselbe. Wem das Bild mit dem Affen noch die Möglichkeit offenlässt, dass der Affe sich vielleicht doch etwas dabei dachte, der denke sich anstelle des Affen einfach Ameisen, die am Strand im nassen Sand herumlaufen und durch Zufall eine Spur zeichnen, die wie „Sinn" aussieht. Wäre, nur weil die Ameisen als Autoren sicher kein Deutsch sprechen, deshalb „Sinn" ohne Bedeutung?

Doch selbst das ist noch nicht das eigentliche Problem. Der Haupteinwand gegen die These von der *intentio auctoris* besteht darin, dass die Autorin eines philosophischen Textes eine *allgemein* verwendete

Sprache benutzt, deren semantischer und grammatischer Gehalt – und damit die Bedeutung der in ihr generierten Sätze – nicht, oder jedenfalls nicht vollständig, durch die Autorin allein bestimmt wird, sondern durch die allgemeine Verwendung der Sprache. Und was sich ein Autor oder eine Autorin bei der Verwendung einer Menge von Sätzen denkt, ist immer nur ein Bruchteil dessen, was durch den allgemeinen Sprachgebrauch an Bedeutungsinterpretationen und damit an Bedeutungszuweisungen möglich ist.

Das heißt aber nun nicht, dass der individuelle Leser allein durch *seine* Lektüre eines Textes festlegt, was der Text bedeutet (*intentio lectoris*). Seine Interpretation ist zwei Grenzen unterworfen: Der allgemeinen Sprache, die er mitspricht und über die er genausowenig willkürlich verfügen darf und kann wie der Autor; und der Grenze des Textes selbst, also der Grenze, die das Schwarze auf dem Weißen setzt. Wenn etwa Kant in der *Grundlegung* schreibt „Dieser Abschnitt war also, ebenso wie der erste, bloß analytisch", dann ist das zunächst ein unveränderlicher Bezugspunkt der Interpretation. Ob man solch einen fixierten Wortlaut ‚Text' nennen mag oder nicht, ob also die Bedeutung eines fixierten Wortlautes den Text mitkonstituiert oder nicht, ist bestenfalls zweitrangig. Es steht da, was da steht. Und da steht, unter anderem, „bloß analytisch", nicht etwa „bloß synthetisch". Da stehen zehn Wörter, ganz bestimmte Wörter, deren Bedeutung in diesem Kontext alles andere als klar ist, deren *mögliche* Bedeutung aber festgelegt wird durch das Schwarze auf dem Weißen – wenn wir die schwarzen Zeichen auf dem Weißen als Wörter der *deutschen Sprache* lesen. Vielleicht liest ein Marsianer das Gekrakel aufgrund einer seltsamen Koinzidenz der Schriftsprachen in seiner Sprache als „Es gibt auf anderen Planeten des Universums keine vernünftigen Wesen"; aber auch dann legt das Schwarze auf dem Weißen eben in Marsianisch die mögliche Bedeutung des Textes fest. Auch wenn wir nicht wissen, was genau es bedeutet, dass ‚dieser Abschnitt, ebenso wie der erste, also bloß analytisch war', eines ist klar: Es steht da ‚*dieser*' Abschnitt, und nicht etwa ‚jener'; es steht da dieser ‚*Abschnitt*', und nicht etwa ‚Absatz'; es steht da ‚*ebenso*', und nicht etwa ‚anders als'; und es steht da ‚*der erste*', nicht ‚der nächste'. Plakativer formuliert: Was auch immer genau die Bedeutung dieses Satzes ist, es steht da nicht, zum Beispiel: „Dieses Butterbrot schmeckt genauso lecker wie das Brot von vorhin". So viel jedenfalls ist klar, und damit sind Grenzen der Interpretation gesetzt. Es geht nicht alles; es gibt so etwas wie eine *Überinterpretation*. Zugleich gibt es, wenn man so will, auch das Phänomen der *Unterinterpretation*: Wer sich den Details des Textes nicht widmet, kann den Spielraum möglicher vorläufiger Interpretationen nicht erfassen und damit auch nicht die Interpretation, die sich am Ende als die beste herausstellt. Und die beste, oder jedenfalls bessere Interpretation ist diejenige, die den gesamten zur Diskussion stehenden Text kohärent – also umfassend, widerspruchsfrei und zusammenhängend – interpretieren kann.

Der Text als das Schwarze auf dem Weißen setzt also eine Grenze für den Leser. Deswegen ist die Theorie von der *intentio lectoris* falsch. Daraus folgt aber nicht, dass der Text einfach eine Bedeutung ‚hat'. Der Leser ist in der Tat ein *Mitproduzent* der Bedeutung eines Textes, insofern er den Text in den Grenzen des Textes und der allgemeinen Sprache, die er und der Autor sprechen, aus seiner Perspektive interpretiert. Es ist daher durchaus möglich, dass ein Text verschiedene Bedeutungen hat. Aber erstens ist *das* dann eben seine Bedeutung. Und zweitens ist eine solche Mehrdeutigkeit bei philosophischen Texten in der Regel nicht sehr wahrscheinlich. Dafür sind sie zu komplex, so dass die Kohärenzanforderungen stark sind, wodurch wiederum der Spielraum möglicher vorläufiger Interpretationen zwar sehr groß, die Möglichkeit einer umfassenden und zugleich kohärenten Interpretation aber zugleich klein ist. Die *faktische* Vielzahl divergierender Interpretationen zu fast allen philosophischen (und erst recht literarischen) Texten beweist gar nichts; wenn überhaupt, dann demonstriert sie das Faktum der Textvergessenheit.

Wir vertreten also die Auffassung, dass es bei der Interpretation nicht darum geht, die Autorintention zu erfassen (*intentio auctoris*) – obwohl natürlich nicht bestritten werden soll, dass Autoren in der Regel etwas Klares und Bedeutsames sagen wollen, und dass es auch gut ist, dies im Blick zu behalten. Es geht bei der Interpretation auch nicht darum, einfach irgendwie etwas in den Text ‚hineinzulesen' oder mit ihm, wie es oft heißt, etwas ‚anzufangen' oder sich von ihm ‚anregen' zu lassen – obwohl die Bedeutung eines Textes zugleich ohne den Leser (*intentio lectoris*) nicht zustandekommt. Die Bedeutung des Textes entsteht durch den Leser in den Grenzen des Textes (als dem Schwarzen auf dem Weißen) und den Grenzen der Sprache; die so verstandene Bedeutung eines Textes nennt man auch *intentio operis*. Weil nun die Bedeutung des Textes durch die Grenzen der Sprache mitbestimmt wird, kann ein Text nicht einfach ohne Kontext gelesen werden. Wer die Struktur eines Textes und die in ihm enthaltenen Argumente verstehen will, muss die Grammatik, Semantik und manchmal auch die Pragmatik der Sprache verstehen, in der der Text verfasst ist. Das wiederum aber erfordert Fragen danach, wie und warum der Text entstanden ist und unter welchen historischen (politischen, philosophischen, sprachlichen) Umständen. Philosophen befinden sich stets – mehr oder weniger, direkt oder indirekt – in der Diskussion mit ihren Vorgängern; sie haben Probleme und Begrifflichkeiten gemeinsam. Es kommt oft darauf an, solche jeweiligen Problemzusammenhänge zu erkennen, um nicht misszuverstehen, worum es eigentlich geht. Um ein ganz einfaches Beispiel zu nehmen: Wenn Autoren wie Platon oder Locke den Begriff der „Idee" verwenden, dann muss man als Leser unserer Zeit wissen, dass damit nicht so etwas wie ein „Einfall" gemeint ist, sondern etwas anderes. (Spätestens hier zeigt sich auch die ganze Problematik des Übersetzens: Wer einen Text auf Forschungsniveau interpretieren will, muss in der Lage sein, ihn in der Originalsprache zu lesen. Selbst in der besten Übersetzung – die ja selbst schon eine Interpretation ist – geht immer etwas und meistens etwas Entscheidendes verloren.)

Worauf also kommt es an? Fassen wir die wichtigsten Punkte noch einmal kurz zusammen.

1. In der Philosophiehistorie geht es darum, die Bedeutung eines Textes zu erfassen. Ihr primäres Ziel ist nicht die Diskussion der Wahrheitsansprüche der im Text enthaltenen Argumente, obwohl diese Diskussion methodisches Mittel der Bedeutungssuche ist.

2. Argumente kann man nur verstehen (und dann bewerten), wenn man den Text, in dem sie enthalten sind, bis in die allerkleinsten Details hinein analysiert.

3. Der (einmal festgelegte) Text als niedergeschriebener Wortlaut in einer Sprache ist unveränderlich. Er und seine Sprache setzen die Grenzen der Interpretation.

4. Die Bedeutung eines Textes liegt nicht in der intentio auctoris und auch nicht in der intentio lectoris, sondern in der intentio operis. Diese wird bestimmt einerseits durch den Text und seine Sprache, andererseits durch die Leserinnen und Leser.

5. Diejenige Interpretation ist die bessere, die ein größtmögliches Maß an Kohärenz aufweist.

Doch viel mehr als eine kleine Theorie des Interpretierens ist dies in der Tat nicht. Überzeugungen brauchen Argumente, und das beste Argument für hermeneutische Überzeugungen ist die interpretatorische Arbeit. Daran wollen wir uns jetzt machen.

6. Praxis des Interpretierens

Inhalt: Primärliteratur und Sekundärliteratur – Original und Übersetzung – Edition – hermeneutischer Zirkel – sorgfältiges Lesen – gemeinsame Interpretation – Parallelstellen – Standardinterpretation – Textvergessenheit – Sekundärliteratur – textgetreues Zitieren – Interpretationshypothesen – lokale, regionale und umfassende Kohärenz – Konstruktion und Rekonstruktion – hermeneutische Spirale – Interpretation und sachlicher Gehalt – Kontext – elektronische Stellensuche – Hauptthesen – logische Signalwörter – Rekonstruktion und Kontrolle – Theorie und Praxis – Wissen-dass und Wissen-wie

Unsere kleine Theorie des Interpretierens beruht auf unserer tatsächlichen Erfahrung im Umgang mit philosophischen Texten. Einige von solchen Texten werden in unserem kleinen Kanon genannt. Man könnte nun meinen, dass herausragende Klassiker doch schon rauf- und runterinterpretiert wurden, und eines ist sicher richtig: Die Zahl der Interpretationen zu solchen Klassikern der philosophischen Literatur (zur sogenannten *Primärliteratur*), also die Menge der sogenannten *Sekundärliteratur*, ist immens und für Einzelne nicht mehr überschaubar. Dennoch kann man immer noch etwas Neues zu ihnen sagen. Das kann man aber nur, wenn man *selbst interpretiert*.

Genau das wollen wir jetzt tun, indem wir uns drei berühmte Textpassagen aus dem Werk des deutschen Philosophen *Immanuel Kant* anschauen. Dabei geht es uns aber *nicht* um eine umfassende Interpretation dieser Stellen; das beanspruchen wir nicht, weil wir das hier auf den wenigen Seiten gar nicht leisten können. Es geht uns nur um eine *exemplarische* Interpretation in dem Sinne, dass wir zeigen möchten, worauf es beim Interpretieren in der Praxis ankommt.

Erstes Beispiel: *Grundlegung zur Metaphysik der Sitten* 392/445

In seiner *Grundlegung zur Metaphysik der Sitten* beschreibt Kant am Ende der Vorrede, wie er in seinem Werk vorgehen wolle. Diese Stelle (nennen wir sie kurz „V") lautet folgendermaßen:

„Ich habe meine Methode in dieser Schrift so genommen, wie ich glaube, daß sie die schicklichste sei, wenn man von der gemeinen Erkenntnis zur Bestimmung des obersten Prinzips derselben analytisch und wiederum zurück von der Prüfung dieses Prinzips und den Quellen desselben zur gemeinen Erkenntnis, darin sein Gebrauch angetroffen wird, synthetisch den Weg nehmen will. Die Einteilung ist daher so ausgefallen:
1. Erster Abschnitt: Übergang von der gemeinen sittlichen Vernunfterkenntnis zur philosophischen.
2. Zweiter Abschnitt: Übergang von der populären Moralphilosophie zur Metaphysik der Sitten.
3. Dritter Abschnitt: Letzter Schritt von der Metaphysik der Sitten zur Kritik der reinen praktischen Vernunft." (GMS, 392)

Wie ist diese Stelle zu interpretieren? Was bedeutet V? Wir können auch fragen, was Kant damit sagen wollte (oder was er im Sinn hatte) und wie er die Vorgehensweise der *Grundlegung* verstanden wissen wollte. Das ist eine gute Leitfrage, aber wir werden sehen, dass es darum – um die intentio auctoris – letztlich nicht geht. Es geht, das müssen wir jetzt zeigen, um die intentio operis. Da die Analyse der intentio operis offenkundig nur möglich ist, wenn man das ‚Werk' selbst auch vor Augen und zur Hand hat, ist es sehr wichtig, dass Sie, liebe Leserin oder Leser, mitlesen und mitdenken: Die folgenden Analysen sind nur verständlich und fruchtbar, wenn Sie sie tatsächlich anhand des Textes der *Grundlegung* mitverfolgen. Auch für die Lektüre von Sekundärliteratur kann man Regeln aufstellen. Eine lautet: Lege die Sekundärliteratur neben die Primärliteratur, und lies beide Texte parallel! Und was Sie jetzt bitte unbedingt als Erstes tun müssen, ist dies: Legen Sie dieses Buch beiseite und besorgen Sie sich ein zuverlässiges Exemplar der *Grundlegung*. Ernsthaft und ganz ehrlich: Die Lektüre der folgenden Seiten in diesem Buch ergibt schlechterdings keinen Sinn, wenn Sie nicht ein Exemplar der *Grundlegung* zur Hand haben. Das gilt in ähnlicher Weise für alle Texte, die Sie angemessen interpretieren möchten: Lesen Sie nie die Sekundärliteratur vor der Primärliteratur und, was noch wichtiger ist, lesen Sie den Text immer im Original, und das heißt auch: in der Originalsprache, in der der Autor den Text verfasst hat. Das wollen wir eigens als interpretatorische Regel (IR) festhalten:

IR1 Lies den Text möglichst im Original!

Nun ist klar, dass schon allein die wichtigsten Texte der abendländischen Philosophie in vielen Sprachen geschrieben sind (u.a. Arabisch, Dänisch, Deutsch, Englisch, Französisch, Griechisch, Italienisch, Lateinisch, Niederländisch, Spanisch), und nur wenige vermögen alle diese

Sprachen zu lesen. Aber man darf nie vergessen, dass jede Übersetzung, und sei sie noch so gut, mangelhaft bleiben muss. Jede Übersetzung ist selbst schon eine Interpretation, und so, wie wir uns selbst beim Interpretieren irren können, kann das natürlich auch der Übersetzer; außerdem sind oft Ausdrücke oder grammatische Konstruktionen einer Sprache prinzipiell nicht übersetzbar oder nur so, dass etwas verlorengeht. Wir müssen also mindestens in der Lage sein, eine Übersetzung *selbst* zu kontrollieren. Man darf zu Studienzwecken den Text aber durchaus auch in Übersetzung lesen, solange man nicht bestrebt ist, sich auf Forschungsniveau damit zu beschäftigen oder gar darüber zu publizieren. Es spricht also nichts dagegen, Platon oder Kierkegaard in Übersetzung zu lesen; aber wenn Sie vorhaben, über einen von beiden eine Dissertation oder einen Forschungsbeitrag zu schreiben, müssen Sie in der Lage sein, das Original zu lesen. (Noch vor relativ kurzer Zeit hätte das niemand bestritten; im Zeitalter von Drittmittelwahn, *publish or perish* und der Übermacht der englischen Sprache müssen wir uns so weit herablassen, die Wichtigkeit der Originalsprache wieder eigens zu betonen.)

Es ist dabei übrigens keine Randnotiz, dass es sich, wie wir sagten, um ein ‚zuverlässiges Exemplar' handeln muss. Viele Texte der philosophischen Literatur (streng genommen alle) sind nicht einfach ‚da'; in der Form, in der *wir* sie lesen, hat der Autor selbst sie selten zur Hand gehabt. Denn Texte werden zwar vom Autor geschrieben, aber in der ursprünglichen Fassung (also im Manuskript oder Typoskript) gehen sie oft verloren, werden von Abschreibern, vom Setzer oder vom Autor selbst verändert und enthalten dann durch die Drucklegung Fehler, werden schlecht oder lückenhaft tradiert usw. Texte müssen also bearbeitet (*ediert*) werden, damit sie sinnvoll lesbar sind. Dabei kann man viele Fehler machen, so dass es notwendig ist, eine zuverlässige Textausgabe (*Edition*) zu haben. Bevor Sie philosophische Texte kaufen, sollten Sie sich daher bei Fachleuten immer vergewissern, welche Ausgabe empfehlenswert ist. Oft gibt es mehrere zuverlässige Ausgaben, und dann können auch andere Dinge bei der Auswahl eine Rolle spielen, wie etwa eine Literaturliste, eine Einführung oder Sachanmerkungen. Zu beachten ist auch, dass es bei vielen philosophischen Werken üblich ist, nach den Seitenzahlen der sogenannten kritischen Ausgabe oder auch nach der Erstausgabe zu zitieren. So wird Ihnen nicht entgangen sein, dass hinter dem Kant-Zitat oben folgende Angabe gemacht wurde: „GMS, 392". Die sogenannte *Sigle* „GMS" bezieht sich natürlich auf die „Grundlegung zur Metaphysik der Sitten". Die Ziffer „392" bezieht sich auf die Seitenzahl des Bandes (es ist Band Nr. IV), in dem der Text der GMS innerhalb der sogenannten Akademieausgabe

Kants abgedruckt ist. Wir können das hier nicht weiter erläutern, aber diese Ausgabe ist die Gesamtausgabe aller Schriften Kants. Sie ist oft fehlerhaft, aber dennoch hat es sich eingebürgert, dass alle Interpretinnen und Interpreten, wenn sie Kant zitieren, die Band- und Seitenzahl dieser Ausgabe verwenden, auch wenn der Text, der dem jeweiligen abgedruckten Zitat zugrundeliegt, ein anderer ist; ganz ähnlich ist es übrigens auch bei anderen Autoren und Texten, etwa bei der Stephanus-Paginierung der Platonischen Werke oder der Colli-Montinari-Ausgabe der Schriften Nietzsches. So verwenden wir in diesem Buch die Ausgabe der GMS, wie sie im Felix Meiner Verlag erschienen ist (ein Verlag, der berühmt ist für seine preisgünstigen und zuverlässigen Ausgaben philosophischer Werke); die Seitenangaben sind aber nicht die Seitenzahlen in dieser Meiner-Ausgabe, sondern die Seitenzahlen des Bandes IV der Akademie-Ausgabe. Eine Edition der GMS, die diese Akademie-Seitenzahlen nicht enthält, ist unbrauchbar (unbrauchbar ist sie auch, wenn sie zwar diese Seitenzahlen am Rande angibt, aber im Text nicht markiert, wo genau jeweils die Seite in der Akademie-Ausgabe anfängt, wo genau also der sogenannte *Seitenumbruch* ist).

Ü94
Sie lesen weiter? Haben Sie denn schon eine Ausgabe der GMS vor sich liegen?

So, wir gehen jetzt davon aus, dass Ihnen ein Exemplar der GMS vorliegt. Wenn Sie das Exemplar aufschlagen und die oben zitierte Stelle auf Seite 392 der Vorrede (also V) lesen, werden Sie vermutlich nicht allzuviel verstehen. Das bleibt wohl auch so, wenn Sie die Vorrede als Ganze gelesen haben. Das liegt nicht nur daran, dass Kant diese Vorrede vollpackt mit programmatischen Ideen und speziellen Termini. Es liegt auch schlicht daran, dass man die Lektüre des Buches noch vor sich hat und daher nicht weiß, was Kant denn mit den in V erwähnten Elementen wie z.B. dem ‚obersten Prinzip' wirklich verbindet und wie die besagten ‚Übergänge' tatsächlich ablaufen. Das kann man einleuchtenderweise erst verstehen, wenn man das *ganze* Buch gelesen hat. Wenn man dann das ganze Buch gelesen hat, muss man zu V zurückkehren und diese Stelle im Lichte der Lektüre des ganzen Buches noch einmal lesen. Aber warum sollte *das* – dieses wiederholte Lesen – nicht für *alle* Stellen gelten? Alle Stellen müssen im Lichte der Lektüre des ganzen Buches noch einmal gelesen werden, und das heißt ja nichts anderes als: Das ganze Buch muss mindestens zweimal gelesen werden.

Wenn man V im Lichte der Lektüre des ganzen Buches gelesen hat, wird sich aber auch wiederum die Interpretation zumindest einiger Stellen des ganzen Buches verändern; also muss man diese erneut lesen. Hat man das getan, kann aber – und de facto *wird* – auch V wieder in einem neuen Licht erscheinen. Das bedeutet aber, dass Teile eines Werkes sich nur im Lichte des ganzen Werkes angemessen verstehen lassen (das kann soweit gehen, dass man die Teile eines Buches nicht nur im Lichte des ganzen Buches, sondern im Lichte aller Bücher eines Autors, vielleicht sogar im Lichte einer ganzen Bewegung, Schule oder Epoche, deren Teil das Buch des Autors ist, betrachten muss). Da das Ganze aber aus den Teilen besteht, kann das Ganze eines Werkes nur im Rückgriff auf die Teile verstanden werden. Das sieht aus wie ein Zirkel, und deshalb hat man dieses Phänomen – die Teile lassen sich nicht ohne das Ganze verstehen, das Ganze nicht ohne die Teile – auch den *hermeneutischen Zirkel* genannt. Der einzige Weg aus diesem Zirkel heraus ist die wiederholte Lektüre: Man fängt irgendwo an (naturgemäß am besten vorne); dann geht man verstehend zwischen den Teilen und dem Ganzen hin und her, so dass sich das Verständnis (hoffentlich) immer weiter verbessert. Eine wichtige interpretatorische Regel besagt daher:

IR2 Lies den Text mehrmals, langsam und sorgfältig!

Es gibt viele Texte bzw. Bücher, sogar viele gute Bücher, und man kann nicht alle lesen, erst recht nicht zweimal. Aber zumindest die Bücher, über die man öffentlich etwas *behaupten* möchte, muss man immer wieder lesen, und zwar langsam und sorgfältig. Für jetzt reicht es aber, wenn Sie die GMS *einmal* durchlesen, bevor wir fortfahren können.

> Ü95
> Sie lesen weiter? Haben Sie denn die GMS schon einmal ganz durchgelesen? Wirklich? Wenn nicht, dann machen Sie es bitte *jetzt*!

So, gehen wir jetzt davon aus, dass Sie das Buch wirklich gelesen haben. Mit dem Verständnis wird es an vielen Stellen gehapert haben, und Kants Stil und Sprache sind sicher oft zum Verzweifeln schwer. Aber keine Sorge, das wird schon! Es sind oft gerade die Texte, die beim Lesen die meiste Mühe bereiten, die später zu unseren favorisierten philosophischen Texten werden. Das liegt auch daran, dass es ein großes intellektuelles Erfolgserlebnis ist, durch eigenes Nachdenken und eigene Anstrengung etwas (besser) zu verstehen, das am Anfang nur wie ein undurchdringliches Dunkel aussah. Verstehen heißt immer auch: *selbst* verstehen, also den Widerstand des Textes mit eigenen Mitteln zu überwinden. Das Verstehen kann Ihnen niemand abnehmen. Man muss das Lesen nur üben, und das heißt ja eigentlich nichts anderes als: Man muss *selbst interpretieren.*

Bevor Sie jetzt mit der Lektüre dieses (unseres) Buches fortfahren, versuchen Sie daher bitte zunächst, jene Stelle aus der Vorrede (V) einmal selbst zu interpretieren. Was genau wird hier eigentlich ausgesagt? Oder einfach: Was bedeutet diese Stelle? Wie sich gleich zeigen wird, geht es um die Frage, welche Methode Kant in der GMS verwendet. Wie geht er vor, und, damit zusammenhängend, wie ist der Text aufgebaut? Interpretieren Sie jetzt also bitte V. Nehmen Sie sich ein Blatt Papier und einen Stift, oder setzen Sie sich an Ihren Computer, und skizzieren Sie eine Interpretation. Oder noch viel besser: Gründen Sie eine GMS-Gruppe! (Sie können sie ja „hermeneutischen Zirkel" nennen …) Fragen Sie Mitschüler oder Kommilitonen, oder einfach Interessierte, ob sie mit Ihnen die GMS *gemeinsam interpretieren* möchten! Das ist ein ganz wichtiger Punkt: Die gemeinsame Interpretation eines Textes ist ungemein fruchtbar und spannend; vier oder noch mehr Augen sehen mehr und bringen mehr an Einfällen und Interpretationshypothesen ins Spiel, als man sich alleine je ausdenken könnte. Das ist so ein wichtiger Punkt, dass wir ihn als Regel aufstellen wollen:

IR3 Interpretiere nicht alleine, sondern mit anderen!

Und überlegen Sie (oder Ihre Gruppe) doch bitte, ob Kant noch an anderer Stelle der GMS auf diese Frage nach der Methode der GMS eingeht.

Ü96
Verzeihung, aber Sie lesen (schon wieder) weiter? Haben Sie bereits eine GMS-Gruppe gegründet? Haben Sie denn die Stelle V schon selbst interpretiert? Wirklich?

Nehmen wir einmal an, Sie haben jetzt einen Interpretationsvorschlag. Es könnte sogar sein, dass Sie bei Ihrer Interpretation von V noch eine andere Stelle der GMS gefunden und auch berücksichtigt haben, in der Kant seine Vorgehensweise erläutert (nennen wir sie kurz „Z"). Sie steht am Ende des zweiten Abschnitts der *Grundlegung*:

"*Wie ein solcher synthetischer praktischer Satz* a priori *möglich* und warum er notwendig sei, ist eine Aufgabe, deren Auflösung nicht mehr binnen den Grenzen der Metaphysik der Sitten liegt, auch haben wir seine Wahrheit hier nicht behauptet, vielweniger vorgegeben, einen Beweis derselben in unserer Gewalt zu haben. Wir zeigten nur durch Entwicklung des einmal allgemein im Schwange gehenden Begriffs der Sittlichkeit: daß eine Autonomie des Willens demselben unvermeidlicherweise anhänge oder vielmehr zum Grunde liege. Wer also Sittlichkeit für Etwas und nicht für eine chimärische Idee ohne Wahrheit hält, muß das angeführte Prinzip derselben zugleich einräumen. Dieser Abschnitt war also, ebenso wie der erste, bloß analytisch. Daß nun Sittlichkeit kein Hirngespinst sei, welches alsdenn folgt, wenn der kategorische Imperativ und mit ihm die Autonomie des Willens wahr, und als ein Prinzip a priori schlechterdings notwendig ist, erfordert einen *möglichen synthetischen Gebrauch der reinen praktischen Vernunft*, den wir aber nicht wagen dürfen, ohne eine *Kritik* dieses Vernunftvermögens selbst voranzuschicken, von welcher wir in dem letzten Abschnitte die zu unserer Absicht hinlänglichen Hauptzüge darzustellen haben." (GMS, 444 f.)

Genau wie in V ist auch hier wieder von ‚analytisch' und ‚synthetisch' die Rede und davon, wie die Abschnitte entsprechend zu charakterisieren seien. Es leuchtet sofort ein, dass V im Zusammenhang mit Z gelesen werden muss (und es wird gleich bei der Analyse noch viel deutlicher werden). Daraus können wir unmittelbar eine weitere Regel entnehmen:

> IR4 Suche nach Parallelstellen!

Auf die eine oder andere Weise hängt ohnehin alles irgendwie zusammen, und das ist keineswegs trivial. Aber wenn man in V auf die Ausdrücke ‚Methode', ‚analytisch' und ‚synthetisch' stößt, muss man zunächst einmal herausfinden, wo Kant sonst noch diese Ausdrücke verwendet (oder direkt damit verwandte Ausdrücke, z. B. ‚Analysis'). Das aber wiederum kann zweierlei bedeuten: Wir müssen nach Parallelstellen im selben Text suchen (also in der GMS); das haben wir schon getan und festgestellt, dass es (mindestens) zwei Stellen gibt (V und Z). Und wir müssen nach Stellen in anderen Texten Kants suchen, in denen diese Termini auftauchen. (Es versteht sich, dass wir dies hier aus Platzgründen nicht wirklich tun können, auch wenn man heutzutage zumindest bei den großen Autoren eine Suche elektronisch durchführen kann. Auch klassische Konkordanzen sind nach wie vor unverzichtbar; tatsächlich ergänzen sie die Arbeit mit elektronischen Techniken). Im Falle Kants können dies andere Bücher sein, andere kleine Schriften, aber auch Briefe, Reflexionen oder Vorlesungsmitschriften. Und so gibt es, wie sich gleich herausstellen wird, eine wichtige Stelle in Kants *Prolegomena*, die ebenfalls Licht auf die Bedeutung von V und Z wirft.

Blickt man zunächst nur auf V und Z (und viele haben es bei diesem Blick belassen), so ergibt sich ein Bild, das in der Tat fast ausnahmslos von der gesamten Forschungsliteratur zu Kant geteilt wird.

> Ü97
> Wenn Sie schon über Ihre eigene Interpretation von V und Z verfügen, wird das Folgende nicht nur besser zu verstehen sein, sondern vor allem auch spannend. Es ist ungemein faszinierend, andere Interpretationen mit der eigenen zu vergleichen. Sie berauben sich dieser Erfahrung, wenn Sie den Text nicht zuerst selbst interpretieren, bevor Sie die Interpretationen anderer Leser kennenlernen. Wenn Sie V und Z also noch nicht interpretiert haben, dann machen Sie es bitte jetzt; es ist Ihre letzte Chance ...

Es wird nämlich allgemein angenommen, dass die GMS zwei methodisch verschiedene Teile hat: Die ersten beiden Abschnitte (GMS I/II) folgen demnach der analytischen, der dritte Abschnitt (GMS III) folge der synthetischen Methode. Vielleicht entspricht das ja auch Ihrem eigenen Verständnis. In der Tat spricht auf den ersten Blick vieles für diese methodische Zweiteilung der GMS:

Erstens – und an diesem Sachverhalt gibt es in der Tat nichts zu rütteln – hat die GMS ungeachtet der drei Kapitel und diversen Übergänge ohne Zweifel *zwei* große inhaltliche Teile (wir gehen später noch ausführlicher darauf ein). Während nämlich in GMS I/II die Bedeutung der ethischen Grundbegriffe eingeführt und analysiert wird (guter Wille, Pflicht, kategorischer Imperativ usw.), wird in GMS III die Frage diskutiert, wie moralisches Handeln überhaupt möglich ist und warum man moralisch handeln soll. Diese Zweiteilung von Analyse und Begründung, so werden wir noch sehen, ist aber *nicht* zu verwechseln mit der behaupteten Zweiteilung in analytische Methode (GMS I/II) und synthetische Methode (GMS III).

Für eine solche methodische Zweiteilung spricht, *zweitens*, der ganze Absatz der Vorrede selbst (V). In ihm ist ja ohne Zweifel von der ‚*Methode* in dieser Schrift' (392,17) die Rede (wobei mit ‚dieser Schrift' eindeutig die GMS gemeint ist), eine Methode, die offenkundig zum einen ‚*analytisch*' (392,19), zum anderen ‚*synthetisch*' (392,21) auszufallen scheint.

Drittens heißt es in Z, dem Befund in V scheinbar entsprechend, die bisherigen Abschnitte (also GMS I/II) seien „*bloß* analytisch" (445,7) gewesen, wobei das ‚bloß' nahelegt, dass GMS III eben *nicht* mehr

‚bloß' analytisch verfahre, sondern vielmehr ‚synthetisch', und das scheint der besagten methodischen Zweiteilung genau zu entsprechen. Dazu passt inhaltlich hervorragend, dass Kant in V sagt, im synthetischen Teil gehe es um die ‚Prüfung' (392,20) des moralischen Prinzips und seiner ‚Quellen' (392,20) und dass dann in GMS III in der Tat das moralische Gesetz gerechtfertigt (‚Prüfung') und auf autonome Freiheit zurückgeführt wird (‚Quellen'). (Diesen letzten Punkt können wir hier, wie gesagt, nur unbewiesen behaupten. Es ist aber ein gutes Beispiel dafür, dass Stellen wie V und Z nicht ohne den größeren Zusammenhang des gesamten Buches interpretiert werden dürfen.)

Schließlich scheint, *viertens*, auch der in V erwähnte, im synthetischen Teil stattfindende ‚Rückgang zur gemeinen Erkenntnis, darin sein [des moralischen Prinzips] Gebrauch angetroffen wird' dann in GMS III tatsächlich Realität zu werden. Denn Kant geht im unmittelbaren Anschluss an die ‚Prüfung' des moralischen Prinzips – Kant nennt diese Prüfung in GMS III „Deduktion" (447, 454, 463) – auf den „praktischen Gebrauch der gemeinen Menschenvernunft" (454,20) ein.

Alles scheint also dafür zu sprechen, dass es die von der Kantforschung behauptete Zweiteilung – GMS I/II verfahren methodisch analytisch, GMS III synthetisch – tatsächlich gibt. Nun ist die Tatsache allein, dass eine bestimmte Interpretation so gut wie einhellig vertreten wird (so etwas nennt man auch *Standardinterpretation*), kein Beleg dafür, dass diese Interpretation stimmt (sowenig wie die Tatsache, dass eine Mehrheit von Menschen einer Überzeugung anhängt, ein sicherer Beleg dafür wäre, dass diese Überzeugung, oder vielmehr die ihr zugrundeliegende Aussage, wahr wäre – obwohl eine solche allgemeine Übereinstimmung durchaus als Indiz genommen werden darf). Es ist eine unserer Grundthesen, dass die Beschäftigung mit der Philosophiegeschichte – also die Philosophiehistorie – in weiten Teilen (wenn nicht sogar durchgehend) an *Textvergessenheit* leidet, also daran, dass nicht gründlich genug gelesen wird. Die Analyse von V und Z wird genau dies zeigen: Es wurde nicht gründlich gelesen. Das heißt im übrigen nicht, dass wir, die wir die Textvergessenheit diagnostizieren, selbst alles immer gründlich genug gelesen haben. Manchmal zeigt sich erst im Laufe der Zeit, was und wie man noch gründlicher lesen könnte, als man es schon getan hat. Es bleibt aber gleichwohl richtig, dass man, erstens, immer gründlich genug lesen *sollte*; dass es, zweitens, keine rein subjektive Frage ist, wann man etwas gründlich genug gelesen hat – denn es gibt dafür *objektive Kriterien* und *Regeln*, die wir hier im einzelnen in den Interpretationsregeln (IR) wiedergeben; und dass, drittens, kein Philosophiehistoriker etwas wissenschaftlich veröffentlichen und damit eine Interpretation vertreten sollte, solange er nicht *zumin-*

dest subjektiv ehrlich der Meinung ist, er habe das Postulat des genauen Lesens und die damit verbundenen objektiven Kriterien und Regeln auch im ausreichenden Maße beachtet.

Auf den ersten Blick gibt es in der GMS eine methodische Zweiteilung, aber eben nur auf den ersten Blick. Wir fordern also dazu auf, nichts ungeprüft lassen, vor allem nicht Thesen der Sekundärliteratur, und seien sie noch so einhellig vertreten. Das ist im übrigen eine Haltung, die sich jeder zu eigen machen sollte, der selbst philosophiert: immer im ausreichenden Maße skeptisch zu bleiben. Man kann sich darauf verlassen, dass meistens oberflächig gelesen wird, und selbst bei den seit Jahrhunderten oder Jahrtausenden interpretierten Werken gibt es noch viel, wenn nicht oft sogar alles zu entdecken. Das verdient, besonders hervorgehoben zu werden:

IR5 Vertraue nicht (blind) der Sekundärliteratur! Denke selbst nach!

Unterziehen wir die Standardinterpretation also einer kritischen Prüfung! Wie wir jetzt sehen werden, ist die Analyse von V und Z recht aufwendig; es bedarf nicht nur eines ersten Blickes, sondern detaillierter Überlegungen, um, wie man so sagt, durchzublicken.

> Ü98
> Sie verfügen ja jetzt über eine erste, von Ihnen (oder Ihrer Gruppe) selbständig erarbeitete Interpretation von V und Z. Was halten Sie von den vier Argumenten, die angeblich für eine methodische Zweiteilung sprechen? Finden Sie diese Argumente überzeugend?

Es ist auffällig, dass Kant weder in V noch in Z erläutert, was er unter den Termini ‚analytisch' und ‚synthetisch' überhaupt versteht. Wer nach Vorkommnissen dieser Begriffe in der GMS sucht, wird zwar mehrmals fündig werden; dabei wird man aber auch schnell feststellen, dass Kant außer in V und Z dieses Begriffspaar auf *Sätze* anwendet (er meint Aussagen), also nicht, wie es in V scheint, auf eine Methode und nicht, wie es in Z scheint, auf ganze Abschnitte. Dennoch hat man in der Literatur ausnahmslos angenommen, Kant rede von der analytischen und synthetischen *Methode*. Wenn das so wäre, dann bliebe allerdings die Bedeutung dieser Methoden in der GMS völlig unerläutert (*fast* völlig unerläutert; wir kommen darauf zurück).

Wir hatten schon darauf hingewiesen, dass es eine berühmte Parallelstelle in Kants *Prolegomena* gibt (nennen wir diese Stelle „P"). Es ist eine von den wenigen Stellen aus Kants Opus, in denen er auf diesen Methodenbegriff eingeht.

> „Es ist unmöglich zu verhüten, daß, wenn die Erkenntnis nach und nach weiter fortrückt, nicht gewisse schon klassisch gewordene Ausdrücke, die noch von dem Kindheitsalter der Wissenschaft her sind, in der Folge sollten unzureichend und übel anpassend gefunden werden, und ein gewisser neuer und mehr angemessener Gebrauch mit dem alten in einige Gefahr der Verwechslung gerathen sollte. Analytische Methode, sofern sie der synthetischen entgegengesetzt ist, ist ganz was anderes als ein Inbegriff analytischer Sätze: Sie bedeutet nur, daß man von dem, was gesucht wird, als ob es gegeben sei, ausgeht und zu den Bedingungen aufsteigt, unter denen es allein möglich. In dieser Lesart bedient man sich öfters lauter synthetischer Sätze, wie die mathematische Analysis davon ein Beispiel gibt; und sie könnte besser die regressive Lehrart zum Unterschiede von der synthetischen oder progressiven heißen. Noch kommt der Name Analytik auch als ein Haupttheil der Logik vor, und da ist es die Logik der Wahrheit und wird der Dialektik entgegengesetzt, ohne eigentlich darauf zu sehen, ob die zu jener gehörige Erkenntnisse analytisch oder synthetisch seien." (Prol., 276, Anm.)

> Ü99
> Was meinen Sie: Was lässt sich aus P für die Interpretation unserer Methodenfrage gewinnen?

Kant selbst weist darauf hin, dass ‚analytisch' und ‚synthetisch' ‚*klassisch gewordene Ausdrücke*' sind, er aber jetzt festlegen wolle, was *er* darunter mit Bezug auf die ‚Methode' versteht. Das ist insofern entlastend, als diese Termini in der Tat eine sehr lange und verwirrende Geschichte haben, in der ihre Bedeutung erheblichen Schwankungen ausgesetzt war. Da Kant hier selbst sagt, wie sein ‚neuer und mehr angemessener Gebrauch' zu verstehen sei (und er dies ja gerade deshalb tut, um die ‚Gefahr der Verwechslung' auszuschließen), können wir zumindest für unsere Zwecke die historische Entwicklung auch weitgehend vernachlässigen.

Kant selbst hat die Begriffe ‚analytisch' und ‚synthetisch' heterogen und in mindestens vierfacher Hinsicht verwendet. Um dies zu sehen, müssten wir jetzt den Kreis der Schriften noch erweitern und betrachten, wie er z. B. in der *Kritik der reinen Vernunft* von diesen Termini Gebrauch macht; tatsächlich müssten wir wieder das Gesamtwerk Kants durchforsten.

> Ü100
> Versuchen Sie das doch einmal, wenn auch nur ganz locker und vorläufig. Stöbern Sie ein wenig in der *Kritik der reinen Vernunft*!

Würden wir wirklich eine ernsthafte Suche starten, so käme dabei vermutlich heraus, dass Kant (i) Sätze analytisch oder synthetisch nennt (das sahen wir schon bei der GMS); dass (ii) der Hauptteil der transzendentalen Logik ‚Analytik' heißt; dass (iii) diverse Tätigkeiten des Bewusstseins von ihm ‚Analysis' und ‚Synthesis' genannt werden; und (iv) dass er eben zwischen analytischer und synthetischer Methode unterscheidet. Für unsere Zwecke wollen wir jetzt annehmen, dass für die Interpretation des Methodenproblems nur zwei Bedeutungen maßgeblich sind: analytisch vs. synthetisch im Sinne von Begriffsanalysis (Erläuterungsurteile) und Begriffssynthesis (Erweiterungsurteile), und analytisch vs. synthetisch als Attribute einer Methode.

Die wichtigste Erkenntnis aus P besteht darin, und vielleicht haben Sie das ja auch selbst gesehen, dass für Kant die analytische Methode ‚*ganz was anderes* ist als ein Inbegriff analytischer Sätze'. Was ist damit gemeint? Wir haben oben schon erwähnt, dass es in der GMS ohne Zweifel eine Zweiteilung gibt: Während es in GMS I/II um Begriffsanalysen geht, handelt GMS III von der Deduktion des kategorischen Imperativs. In den ersten beiden Abschnitten der GMS geht es um Bedeutungsanalysen grundlegender ethischer Begriffe: Was heißt ‚gut'? Was heißt ‚Pflicht'? Was kann überhaupt als moralisches Prinzip fungieren? Solche Fragen stehen im Mittelpunkt der Analysen von GMS I/II. Kant nennt dies zusammenfassend die „bloße *Zergliederung der Begriffe* der Sittlichkeit" (440,29, u.H.).

Das Kürzel „u.H." steht übrigens für „unsere Hervorhebung", also dafür, dass in dem eben zitierten Satzstück die Wendung „Zergliederung der Begriffe" von uns *kursiviert* wiedergegeben wurde, was ein Zusatz oder eben eine Hervorhebung ist. Merken Sie sich: Wann immer Sie etwas zitieren und zwischen Ihrer Wiedergabe und dem zitierten Originaltext eine Abweichung besteht, müssen Sie dies kenntlich machen – und sei die Abweichung auch noch so klein. Das ist eine ganz einfache, aber durchaus wichtige Regel:

IR6 Zitiere absolut textgetreu!

Vielleicht ist Ihnen aufgefallen, dass wir auch einfache An- und Abführungsstriche verwendet haben, z.B. ‚Analysis'. Auf diese Weise können wir uns auf bereits zitierte Textstellen beziehen, ohne sie absolut textgetreu wiedergeben zu müssen, und doch ist der Bezug klar und man ist nah am Original; außerdem muss man dann nicht jedes Mal die Stelle bzw. die Quelle genau angeben.

Kant betont immer wieder, dass es ihm zunächst nur um die *Bedeutung* der moralischen Grundbegriffe geht. Bei diesen Begriffsanalysen geht es also nicht darum, ob es tatsächlich moralische Gesetze *gibt*. Es geht nur darum, was wir sinnvollerweise als Inhalt von Moral und Ethik verstehen sollten (nämlich Pflicht und kategorische Imperative). Ob die ganze Moral nicht vielleicht doch ein „Hirngespinst" (445,8) sein könnte, vielleicht bloß „eine chimärische Idee ohne Wahrheit" (445,6), ist damit noch nicht ausgeschlossen; aber das ist Thema von GMS III. Diese ‚Zergliederung der Begriffe der Sittlichkeit' ist nun das, was Kant mit dem ‚Inbegriff analytischer Sätze' meint: ‚Zergliederung' ist das deutsche Wort für ‚Analysis', und analytische Sätze tun nichts anderes als die Bedeutung von Begriffen zu zergliedern, ohne über die Bedeutung hinauszugehen und ohne nach deren Realitätsgehalt zu fragen. Von dieser ‚Zergliederung der Begriffe' ist in den *Prolegomena* wiederholt die Rede, was auch daran liegt, dass Kant in diesem Werk seine Methode thematisiert (und von der ‚Methode' handeln wir ja gerade); und es wird in den *Prolegomena* ausdrücklich die ‚Zergliederung der Begriffe' mit ‚analytischen Sätzen' identifiziert (vgl. z.B. „... durch Zergliederung der Begriffe (analytische Sätze) ...", Prol., 294,11). Nimmt man nun an, dass Kant in den *Prolegomena* kein völlig anderes Verständnis von ‚analytisch', ‚Methode' usw. hat als in der GMS (wofür auch spricht, dass die *Prolegomena* nur zwei Jahre vor der GMS, 1783, erschienen sind), dann folgt daraus etwas sehr Wichtiges: Es kann dann nämlich die ohne Zweifel stattfindende ‚Zergliederung der Begriffe' in GMS I/II *nicht* als dasjenige interpretiert werden, was die ‚analytische Methode' ausmacht. Denn Kant sagt ja ausdrücklich, dass die analytische Methode „*ganz was anderes* ist als ein Inbegriff analytischer Sätze', also ganz was anderes als die ‚Zergliederung der Begriffe'.

> Ü101
> Bitte gehen Sie in das Internet. Wenn Sie dort „Kant Gesammelte Schriften" (oder ähnliches) eingeben, dann finden Sie (mindestens) eine Seite, die es Ihnen erlaubt, in Kants Werken eine elektronische Suche durchzuführen. Suchen Sie dort bitte nach „Inbegriff". Was versteht Kant darunter, und wie passt das mit dem bisher Gesagten zusammen?

Wenn es also überhaupt zutrifft, dass Kant in V eine Zweiteilung von analytischer und synthetischer Methode vornimmt, dann kann diese Zweiteilung nicht mit der Zweiteilung von Begriffszergliederung (GMS I/II) und Deduktion (GMS III) identisch sein. Die unbestrittene Tatsache, dass es die letztere Zweiteilung gibt (die Zweiteilung in Begriffszergliederung und Begriffsdeduktion), ist also keineswegs ein Beleg dafür, dass es die erstere gibt (die Zweiteilung in analytische und synthetische Methode), obwohl dies in der Literatur immer wieder behauptet wurde.

Was ist bisher geschehen? Wir sind ausgegangen von der Standardinterpretation, wonach es in der GMS eine Zweiteilung zwischen analytischer (GMS I/II) und synthetischer Methode gibt (GMS III). Da Kant in der GMS nicht erläutert, was er unter diesen Termini versteht, haben wir uns daran orientiert, was in P zu finden ist; wir haben also eine Parallelstellensuche betrieben. (Vergessen wir dabei nicht, dass, selbst wenn Kant in der GMS jene Termini erläutert hätte, man immer noch Vergleichsstellen heranziehen müsste.) Dabei stellten wir fest, dass die analytische Methode – was auch immer sie inhaltlich bedeutet; darüber haben wir noch gar nicht gesprochen! – nicht mit Begriffsanalysis ('Zergliederung der Begriffe') zu verwechseln ist (und entsprechend, so dürfen wir vermuten, ist die Begriffssynthesis nicht mit der synthetischen Methode zu verwechseln); die analytische Methode ‚ist ganz was anderes' als die ‚Zergliederung der Begriffe'. Damit bricht aber ein Pfeiler der Standardinterpretation bereits zusammen: Denn obwohl es richtig ist, dass Kant in GMS I/II primär eine ‚Zergliederung der Begriffe' vornimmt, so ist diese Form von ‚Begriffsanalysis' doch ‚ganz was anderes' als die analytische Methode.

Wir waren also gut beraten, der Sekundärliteratur nicht (blind) zu vertrauen. Wie aber ist dann V zu verstehen? Es reicht nicht aus, eine vorhandene Interpretation einfach nur zu kritisieren (obwohl das eine wichtige Leistung ist). Worauf es jetzt ankommt, ist eine *alternative und bessere Interpretationshypothese* zu entwickeln. Gibt es eine Möglichkeit, V anders zu lesen? Das führt uns zu einer weiteren wichtigen Regel des guten Interpretierens:

IR7 Suche nach alternativen und besseren Interpretationshypothesen!

Nicht nur dürfen wir uns nicht vorschnell mit Standardinterpretationen zufriedengeben. Wir müssen ganz gezielt und bewusst Fehler in ihnen zu finden versuchen und zugleich bemüht sein, eine alternative und bessere Interpretation zu finden. Wie also ließe sich V sonst noch lesen?

> Ü102
> Wieder gilt: Versuchen Sie es zunächst einmal selbst! Wie würden Sie V und Z im Lichte des bisher Gesagten interpretieren?

Schauen wir uns die Stelle noch einmal an. Bisher haben wir sie ja nur ganz oberflächlich betrachtet und noch überhaupt keine Detailbeobachtungen und Analysen vorgenommen. Und, wie gesagt, an der wiederholten Lektüre führt kein Weg vorbei. Lesen wir die Stelle also noch einmal:

> „Ich habe meine Methode in dieser Schrift so genommen, wie ich glaube, daß sie die schicklichste sei, wenn man von der gemeinen Erkenntnis zur Bestimmung des obersten Prinzips derselben analytisch und wiederum zurück von der Prüfung dieses Prinzips und den Quellen desselben zur gemeinen Erkenntnis, darin sein Gebrauch angetroffen wird, synthetisch den Weg nehmen will. Die Einteilung ist daher so ausgefallen:
> 1. Erster Abschnitt: Übergang von der gemeinen sittlichen Vernunfterkenntnis zur philosophischen.
> 2. Zweiter Abschnitt: Übergang von der populären Moralphilosophie zur Metaphysik der Sitten.
> 3. Dritter Abschnitt: Letzter Schritt von der Metaphysik der Sitten zur Kritik der reinen praktischen Vernunft." (GMS, 392)

Was fällt auf? Nun, blicken wir nur etwas genauer hin, so können wir unschwer feststellen, dass die Prädikate ‚analytisch' und ‚synthetisch' *nicht*, oder jedenfalls nicht unmittelbar auf ‚Methode' bezogen sind. Es heißt nicht: ‚Deshalb habe ich die analytische Methode und die synthetische Methode gewählt ...', oder ähnliches. Vielmehr werden diese beiden Prädikate darauf bezogen, wie man *‚den Weg nehmen will'*, so dass also die Art und Weise, wie ‚der Weg genommen' wird, analytisch und synthetisch ist. Nun leitet sich das deutsche Wort ‚Methode' zwar vom griechischen ‚methodos' ab, und darin steckt auch ‚hodos', also ‚Weg'. Doch daraus allein lassen sich natürlich keine Schlüsse ziehen, zumal darin auch ‚Gang' und ‚übergehen zu' steckt, und am Ende von V werden ja drei ‚Über*gänge*' erwähnt. Das ist eine recht harmlose Beobachtung. Sie lenkt unsere Aufmerksamkeit aber auf einen sehr wichtigen Punkt – V hat nämlich drei Teile, die *alle* zu beachten sind: Den zentralen ersten Satz, in dem von der ‚Methode' und dem ‚Weg' die Rede ist; einen zweiten, überleitenden Satz, in dem eine ‚Einteilung' genannt wird; und dann, drittens, im Rest von V die tatsächliche ‚Einteilung' der GMS in drei ‚Übergänge'.

Im überleitenden Satz heißt es, die Einteilung in drei Übergänge sei ‚*daher*' (also deshalb oder darum) so ausgefallen, wie sie eben ausfällt. Die Begründung für diese ‚Einteilung' muss also im ersten Satz zu finden sein. – Halten wir hier kurz inne. Dass im zweiten Satz von V durch das Pronominaladverb ‚daher' eine Verbindung zwischem dem ersten Satz und der dann folgenden Einteilung in die drei Übergänge hergestellt wird, liegt, so sollte man meinen, offen zutage. Denn das Wort steht ja da, und wieso sollte man es ignorieren? Tatsache ist aber, *dass* es fast ausnahmslos ignoriert *wurde*. Was aber sollte einleuchtender sein als die Regel, dass nichts, aber auch gar nichts an einem Text zu ignorieren ist? Alles, was der Text an ‚Schwarzem auf Weißem' hergibt, muss wahrgenommen werden; jedes Wort, jedes Satzzeichen ist eine Einladung zur Interpretation. Gewiss wird vieles sich als weniger wichtig oder sogar unwichtig herausstellen; aber wie wichtig oder unwichtig etwas ist, wissen wir erst, *nachdem* wir es auf seine Bedeutung hin geprüft haben. (‚Bedeutung' hier genommen als Bedeutung im hermeneutischen Sinne wie auch im Sinne von ‚Wichtigkeit' – übrigens hätte ‚Bedeutung' hier diese doppelte Bedeutung, auch wenn wir es beim Schreiben dieses Satzes nicht intendiert hätten; ein gutes Beispiel dafür, dass es nicht auf die intentio auctoris ankommt.) Das A und O guten Lesens ist die Aufmerksamkeit auf Details.

Ist man auf das ‚daher' im zweiten Satz von V erst einmal aufmerksam geworden, so fällt wiederum etwas an dem ersten Satz auf. Nicht nur werden, wie wir schon sahen, der Terminus ‚Methode' und die Termini ‚analytisch' und ‚synthetisch' nicht (unmittelbar) aufeinander bezogen; es werden sogar die ‚Methode' und der ‚Weg' deutlich voneinander geschieden. Denn Kant behauptet ja, die von ihm gewählte ‚Methode' sei die ‚schicklichste', ‚*wenn*' man zunächst ‚analytisch' und dann ‚synthetisch' den ‚Weg nehmen will'. Das heißt aber doch: *Wenn* man so-und-so den ‚Weg' nehmen will, *dann* ist das-und-das die ‚schicklichste' ‚Methode'. Die (schicklichste) Methode ermöglicht es also, dass man sowohl analytisch als auch synthetisch den Weg nehmen kann. Dann gibt es mithin *eine* Methode für *zwei* Arten, den Weg zu nehmen, und dann müssen die ‚Methode' und der ‚Weg' *voneinander unterschie-*

den sein. Da die Wegbeschreitung, also die Art und Weise, wie der Weg ‚genommen' wird, durch die Prädikate ‚analytisch' und ‚synthetisch' charakterisiert wird, zeigt sich auch so noch einmal deutlich, dass von einer ‚analytischen Methode' und einer ‚synthetischen Methode' in V überhaupt nicht die Rede ist. Vielmehr gibt es auf der einen Seite eine Methode, die die ‚schicklichste' ist, ‚wenn' man, auf der anderen Seite, den ‚Weg' zunächst ‚analytisch' und dann ‚synthetisch' ‚nehmen' will.

Aber was ist dann diese ‚Methode'? Da Kant sagt, die von ihm vorgenommene ‚Einteilung' in die drei verschiedenen ‚Übergänge' sei ‚*daher*' so ausgefallen, wie sie ausgefallen ist, liegt es doch nahe, die ‚Methode' als eben *diese* Vorgehensweise zu identifizieren, also als ‚Übergehen' jeweils von einer Form des moralischen Nachdenkens zu einer anderen. Kant schreibt ja auch, er habe die ‚Methode *in dieser Schrift* so genommen', wie er sie tatsächlich genommen hat, und die drei Übergänge bestimmen ja tatsächlich seine Vorgehensweise ‚in dieser Schrift' (diese ‚drei Übergänge' sind wieder etwas, das wir hier nicht weiter behandeln können). Diese ‚Methode', sagt er, ist die ‚schicklichste', und daher fällt die Einteilung so aus wie sie ausfällt. Die ‚Methode' besteht also in nichts anderem als in dieser ‚Einteilung' in ‚Übergänge' selbst; der Terminus ‚Methode' ist auf diese ‚Einteilung' und damit auf die drei ‚Übergänge' bezogen, nicht auf die Termini ‚analytisch' und ‚synthetisch'. Dazu passt übrigens auch, dass im Singular von ‚Methode' die Rede ist, nicht von ‚Method*en*', wie es nötig wäre, hätte Kant eine analytische *und* eine synthetische Methode im Sinn gehabt. (Wieder eine von diesen vermeintlichen Kleinigkeiten, die in einem größeren Zusammenhang aber, wie man sieht, durchaus Bedeutung gewinnen können.)

Halten wir auch hier kurz inne: Wir sagten gerade, dass es ‚Methoden' (im Plural) heißen müsste, hätte Kant eine analytische und eine synthetische Methode ‚im Sinn gehabt'. Das stimmt, aber legen wir uns damit nicht auf eine Position im Sinne der Theorie von der intentio auctoris fest? Niemand will ernsthaft bestreiten, dass Kant beim Schreiben ‚etwas im Sinn gehabt hat'; das wäre absurd. Dennoch ist die Frage berechtigt, ob das, was er im Sinn hatte, ihm selbst hinreichend klar war. Und selbst wenn es ihm hinreichend klar war, also selbst wenn er beim Schreiben von V und Z den Unterschied zwischen analytisch-synthetischer Methode auf der einen und Begriffsanalysis und Begriffssynthesis auf der anderen Seite klar vor Augen hatte, ist das nicht das, worauf es ankommt. Worauf es ankommt, ist das, was durch den Text selbst vorgegeben wird. Denn selbst wenn Kant jenen Unterschied nicht klar vor Augen hatte, und selbst wenn er etwas ganz anderes vor Augen hatte (selbst wenn er zum Beispiel doch den Unterschied zwischen analytischer und synthetischer Methode ‚im Sinn gehabt' haben sollte) –

das änderte nichts daran, dass die soeben entwickelte Lesart die kohärenteste ist. Dass sie außerdem mit dem zusammenfällt, was Kant im Sinn hatte, dürfen wir hoffen und vielleicht vermuten; aber es lässt sich nicht überprüfen und tut, so oder so, nichts zur Sache. Selbst wenn wir Kant fragen *könnten*, was er denn bei V und Z im Sinn gehabt hatte, und selbst wenn wir annehmen dürften, dass er sich *richtig* erinnern würde, gibt es keinen Grund, den Ausdruck der ‚Bedeutung' von V und Z allein durch Kants Intention festzulegen. Mehr noch: Selbst wenn Kant uns eine andere Interpretation seines Textes als die von uns gefundene geben würde, müssten wir ihm dennoch ehrlicherweise sagen, dass sein eigener Text diese andere Interpretation faktisch nicht so gut stützt wie die von uns gefundene. Sein Text wäre dann entweder nicht gut geschrieben, oder Kant müsste noch einmal überlegen, ob er nicht vielleicht doch das gemeint hat, was der Text tatsächlich hergibt. – Vielleicht werden Sie im Laufe ihrer Beschäftigung mit Texten der Geschichte der Philosophie sogar selbst das eine oder andere Mal erleben, dass ein Interpret Ihrer Texte einen Text, den sie vor längerer Zeit verfasst haben, vielleicht besser versteht, als Sie es jetzt selbst noch können.

Dass der Text viel mehr an Bedeutungsspielraum hergibt, als Kant vermutlich jemals im Sinn hatte, wird sich jetzt noch weiter zeigen. Der Begriff der ‚Methode', so sahen wir, ist in V auf die ‚Übergänge' bezogen. Was bedeutet es dann, ‚analytisch' bzw. ‚synthetisch' den ‚Weg zu nehmen'? Die Antwort darauf fällt jetzt leicht: Mit ‚analytisch' meint Kant (wie gesagt: diese Redeweise des ‚Meinens' ist nicht im Sinne der intentio auctoris zu lesen) die Begriffsanalysen als ‚Zergliederung der Begriffe' in GMS I/II. Es heißt ja ‚wenn man von der *gemeinen Erkenntnis* zur *Bestimmung des obersten Prinzips* derselben analytisch den Weg nehmen will': Diese ‚gemeine Erkenntnis' ist der Ausgangspunkt und auch das Thema des ersten ‚Übergangs' (‚Übergang von der gemeinen sittlichen Vernunfterkenntnis zur philosophischen'); die ‚Bestimmung des obersten Prinzips' erfolgt dann vor allem in GMS II durch Kants Theorie des kategorischen Imperativs.

Dass es sich in der Tat so verhält, wird nun auch eine Analyse von Z ergeben. Wir haben ja schon gesehen, dass V und Z im Zusammenhang zu lesen sind. Da Interpretationen nur gut oder jedenfalls besser sein können, wenn sie *kohärent* sind, müssen die Ergebnisse der Analyse von V mit einer Analyse von Z zusammenstimmen; und wenn sie es tun, stützen sie sich natürlich gegenseitig. Kohärent sind Interpretationen dann, wenn sie in der Lage sind, die gesamte (relevante) Textmasse in den widerspruchsfreien Zusammenhang einer Interpretation zu bringen. Was genau die relevante Textmasse ist, lässt sich aber nicht abstrakt sagen. Wir können dennoch unterscheiden zwischen *lokaler*

Kohärenz (also Kohärenz der Interpretation sehr eng benachbarter Textteile wie etwa den Sätzen innerhalb eines Absatzes oder sogar den Teilen innerhalb eines einzigen Satzes), *regionaler* Kohärenz (also Kohärenz der Interpretation von Textteilen innerhalb einer Schrift) und *umfassender* Kohärenz (also Kohärenz der Interpretation verschiedener Schriften eines und desselben Autors). Die Kohärenz der Interpretation von V wäre also eine lokale Kohärenz, die Kohärenz der Interpretation von V und Z eine regionale Kohärenz, und die Interpretation von V, Z und P eine umfassende Kohärenz.

> Ü103
> Es könnte eine schöne Übung sein, den Begriff der Kohärenz von Interpretationen genauer zu definieren, als wir es getan haben. Dabei wäre u.a. zu überlegen, *wie* ‚eng benachbart' Textteile sein müssen oder dürfen, damit man noch von lokaler Kohärenz sprechen darf; ob immer klar ist, dass man von ‚einer' Schrift eines Autors sprechen darf; mit welchem Recht man überhaupt verschiedene Schriften eines und desselben Autors in eine kohärente Interpretation bringen darf oder soll (bleibt etwa ein Autor sein ganzes Leben ‚ein und derselbe'?); und schließlich, ob der Begriff der umfassenden Kohärenz schon umfassend genug ist. (Müsste nicht eine umfassend kohärente Interpretation im idealen Sinne *global* sein, d.h. eine Kohärenz nicht nur innerhalb des Gesamtwerkes eines Autors herstellen, sondern auch mit allen anderen Kontexten – historischen, privaten, Texten anderer Autoren etc. –, die mit dem Autor und seinem Werk in Verbindung stehen?)

Wir wollen bei dieser Gelegenheit nun einen entsprechenden Merksatz formulieren:

     IR8 Suche nach einer kohärenten Interpretation!

Betrachten wir also Z – das heißt zunächst: *lesen* wir noch einmal Z.

> Ü104
> Nun, Sie werden sich schon gedacht haben, dass Sie jetzt wieder an der Reihe sind: Schauen Sie sich Z noch einmal an und versuchen Sie, alle bisherigen Interpretationsergebnisse mit dieser Stelle in einen sinnvollen Zusammenhang zu bringen.

Beginnen wir mit dem für unser Thema zentralen Satz: ‚Dieser Abschnitt war also, ebenso wie der erste, bloß analytisch'. Wir haben den Satz bei unserer kleinen Theorie des Interpretierens schon kennengelernt. Bei der Gelegenheit haben wir auch darauf hingewiesen, dass er durch seine Wortwahl und damit durch sein syntaktisch-semantisches Feld zwar nicht unmittelbar festlegt, was er bedeutet, aber doch festlegt, was er überhaupt bedeuten kann; von Erbsensuppe ist hier jedenfalls nicht die Rede. Wir sahen auch schon, dass die Standardinterpretation den Ausdruck ‚analytisch' im Sinne von ‚analytischer Methode' versteht. Unsere Gegenthese lautet nun, dass damit – genau wie in V – die ‚Zergliederung der Begriffe' gemeint ist, und die ist ja, wie P belegt, ‚ganz was anderes' als die analytische Methode. (Was auch immer analytische Methode bedeutet, sie bedeutet nicht, Sätze und die darin vorkommenden Begriffe zu zergliedern; *was* ‚analytische Methode' bedeutet, wird noch zu erörtern sein.) Kants Aussage wäre demnach, dass ‚dieser Abschnitt' (womit ohne Zweifel GMS II gemeint ist) genau wie ‚der erste' (womit ohne Zweifel GMS I gemeint ist) begriffsanalytisch war.

Nun benutzt Kant das wichtige Signalwort der Folge „also" bei dem Hinweis, der erste Abschnitt sei ‚*also*, ebenso wie der erste, bloß analytisch'. Daher muss die These, *dass* es sich so verhält, irgendwie mit dem *begründet* werden, was *vor* diesem Satz steht. Und da steht, wir erinnern uns: „*Wie ein solcher synthetischer praktischer Satz* a priori *möglich* und warum er notwendig sei, ist eine Aufgabe, deren Auflösung nicht mehr binnen den Grenzen der Metaphysik der Sitten liegt, auch haben wir seine Wahrheit hier nicht behauptet, vielweniger vorgegeben, einen Beweis derselben in unserer Gewalt zu haben. Wir zeigten nur durch Entwicklung des einmal allgemein im Schwange gehenden Begriffs der Sittlichkeit: daß eine Autonomie des Willens demselben unvermeidlicherweise anhänge oder vielmehr zum Grunde liege. Wer also Sittlichkeit für Etwas und nicht für eine chimärische Idee ohne Wahrheit hält, muß das angeführte Prinzip derselben zugleich einräumen" (GMS, 444f.). Niemand, so hatten wir gesagt, bestreitet die Zweiteilung der GMS: In den ersten beiden Abschnitten geht es um die Analyse ethischer Grundbegriffe, im dritten Abschnitt geht es um den Nachweis der Freiheit und der Geltung des kategorischen Imperativs. Dieser Nachweis wird in Sektion 4 von GMS III erbracht. Deren Titel lautet ‚Wie ist ein kategorischer Imperativ möglich?' Da Kant den kategorischen Imperativ als einen synthetisch-praktischen Satz a priori begreift, könnte er auch fragen ‚Wie ist ein synthetisch-praktischer Satz a priori möglich?', und genau mit dieser Frage wird Z ja auch eingeleitet. Wenn Kant dann in Z sagt, diese

Frage stelle eine ‚Aufgabe' dar, deren ‚Auflösung' nicht mehr in GMS II erfolgen könne, ist dies nur ein weiterer Beleg für die behauptete Zweiteilung. Daher erklärt sich auch Kants Feststellung, GMS I/II seien ‚*bloß* analytisch' gewesen: ‚bloß' deshalb, weil am Ende des zweiten Abschnitts der Nachweis noch nicht erbracht ist, dass der kategorische Imperativ nicht doch bloß eine ‚chimärische Idee ohne Wahrheit', ein ‚Hirngespinst' ist.

Der für unsere Frage entscheidende Punkt ist im nächsten Satz von Z zu finden. Denn die dort erwähnte ‚*Entwicklung* des einmal allgemein im Schwange gehenden Begriffs der Sittlichkeit' ist ja nichts anderes als die ‚Zergliederung' dieses Begriffs. Kant beginnt, wie wir sahen, mit dem ‚gemeinen', d.h. alltäglichen, nicht philosophischen Verständnis von Sittlichkeit (Moralität). Dieser ‚Begriff der Sittlichkeit' wird insofern ‚entwickelt', als das, was die ‚gemeine Menschenvernunft' sich „zwar freilich nicht so in einer allgemeinen Form abgesondert denkt, aber doch jederzeit wirklich vor Augen hat" (GMS 403,35), in seiner ganzen Bedeutung analysiert und entfaltet, eben ‚zergliedert' und ‚entwickelt' wird. Mit solch einer ‚Zergliederung' ist es bei dem kategorischen Imperativ allein aber nicht getan, eben weil er kein analytischer Satz ist, sondern ein synthetischer. Deswegen schreibt Kant ja auch kurz vor Z: „Daß diese praktische Regel ein Imperativ sei, d.i. der Wille jedes vernünftiges Wesens an sie als Bedingung notwendig gebunden sei, kann durch bloße *Zergliederung der in ihm vorkommenden Begriffe* nicht bewiesen werden, weil es ein synthetischer Satz ist: man müßte über die Erkenntnis der Objekte und zu einer Kritik des Subjekts, d.i. der reinen praktischen Vernunft, hinausgehen, denn völlig a priori muß dieser synthetische Satz, der apodiktisch gebietet, erkannt werden können, dieses Geschäft aber gehört nicht in gegenwärtigen Abschnitt" (GMS, 440,20, u.H.). Wie in Z schreibt Kant schon hier, dass wegen des synthetischen Charakters des kategorischen Imperativs die Frage, ob es einen solchen Imperativ wirklich gebe (ob er also nicht doch bloß ein ‚Hirngespinst' sei, wie es in Z heißt), nicht durch bloße Begriffszergliederung beantwortet werden kann; und auch hier findet man also den Verweis auf GMS III. In der eben zitierten Stelle fährt Kant dann folgendermaßen fort: „Allein das gedachtes Prinzip der Autonomie das alleinige Prinzip der Moral sei, läßt sich durch *bloße Zergliederung der Begriffe der Sittlichkeit* gar wohl darthun" (GMS 440,28, u.H.). Diese ‚Zergliederung der Begriffe' ist aber nichts anders als die ‚Analyse' von Begriffen. Wenn Kant in Z sagt, der ‚bisherige Abschnitt sei *also* ebenso wie der erste bloß analytisch', dann bezieht er sich auf die im Satz vorher erwähnte ‚Entwicklung' des Begriffs der Sittlichkeit und damit auf die ‚Zergliederung der Begriffe'; in *diesem* Sinne sind GMS I/II also ‚bloß *analytisch*' und *nicht* im Sinne einer ‚analytischen Methode'.

Damit ist die Exegese von Z aber noch nicht beendet. Denn es gibt ja noch einen weiteren, letzten Satz in dieser Passage (und damit auch in GMS II). Auch in diesem Satz taucht der Terminus ‚synthetisch' auf, und das führte ja, in Verbindung mit dem ‚bloß analytisch', zu der These von der Zweiteilung der GMS in eine analytische und synthetische Methode. Dass ‚Sittlichkeit kein Hirngespinst' sei, so heißt es in diesem Satz, ‚erfordert einen möglichen synthetischen Gebrauch der reinen praktischen Vernunft, den wir aber nicht wagen dürfen, ohne eine Kritik dieses Vernunftvermögens selbst voranzuschicken, von welcher wir in dem letzten Abschnitte die zu unserer Absicht hinlänglichen Hauptzüge darzustellen haben'. Nur durch das Phänomen der Textvergessenheit kann man sich erklären, dass dieser Satz als ein Beleg dafür genommen wurde, GMS III folge der synthetischen Methode. Denn das Prädikat ‚synthetisch' wird hier ja gar nicht auf eine ‚Methode' bezogen, sondern auf den ‚Gebrauch der reinen praktischen Vernunft' selbst, und dieser ‚synthetische Gebrauch', was auch immer er ist, ist gewiss etwas anderes als die ‚synthetische Methode' (was auch immer diese ist; tatsächlich ist von einer ‚Methode' in diesem letzten Satz von Z wie überhaupt in ganz Z gar nicht die Rede). Was mit dem ‚synthetischen Gebrauch der reinen praktischen Vernunft' gemeint ist, kann in der Tat nur schwer bestimmt werden. Wie eine elektronische Suche ergibt, ist es die einzige Stelle in Kants Werk, in der von solch einem ‚synthetischen Gebrauch' die Rede ist; in einem solchen Falle hilft die Parallelstellenmethode also nicht viel weiter (wobei es durchaus eine Erkenntnis ist, *dass* dieser Terminus bei Kant sonst keine Verwendung findet; man muss dann nicht um Kohärenz mit solchen Stellen bemüht sein). Was also besagt der letzte Satz aus Z? Aus der bloßen Begriffszergliederung des Begriffs der Sittlichkeit, so hieß es vorher, kann zwar eingesehen werden, dass Autonomie und der damit verbundene kategorische Imperativ wesentlich das ausmachen, was man unter ‚Sittlichkeit' versteht. Ob es Autonomie und den kategorischen Imperativ und damit Sittlichkeit überhaupt gibt, ist damit noch nicht entschieden. *Wenn* es Autonomie und den kategorischen Imperativ gibt, so heißt es dann ja auch in jenem letzten Satz aus Z, *dann* ist ‚Sittlichkeit kein Hirngespinst'. ‚*Dass*' es sich aber so verhält – dass es also den kategorischen Imperativ und Autonomie gibt, oder mit Kants Worten: dass er ‚wahr' und ‚notwendig' ist – ‚erfordert einen möglichen synthetischen Gebrauch der reinen praktischen Vernunft'. An diesem Satz ist nicht nur unklar, was mit dem ‚synthetischen Gebrauch' gemeint ist, sondern auch, was ‚*erfordert*' bedeutet. Klar ist nur, was die ‚reine praktische

Vernunft' ist. Sie ist nämlich – der Bezug des ‚dieses' in GMS 445,13 ist hier eindeutig – ein Vernunftvermögen, deren ‚Kritik' erst ‚voranzuschicken' sei; und tatsächlich heißt der nächste und letzte Abschnitt dann ja auch ‚Übergang von der Metaphysik der Sitten' (zu ihr wurde in GMS II übergegangen) ‚zur Kritik der reinen praktischen Vernunft'.

> **Ü105**
> Versuchen Sie jetzt bitte, den letzten Satz mit Ihren eigenen Worten so zu rekonstruieren, dass die eigentliche Aussage (oder die eigentlichen Aussagen) deutlicher werden; dazu gehört auch, dass Sie all das, was für die eigentliche(n) Aussage(n) irrelevant ist, weglassen.

Wir würden folgende Rekonstruktion vorschlagen:

1. Die Realität der Sittlichkeit erfordert einen möglichen synthetischen Gebrauch der reinen praktischen Vernunft.
2. Der synthetische Gebrauch der reinen praktischen Vernunft darf ohne eine vorangehende Kritik dieser reinen praktischen Vernunft nicht gewagt werden.

Überlegen wir kurz, welchen Schritt wir gerade vollzogen haben. Der letzte Satz aus Z ist lang und komplex, die Bezüge sind nicht unmittelbar klar, und man erkennt nicht direkt, was genau eigentlich gesagt wird. Lassen wir zunächst Nebengedanken beiseite (wie etwa den, dass nur die ‚Hauptzüge' der besagten ‚Kritik der reinen praktischen Vernunft' dargestellt werden sollen) und konzentrieren wir uns auf die eigentlichen Aussagen in diesem Satz, dann ergeben sich, so meinen wir, diese beiden Sätze oder eben Aussagen. Würde nicht der Ausdruck der *Rekonstruktion* so oft missbraucht, wäre er genau passend für das, was wir gerade gemacht haben: Wir re-konstruieren das, was da steht, so dass die eigentlichen Aussagen deutlicher werden, d. h. wir nehmen die Aussagen hinter den Sätzen, befreien sie von vielleicht verwirrenden und überflüssigen Details und machen sie dadurch deutlicher in einem neuen Zusammenhang. Doch wie gesagt, der Ausdruck der Rekonstruktion wird oft für etwas ganz anderes verwendet, das viel bezeichnender *Konstruktion* genannt werden sollte: Für das Bestreben nämlich, unter Missachtung des Textes ein Argument zu konstruieren, das Anspruch zumindest auf rationale Plausibilität erheben kann und von dem zugleich behauptet wird, es wäre ‚im Grunde' oder ‚eigentlich' das, was der Autor habe sagen wollen oder jedenfalls hätte sagen sollen. Aber wie sollen wir wissen, was ein Autor sagen wollte, wenn er es nicht sagt? Er sagt, was er schreibt, und was er schreibt, gilt es zu interpretieren. Und erst recht kann es nicht darum gehen, dem Autor Argumente zu unterstellen, die er hätte vertreten sollen. Wer der Auffassung ist, ein bestimmtes Argument sei interessant, valid oder vielleicht sogar triftig, der soll es als Philosoph oder Philosophin vertreten; aber wir müssen Abstand davon nehmen, Autoren Argumente zuzuschreiben, die sie schlechterdings nicht vertreten haben. Entweder es gibt etwas zu re-konstruieren; dann ist diese Rekonstruktion nichts anderes als eine Interpretation, d.h. das Besserverstehen und Aufklären eines Textes. Oder es gibt nichts, was es zu rekonstruieren gibt; dann ist es eben keine Rekonstruktion, sondern eine (in der Regel) anachronistische Verzerrung mit willkürlicher und nur vereinzelter Bezugnahme auf den Text. Gegen Rekonstruktionen im Sinne einer Weiterentwicklung einer Theorie ist natürlich nichts einzuwenden. Nur muss klar sein, was an dieser Rekonstruktion aus dem Ursprungstext hervorgeht und was nicht. Philosophie ist eine Sache, Philosophiehistorie eine andere. (Wir kommen auf dieses Thema der Rekonstruktion noch einmal zurück.)

Zurück zum rekonstruierten Text. Wichtig ist vor allem die These, dass ‚die Realität der Sittlichkeit einen möglichen synthetischen Gebrauch der reinen praktischen Vernunft erfordert'. Und das Problem besteht, wie schon bemerkt, vor allem darin, dass unklar ist, worin der ‚*synthetische* Gebrauch der reinen praktischen Vernunft' besteht, zumal es keine Parallelstellen gibt. Klar scheint nur, dass damit nicht die synthetische Methode gemeint ist – was uns nicht verwundert, da ja weder in V noch im bisherigen Teil von Z (d.h. im Teil bis „Dieser Abschnitt war also, ebenso wie der erste, bloß analytisch") die analytisch-synthetische Methode thematisch war. Klar ist auch, dass dieser ‚synthetische Gebrauch' erst ‚gewagt' werden darf nach erfolgter Kritik der reinen praktischen Vernunft in GMS III. Um zu verstehen, was hier gemeint ist, müssen, oder besser: müssten wir uns also mit GMS III beschäftigen. Hier können wir das einmal mehr nur skizzieren. (Wieder aber zeigt sich, wie wichtig der Zusammenhang eines Textes und das Hin- und Hergehen zwischen den Teilen und dem Ganzen ist. Und wie wir jetzt langsam besser verstehen, ist der hermeneutische Zirkel in Wahrheit eine nach oben, d.h. zu einem besseren Verständnis führende hermeneutische *Spirale*, kein Zirkel.) Kant nennt die reine praktische Vernunft in Z ein ‚Vernunftvermögen'. Das Vermögen, das sie hat, ist zweifach: Zum einen besteht es darin, den kategorischen Imperativ aufzustellen und nach diesem Prinzip Handlungsweisen zu bewerten (nach dem berühmten Prinzip der Universalisierung). Zugleich hat nach Kants nicht weniger berühmten Theorie der Achtung die praktische Vernunft selbst das Vermögen, ein Gefühl besonderer Art hervorzurufen (eben die Achtung), das als motivierende Kraft moralische Handlungen hervorbringt, also Handlungen um des moralischen Gesetzes selbst willen; dieses Vermögen nennt Kant auch Freiheit, deren Charakter Autonomie ist. In GMS III (also in der ‚Kritik der reinen praktischen Vernunft') zeigt Kant erstens, wie solch eine Freiheit möglich ist und dass Menschen sich anmaßen dürfen, über eine reine praktische Vernunft zu verfügen, also frei zu sein. Zweitens zeigt er in der sogenannten Deduktion des kategorischen Imperativs, dass dieser kategorische Imperativ als Gesetz der Verstandeswelt (Welt der Dinge an sich) den Gesetzen der Sinnenwelt (Welt der Dinge als Erscheinungen betrachtet) übergeordnet ist. Dieser Zusammenhang lässt uns zunächst verstehen, warum es in Z heißt, dass die ‚Realität der Sittlichkeit einen *möglichen* synthetischen Gebrauch der reinen praktischen Vernunft erfordert'. Denn einen kategorischen Imperativ als Gesetz der Autonomie kann es nur geben, wenn es Freiheit gibt, oder eben: wenn Freiheit möglich ist. Es ist eine der Grundthesen Kants, dass es einen direkten Beweis für die Realität der Freiheit nicht geben kann; man könne nur behaupten, so hatte er schon in der *Kritik der reinen Vernunft* zu zeigen versucht, dass man Freiheit widerspruchsfrei annehmen darf, und das bedeutet für Kant: dass Freiheit *möglich* ist.

Daraus können wir aber auch ein Verständnis des ‚erfordert' gewinnen: Es bedeutet soviel wie ‚etwas setzt etwas anderes voraus' oder ‚etwas hat etwas anderes zur Bedingung'. Und daraus ergibt sich jetzt folgende Rekonstruktion: ‚Die Realität der Sittlichkeit – also die Realität des kategorischen Imperativs und der Autonomie – setzt voraus, dass der Gebrauch des Vermögens der reinen praktischen Vernunft – ein Gebrauch, der im Aufstellen des kategorischen Imperativs und im Hervorbringen der Achtung für dieses Gesetz besteht – als ein Vermögen der Freiheit überhaupt möglich ist'. Das passt alles, so meinen wir, gut zusammen, und damit bleibt nur noch eine Frage übrig: Wieso nennt Kant jenen Gebrauch der reinen praktischen Vernunft ‚synthetisch'?

Nun, schwer zu sagen. Es gibt keine Vergleichsstellen, und in irgendeinem strikten Sinne ist die Stelle vermutlich nicht zu enträtseln. Dem uns schon vertrauten hermeneutischen Prinzip des Wohlwollens (‚principle of charity') folgend müssen wir aber annehmen, dass Kant sich dabei irgendetwas Sinnvolles gedacht hat – aber was? Da das, was er sich dabei gedacht hat, allein dem zu entnehmen ist, was er geschrieben hat, und da die Bedeutung von dem, was er *geschrieben* hat, sehr wohl über das hinausgeht, was er sich dabei *gedacht* hat, bleibt uns ohnehin nichts anderes übrig, als das zu analysieren, was er geschrieben hat – so dass wir wieder bei der Frage sind, welche Bedeutung die Formulierung selbst hat, der Gebrauch der reinen praktischen Vernunft sei ‚synthetisch'. Aber vielleicht ist das gar nicht so schwer, wenn wir es nicht so streng nehmen: Kant sagt ja, der Gebrauch der reinen praktischen Vernunft bestehe darin, den kategorischen Imperativ aufzustellen und Achtung für ihn hervorzubringen. Der kategorische Imperativ ist aber, wie Kant mehrmals hevorhebt, ein synthetischer Satz.

Wäre dies ein Buch über Kant, könnten und müssten wir uns mit dieser These eingehend und ausführlich beschäftigen. In unserem Buch, oder jedenfalls in diesem Abschnitt unseres Buches, geht es aber eigentlich nicht um Kant, sondern um gutes Interpretieren. Deshalb können wir den synthetischen Charakter des kategorischen Imperativs hier nicht wirklich erläutern. Was wir aber tun können, ist auch an dieser Stelle noch einmal darauf hinzuweisen, dass man beim Lesen eines philosophischen Textes unweigerlich von einem Begriff zum anderen und von einem Problem aufs nächste kommt, gewissermaßen vom Hölzchen aufs Stöckchen; es hängt wirklich, wie man so sagt, alles irgendwie miteinander zusammen, und das macht die Philosophiehistorie zu einer solch anspruchsvollen und mühsamen Angelegenheit.

Ohne nähere Begründung können wir hier nur dies sagen: Kant unterscheidet zwischen vollkommen vernünftig-freien Akteuren und solchen (wie wir Menschen), die nicht immer vernünftig sind. Für ein rein vernünftiges Wesen ist das moralische Gesetz kein Imperativ (keine Pflicht), sondern ein analytisch-deskriptiver Satz; analysiert man das Wollen eines solchen Wesens, so stellt sich heraus, dass es das Gute immer will. Für sinnlich-vernünftige Wesen dagegen ist das moralische Gesetz ein kategorischer Imperativ. Synthetisch ist dieser Imperativ insofern, als er das, was nicht schon ‚analytisch' im Wollen solch unvollkommen vernünftiger Wesen enthalten ist (weil sie eben nicht schon immer das Gute wollen), mit eben diesem Wollen ‚verknüpft' (wie Kant sagt). Kants Rede vom ‚synthetischen' Gebrauch der reinen praktischen Vernunft ergibt sich vermutlich daraus, dass die reine praktische Vernunft den kategorischen Imperativ als synthetischen Satz a priori aufstellt und ihn, über das Gefühl der Achtung, ‚mit dem Wollen verknüpft' (‚synthetisiert').

Doch damit ist es nicht getan. Es gibt noch eine weitere wichtige Regel, die wir schon in unserer kleinen Theorie des Interpretierens angesprochen hatten:

IR9 Prüfe Interpretationen auf ihren sachlichen Gehalt!

Wer behauptet, dass es in der GMS eine methodische Zweiteilung gibt, der muss eine solche These nicht nur am Text belegen können. Es muss dann auch gefragt werden, ob solch eine Zweiteilung sachlich sinnvoll ist.

> **Ü106**
> Überlegen Sie vor dem Hintergrund von P bitte, worin eigentlich die analytische im Unterschied zur synthetischen Methode besteht und was es bedeuten würde, wenn GMS I/II der analytischen und GMS III der synthetischen Methode folgen würde. Wäre das sachlich überhaupt sinnvoll?

Nun, hätten die Verfechter jener Interpretation diese Frage nach dem Sachgehalt von analytischer und synthetischer Methode tatsächlich gestellt, so hätten sie bedenken können, dass es auch sachlich tatsächlich keinen Sinn ergibt, die besagte Zweiteilung für die GMS zu behaupten. Um dies zu sehen, müssen wir noch einmal einen Blick auf die *Prolegomena* werfen. Kant schreibt darin, wir erinnern uns: „Analytische Methode, sofern sie der synthetischen entgegengesetzt ist, ist ganz was anderes als ein Inbegriff analytischer Sätze: Sie bedeutet nur, daß man von dem, was gesucht wird, als ob es gegeben sei, ausgeht und zu den Bedingungen aufsteigt, unter denen es allein möglich" ist (Prol., 276, Anm.). Auch das ist wieder eine ziemlich kryptische Bemerkung, und auch vereinzelte Stellen in Kants Logik-Vorlesungen helfen hier nicht viel weiter (wie wir einmal behaupten wollen; so oder so gilt aber auch hier, dass natürlich Parallelstellen gesucht werden müssen). Jedenfalls scheint diese Stelle auf den ersten Blick mit der Vorgehensweise der GMS gut zusammenzustimmen, und das tut sie in gewisser Hinsicht tatsächlich auch: Was in der GMS ‚gesucht' wird, ist der kategorische Imperativ als das oberste Prinzip der Moralität. Kant beginnt daher mit der gemeinen Menschenvernunft und deren Prinzip, eben dem kategorischen Imperativ, ohne dabei anzunehmen, dessen Realität sei schon bewiesen; er setzt es, wie die Stelle aus den *Prolegomena* sagt, also nur voraus, „*als ob* es gegeben sei". Das passt (ohne dass dies übrigens in der Sekundärliteratur bemerkt worden wäre) wunderbar mit dem zusammen, was Kant in V sagt. (Wieder müssen wir also V lesen. Und auch hier zeigt sich erneut, dass die wiederholte Lektüre einer und derselben Stelle im Lichte einer anderen Stelle zusätzliche Bedeutungsaspekte freilegen kann.) Denn in V heißt es ja, es sei die Wahrheit des kategorischen Imperativs bisher ‚nicht behauptet' worden; es sei nur gezeigt worden, dass unter der Annahme, dass Sittlichkeit ‚Etwas und nicht eine chimärische Idee ohne Wahrheit' sei, eben diese Sittlichkeit in den Begriffen von Pflicht und Autonomie verstanden werden müsse.

Wie gesagt, dies passt mit der Rede des ‚als ob' sehr gut zusammen. Die Sache hat nur einen Haken, und zwar einen sehr großen: Denn die analytische Methode besteht ja laut Auskunft der *Prolegomena* nicht nur darin, ‚daß man von dem, was gesucht wird, als ob es gegeben sei, ausgeht'. Sie hat noch einen zweiten entscheidenden Schritt, nämlich den, dass man dann ‚zu den Bedingungen *aufsteigt*, unter denen es (das Prinzip) allein möglich'. Dieser ‚Aufstieg' zu den Bedingungen ist also selbst *Teil der analytischen Methode*, nicht etwa Teil einer anderen, etwa synthetischen Methode. Nun erfolgt in der GMS tatsächlich ein solcher Aufstieg. Kant sagt in der Vorrede ganz deutlich, die GMS leiste „die Aufsuchung und Festsetzung *des obersten Prinzips der Moralität*" (392,3). Und diese ‚Festsetzung' besteht ja, wir sahen es schon, in der Antwort auf die Frage, ‚wie ein kategorischer Imperativ *möglich* ist' (wozu auch die Verteidigung der Freiheit als Bedingung der Möglichkeit des kategorischen Imperativs gehört). Niemand, so sahen wir, bestreitet diese Zweiteilung der *Grundlegung* (‚Aufsuchung' in GMS I/II, ‚Festsetzung' in GMS III), und dies mit gutem Grund. Wenn es aber in GMS III um den ‚Aufstieg zu den Bedingungen' geht, unter denen der kategorische Imperativ ‚möglich' ist, dann ist oder vielmehr wäre dieser Aufstieg selbst Teil der analytischen Methode – und dann kann es in der GMS keine synthetische Methode geben! Obwohl also sachlich das, was in der GMS geschieht, mit der analytischen Methode gut zusammenstimmt, ist die These, es gebe in der GMS eine methodische Zweiteilung, sachlich zugleich unhaltbar. Wenn es in der GMS eine analytische Methode gibt, dann kommt sie in der *ganzen* Schrift zur Anwendung. Da Kant nun in V und Z eindeutig eine Zweiteilung zwischen einem analytischen und einem synthetischen Teil vornimmt, der analytische Teil aber, wenn er analytisch im Sinne einer analytischen Methode wäre, sich auch auf GMS III erstrecken müsste, kann das, was Kant in V und Z über analytisch und synthetisch sagt, nicht im Sinne der analytischen und synthetischen Methode verstanden werden. Und das hatten unsere bisherigen Interpretationen ja ebenfalls gezeigt.

Auch die Berücksichtigung des sachlichen Gehalts beweist also die Unhaltbarkeit der These von der methodischen Zweiteilung der GMS. Doch vergessen wir nicht: Wenn es einen eindeutigen textuellen Beleg für diese These gäbe, wäre die sachliche Unhaltbarkeit irrelevant. Die sachliche Unhaltbarkeit besteht ja nicht in der Unhaltbarkeit der *interpretatorischen* These selbst, sondern in der Unhaltbarkeit der These, der Text sei *tatsächlich* methodisch zweigeteilt. Wenn wir textuell eindeutig belegen könnten, dass in V und Z eine methodische Zweiteilung angekündigt würde, dann ließe sich an diesem textuellen Befund auch nicht dadurch rütteln, dass er sachlich wenig sinnvoll wäre (genauso wenig, wie wir etwa den eindeutigen textuellen Befund, dass Kant Raum und Zeit für bloße Anschauungsformen hält und nichts weiter als diese, nicht deswegen aufgeben oder sogar ignorieren dürften, weil uns diese These an sich vielleicht sachlich unhaltbar scheint oder unvereinbar mit anderen Bausteinen der Kantischen Theorie). Wenn eine interpretatorische These sachlich wenig sinnvoll ist, ist dies ein Indiz dafür, dass sie als interpretatorische These falsch ist; und wenn es zudem eine alternative Interpretation gibt, die dieses sachliche Problem nicht hat, ist die alternative Interpretation schon aufgrund dieser besseren sachlichen Passung vorzuziehen, solange sie mindestens ebenso viel ebenso genau erklären kann – wenn sie außerdem noch weitere interpretatorische Pluspunkte hat, umso besser.

Halten wir jetzt kurz inne. Sinn und Zweck dieser Übung ist es vorrangig, die Wichtigkeit kritischer Detailinterpretationen zu demonstrieren. Kritisch müssen Interpretationen insofern sein, als sie keine auch noch so etablierten Interpretationen unbefragt anerkennen sollen; detailliert müssen Interpretationen insofern sein, als sie jeden Satz, Wort für Wort, in allen Details analysieren sollen. Und wenn Interpretationen detailliert sind, dann ergibt sich ihr kritischer Charakter fast von selbst, da Interpretationen philosophischer Texte tatsächlich selten kommentarisch sind (wenn sie es im strengen Sinne jemals waren).

Die Standardinterpretation zur Methode der *Grundlegung* besagt, dass GMS I/II nach analytischer Methode verfahren, GMS III dagegen der synthetischen Methode folge. Ohne zu fragen, worin genau diese Methode im Lichte der Auskunft der *Prolegomena* überhaupt besteht, haben wir gesehen, dass nichts für, alles gegen diese Interpretation spricht. Vor allem vier Argumente hatten die Befürworter der These von der methodischen Zweiteilung geltend gemacht: Erstens gehe es in GMS I/II um Begriffsanalysen, in GMS III um die Begründung von Moralität – das stimmt, passt aber nicht nur gut, sondern sogar besser zu unserer Interpretation und ist auch mit der methodischen Zweiteilung nicht verträglich. Zweitens bringe V die methodische Zweiteilung klar zum Ausdruck – doch wie wir sahen, ist das nur an der Oberfläche der Fall; tatsächlich ist der Ausdruck ‚Methode' gar nicht auf die Prädikate ‚analytisch' und ‚synthetisch' bezogen. Drittens belege auch Z und vor allem der Satz, GMS I/II seien ‚bloß analytisch' gewesen, die These von der methodischen Zweiteilung – doch darin liegt gerade der Kapitalfehler, ‚analytisch' hier einfach im Sinne der ‚analytischen Methode' zu verstehen und nicht als ‚Analysis' im Sinne einer ‚Zergliederung der Begriffe', die ja nach Auskunft von P ‚ganz was anderes' ist als die ‚analytische Methode'. Schließlich werde der in V erwähnte, im synthetischen Teil stattfindende ‚Rückgang zur gemeinen Erkenntnis' in GMS III tatsächlich Realität – auch das stimmt, ist mit einer methodischen Zweiteilung aber gerade nicht vereinbar.

Doch wir dürfen nicht nur kritisch gegenüber anderen Interpretationen sein. Wir müssen ganz gezielt nach alternativen Interpretationshypothesen suchen, auch wenn sie auf den ersten Blick abwegig erscheinen (auf den zweiten Blick dürfen sie das natürlich nicht mehr sein); und wir dürfen nicht zu schnell mit der eigenen Interpretation zufrieden sein. Bezüglich unseres Beispiels ist kein Raum mehr, um dies zu tun. Aber eine jedenfalls nicht völlig abwegige Alternative zu unserer eigenen Interpretation sei noch erwähnt. Kant spricht in der Vorrede *nicht* primär über die GMS. Das tut er erst auf den letzten beiden Seiten. Zentrales Thema der Vorrede ist das Projekt einer Metaphysik der Sitten. Eine solche Metaphysik der Sitten kündigt Kant in der Vorrede für „dereinst" (GMS 391,16) an. Er meint damit die später dann tatsächliche erschienene systematische Darstellung der ethischen Pflichten, die sich aus dem kategorischen Imperativ ergeben (‚Tugendlehre'). Die alternative Interpretationshypothese wäre nun die: Die GMS verfährt *als Ganzes* ‚analytisch', die spätere Metaphysik der Sitten ‚synthetisch'. Für diese These sprechen durchaus einige Punkte: 1.) Da Kant in der Vorrede und auch unmittelbar vor V sein *ganzes* Projekt skizziert, ist der in V beschriebene ‚Weg von der gemeinen Erkenntnis zur Bestimmung des obersten Prinzips derselben und wiederum zurück von der Prüfung dieses Prinzips und den Quellen desselben zur gemeinen Erkenntnis, darin sein Gebrauch angetroffen wird' vielleicht der Weg dieses ganzen Projekts. Dazu würde passen, dass Kant im ersten Teil von V schreibt, er habe seine ‚Methode in *dieser* Schrift so genommen', wie er es tut, um die Methode in dieser Schrift von der Methode der späteren Schrift der ‚Tugendlehre' abzugrenzen. 2.) In diesem Lichte könnte man dann vielleicht auch den Schlusssatz von Z anders lesen. Denn Kant schreibt dort ja, dass wir den ‚synthetischen *Gebrauch* der reinen praktischen Vernunft *nicht* wagen dürfen, ohne eine Kritik dieses Vernunftvermögens voranzuschicken'. Vielleicht sagt er also etwa dies: Bevor wir in der ‚Tugendlehre' zu dem synthetischen Gebrauch übergehen, müssen wir noch eine Kritik der reinen praktischen Vernunft vollziehen, und das machen wir jetzt, noch innerhalb der analytischen Methode, in GMS III. Und mit bzw. nach dieser Kritik der reinen praktischen Vernunft ist die Grundlegung ja *abgeschlossen*. 3.) Dazu passt, dass Kant im Absatz vor V ausdrücklich festhält, dass er den „Gebrauch" (GMS 392,12) des kategorischen Imperativs innerhalb eines „Systems" (GMS 392,9) von Pflichten für die spätere Tugendlehre reserviere; er verzichtet in der GMS also ausdrücklich auf diesen ‚Gebrauch'. Und vielleicht meint Kant genau diesen ‚Gebrauch' sowohl in V (GMS 392,21) als auch in Z (GMS 445,11).

Wie müssten jetzt alle Stellen im Lichte dieser Interpretationshypothese noch einmal durchgehen. Das können wir hier nicht tun, wir müssen es aber auch nicht. Denn auch so wird, hoffen wir, hinlänglich klar, dass wir den Text wieder und wieder lesen müssen und wir uns beim Interpretieren nicht einer allzu schnellen und selbstgefälligen Zufriedenheit hingeben dürfen. Was wir schließlich auch noch einmal sehen, ist dies: Es kommt letzten Endes nicht darauf an, was Kant sich dabei gedacht hat. Und eingedenk der vielfältigen Aspekte und Bedeutungsnuancen, die wir beobachten durften, ist auch nicht davon auszugehen, dass Kant an alle diese Dinge beim Schreiben tatsächlich bewusst gedacht *hat*.

Zweites Beispiel:
Metaphysische Anfangsgründe der Tugendlehre (§ 23)

Das zweite Textstück, dem wir uns widmen, können wir vergleichsweise kurz behandeln. Es geht darin nur um ein einzelnes Wort, nämlich um das unscheinbare Personalpronomen „Sie". Wie wir jetzt sehen werden, kann die Interpretation eines solch unscheinbaren einzelnen Wortes die Interpretation eines ganzen Textstückes, eines ganzen Paragraphen, völlig verändern.

Es handelt sich um den Text des § 23 der sogenannten *Tugendlehre* Kants, also des zweiten Teils seiner *Metaphysik der Sitten*, Kants ethischem Spätwerk:

> „Liebe und Achtung sind die Gefühle, welche die Ausübung dieser Pflichten begleiten. Sie können abgesondert (jede für sich allein) erwogen werden und auch so bestehen (Liebe des Nächsten, ob dieser gleich wenig Achtung verdienen möchte; imgleichen notwendige Achtung für jeden Menschen, unerachtet er kaum der Liebe wert zu sein beurteilt würde). Sie sind aber im Grunde dem Gesetze nach jederzeit miteinander in einer Pflicht zusammen verbunden; nur so, daß bald die eine Pflicht, bald die andere das Prinzip im Subjekt ausmacht, an welche die andere accessorisch geknüpft ist. – So werden wir gegen einen Armen wohltätig zu sein uns für verpflichtet erkennen; aber weil diese Gunst doch auch Abhängigkeit seines Wohls von meiner Großmut enthält, die doch den Anderen erniedrigt, so ist es Pflicht, dem Empfänger durch ein Betragen, welches diese Wohltätigkeit entweder als bloße Schuldigkeit oder geringen

Liebesdienst vorstellt, die Demütigung zu ersparen und ihm seine Achtung für sich selbst zu erhalten." (*Tugendlehre*, 448 f.)

Bevor wir uns an die Interpretation dieser Stelle machen, wollen wir uns noch einmal die Interpretationsregeln vor Augen führen, die wir bei der Analyse unseres ersten Textbeispiels erarbeitet haben:

IR1 Lies den Text möglichst im Original!
IR2 Lies den Text mehrmals, langsam und sorgfältig!
IR3 Interpretiere nicht alleine, sondern mit anderen!
IR4 Suche nach Parallelstellen!
IR5 Vertraue nicht (blind) der Sekundärliteratur! Denke selbst nach!
IR6 Zitiere absolut textgetreu!
IR7 Suche nach alternativen und besseren Interpretationshypothesen!
IR8 Suche nach einer kohärenten Interpretation!
IR9 Prüfe Interpretationen auf ihren sachlichen Gehalt!

Versuchen wir jetzt also, die bisher aufgestellten Regeln bei der Interpretation unseres zweiten Textstücks anzuwenden. Schon dabei werden wir eine weitere Regel aufstellen, und bei unserem dritten Beispiel werden wir sehen, dass auch noch ganz andere Fertigkeiten maßgeblich sind.

Es geht vor allem um folgenden Satz (nennen wir ihn kurz „S"; wir betrachten den Satz nur bis zur Klammer):

„Sie können abgesondert (jede für sich allein) erwogen werden und auch so bestehen [...]".

Ü107
Rekonstruieren Sie nun S! Ihre Leistung wird darin bestehen, das „Sie" zu ersetzen durch den Begriff oder die Begriffe, für den oder die das Pronomen steht.

Nun, wie lautet Ihre Rekonstruktion von S? Vielleicht haben Sie IR2 nicht hinreichend beachtet und den Text nicht mehrmals gelesen und auch nicht gründlich. Sollten Sie also textvergessen gelesen haben, dann lautet Ihre Rekonstruktion vermutlich so:

(LA1) Liebe und Achtung können abgesondert (jede für sich allein) erwogen werden und auch so bestehen.

In dieser Lesart wird das Personalpronomen „Sie" auf die im Satz vorher erwähnten Gefühle der Liebe und der Achtung bezogen (‚Liebe und Achtung sind die Gefühle, welche die Ausübung dieser Pflichten begleiten'). Tatsächlich ist das auch die Standardlesart in der Sekundärliteratur.

Ü108
Haben Sie uns den letzten Satz einfach so abgenommen? Das, was wir gerade behauptet haben, ist ja auch nichts anderes als Sekundärliteratur; und laut IR5 sollen Sie der Sekundärliteratur nicht blind vertrauen. (Nun, genau genommen haben wir eine Aussage über die Sekundärliteratur getroffen, haben also gewissermaßen Tertiärliteratur geschaffen.) Jedenfalls gilt auch hier wieder: Sapere aude! Versuchen Sie also doch einmal, selbständig Sekundärliteratur zu finden und unsere Aussage über eben diese Sekundärliteratur zu verifizieren; dann werden Sie nämlich feststellen, dass man unsere Aussage *falsifizieren* kann.

Aber ist die Lesart (LA1) wirklich zwingend? Sagt Kant wirklich, dass die *Gefühle* der Liebe und Achtung abgesondert erwogen und bestehen können? Könnte es nicht eine andere Lesart geben? Wenden Sie jetzt bitte IR7 an:

Ü109
Suchen Sie also nach einer alternativen und besseren Interpretationshypothese. Könnte das „sie" nicht auf etwas anderes bezogen sein? Worauf könnte es denn bezogen sein?

Genau, auf die „Ausübung" kann das „sie" *nicht* bezogen sein, denn es heißt in S ja „Sie können ...". (Vielleicht haben Sie bemerkt, dass wir eben „sie" geschrieben haben statt „Sie". Das wäre einfach so nicht akzeptabel, weil jenes Personalpronomen bei Kant ja am Anfang des Satzes steht und daher groß geschrieben ist. Wenn Sie einen Text wiedergeben, muss es immer ganz genau sein; und wenn Sie etwas ändern, dann müssen Sie das sagen. Wir lassen es jetzt übrigens wieder beim groß geschriebenen „Sie"; und wenn Sie gemeint sind und nicht „Sie", dann können Sie das an den doppelten An- und Abführungsstrichen ja auch erkennen.) Aber es gibt noch ein anderes Wort im Satz vorher (also in dem Satz vor S), das im Plural steht: die ‚Pflichten', um deren ‚Ausübung' es geht. Grammatisch würde das also passen. Stellen wir also einmal eine alternative Interpretationshypothese auf: Das „Sie" in S bezieht sich nicht auf die Liebe und die Achtung als Gefühle, sondern auf die vorher erwähnten *Pflichten*. Diese Pflichten sind ohne Zweifel die zu Beginn des § 23 eingeführten weiten und engen Pflichten, die Kant dann eben auch Liebespflichten und Achtungspflichten nennt. (Nur kurz: Die Achtungspflichten sind enge Pflichten, also Unterlassungspflichten, von denen man direkt weiß, was sie besagen, z.B. ‚Du sollst keine Menschen foltern'. Die Liebespflichten dagegen sind weite Pflichten, weil sie einen Spielraum lassen, z.B. ‚Du sollst Menschen in Not helfen'. aber diese Regel lässt offen, wem genau, wann und wie viel geholfen werden muss.) Die Interpretationshypothese lautet also:

(LA2) Die Liebespflichten und die Achtungspflichten können abgesondert (jede für sich allein) erwogen werden und auch so bestehen.

Doch die Tatsache alleine, dass „Sie" auf „Pflichten" bezogen werden *kann*, beweist natürlich noch nicht, dass dies auch der richtige Bezug *ist*. Wir erinnern uns: Dass der Bezug ‚richtig' ist heißt nicht, dass Kant beim Schreiben daran gedacht und diesen Bezug also intendiert hat (*intentio auctoris*). Die Richtigkeit der Interpretationshypothese (und damit des Bezuges) kann nur darin bestehen, dass dies die Bedeutung des Textes ist (*intentio operis*), und diese Bedeutung hängt maßgeblich von der Kohärenz ab. Kohärenz wiederum, so haben wir schon gesehen, beinhaltet Widerspruchsfreiheit und den ‚inneren Zusammenhang'; was genau das heißt (‚innerer Zusammenhang'), lässt sich aber allgemein nur sehr schwer definieren (auch wenn man, wie wir dies getan haben, vielleicht zwischen lokaler, regionaler und umfassender Kohärenz differenzieren kann). Jedenfalls können wir unsere bisherigen Regeln noch um eine ergänzen, nämlich um die, dass man immer auf den *Kontext* achten muss:

IR10 Achte auf den Kontext der zu interpretierenden Stelle!

Auch was genau der *Kontext* (lat. *contextus*, Zusammenhang) einer Stelle ist, lässt sich allgemein nur schwer sagen. Zum Kontext eines Buches etwa können seine Entstehungsgeschichte gehören (z.B. die sachliche Motivation für das Buch, andere Werke des Autors, die zur selben Zeit einen ähnlichen Gegenstand behandelt haben, aber auch ganz konkret die verschiedenen Phasen des Niederschreibens des Werkes, die Varianten, die sich in den verschiedenen Manuskripten manifestieren, welche die Grundlage jeder textkritischen Ausgabe eines Werkes sind), die biographischen und historischen Umstände des Autors (wie z. B. die kritische Auseinandersetzung mit anderen zeitgenössischen Positionen, die sich in einem Briefwechsel, in Rezensionen, in mündlich tradierten Gesprächen mit vertrauten Gesprächspartnern oder sogar in Unterstreichungen und Randkommentaren äußern können, die man in der Handbibliothek des Autors vorfindet), bestimmte entwicklungs-, begriffs- und rezeptionsgeschichtliche Faktoren können dazu zählen und vieles mehr; ähnlich wie bei der Kohärenz könnte man auch hier vielleicht zwischen lokalen, regionalen und umfassenden Kontexten unterscheiden. Im engeren Sinne meint man mit dem Kontext einer Stelle den textinternen, mehr oder weniger unmittelbaren Zusammenhang, in dem diese Stelle steht; was dieser Kontext ist, hängt dann natürlich auch davon ab, wie umfang- und inhaltsreich die zu interpretierende Stelle ist. In unserem Fall ist die zu interpretierende Stelle der Satz S. Aber S steht ja klarerweise in einem Kontext, und das ist zunächst der § 23; dieser § 23 wiederum hat seinen eigenen textinternen Kontext (den ganzen Zusammenhang der Liebespflichten, die §§ 23–36 der *Tugendlehre*), der wiederum eingebettet ist in andere Zusammenhänge, an deren vorläufigem Ende das Buch *Metaphysische Anfangsgründe der Tugendlehre* steht; aber auch das ist in der Tat nur vorläufig, weil dieses Buch zu dem zweibändigen Gesamtwerk der *Metaphysik der Sitten* gehört. Auf diese weiten Zusammenhänge können wir hier nicht eingehen; dafür fehlt der Raum. Solch ein Raum fehlt manchmal ganz pragmatisch (wir können mit Blick auf den Zweck dieses Einführungsbandes eben nicht die ganze *Tugendlehre* interpretieren oder gar die *Metaphysik der Sitten*). Doch er fehlt oft auch grundsätzlich: Denn wir müssen bei der Interpretation – ganz ähnlich wie bei der Begriffsanalyse und Argumentation – irgendwo anfangen und auch irgendwo aufhören. Im strengen und keineswegs überspannten Sinne ist der Kontext jenes Satzes S nämlich das ganze Kantsche Werk (noch etwas genauer gesagt: das ganze Kantsche Werk plus alle anderen Werke weiterer Autoren, auf die sich Kant in seinen Werken bezieht). Müssten wir aber wirklich, bevor wir S interpretieren dürften, zunächst einmal das ganze Kantsche Werk im interpretatorischen Griff haben, dann wüssten wir nicht nur nicht, womit wir anfangen sollten; vor allem kämen wir an kein Ende (schauen Sie sich einmal die zahlreichen Bände der Akademieausgabe der Werke Kants an!). Das heißt aber nicht, dass wir einen Persilschein haben und nun nach Belieben Stellen aus ihrem Zusammenhang reißen dürfen (übrigens ein sehr häufig zu beobachtendes Phänomen in der Interpretation philosophischer Texte); und wir müssen für die Leserinnen kontrollierbar *deutlich machen*, was wir nicht berücksichtigen und wie wir das, was wir nicht genauer interpretieren und in diesem Sinne nicht berücksichtigen, als etwas auf eine bestimmte Weise Verstandenes voraussetzen.

Achten wir also auf den Kontext von S, und das heißt jetzt: Betrachten wir, wie Kant nach S eigentlich fortfährt. Da auch hier IR2 wieder greift, wollen wir S doch gleich noch einmal im Zusammenhang und damit im Kontext zitieren:

> „Liebe und Achtung sind die Gefühle, welche die Ausübung dieser Pflichten begleiten. Sie können abgesondert (jede für sich allein) erwogen werden und auch so bestehen (Liebe des Nächsten, ob dieser gleich wenig Achtung verdienen möchte; imgleichen notwendige Achtung für jeden Menschen, unerachtet er kaum der Liebe wert zu sein beurteilt würde). Sie sind aber im Grunde dem Gesetze nach jederzeit miteinander in einer Pflicht zusammen verbunden; nur so, daß bald die eine Pflicht, bald die andere das Prinzip im Subjekt ausmacht, an welche die andere accessorisch geknüpft ist. – So werden wir gegen einen Armen wohltätig zu sein uns für verpflichtet erkennen; aber weil diese Gunst doch auch Abhängigkeit seines Wohls von meiner Großmut enthält, die doch den Anderen erniedrigt, so ist es Pflicht, dem Empfänger durch ein Betragen, welches diese Wohltätigkeit entweder als bloße Schuldigkeit oder geringen Liebesdienst vorstellt, die Demütigung zu ersparen und ihm seine Achtung für sich selbst zu erhalten."

Der unmittelbare Kontext von S ist der Satz in der Klammer (Liebe des Nächsten ...); diesen Satz wollen wir aber – aus Gründen, die gleich deutlich werden – zunächst einmal ignorieren. Es fällt nun auf, dass nach S direkt noch ein zweites „Sie" steht.

Ü110
Worauf ist dieses zweite „Sie" bezogen? Was folgt daraus für den Bezug des ersten „Sie"?

Genau, das zweite „Sie" (kurz: Sie_2) greift das erste „Sie" (kurz: Sie_1) wieder auf: Sie_1 und Sie_2 beziehen sich also auf dasselbe. Und das heißt: Was auch immer in S über Sie_1 ausgesagt wird, muss auch auf das zutreffen, was in dem Satz danach über Sie_2 ausgesagt wird, und umgekehrt. Das wiederum heißt: Wird in dem Satz danach (also in dem Satz beginnend mit Sie_2, kurz: dem Sie_2-Satz) eine Aussage getroffen, die in einer Interpretation von S auf den Referenten von Sie_1 nicht zutrifft, dann kann diese Interpretation von S nicht stimmen. Was also besagt der Sie_2-Satz? Um das herauszufinden, können wir auf *seinen* unmittelbaren Kontext blicken, und der besteht in dem Beispiel, das sich direkt an den Sie_2-Satz anschließt. Dass es ein Beispiel ist, kann man nicht nur am Inhalt erkennen, sondern auch daran, dass dieser letzte Satz (der nur durch einen Gedankenstrich vom Sie_2-Satz getrennt ist, wodurch aber angedeutet wird, dass jetzt ein Beispiel kommt) mit einem „So" beginnt, und das heißt eben: Jetzt kommt ein Beispiel für das, was im Sie_2-Satz thematisiert wird. Betrachten wir also in aller hier gebotenen Kürze dieses Beispiel. Der Kerngedanke scheint klar: In einem konkreten Fall (es geht um einen armen Menschen) besteht eine aktualisierte Pflicht zur Wohltätigkeit (aktualisiert in dem Sinne, dass die weite Pflicht in einem konkreten Falle greift und spezifiziert wird). Diese Pflicht ist das, was ich als geboten erkenne und was mich zunächst antreibt. Damit verknüpft ist zugleich die Pflicht, den Adressaten meiner Wohltätigkeit (den Armen) nicht zu demütigen; diese Pflicht ist aber nur eine sekundäre Pflicht, die überhaupt nur deswegen konkret relevant wird, weil ich die weite Pflicht der Wohltätigkeit umsetze. Erkenne ich für mich im gegebenen Falle nicht die Pflicht zur Wohltätigkeit, dann habe ich auch keine Pflicht, mich so zu verhalten, dass ich den anderen nicht demütige; denn dieses Nichtdemütigungsgebot besteht ja konkret darin, den Adressaten ‚durch ein Betragen, welches diese Wohltätigkeit entweder als bloße Schuldigkeit oder geringen Liebesdienst vorstellt', nicht zu demütigen, und wenn der Akt der Wohltätigkeit erst gar nicht erfolgt, dann kann ich auch kein ‚Betragen' an den Tag legen, das das Nichtdemütigungsgebot umsetzt. Also: Die weite Liebespflicht der Wohltätigkeit gegenüber einem Armen ist verknüpft mit der engen Achtungspflicht, den Armen durch die Ausübung eben dieser Liebespflicht nicht zu demütigen; wer also wohltätig ist (Liebespflicht), muss zugleich dem Adressaten seiner Wohltat mit einem ‚Betragen' begegnen, das ihn nicht erniedrigt (Achtungspflicht). Beide Pflichten sind also miteinander verbunden, wobei die eine (im Beispiel: die Liebespflicht, wohltätig zu sein) insofern die primäre Pflicht ist, als die andere (im Beispiel: die Achtungspflicht, nicht zu demütigen) sich nur aus dieser ergibt und sich in diesem Sinne an sie anhängt.

Ü111
Versuchen Sie jetzt, den Sie_2-Satz im Lichte des Beispiels zu interpretieren.

Diese Übung dürfte nicht schwergefallen sein. Es zeigt sich nämlich sofort, dass der Sie_2-Satz nur abstrakt formuliert, was das Beispiel dann veranschaulicht (und das sollen Beispiele ja leisten): Es geht um die, wie Kant es nennt, ‚accessorische' Verknüpfung von Liebes- und Achtungspflichten. Wir brauchen das Beispiel im Sie_2-Satz nur einzusetzen: ‚Die Liebes- und Achtungspflichten sind aber im Grunde dem Gesetze nach jederzeit miteinander in einer Pflicht zusammen verbunden [im Beispiel: die Liebespflicht, wohltätig zu sein und die Achtungspflicht, nicht zu demütigen]; nur so, daß bald die eine Pflicht [im Beispiel: die Liebespflicht, wohltätig zu sein], bald die andere [das ist allgemein gesprochen und hat also im Beispiel kein Pendant] das Prinzip im Subjekt ausmacht, an welche die andere [im Beispiel: die Achtungspflicht, nicht zu demütigen] accessorisch geknüpft ist.' Es ist eindeutig, dass diese ‚accessorische Verknüpfung' Thema des Sie_2-Satzes ist. Damit haben wir aber auch den Beweis erbracht, dass LA2 die bessere Lesart ist als LA1.

Ü112*
Warum haben wir jetzt nur eine ‚bessere' Lesart gefunden haben und nicht die *richtige*? Kann es die richtige Interpretation eines Textes jemals geben?

Wäre nämlich in S gemäß LA1 von den *Gefühlen* der Liebe und Achtung die Rede und nicht, gemäß LA2, von den *Pflichten*, dann müsste, wegen der Wiederaufnahme von Sie_1 durch Sie_2, der Sie_2-Satz besagen: ‚Die Gefühle der Liebe und Achtung sind aber im Grunde dem Gesetze nach jederzeit miteinander in einer Pflicht zusammen verbunden; nur so, daß bald die eine Pflicht [und spätestens hier müsste jetzt stehen: das eine Gefühl], bald die andere das Prinzip im Subjekt ausmacht, an welche die andere accessorisch geknüpft ist.' Und solch eine Lesart ergibt einfach keinen guten Sinn.

Um IR8 (Suche nach einer kohärenten Interpretation!) wirklich konsequent anzuwenden, müssen wir aber jetzt noch in der Lage sein, auch den Satz in der Klammer, mit der S endet, erklären zu können. Er lautet: „(Liebe des Nächsten, ob dieser gleich wenig Achtung verdienen möchte; imgleichen notwendige Achtung für jeden Menschen, unerachtet er kaum der Liebe wert zu sein beurteilt würde)." Auch dieser Satz verführt dazu, bei Sie_1 zunächst an die Gefühle der Liebe und Achtung zu denken und nicht an die Pflichten, weil eben von der ‚Liebe' und der ‚Achtung' die Rede ist. Um diesen Einschub richtig zu verstehen, müsste man – was wir hier nicht tun können – auf den unmittelbaren Kontext des § 23 eingehen, also auf den ganzen Abschnitt zu den Liebespflichten (§§ 23–36). Es würde sich dann rasch zeigen, dass die bekannte christliche Formel von der Nächstenliebe (‚Liebe des Nächsten') für Kant gerade *kein Gefühl* ist, sondern ein *Gebot*; und hat man dies erst im Blick, dann fällt auch auf, dass in diesem Klammersatz die Achtung als ‚*notwendige* Achtung' charakterisiert wird. Dass die Achtung ‚notwendig' ist, heißt aber nichts anderes als: Sie ist geboten, und da nach Kant Gefühle wie Liebe und Achtung gar nicht geboten sein können, ist mit der Achtung hier nicht die Achtung als Gefühl gemeint, sondern als Gebot, als Achtungspflicht.

Zum Schluss wollen wir noch die beiden bisher nicht beachteten Interpretationsregeln anwenden: Die Suche nach Parallelstellen (IR4) und die Prüfung unserer neuen Interpretation auf ihren sachlichen Gehalt (IR9).

Ü113
Übernehmen Sie das bitte: Suchen Sie elektronisch nach Parallelstellen zu „accessorisch".

Wenn Sie so gut wie nichts zu diesem Stichwort gefunden haben, darf Sie das nicht enttäuschen – es gibt nämlich wirklich bei Kant dazu nichts zu finden. Aber Vorsicht! Aus der Tatsache, dass Sie zu diesem *Stichwort* („accessorisch") nichts finden, dürfen Sie nicht ableiten, dass es zu dem *Thema* (die accessorische Verknüpfung von Pflichten) bei Kant nichts mehr zu finden gibt; Sie können nicht ausschließen, dass er das Thema an anderer Stelle wieder diskutiert, ohne dabei aber dieselbe Begrifflichkeit zu gebrauchen. Zwar verhält es sich tatsächlich so – das Thema der accessorischen Verknüpfung von Pflichten wird (zumindest im publizierten Werk) nur im § 23 behandelt –, aber das können sie elektronisch nicht eruieren. (Am Rande: Wenn Sie in Datenbanken nach einem festen Ausdruck suchen, bedenken Sie bitte folgende Punkte: Erstens gab es in früheren Zeiten keine festgelegte Orthographie, oder jedenfalls keine festgelegte Orthographie im heutigen Sinne. So kann es sein, dass Sie nach „Not" suchen und nichts finden, obwohl eine Suche nach „Noth" zahlreiche Stellen geliefert hätte. Zweitens können Ausdrücke flektiert im Text vorkommen: Wer nur nach „Mensch" sucht, wird vielleicht alle Stellen übersehen, in denen vom „Menschen" gesprochen wird. Drittens steht in Texten manchmal das Substantiv für ein Adjektiv und umgekehrt; so sucht man z.B. nach „Öffentlichkeit", aber der Autor spricht über „öffentliche" Räume und Meinungen.)

Zum sachlichen Gehalt müssen wir nicht mehr viel sagen, weil wir es eigentlich schon getan haben: Der Text des § 23 ist nur sinnvoll, wenn man das *Sie*$_1$ auf die Pflichten bezieht. Daraus folgt natürlich nicht, dass

Kants These – Liebes- und Achtungspflichten sind, wie er sagt, ‚jederzeit' auf accessorische Weise verknüpft – tatsächlich stimmt; aber es ist auch nicht unsere Aufgabe, herauszufinden, *ob* sie stimmt, sofern wir diesen Text zunächst nur interpretieren. Zur Interpretation und zur Beantwortung der Frage, ob die Interpretation richtig ist, müssen wir nur davon ausgehen können, dass diese These jedenfalls nicht so unplausibel ist, dass man die Interpretation aus sachlichen Gründen aufgeben müsste; und aufgeben kann man sie schon deshalb nicht, weil die alternative Interpretation (LA1) tatsächlich sachlich ganz abwegig ist.

Ü114*
Hier noch einige Übungsaufgaben zum § 23:
1. Unsere Interpretation des Klammersatzes (‚Liebe des Nächsten …') war sehr kurz; bitte versuchen Sie eine detaillierte Interpretation.
2. Was heißt es, dass die Liebes- und Achtungspflichten ‚*dem Gesetze nach*' accessorisch verbunden sind? Und inwiefern ist dies ‚*im Grunde*' so?
3. In welchem Sinne ist bei einer solchen Verknüpfung die eine Pflicht das ‚*Prinzip im Subjekt*'?

Bisher haben wir uns mit Textstellen beschäftigt, bei denen es um Begriffe und Thesen ging, aber noch nicht um Argumente. Das heißt natürlich nicht, dass solche Analysen, bei denen es nicht um die Rekonstruktion eines Argumentes geht – also nicht um eine Interpretation, deren Ziel es ist, zu erkennen, was genau das Argument des Autors oder eben: des Textes ist – keinen oder nur einen geringen Wert hätten. Denn erstens haben sie als philosophiehistorische Untersuchungen an sich einen Wert; und zweitens stehen sie fast immer in einem (mehr oder weniger engen) Zusammenhang mit Argumenten, und dies ja schon deshalb, weil Begriffe und Thesen (Aussagen), wie wir gesehen haben, die Bausteine von Aussagen und damit auch von Argumenten sind. Außerdem sind Argumente fast immer eingebettet in bestimmte begrifflich-methodische Zusammenhänge, die sich im eigentlichen Argument vielleicht gar nicht wiederfinden. So ist, um auf unser erstes Beispiel zurückzukommen, Kants zentrales Argument für die Geltung des berühmten kategorischen Imperativs verbunden mit der Idee, dass jeder normale Mensch ein Bewusstsein dieses moralischen Gesetzes hat; und diese Idee wiederum ist Teil dessen, was er als ‚Methode' und ‚Übergang' begreift. Beim zweiten Beispiel haben wir gesehen, wie eine genaue Lektüre (eines einzigen Wortes) die Deutung eines ganzen Absatzes verändern kann. Und hat man auf diese Weise erst einmal gesehen, dass es Kant um die ‚accessorische' Verknüpfung der Liebes- und Achtungspflichten geht, bei denen ja immer eine der Pflichten im Vordergrund steht, wird man Kants Ausführungen über die Freundschaft (in den §§ 46–47 der *Tugendlehre*) plötzlich in einem anderen Lichte sehen: Da heißt es nämlich, in der Freundschaft befinden sich die Pflicht zur Liebe und Achtung in einem *Gleichgewicht*; aber das wollen und können wir jetzt nicht weiter verfolgen.

> Ü115*
> Aber Sie können das ja tun. Versuchen Sie einmal eine Interpretation des Kapitels „Beschluss der Elementarlehre. Von der innigsten Vereinigung der Liebe mit der Achtung in der Freundschaft".

Eines ist jedenfalls klar, und wir wollen uns diesen Punkt um seiner Wichtigkeit willen noch einmal gut einprägen: Ob es um einzelne Wörter geht oder um komplexe Argumente – nichts steht einfach so da, auch kein Argument. Es ist *nicht* so – auch wenn vor allem die Vertreter der sogenannten analytischen Philosophie uns dies oft weismachen wollen –, dass es bei der Interpretation philosophischer Texte einfach nur darauf ankommt, die in ihnen enthaltenen Argumente zu bewerten. Zunächst einmal muss man sie *verstehen*; Argumente sind nicht einfach so ‚da', sondern müssen fast immer sehr mühsam und mit allergrößter Textnähe aus dem Text und den Kontexten herausdestilliert werden.

Drittes Beispiel: *Metaphysische Anfangsgründe der Tugendlehre* (§§ 1–2)

Auch bei dem Textstück, mit dem wir uns jetzt beschäftigen wollen, ist dies nicht anders (es handelt sich wieder um eine Passage aus der *Tugendlehre*).

> „§ 1 Der Begriff einer Pflicht gegen sich selbst enthält (dem ersten Anscheine nach) einen Widerspruch
> Wenn das verpflichtende Ich mit dem verpflichteten in einerlei Sinn genommen wird, so ist Pflicht gegen sich selbst ein sich widersprechender Begriff. Denn in dem Begriffe der Pflicht ist der einer passiven Nötigung enthalten (ich werde verbunden). Darin aber, daß es eine Pflicht gegen mich selbst ist, stelle

ich mich als ver bin den d, mithin in einer aktiven Nötigung vor (Ich, ebendasselbe Subjekt, bin der Verbindende); und der Satz, der eine Pflicht gegen sich selbst ausspricht (ich soll mich selbst verbinden), würde eine Verbindlichkeit, verbunden zu sein (passive Obligation, die doch zugleich, in demselben Sinne des Verhältnisses, eine aktive wäre), mithin einen Widerspruch enthalten. – Man kann diesen Widerspruch auch dadurch ins Licht stellen, daß man zeigt, der Verbindende (*auctor obligationis*) könne den Verbundenen (*subiectum obligationis*) jederzeit von der Verbindlichkeit (*terminus obligationis*) lossprechen; mithin (wenn beide einunddasselbe Subjekt sind) er sei an eine Pflicht, die er sich auferlegt, gar nicht gebunden; welches einen Widerspruch enthält.

§ 2 Es gibt doch Pflichten des Menschen gegen sich selbst
Denn setzet: es gebe keine solche Pflichten, so würde es überall gar keine, auch keine äußeren Pflichten geben. – Denn ich kann mich gegen Andere nicht für verbunden erkennen, als nur sofern ich zugleich mich selbst verbinde: weil das Gesetz, kraft dessen ich mich für verbunden achte, in allen Fällen aus meiner eigenen praktischen Vernunft hervorgeht, durch welche ich genötigt werde, indem ich zugleich der Nötigende in Ansehung meiner selbst bin."

Es folgt noch ein dritter Paragraph, in dem aufgelöst wird, was Kant „Antinomie" (grob: Widerspruch) nennt; darauf gehen wir später noch kurz ein.

> Ü116
> Bevor wir jetzt fortfahren, geben wir Ihnen folgende Generalaufgabe: Bitte versuchen Sie, die eben zitierten §§ 1 und 2 zu interpretieren. Lesen Sie also nicht weiter, sondern probieren Sie auf eigene Faust, das jeweilige Argument dieser beiden Paragraphen zu rekonstruieren. Und die Mutter aller Regeln bei einer solchen Interpretationsarbeit lautet: (IR2) Lies den Text mehrmals, langsam und sorgfältig!

Es ist übrigens ein interessantes Phänomen, dass eine intensive und reflektierte Beschäftigung mit philosophischen Texten nicht dazu führt, dass man sie schneller liest als ein Anfänger. Es ist zwar richtig, dass der fortgeschrittene Philosoph irgendwann einen autorentypischen Jargon, eine bestimmte formale Notation oder auch grundlegende Argumentationsstrukturen schneller erkennt, als er das zu Anfang seiner Philosophiestudien konnte. Aber wenn es um die wirklich schwierigen Probleme geht, ist der erfahrene Leser dann doch langsamer als der Anfänger. Denn wenn er philosophiehistorisch korrekt, d.h. kommentarisch und damit auch systematisch angemessen mit den Texten umgehen will, ergeben sich umfangreiche und schwierige Interpretationshypothesen, deren Überprüfung mehr Zeit benötigt, als wenn man ganz naiv und unreflektiert an einen Text herantritt. Naivität ist in der Texthermeneutik keine Tugend.

Es ist bei der Interpretation eines philosophischen Textes oder Textstückes oft oder sogar fast immer sinnvoll, sich zunächst einmal die Hauptthese klar zu machen – oder jedenfalls die These, die sich auf den ersten Blick als die Hauptthese aufdrängt. Obwohl a priori weder klar ist, was genau das Textstück ist, um das es geht, und obwohl die Rede von ‚einer' oder ‚der Hauptthese' nicht immer oder jedenfalls nur beschränkt sinnvoll ist, wollen wir uns doch merken, dass es oft ein guter Beginn für die Interpretationsarbeit ist, mit so etwas wie der Identifikation einer Hauptthese zu beginnen. Eine solche Hauptthese zu identifizieren bedeutet nämlich, eine vorläufige Annahme darüber zu machen, worum es in dem Text im Wesentlichen geht, nämlich um die Aussage oder These, die begründet werden soll. Wie gesagt: Man kann nicht immer einfach von der (einen) Hauptthese eines Textstückes reden (und natürlich erst recht nicht von der einen Hauptthese eines Buches), aber um die Dinge etwas zu vereinfachen, wollen wir dieses Problem einmal ignorieren und die nächste Interpretationsregel möglichst einfach formulieren:

> IR11 Identifiziere die Hauptthese des Textes!

Im Falle des § 1 ist diese Aufgabe ganz leicht. Sie ist so leicht, dass wir daraus keine Übungsaufgabe machen wollen; denn Kant selbst formuliert die These in der Überschrift des § 1: ‚Der Begriff einer Pflicht gegen sich selbst enthält (dem ersten Anscheine nach) einen Widerspruch'. Im Text selbst heißt es dann, ‚Pflicht gegen sich selbst' sei ein ‚sich widersprechender Begriff', und noch drei weitere Male ist im § 1 von einem ‚Widerspruch' die Rede. Vorläufig dürfen wir als Hauptthese des § 1 also jedenfalls festhalten:

(T1) Der Begriff der Pflicht gegen sich selbst ist widersprüchlich.

Es ist also leicht, die Hauptthese (wie gesagt: vorläufig) zu identifizieren. Doch *wessen* These ist dies eigentlich? Geht man ganz ohne Vorkenntnisse – und damit auch ganz ohne Vorkenntnisse zum Kontext des § 1 – an dieses Textstück heran (nur wissend, dass es ein Text aus Kants *Tugendlehre* ist), so wird man vermuten, T1 sei Kants These. Aber wer Kants Ethik auch nur sehr oberflächlich kennt, weiß natürlich, dass dies *unmöglich* Kants These sein kann. Denn Kant ist ja der Auffassung, dass es Pflichten gegen sich selbst gibt, also z.B. die Pflicht, sich nicht zu töten oder auch die Pflicht, seine eigenen Talente zu entwickeln, und wenn es sie gibt, dann kann T1 nicht stimmen. Denn wenn der Begriff der Pflicht gegen sich selbst widersprüchlich wäre, dann könnte es solche Pflichten auch nicht geben; sie wären dann unmöglich. (Erinnern Sie sich? In unserer ersten Beispielinterpretation war von der Freiheit die Rede und davon, dass ihr Begriff keine Widersprüche enthält. Das reichte Kant aus um zu zeigen, dass Freiheit möglich ist.)

Wer auch immer T1 vertreten hat, eines steht jedenfalls schon fest: T1 ist nicht Kants These. Daher heißt es ja auch in der Überschrift, der Begriff der Pflicht gegen sich selbst enthalte ‚*dem ersten Anscheine nach*‘ einen Widerspruch. Doch wenn es nicht Kants These ist, wessen These ist es dann? Es kann sehr interessant sein, dieser Frage nachzugehen. Diese Frage, oder besser: solche Fragen nach den historischen Wurzeln philosophischer Positionen können uns auf die Quellen lenken, die philosophischen Debatten oft zugrunde liegen; solche Quellen gehören auch zu dem, was wir oben den *Kontext* eines Textes genannt haben. In fast allen philosophischen Texten findet man mehr oder weniger explizite Verweise auf die Thesen und Argumente der Vorgänger oder Zeitgenossen, und wenn man den Text des Autors, mit dem man sich gerade beschäftigt (in unserem Falle also: Kant), besser verstehen will, dann kann es oft sehr hilfreich sein, den Hintergrund zu erforschen, vor dem der Autor an ein philosophisches Problem herangeht. Begriffe, Thesen und Argumente fallen fast nie vom Himmel; sie stehen in einem Kontext, der jenseits der Texte des Autors selbst existiert.

> Ü117*
> Formulieren wir das als Aufgabe für Sie: Wenn Kant im § 1 nicht seine eigene Position wiedergibt, wessen Position ist es dann?

Betrachten wir jetzt zunächst die Hauptthese des § 2. Auch sie ist wieder leicht zu identifizieren, da Kant auch sie schon in der Überschrift des Paragraphen formuliert. Etwas überraschend ist sie trotzdem: ‚Es gibt doch Pflichten des Menschen gegen sich selbst'. Es ist offenkundig, dass die §§ 1 und 2 direkt aufeinander bezogen sind, und der eine (§ 1) etwas behauptet, was der andere (§ 2) bestreitet. Überraschend ist die Überschrift des § 2 deshalb, weil sie gar nicht behauptet, was § 1 bestreitet, bzw. nicht bestreitet, was § 1 behauptet. Es gibt, anders gesagt, gar keinen *direkten* Widerspruch zwischen § 1 und § 2.

> Ü118
> Dennoch lässt sich ganz einfach ein echter (d.h. formaler) oder eben direkter Widerspruch zwischen § 1 und § 2 konstruieren. Wie lässt sich das machen?

Etwas umformuliert lautet die Überschrift und damit die Hauptthese des § 2 so:

(AT1) Es gibt Pflichten gegen sich selbst.

(„AT" steht dabei für „Antithese", also für die T1 entgegengesetzte These). T1 und AT1 stehen aber, wie gesagt, nicht direkt im Widerspruch zueinander. Das Problem ist jedoch leicht gelöst. Man muss dafür nur annehmen, dass ein Begriff, der selbstwidersprüchlich ist, ohne Bezug ist: Wenn der Begriff der Pflicht selbstwidersprüchlich ist, dann kann es eben auch keine Pflichten gegen sich selbst geben. Aus T1 lässt sich also folgende These gewinnen:

(T2) Es gibt keine Pflichten gegen sich selbst.

Man kann den kontradiktorischen Widerspruch auch anders sichtbar machen: Wenn T1 wahr ist, dann ist der Begriff der Pflicht gegen sich selbst widersprüchlich. Damit gilt auch, dass Pflichten gegen sich selbst unmöglich bzw. *nicht möglich* sind;

(T3) Pflichten gegen sich selbst sind nicht möglich.

Aus AT1 folgt aber, dass Pflichten gegen sich selbst *möglich* sind. Denn wenn es Pflichten gegen sich selbst gibt, dann sind sie natürlich auch möglich:

(AT2) Pflichten gegen sich selbst sind möglich.

Offensichtlich ergeben aber T3 und AT2 einen offenen formalen Widerspruch, weil T3 die Negation von AT2 ist und umgekehrt.

Und auch T2 und AT1 widersprechen einander. Aber aufgepasst: Denn wir haben es jetzt nicht einfach mit einem Widerspruch zu tun, sondern mit zweien: Erstens mit dem *Begriffswiderspruch*, der im Begriff der Pflicht gegen sich selbst enthalten ist (so die Aussage von T1); und zweitens mit dem formalen *propositionalen Widerspruch* (oder eben der ‚Antinomie') zwischen AT1 und T2, der auf den Begriffswiderspruch zurückzuführen, aber nicht mit diesem identisch ist.

Wir können uns hier mit § 1 nicht genauer beschäftigen. Doch schon nach unserer bisherigen Lektüre scheint das Argument oder zumindest die Argumentstrategie klar zu sein: Der Begriff der Pflicht gegen sich selbst enthält einen Widerspruch, und was einen Widerspruch enthält, kann es nicht geben.

> Ü119
> Versuchen Sie bitte, diese Überlegung mit Hilfe einer validen Schlussregel darzustellen! Die Konklusion lautet: Es gibt keine Pflichten gegen sich selbst.

Genau, wir benötigen einen Modus ponens. Das Argument (nennen wir es „A1") sieht dann so aus:

1. Wenn der Begriff der Pflicht gegen sich selbst widersprüchlich ist, dann gibt es keine Pflichten gegen sich selbst.
2. Der Begriff der Pflicht gegen sich selbst ist widersprüchlich.
Also: 3. Es gibt keine Pflichten gegen sich selbst.

Damit haben wir jetzt zum ersten Mal das getan, worum es bei der Interpretation philosophischer Texte ganz wesentlich und in gewisser Hinsicht *letzten Endes immer* geht: um die Rekonstruktion eines Argumentes (oder manchmal auch mehrerer, im besten Fall zusammenhängender Argumente). Das kann manchmal relativ leicht sein, manchmal aber auch unendlich schwer; und fast immer ist es so, dass man tatsächlich das Argument erst einmal rekonstruieren und eben dadurch *identifizieren* muss, weil die allerwenigsten philosophischen Autoren (und das ist heute nicht anders als früher) ihr Argument selbst ganz selten so und in der Klarheit darlegen, wie wir es als Leser rekonstruierend identifizieren. Kant schreibt A1 (das obige Argument) eben nicht *so* hin; sondern A1 ist ein Argument, das im Text steckt, aber gewissermaßen über seine Bausteine aus diesem Text herausgezogen und in diesem Sinne rekonstruiert werden muss. Diesen ganz wichtigen Punkt wollen wir uns durch eine Regel merken:

IR12 Rekonstruiere das Argument!

> **Ü120***
> Das Argument aus § 1 (also A1) kann man übrigens auch noch stärker formalisieren. Bitte probieren Sie das einmal für A1 wie auch für die anderen Argumente, die Ihnen gleich noch begegnen werden (d.h. auch für A2, A3, A4 und A4*).

Damit ist zwar nicht geklärt, warum oder in welchem Sinne der Begriff der Pflicht gegen sich selbst widersprüchlich ist; aber immerhin ist die Stoßrichtung des § 1 jetzt klar.

Kant reagiert auf die Konklusion dieses Argumentes (also auf die Hauptthese T2) mit der Gegenthese AT1, wonach es, wie Kant schreibt, ‚doch Pflichten (des Menschen) gegen sich selbst gibt'. Das fordert eine Übungsaufgabe heraus, die zur letzten analog ist.

> **Ü121**
> Versuchen Sie bitte, Kants Überlegung mit Hilfe eines Modus tollens darzustellen. Wieder geben wir eine kleine Hilfestellung: Die Konklusion lautet jetzt: Der Begriff der Pflicht gegen sich selbst ist nicht widersprüchlich.

Genau, dieses Mal sieht das Argument (kurz: „A2") so aus:

1. Wenn der Begriff der Pflicht gegen sich selbst widersprüchlich ist, dann gibt es keine Pflichten gegen sich selbst.
2. Es gibt Pflichten gegen sich selbst.
Also: 3. Der Begriff der Pflicht gegen sich selbst ist nicht widersprüchlich.

Kant hat demnach an der ersten Prämisse, die ja beiden Argumenten gemeinsam ist, nichts auszusetzen. (Wie sollte er auch? Denn natürlich kann nicht wirklich sein, was nicht einmal möglich ist. Das wäre übrigens eine Erkenntnis aus der sogenannten Modallogik, die wir in unserem Buch nicht behandelt haben, die aber auch sehr wichtig ist.) Während aber das Argument aus § 1 das Antezedens der Prämisse 1 bestätigend aufgreift (der Begriff der Pflicht gegen sich selbst ist widersprüchlich), negiert Kant mit dem Argument aus § 2 das Konsequens (behauptet also mit der zweiten Prämisse AT1), und gelangt so auch zur Negation von T1, also zur Gegenthese, dass der Begriff der Pflicht gegen sich selbst eben *nicht* widersprüchlich ist.

> Ü122
> Schön und gut, würde man sagen. Allerdings hat dieses Argument einen großen Haken. Wo ist der versteckt? (Es ist kein formaler Haken; der Modus tollens ist ja, wie wir gelernt haben, valid.)

Sie fänden es vermutlich wenig befriedigend, wenn Kant, wie die Überschrift des § 1 vielleicht suggeriert, dem Argument des § 1 einfach nur entgegenhielte, dass es ‚*doch* Pflichten gegen sich selbst *gibt*'. In der Tat, wenn es sie gibt, kann der Begriff der Pflicht gegen sich selbst nicht widersprüchlich sein; aber gibt es sie? Es wäre ja denkbar (in der Tat ist dies gerade auch in der gegenwärtigen Philosophie eine weit verbreitete Position), dass zwar die Existenz von Pflichten gegen sich selbst bestritten wird, keineswegs aber die Existenz von Pflichten gegen andere; man kann ja z. B. durchaus der Auffassung sein (ohne dass dies offenkundig absurd oder widersprüchlich wäre), dass man zwar andere Menschen nicht töten darf, aber sehr wohl sich selbst. Würde Kant also einfach nur Pflichten gegen sich selbst als wirklich bereits voraussetzen, beginge er eine *petitio principii*, weil er genau das voraussetzen würde, was bestritten wird (dass es nämlich solche Pflichten gibt). Manchmal nennt man so einen Schachzug auch ein *Ad hoc-Argument* – wenn man einfach „ad hoc" ohne weitere Begründung das als existent behauptet, dessen Existenz doch gerade infrage steht.

Aber so einfach macht Kant es sich natürlich nicht. Blicken wir einmal näher auf den Text, und achten wir dabei vor allem auf die logischen Signalwörter. Tatsächlich finden wir ein solches Signalwort direkt im Anschluss an die in der Überschrift formulierte These AT1 (dass es Pflichten gegen sich selbst gibt). Im eigentlichen Text des § 2 fährt Kant nämlich fort: „Denn setzet: es gebe keine solche Pflichten, so würde es überall gar keine, auch keine äußeren Pflichten geben." (*Tugendlehre*, 417)

> Ü123
> Wie lautet das logische Signalwort?

Nun, das war sehr einfach, es lautet natürlich „Denn". Aber wir dürfen uns nicht scheuen, einfache Fragen zu stellen und daher auch nicht davor zurückschrecken, auf ganz einfache, scheinbar triviale Dinge in einem Text zu achten. Eine einfache, aber merkenswerte Regel besagt entsprechend:

IR13 Suche nach logischen Signalwörtern!

Bevor wir aber auf jenes „Denn" eingehen, müssen wir noch fragen, worauf in dem oben zitierten Satz ‚*solche* Pflichten' bezogen ist. Auch das ist eine sehr elementare Frage; wie wir aber bei unserem zweiten Beispiel (mit dem „Sie") gesehen haben, ist es extrem wichtig (nicht nur bei Kant, der oft sehr kompliziert und verschachtelt schreibt), nach dem Bezug von Pronomina zu fragen, und ganz oft ist dieser Bezug auch alles andere als leicht zu klären. In diesem Fall fällt die Antwort jedoch sehr leicht: ‚*solche* Pflichten' sind natürlich die in der Überschrift genannten Pflichten des Menschen gegen sich selbst, auf die Kant sich unmittelbar bezieht. Was ‚*äußere* Pflichten' sind, ist dagegen nicht ohne weiteres klar und kann jedenfalls nur durch Parallelstellen geklärt werden (wir erinnern uns an IR4); aber die Mühe ersparen wir Ihnen und sagen daher einfach, dass ‚äußere Pflichten' identisch sind mit Pflichten gegen andere.

Ü124
Sehr gut, Sie haben IR5 und dann IR4 angewandt! Wenn aber nicht, dann tun Sie es doch und suchen Sie bitte elektronisch, wo sonst Kant von ‚äußeren Pflichten' spricht. Vielleicht stimmt ja gar nicht, was wir behaupten.

Zurück also zum ‚Denn' und damit auch gleich zur nächsten Übung:

Ü125
Ein Wort wie ‚Denn' soll in der Regel ein Begründungsverhältnis anzeigen: Etwas ist so-und-so, *weil* etwas anderes so-und-so ist, oder eben: Etwas ist so-und-so, *denn* etwas anderes ist so-und-so. Ein ‚Denn' zeigt also die Prämissen eines Arguments an. Wie also lautet Kants Argument? Beginnen Sie mit der Konklusion!

Würde Kant nur behaupten, dass es ‚doch Pflichten gegen sich selbst gibt', dann würde er, so sagten wir, genau das voraussetzen, was bestritten wird. Aber er hat eben, wie das ‚Denn' anzeigt, ein Argument für diese These, so dass diese These die Konklusion ist: Es gibt Pflichten gegen sich selbst. Und das Argument (kurz: „A3") scheint so auszusehen:

1. Wenn es keine Pflichten geben sich selbst gibt, dann gibt es keine Pflichten gegen andere.
2. Es gibt Pflichten gegen andere.
Also: 3. Es gibt Pflichten gegen sich selbst.

Wie Sie mittlerweile sicher unschwer erkennen können, handelt es sich wieder um einen Modus tollens; das Argument ist also valid. Wie immer hängt die Triftigkeit eines solchen Argumentes aber auch von der Wahrheit der Prämissen ab. Nun könnte man gegen diese Wiedergabe von Kants Argument einwenden – also gegen die Interpretation, dass dieses Argument tatsächlich Kants Argument gegen die im § 1 vorgetragene These ist, wonach es keine Pflichten gegen sich selbst gebe –, dass Kant mit keinem Wort *begründet*, dass es wirklich Pflichten gegen andere gibt. Und in der Tat stimmt das, und noch mehr, denn Kant *behauptet* nicht einmal direkt, dass es sie gibt. Allerdings ist das kein guter Einwand, oder jedenfalls kein guter Einwand in diesem Zusammenhang. Abgesehen davon, dass man – wie wir aus dem Gespräch der Schildkröte mit Achill gelernt haben – nicht jederzeit alles begründen muss, ja dass man nicht einmal alles begründen kann, darf Kant in diesem Zusammenhang wie selbstverständlich davon ausgehen, dass es Pflichten gegen andere gibt, weil sein Kontrahent das gar nicht bestreitet; in dieser Hinsicht ist Kant also überhaupt nicht in der Begründungspflicht. Die gemeinsame Ausgangsbasis für beide Parteien ist, dass es solche Pflichten gibt; und Kants Strategie scheint dann darin zu bestehen, seinem Kontrahenten aus § 1 (und damit uns, seinen Leserinnen und Lesern) klar zu machen, dass es eine Verknüpfung zwischen Pflichten gegen andere und Pflichten gegen sich selbst gibt, so dass, wer letztere bestreitet (also Pflichten gegen sich selbst), auch erstere bestreiten muss – und wer will schon die Existenz von Pflichten gegen andere bestreiten?

> Ü126
> Was genau ist diese Verknüpfung zwischen Pflichten gegen sich selbst und gegen andere? Bitte erläutern Sie dies in der Terminologie von notwendigen und hinreichenden Bedingungen. Und noch eine Aufgabe, die zugleich ein Hinweis ist: Wie lautet die Kontraposition der ersten Prämisse von A3 (also der Aussage: Wenn es keine Pflichten geben sich selbst gibt, dann gibt es keine Pflichten gegen andere)? Falls Sie gerade vergessen haben, was eine Kontraposition ist, dann schauen Sie bitte mit Hilfe des Registers nach.

Genau, die Kontraposition der ersten Prämisse lautet: ‚Wenn es Pflichten gegen andere gibt, dann gibt es Pflichten gegen sich selbst'. Nun drückt in einem solchen Wenn-dann-Satz das Antezedens die hinreichende und das Konsequens die notwendige Bedingung aus. Kants These lautet demnach also: Pflichten gegen sich selbst sind eine notwendige Bedingung für die Pflichten gegen andere; oder anders gesagt (mit Prämisse 1 aus A3): Gibt es keine Pflichten gegen sich selbst, dann gibt es auch keine Pflichten gegen andere; oder noch einmal anders: ohne Pflichten gegen sich selbst gibt es keine Pflichten gegen andere.

> Ü127
> Machen Sie bitte die obige Kontraposition (‚Wenn es Pflichten gegen andere gibt, dann gibt es Pflichten gegen sich selbst') zur ersten Prämisse eines entsprechenden Argumentes.

Jetzt zahlt sich also die indirekte Strategie Kants aus. Er behauptet:

1. Wenn es Pflichten gegen andere gibt, dann gibt es Pflichten gegen sich selbst.

Und wenn das stimmt, kann Kant, da sein Kontrahent dem Antezedens

2. Es gibt Pflichten gegen andere.

zustimmt, mit Hilfe eines Modus ponens schließen:

Also: 3. Es gibt Pflichten gegen sich selbst.

Aber haben wir mit diesem Argument (kurz: „A4") wirklich das Argument aus dem ‚Denn-Satz' wiedergegeben? Bevor wir darauf eingehen, zunächst noch ein praktischer Hinweis: Wer eng am Text arbeitet, muss immer wieder auf einzelne Sätze oder Wörter Bezug nehmen; so haben wir ja gerade auf den Satz „Denn setzet: es gebe keine solche Pflichten, so würde es überall gar keine, auch keine äußeren Pflichten geben" bezogen, und dabei das Kürzel ‚Denn-Satz' gebraucht (so ähnlich wie wir uns oben bei der GMS die Kürzel „V", „Z" usw. gebraucht haben). Oft reicht das völlig aus; wie wir gleich aber sehen werden, gibt es noch einen weiteren ‚Denn-Satz' im § 2, so dass dieses Kürzel nicht sinnvoll ist. Daher kann es oft ratsam sein, die zu interpretierende Passage einzuteilen, etwa so:

> „[§ 2Ü] § 2 Es gibt doch Pflichten des Menschen gegen sich selbst
>
> [§ 2.1] Denn setzet: es gebe keine solche Pflichten, so würde es überall gar keine, auch keine äußeren Pflichten geben. – [§ 2.2a] Denn ich kann mich gegen Andere nicht für verbunden erkennen, als nur sofern ich zugleich mich selbst verbinde: [§ 2.2b] weil das Gesetz, kraft dessen ich mich für verbunden achte, in allen Fällen aus meiner eigenen praktischen Vernunft hervorgeht, durch welche ich genötigt werde, indem ich zugleich der Nötigende in Ansehung meiner selbst bin."

„[§ 2Ü]" steht dabei für die Überschrift des § 2, „[§ 2.1]" für den ersten Satz des § 2 usw. Eine solche einteilende Nummerierung vorzunehmen ist dabei schon eine Leistung und oft auch ein interpretierender Eingriff, der sich im Fortgang bestätigen muss; so ist die Einteilung des zweiten Satzes (also von [§ 2.2]) in zwei weitere Teile (also in [§ 2.2a] und [§ 2.2b]) keineswegs selbstverständlich. – Aber zurück zu unserer Frage: Haben wir mit A4, also mit folgendem Argument:

1. Wenn es Pflichten gegen andere gibt, dann gibt es Pflichten gegen sich selbst.
2. Es gibt Pflichten gegen andere.
Also: 3. Es gibt Pflichten gegen sich selbst.

den Satz [§ 2.1] adäquat wiedergegeben? Dazu zunächst eine kleine Übung:

Ü128
Formulieren Sie [§ 2.1] bitte so um, dass Sie die Pflichten, die jeweils genannt werden, explizit benennen.

Ihr Resultat müsste so aussehen:

> [§ 2.1]* Denn setzet: es gebe keine Pflichten gegen sich selbst, so würde es überall gar keine Pflichten geben, auch keine Pflichten gegen andere.

(Diesen Satz bezeichnen wir, wie gehabt, mit [§ 2.1], aber mit einem Asterisk * versehen, damit klar ist, dass wir ihn umformuliert haben.) Jetzt können wir erkennen, dass A4 zwar keine falsche, aber doch eine verkürzende Wiedergabe des Argumentes von [§ 2.1] ist. Denn Kant schreibt ja gar nicht direkt, dass es ohne Pflichten gegen sich selbst keine Pflichten gegen andere gibt; vielmehr behauptet er, dass es ohne

Pflichten gegen sich selbst ‚überall *gar keine* Pflichten geben würde', und infolgedessen ‚*auch* keine Pflichten gegen andere'.

> **Ü129**
> Versuchen Sie nun bitte, diesen Befund aufzunehmen und das Argument A4 so zu gestalten, dass es [§ 2.1] adäquat wiedergibt. Ein Hinweis: Machen Sie bitte Gebrauch von der Schlussregel des hypothetischen Syllogismus (Kettenschluss).

Das Argument müsste jetzt so aussehen (kurz: „A4*"):

1. Wenn es keine Pflichten gegen sich selbst gibt, dann gibt es gar keine Pflichten.
2. Wenn es gar keine Pflichten gibt, dann gibt es keine Pflichten gegen andere.
Also: 3. Wenn es keine Pflichten gegen sich selbst gibt, dann gibt es keine Pflichten gegen andere.

Die Konklusion dieses Argumentes verbinden wir in einem Modus tollens wieder mit der unbestrittenen Prämisse, dass es Pflichten gegen andere gibt, und gelangen so wieder zu A3:

1. Wenn es keine Pflichten gegen sich selbst gibt, dann gibt es keine Pflichten gegen andere.
2. Es gibt Pflichten gegen andere.
Also: 3. Es gibt Pflichten gegen sich selbst.

> **Ü130**
> Noch rasch eine kleine Übung: Wir haben Kant die Behauptung unterstellt, dass es ohne Pflichten gegen sich selbst ‚überall gar keine Pflichten geben würde' und *infolgedessen* ‚auch keine Pflichten gegen andere'. Aber gibt die Formulierung (‚*auch* keine Pflichten gegen andere') diese Begründungsbeziehung wirklich her? Ist das von uns behauptete ‚Infolgedessen' wirklich gut begründet?

Wir hatten gerade gefragt, ob wir Kants Argument richtig wiedergegeben haben, und wir haben eine kleine (vielleicht gar nicht richtige) Korrektur vorgenommen. Aber dürfen wir jetzt schon zufrieden sein?

Zunächst könnten wir mit IR9 die Interpretation auf ihren sachlichen Gehalt prüfen. Fragen wir also: Ist Kants These plausibel, dass es ohne Pflichten gegen sich selbst keine Pflichten gegen andere geben kann? Die Frage ist nicht leicht zu beantworten. Vielleicht ist sie für uns heute keine sehr attraktive These. Aber für Kant selbst scheint sie vielleicht nicht ausgeschlossen zu sein, so dass man zumindest nicht sagen kann, sie widerspräche anderen seiner Thesen offenkundig. IR9 scheint also hier bestenfalls einen anfänglichen Verdacht zu begründen, dass vielleicht etwas nicht stimmen könnte. Viel fruchtbarer sind hier IR8 (Suche nach einer kohärenten Interpretation!) und IR7 (Suche nach alternativen und besseren Interpretationshypothesen!). Was haben wir denn bisher getan? Wir haben die Überschrift des § 2 [§ 2Ü] im Zusammenhang mit dem ersten Satz [§ 2.1] gelesen – und sonst noch gar nichts! Wir haben also noch gar nicht den Rest des § 2 berücksichtigt, und das ist ein großer Mangel. Denn auch wenn nach [§ 2.1] ein Gedankenstrich steht, dürfen wir nicht einfach davon ausgehen, dass man die Bedeutung von [§ 2.1] ohne den sich daran anschließenden Satz [§ 2.2] verstehen kann. Und dass man dies auf keinen Fall tun darf, ist nicht nur deswegen wahr, weil fast nie ein Satz ohne Rücksicht auf den unmittelbar nächsten Satz interpretiert werden darf, sondern weil in diesem Fall [§ 2.1] mit [§ 2.2] bzw. mit [§ 2.2a] durch ein erneutes „Denn" verbunden ist. Was wir bisher als These aus [§ 2.1] gewonnen haben – ohne Pflichten gegen sich selbst gibt es keine Pflichten gegen andere –, wird seinerseits also wieder mit einer weiteren Überlegung begründet. Damit hängt aber die Bedeutung von [§ 2.1] von [§ 2.2] ab. Und wie wir jetzt sehen werden, haben wir [§ 2.1] womöglich *falsch* interpretiert und daher auch das Argument Kants womöglich falsch verstanden.

Also, noch einmal (nichts anderes verlangt ja IR2):

> „[§ 2.2a] Denn ich kann mich gegen Andere nicht für verbunden erkennen, als nur sofern ich zugleich mich selbst verbinde: [§ **2.2b**] weil das Gesetz, kraft dessen ich mich für verbunden achte, in allen Fällen aus meiner eigenen praktischen Vernunft hervorgeht, durch welche ich genötigt werde, indem ich zugleich der Nötigende in Ansehung meiner selbst bin."

Wir haben schon darauf hingewiesen, dass es wichtig ist, den zu interpretierenden Text möglichst zu entschlacken, also all das bei der rekonstruktiven Wiedergabe kontrolliert wegzulassen, was zur eigentlichen Sache nichts beiträgt. *Kontrolliert* muss eine solche Kürzung (oder eben Entschlackung) in dem Sinne sein, dass man nicht *einfach so* eine Kürzung vornimmt, also nicht ohne zumindest darauf hinzuweisen oder kurz zu begründen, warum man etwas weglässt. Wir müssen hier immer so vorgehen wie ein guter Chemiker oder Physiker im Labor: Jeden Schritt, an dem wir die Versuchsanordnung ändern, müssen wir in unserem „Laborbuch" notieren, damit, falls etwas gelingt, aber vor allem auch, falls etwas mit unserer Hypothese schief geht, wir selbst, unsere Kolleginnen und unsere Leser immer nachvollziehen und genau angeben können, an welchem Punkt genau es gelang oder schief gegangen ist. Kein Fehler ist so interessant, dass man ihn gleich zwei Mal begehen sollte.

Hier nun eine Rekonstruktion von [§ 2.2a]:

> [§ 2.2a*] Ich bin gegen andere nicht verbunden, als nur sofern ich zugleich mich selbst verbinde.

> Ü131
> Was ist weggefallen?

Genau, weggefallen ist erstens das „Denn": Das darf natürlich bei der Gesamtinterpretation nicht wegfallen, aber genauso, wie die Proposition im Antezedens einer Subjunktion formuliert werden kann unabhängig von ihrer logischen Relation zum Konsequens (sonst wären die Wahrheitstafeln ja gar nicht möglich), so kann man hier die Aussage rekonstruieren und *zunächst* davon abstrahieren, in welcher Beziehung [§ 2.2a] zu [§ 2.1] steht; kontrolliert wird diese Auslassung hier also einfach dadurch, dass man darauf hinweist und Sorge dafür trägt, dass das „Denn" in der Interpretation später wieder auftaucht. Weggefallen ist aber auch, zweitens, der Aspekt, dass ‚ich mich gegen andere nicht für verbunden *erkennen* kann, als nur sofern ich zugleich mich selbst verbinde'. Diese Streichung ist umso gewagter, als in [§ 2.2b] eine ähnliche Wendung auftaucht:

> Ü132
> Da wir jetzt ohnehin schon zu [§ 2.2b] übergehen: Rekonstruieren Sie bitte diesen Satz, und ignorieren Sie dabei vorläufig das „weil" und die eben erwähnte Wendung, die ähnlich ist wie die in [§ 2.2a].

Das müsste ungefähr so aussehen:

> [§ 2.2b*] Das Gesetz, kraft dessen ich verbunden bin, geht in allen Fällen aus meiner eigenen praktischen Vernunft hervor, durch welche ich genötigt werde, indem ich zugleich der Nötigende in Ansehung meiner selbst bin.

Neben dem ebenfalls begründenden „weil" ist hier also die Wendung ‚kraft dessen ich mich für verbunden *achte*' weggelassen. In diesem Falle würde es nicht ausreichen, nur darauf hinzuweisen; man müsste es begründen, zumal ähnliche Wendungen ja in [§ 2.2a] (‚ ... verbunden erkennen ...') und [§ 2.2b] (‚ ... verbunden achte ...') auftauchen. Eine solche Begründung können wir hier aus Platzgründen nicht liefern; immerhin ist aber so viel Kontrolle und Kontrollierbarkeit da, dass wir uns bewusst sind, dass die Weglassung begründungspflichtig ist und auch begründet werden kann. Wir wollen bei dieser Gelegenheit noch eine wichtige Regel aufstellen:

IR14 Rekonstruiere kürzend, aber kontrolliert die Textaussagen!

Betrachten wir jetzt noch einmal [§ 2.2a*]: ‚Ich bin gegen andere nicht verbunden, als nur sofern ich zugleich mich selbst verbinde.' Vielleicht fragen Sie sich, was dieses ‚verbinden' eigentlich bedeutet. Nun, das ist ziemlich leicht verstehbar (bei veralteten deutschen Ausdrücken ist übrigens das Grimmsche Wörterbuch sehr hilfreich): Es bedeutet soviel wie ‚verpflichten'. Im ersten Teil von [§ 2.2a*] steht demnach also: ‚Ich bin gegen andere nicht verpflichtet ...', im Sinne von: ‚Ich habe gegen andere keine Pflichten'. Was ist dann mit dem zweiten Teil?

> Ü133
> Diese Frage lohnt eine eigene Übung: Welche Aussage müsste man für den zweiten Teil von [§ 2.2.a] bzw. [§ 2.2.a*] erwarten, wenn Kant wirklich behaupten würde, dass Pflichten gegen sich selbst eine notwendige Bedingung für Pflichten gegen andere sind?

Richtig, dann müsste die Aussage lauten: ‚Ich habe gegen andere keine Pflichten, als nur sofern ich zugleich gegen mich selbst Pflichten habe'. *Aber das steht da nicht.* Vielmehr steht da (und diese wichtige, erneute Formulierung markieren wir durch einen zweiten Asterisk):

[§ **2.2a****] Ich bin gegen andere nicht verpflichtet, als nur sofern ich zugleich mich selbst verpflichte.

Und *sich selbst verpflichten* ist etwas ganz anderes als *Pflichten gegen sich selbst* zu haben. Das kann man sich sogar ganz ohne Kenntnis der Kantischen Ethik klar machen: Wenn man nämlich selbst der Urheber aller Pflichten ist (der *auctor obligationis*, wie Kant in § 1 schreibt), dann ist es, wenn ich zu einer bestimmten Handlung ‚mich selbst verpflichte', ganz egal, ob diese Handlung eine Handlung ist, die auf mich selbst bezogen ist oder auf andere. Wenn ich ‚mich selbst verpflichte', *mich* nicht zu töten, dann habe ich eine Verpflichtung mir gegenüber, deren Urheber ich selbst bin; wenn ich ‚mich selbst verpflichte', andere nicht zu töten, dann habe ich eine Verpflichtung *anderen* gegenüber, und für diese Verpflichtung gilt ebenfalls, dass ich selbst ihr Urheber bin. Der Gedanke, der in [§ 2.2a] zum Ausdruck gebracht wird, ist also nicht der, dass ich gegen andere nur Pflichten habe, wenn ich auch Pflichten gegen mich selbst habe. Der Gedanke ist vielmehr, dass jede Pflicht gegen *andere* eine Form der *Selbst*verpflichtung ist. Und genau dieser Gedanke wird im Satzteil [§ 2.2b], den wir schon rekonstruiert hatten und der ja [§ 2.2a] begründen soll ([§ 2.2b] beginnt mit einem ‚weil'), ausgedrückt. Kant weist in [§ 2.2b] nämlich darauf hin, dass das moralische Gesetz ‚in allen Fällen aus meiner eigenen praktischen Vernunft hervorgeht': ‚in *allen* Fällen', d.h. sowohl bezüglich der Pflichten gegen andere wie auch bezüglich der Pflichten gegen sich selbst; ‚aus meiner *eigenen* praktischen Vernunft', d.h. Pflichten entspringen meiner eigenen praktischen Vernunft. Hätten wir genügend Raum, die Parallelstellenmethode anzuwenden, so könnte man diesen Punkt demonstrieren: Kants Ethik ist eine Ethik der Autonomie, also der Selbstgesetzgebung – was ich soll, ist das, was ich als rein vernünftiges Wesen ohnehin will. Da die ‚praktische Vernunft' immer auch ‚meine *eigene* praktische Vernunft' ist (wie es in dem Satz heißt), entspringt moralische Geltung *immer* einem Akt der Selbstverpflichtung. Dies aber nicht in dem Sinne, dass es dabei immer um die Verpflichtung meiner selbst *bezüglich* meiner selbst ginge (‚*gegen* mich Selbst', wie Kant sagt) im Sinne konkreter Pflichten gegen mich selbst (etwa auch beim Verbot des Selbstverstümmelung); das ist auch, aber nicht immer der Fall (eben dann nicht, wenn es um die Pflichten gegen andere geht). Vielmehr ist mit Selbstverpflichtung nur gemeint, dass derjenige, von dem die Verpflichtung ausgeht (der Grund der Geltung des moralischen Gesetzes ist), ich selbst bin. Es geht um diese generelle Natur der moralischen Geltung. Es ist eben, wie es im zweiten Teil von [§ 2.2b] heißt, ‚meine *eigene* praktische Vernunft, durch welche ich genötigt *werde*, indem ich *zugleich der Nötigende* in Ansehung meiner selbst bin'. Ich werde moralisch genötigt, aber diese Nötigung geht von mir selbst aus. Alle Pflichten sind Pflichten *aus sich selbst*.

Nun begründet [§ 2.2b] – erkennbar durch ein ‚weil' – [§ 2.2a]; [§ 2.2a] wiederum begründet – erkennbar durch ein ‚Denn' – [§ 2.1]; und [§ 2.1] schließlich begründet – erkennbar ebenfalls durch ein ‚Denn' – [§ 2Ü]. Jetzt können wir unsere Frage von oben wieder aufgreifen: Haben wir mit folgendem Argument (A4):

1. Wenn es Pflichten gegen andere gibt, dann gibt es Pflichten gegen sich selbst.
2. Es gibt Pflichten gegen andere.
Also: 3. Es gibt Pflichten gegen sich selbst.

den Satz [§ 2.1] adäquat wiedergegeben? Nein, muss jetzt die Antwort lauten. Denn wenn Kant von uns in [§ 2.1] die kontrafaktische Annahme verlangt („setzet'), es gebe keinen Pflichten gegen sich selbst, dann verlangt er nicht, sich unmittelbar vorzustellen, es gebe eben *diese* Pflichten nicht. Vielmehr sollen wir uns vorstellen, den *Geltungsgrund* dieser Pflichten (also die Autonomie unserer praktischen Vernunft) gebe es nicht (und *damit* gebe es eben auch keine Pflichten gegen sich selbst), woraus dann eben folgt, dass es auch keine äußeren Pflichten gibt, wenn der Geltungsgrund für die Pflichten gegen sich selbst und der für Pflichten gegen andere derselbe ist, nämlich Autonomie. Dass ich, wie es in [§ 2.2a] heißt, ‚gegen andere nur verbunden bin, als nur sofern ich zugleich mich selbst verbinde' ist *nicht* zu lesen im Sinne einer Abhängigkeit der Geltung von Pflichten gegen andere von Pflichten gegen mich selbst; sondern ich bin gegen andere verbunden, insofern ich mich selbst aus mir selbst im Sinne der moralischen Autonomie ‚selbst verbinde'. Sollte nun jemand behaupten (etwa in § 1), es gäbe keine Pflichten gegen sich selbst, weil solche Pflichten eine Selbstverpflichtung beinhalten, und Selbstverpflichtung sei ein widersprüchlicher Begriff oder jedenfalls nicht haltbar, dann gäbe es eben auch keine Pflichten gegen andere, weil Pflichten gegen andere, wie alle Pflichten („in allen Fällen'), Pflichten der Autonomie sind, also aus einem Akt der Selbstverpflichtung entspringen. Ohne Autonomie keine Pflichten. Wenn Kant also in [§ 2.1] schreibt, dass, wenn es ‚keine Pflichten gegen sich selbst gebe, es *überall* gar keine, auch keine äußeren Pflichten' gebe, dann bringt er damit folgendes Argument zum Ausdruck: Alle Pflichten sind Pflichten aus sich selbst. Würde man Pflichten *gegen* sich selbst leugnen, *indem* man Pflichten *aus* sich selbst leugnet, dann würde man damit auch Pflichten gegen andere leugnen, weil Pflichten gegen andere nur möglich sind als Pflichten aus sich selbst; Pflichten gegen andere sind Pflichten der Autonomie. Pflichten gegen andere kann man nicht leugnen (jedenfalls leugnet niemand sie); also kann man auch Pflichten aus sich selbst (Autonomie) nicht leugnen; folglich kann man Pflichten gegen sich selbst nur dann leugnen, wenn man sie leugnen wollte, indem man Pflichten aus sich selbst leugnete.

> Ü134
> Bitte übertragen Sie diese Überlegung in ein echtes Argument.

Und das könnte ungefähr so aussehen:

1. Wenn es keine Pflichten gegen sich selbst als Pflichten aus sich selbst gibt, dann gibt es auch keine Pflichten gegen andere als Pflichten aus sich selbst.
2. Es gibt Pflichten gegen andere als Pflichten aus sich selbst.
Also: 3. Es gibt Pflichten gegen sich selbst als Pflichten aus sich selbst.

Damit kommt unsere Interpretation des dritten Beispiels zum Ende. Wenn wir Sie jetzt noch einmal fragten, welche Interpretationsregeln wir im Laufe unserer Interpretationen formuliert haben, wüssten Sie vielleicht sogar die Antwort. Aber selbst wenn Sie alle Regeln parat hätten, also selbst wenn Sie aufschreiben oder sagen könnten:

IR1   Lies den Text möglichst im Original!
IR2   Lies den Text mehrmals, langsam und sorgfältig!
IR3   Interpretiere nicht alleine, sondern mit anderen!
IR4   Suche nach Parallelstellen!
IR5   Vertraue nicht (blind) der Sekundärliteratur! Denke selbst nach!
IR6   Zitiere absolut textgetreu!
IR7   Suche nach alternativen und besseren Interpretationshypothesen!
IR8   Suche nach einer kohärenten Interpretation!
IR9   Prüfe Interpretationen auf ihren sachlichen Gehalt!
IR10 Achte auf den Kontext der zu interpretierenden Stelle!
IR11 Identifiziere die Hauptthese des Textes!
IR12 Rekonstruiere das Argument!
IR13 Suche nach logischen Signalwörtern!
IR14 Rekonstruiere kürzend, aber kontrolliert die Textaussagen!

– was hätten Sie damit gewonnen? Nicht viel, oder jedenfalls noch nicht viel. Fast alle Interpreten zumindest philosophischer Texte würden (fast) allen diesen Regeln zustimmen. Wie aber kommt es dann, dass die Interpretationen, mit denen wir es tatsächlich zu tun haben, oft – *sehr* oft – so unbefriedigend sind? Es kann ja nicht daran liegen, dass diese Regeln nicht bekannt wären. Es kann nur daran liegen, dass sie entweder gar nicht oder nicht angemessen befolgt werden; und daran, dass sich die reale Tätigkeit des Interpretierens zwar auf sehr allgemeine Weise in solchen Regeln spiegeln lässt, es dann aber auf eine interpretatorische Kreativität und Originalität ankommt, die man vielleicht *haben*, gewiss aber, selbst wenn man sie schon hat, *üben* muss.

Wir beanspruchen durchaus, dass unsere Interpretationsregeln grundsätzlich für jeden philosophischen Text gelten. Doch können wir, können Sie jetzt bereits richtig und gut interpretieren? Gegen diese Annahme sprechen mindestens zwei Gründe. Zum einen kennen wir zwar jetzt einige Interpretationsregeln. Wer garantiert aber, dass wir die Regeln auch immer *richtig anwenden*? Haben wir aufgrund der Interpretationen, die wir bisher durchgeführt haben, die Regeln schon verstanden? Garantiert die Kenntnis von theoretischen Regeln grundsätzlich auch ihre praktische Anwendung? Niemand würde ernsthaft annehmen, dass Jascha Heifetz allein deshalb einer der größten Violinvirtuosen aller Zeiten war, weil er Handbücher über die richtige Geigentechnik gelesen hat, in denen, sagen wir, vierzehn grundsätzliche theoretische Regeln für das richtige Geigenspiel genannt werden. Theoretische Kenntnisse können beim Spielen eines Instrumentes sicher nicht schaden, aber Ausnahmemusiker wie Heifetz sind vor allem deshalb so erfolgreich, weil sie seit frühester Kindheit tagtäglich auf ihrem Instrument üben und die zur Interpretation der schwierigsten Stücke notwendige Technik vollkommen verinnerlichen. Die Technik und die musikalischen Fertigkeiten werden ihnen gleichsam zu einer zweiten Natur. Eine Geige zu spielen ist eben etwas anderes, als über das richtige Geigenspiel ein theoretisches Buch zu lesen. Dasselbe gilt auch für alltägliche Fähigkeiten, die wir alle erwerben können, ohne gleich ein Heifetz sein zu müssen: Wer würde erwarten, dass jemand, der eine Abhandlung über das Fahrradfahren gelesen, aber noch nie zuvor auf einem Fahrrad gesessen hat, sofort fahren könnte? Wohl niemand. Dieser Erwartung – die ungeübte Fahrradfahrerin wird trotz der Lektüre des Handbuches genauso umfallen wie der Trockenschwimmer untergehen wird – liegt eine generelle Einsicht zugrunde: Abhandlungen enthalten nur ein theoretisches Wissen, das heißt Sätze, die etwa über die Abläufe des Fahrradfahrens sprechen: ein *Wissen-dass*. Geigespielen und Fahrradfahren sind aber Fähigkeiten, und Fähigkeiten wiederum sind kein theoretisches, sondern ein praktisches Wissen oder Können: ein *Wissen-wie* (ein *Know how*). Ein solches Wissen-wie erwirbt man aber niemals allein durch theoretisches Wissen. Und wenn dies für alle Fähigkeiten gilt, die man erwerben kann, warum sollte dann ausgerechnet die Fähigkeit, philosophische Texte zu interpretieren, eine Ausnahme bilden? Auch das gute Interpretieren ist eine Fähigkeit, die man nicht allein durch das Lesen theoretischer Texte über das Interpretieren lernen kann. Wer gut interpretieren möchte, muss sich ein Beispiel an

Heifetz nehmen: Man muss tatsächlich regelmäßig schwierige Texte interpretieren. Erst dann versteht man, was die generellen Regeln der Interpretation bedeuten, in welchen Situationen sie angewendet werden können und vor allem, wie sie tatsächlich richtig angewendet werden. Interpretieren ist also ein praktisches Wissen, das man nur in der Praxis des Interpretierens auch richtig erlernen kann. Die Interpretationsregeln allein garantieren nicht ihre richtige Anwendung. Die Kunst der Interpretation erfordert selbstständige Übung.

Und zum anderen: Selbst wenn wir die richtige Anwendung der vierzehn Regeln schon verstanden hätten, wäre dann garantiert, dass wir mit ihnen in *jedem* Interpretationsfall auskommen? Kann es nicht Texte geben, die mehr als die vierzehn Grundregeln erfordern – Texte, die anders beschaffen sind als die Texte Kants? Schon an den drei Beispielen dieses einen und desselben Autors kann man ablesen, wie unterschiedlich philosophische Texte sein können. Noch viel größer sind die Unterschiede, wenn man philosophische Texte aus verschiedenen Zeiten (etwa aus der frühchristlichen Antike im Unterschied zum Deutschen Idealismus), in verschiedenen Sprachen (etwa Texte aus dem lateinischen Mittelalter im Unterschied zu zeitgenössischen, auf Englisch verfassten Texten) und in verschiedenen Textgattungen (etwa einen Platonischen Dialog im Unterschied zu einem Essay von Hume) nebeneinander stellt. Oder denken Sie an all die Texte, die in vielen verschiedenen Fassungen überliefert worden sind, so dass man sich beim Interpretieren für bestimmte Lesarten des Textes entscheiden müsste. Noch viel mehr Regeln müssten wir dann beachten und anwenden.

Einige Mottos haben wir unserem Buch vorangestellt, und mit einem Motto wollen wir enden. Kaum jemand von uns ist ein Wittgenstein oder Kant (und wir selbst gewiss nicht). Doch daraus folgt nicht, dass man nicht selbst philosophieren kann oder gar dürfte. Es ist wichtig, den Mut zum Selbstdenken zu bewahren, auch wenn man kein großer Denker ist. Wir sollten uns von der Größe der bedeutenden Philosophen gerade nicht abschrecken, sondern inspirieren lassen; fast alle großen Philosophen haben sich an den ihrer Meinung nach noch größeren Vorbildern der Geschichte der Philosophie orientiert. Außerdem ist in der Philosophiehistorie immer noch viel Platz für Großes, auch wenn dieses Große vielleicht klein ist im Verhältnis zur systematischen Philosophie. Ein altes jüdisches Sprichwort bringt diese Einstellung gut auf den Punkt: Mach' Dich nicht so klein, so groß bist Du nicht!

Anhang

Kleiner philosophischer Kanon

Philosophieren zu wollen ohne sich zumindest irgendwann einmal mit Platons *Politeia*, Aristoteles' *Metaphysik*, Descartes' *Meditationen* oder Kants *Kritik der reinen Vernunft* beschäftigt zu haben, ist fast so wie eine Fußball-WM ohne Brasilien – vielleicht nicht ganz ausgeschlossen oder unmöglich, aber jedenfalls nicht schön und ergiebig. Sicherlich braucht man Zeit, um die klassischen Werke der Philosophie zu lesen, aber irgendwann muss man anfangen. Alle philosophischen Originalwerke sind auf die eine oder andere Weise sehr schwierig. Und warum sollte man dann mit zweitklassigen Werken beginnen, wenn man doch die wichtigsten und besten zuerst kennenlernen könnte? Nun ist nicht jedes philosophische Werk, das man deshalb lesen sollte, weil es in der Geschichte der Philosophie eine breite Rezeption erfahren hat, auch gleich schon ein gutes Stück Philosophie. Aber viele der in diesem Sinne einflussreichsten Werke sind durchaus das, was man gute Philosophie nennen kann; die Wirkungsgeschichte ist nicht ganz so blind, wie viele glauben.

Wenn man von einem durchschnittlichen Studium von zehn Semestern und einem Lesepensum von drei Werken pro Semester ausgeht, kommt man auf 30 Bücher, die man in dieser Zeit realistischerweise lesen könnte. Manche wird mehr, mancher weniger schaffen; wie auch immer, die folgenden Werke gehören jedenfalls zu denen, die man nach Meinung vieler Philosophinnen und Philosophen, die aus ganz unterschiedlichen Schulen kommen, kennen sollte. Dass dennoch einiges an Vorlieben und Willkür darinsteckt, versteht sich von selbst; aber so ernst muss man es ja auch nicht nehmen. Werke, die sich für den allerersten Einstieg vielleicht besonders empfehlen, haben wir mit einem Asterisk (*) versehen.

1. Platon, *Politeia*
2. Platon, *Phaidon**
3. Platon, *Theätet*
4. Aristoteles, *Nikomachische Ethik**
5. Aristoteles, *Metaphysik*
6. Sextus Empiricus, *Grundriss der pyrrhonischen Skepsis*
7. Augustinus, *Bekenntnisse XI*

8. Boëthius, *Trost der Philosophie*
9. Anselm von Canterbury, *Proslogion*
10. Thomas von Aquin, *Von der Wahrheit, Frage I; Fünf Wege*
11. Descartes, *Meditationen über die Erste Philosophie**
12. Spinoza, *Ethik, nach der geometrischen Methode dargestellt*
13. Hobbes, *Leviathan**
14. Leibniz, *Monadologie*
15. Locke, *Versuch über den menschlichen Verstand*
16. Hume, *Ein Traktat über die menschliche Natur*
17. Kant, *Kritik der reinen Vernunft*
18. Kant, *Grundlegung zur Metaphysik der Sitten**
19. Hegel, *Enzyklopädie der philosophischen Wissenschaften*
20. Fichte, *Über den Begriff der Wissenschaftslehre*
21. Marx/Engels, *Manifest der Kommunistischen Partei*
22. Mill, *Utilitarismus**
23. Nietzsche, *Zur Genealogie der Moral*
24. Frege, *Über Sinn und Bedeutung; Der Gedanke**
25. Husserl, *Logische Untersuchungen*
26. Moore, *Principia Ethica*
27. Heidegger, *Sein und Zeit*
28. Popper, *Logik der Forschung*
29. Wittgenstein, *Philosophische Untersuchungen*
30. Rawls, *Eine Theorie der Gerechtigkeit*

Wir möchten – sozusagen außer Konkurrenz – noch auf ein kleines Werk aufmerksam machen, das nicht auf der Liste zu finden ist. Es zeigt, so meinen wir, auf exemplarische Weise, dass gutes und einflussreiches Philosophieren nicht notwendigerweise die Form eines Buches annehmen muss: Edmund Gettiers „Is Justified True Belief Knowledge?".

Lösungen

Im Verlauf des Textes haben wir Ihnen eine ganze Reihe von Übungsaufgaben (Ü) gestellt. Viele dieser Übungsaufgaben wurden direkt im Text gelöst, bei manchen ging es um Aufforderungen oder Aufgaben allgemeiner Art. Hier finden Sie nun die Lösungen zu allen anderen Aufgaben.

Lösungen zu Abschnitt 1: Begriffe analysieren

LÜ1
1. In dem Satz „Die Katze steht auf der Matte" wird der Ausdruck „Katze" gebraucht, um zu behaupten, dass ein Haustier auf einer Unterlage steht.
2. In dem Satz „‚Katze' steht auf der Matte" wird der Ausdruck „Katze" erwähnt: Er wurde auf eine Matte geschrieben.
3. „Kein Satz darf auf sich selbst bezogen werden" ist ein Satz, der sich auf sich selbst bezieht.
4. Platon ist der Schüler des Sokrates, aber „Platon" bedeutet „breit".
5. „Drei Philosophen" enthält fünfzehn Buchstaben.
6. „Proslogion" ist ein Werk Anselms.
  (Buchtitel werden oft durch Anführungszeichen oder durch Kursivierung vom Text abgesetzt, um zu zeigen, dass das Wort nicht seine gewöhnliche Bedeutung hat: *Der Butt* von Günther Grass z.B. ist ein Buch und kein Fisch.)
7. „‚Sauer' und ‚Stoff' ergibt ‚Sauerstoff'" ist kein Satz, den man im Chemieunterricht lernt.

LÜ2
Eine solche Definition könnte eine Nominaldefinition sein, auf die sich eine Atheistin und ein Theist einigen, damit Klarheit besteht, worüber sie streiten, wenn es etwa um die Existenz Gottes geht. Der Theist würde aber zugleich behaupten, dass diese Nominaldefinition auch eine Realdefinition ist.

LÜ4
Betrachten wir je zwei Bedeutungen: „gut" kann ein Messer sein, aber auch eine Handlung; „schön" kann ein Ereignis sein, aber auch ein Gemälde; „gleich" können mir Entscheidungen sein, aber auch zwei Gegenstände; „Recht" kann man haben oder behalten in einer Diskussion, aber auch der Inbegriff aller Gesetze wird so bezeichnet; noch eine „Idee" mehr Salz in der Suppe kann lecker sein, aber die platonische Idee des Salzes ist etwas ganz anderes; ein (oder der) „Glaube" kann religiös sein, aber auch einfach nur eine Meinung zu irgendeiner Frage („Ich *glaube*,

das ist so-und-so"); „Rechtfertigung" ist eigentlich ein Begriff aus der Theologie, der aber in der Erkenntnistheorie, obwohl verwandt, eine andere Bedeutung hat.

LÜ9
Erstens könnte es sein, dass Definitionen keine konzeptionelle Grenze ‚ins Leben rufen', sondern sie entdecken und enthüllen; und zweitens sind Ponys und Tische in der Tat unterschieden, u. a. dadurch, dass Ponys leben und Tische nicht. Es stimmt zwar, dass wir dafür wieder klären müssen, was „Leben" bedeutet; aber aus der prinzipiellen Unabschließbarkeit von Definitionen folgt, wie wir noch sehen werden, nicht, dass sie nicht sinnvoll sind.

LÜ10
Ein VW zu sein ist hinreichend dafür, ein Auto zu sein; ein Auto zu sein, ist notwendig dafür, ein VW zu sein: Jeder VW ist ein Auto, aber es gibt auch Autos, die keine VW sind.
    Hund ist hinreichend für Säugetier, Säugetier notwendig für Hund: Jeder Hund ist ein Säugetier, aber nicht jedes Säugetier ist ein Hund.
    Es ist eine notwendige Eigenschaft des Kaffees, ein Getränk zu sein. Etwas, das die Eigenschaft hat, ein Kaffee zu sein, ist immer schon ein Getränk, also ist Kaffee-Sein hinreichend für Getränk-Sein.

LÜ13
Ein großer Unterschied zwischen künstlichen und natürlichen Gegenständen besteht darin, dass natürliche Gegenstände ihnen bereits innewohnende, nicht durch menschliche Konventionen bestimmte Zwecke und Ziele haben; diese Gegenstände und ihre Zwecke wären auch da, wenn es gar keine Menschen gäbe. Die Grenze zwischen natürlichen und konventionellen Zwecken ist allerdings tatsächlich fließend, z. B. in der Gentechnik, in der Lebewesen teilweise nur für einen bestimmten menschlichen Zweck künstlich hergestellt werden. Jedenfalls gilt auch für natürliche Gegenstände, dass man Bedingungen angeben muss, um sie zu bestimmen. Tatsächlich macht dies die Biologie ja auch: Katzen sind Raubtiere mit den-und-den Merkmalen; klären müsste man zunächst, ob von *Haus*katzen oder anderen Katzen (etwa auch vom Puma) die Rede ist.

LÜ16
Ein kaputter Tisch ist ein Gegenstand, der erstens zu einem bestimmten Zeitpunkt in der Vergangenheit einmal alle notwendigen Bedingungen für das Tischsein besessen hat, die auch zusammen hinreichend für das Tischsein sind; der aber zweitens mindestens eine dieser notwendigen Bedingungen zum Zeitpunkt der Zuschreibung „kaputter Tisch" nicht mehr besitzt. Dann ist ein kaputter Tisch kein Tisch mehr (er war aber einmal einer) – obwohl wir immer noch sagen, er sei ein „Tisch". Wir sagen also eigentlich: Das ist ein Gegenstand, der früher ein Tisch war, aber jetzt nicht mehr; für einen solchen Gegenstand haben wir eben keinen eigenen Begriff (wenn man auch kaputte Tische „Kische" nennen könnte, so wie man ein kaputtes Auto auch „Wrack" nennt). Mit Hilfe dieser Erklärung ist es auch möglich, den kaputten Tisch eindeutig von einem Frühstücksbrettchen zu unter-

scheiden. Denn das Frühstückbrettchen hat niemals zuvor alle notwendigen Bedingungen besessen, die zusammen auch hinreichend für das Tischsein sind. Das Frühstücksbrettchen war also nie ein (kaputter) Tisch und ist auch jetzt keiner.

LÜ17
Zu 1: Obwohl man dies auf den ersten Blick vermuten könnte, haben die beiden Ausdrücke „vernunftbegabtes Lebewesen" und „auf zwei Beinen gehendes ungefiedertes Lebewesen" *nicht* dieselbe Extension: Wenn man voraussetzt, dass „vernunftbegabtes Lebewesen" nur auf Menschen zutrifft und zugleich annimmt, dass man nur einen Menschen (und keine anderen Entität) eindeutig beschreiben kann als ein „auf zwei Beinen gehendes, ungefiedertes Lebewesen", dann müssten beide Ausdrücke eigentlich dieselbe Extension haben, also die Menge aller Menschen. Beide Ausdrücke wären dann eine geeignete Definition für den Menschen, also Ausdrücke mit derselben Extension, aber verschiedener Intension. Es ist überliefert, dass diese Ansicht in der Platonischen Akademie vertreten wurde. Die antiken Kyniker sollen daraufhin im Scherz als Gegenbeispiel einen gerupften lebendigen Hahn präsentiert haben: ein auf zwei Beinen gehendes, ungefiedertes Lebewesen, das offensichtlich kein Mensch war. Aber selbst wenn man einmal annimmt, dass „vernunftbegabtes Lebewesen" nicht nur auf Menschen, sondern auch auf Tiere zutrifft, also vielleicht auch der Hahn vernunftbegabt sein könnte, ist die Klasse der vernunftbegabten Lebewesen sicher verschieden von der Klasse der auf zwei Beinen gehenden gefiederten Lebewesen. Denn sonst wären auch Kühe und Schweine vernunftbegabt, und die gehen bekanntlich auf vier Beinen; es kommt noch hinzu, dass nach der Definition des auf zwei Beinen gehenden, ungefiederten Lebewesens ein Hahn in seinem natürlichen Zustand nicht vernunftbegabt wäre, sondern erst durch das (künstliche) Ausrupfen seiner Federn Vernunft erlangen würde, was natürlich absurd ist.
Zu 2: Nein. Begriffe mit verschiedener Extension müssen verschiedene Merkmale haben, also auch verschiedene Intensionen.

LÜ20
Angenommen, „gut" bedeutet das gleiche wie „lustvoll", und angenommen weiter, man stellt fest: x ist lustvoll. Dann wäre die Frage, ob x gut sei, keine offene Frage mehr, denn dann fragte man ja: x ist lustvoll, aber ist x lustvoll?

LÜ22
Es ist zum Beispiel notorisch schwer zu bestimmen, was genau ein Gefühl ist (im Unterschied zu einem Gedanken oder zu einer Wahrnehmung).
  Eine notwendige Bedingung dafür, dass etwas ein Spiel ist, besteht sicherlich darin, dass es überhaupt etwas gibt; eine weitere darin, dass es jemanden oder etwas gibt, der oder das das Spiel spielt; eine dritte darin, dass das, was man beim Spielen macht, eine Handlung ist. (Aber schon bei dieser dritten Bedingung ergeben sich wieder Probleme: Können zwei Schachcomputer gegeneinander Schach spielen, wenn sie doch, wie wir annehmen wollen, nicht handeln können, weil sie keine Absichten haben können?)

LÜ23

Ob jemand ein „Verkehrstoter" ist, hängt davon ab, wie viele Tage nach dem Verkehrsunfall vergehen, bis die Person verstirbt. In der DDR waren es drei Tage, in der Bundesrepublik Deutschland sind es 31 Tage.

Im Kontext politisch-soziologischer Debatten gilt eine Person in Deutschland offiziell als arm, wenn sie weniger als 60 % des Durchschnittseinkommens zur Verfügung hat. Wenn also das Durchschnittseinkommen relativ hoch ist, kann eine Person dieser Definition zufolge als „arm" gelten, obwohl sie vielleicht gar nicht die Merkmale aufweist, die man im allgemeinen Sprachgebrauch mit dem Ausdruck „arm" verbindet (Mangelernährung, keine Bildungschancen etc.).

Lösungen zu Abschnitt 2: Aussagen analysieren

LÜ24

2. und 5. sind Aussagen.

LÜ27

1. Bisubjunktion, wahr.
2. Subjunktion mit Disjunktion als Konsequens, wahr.
3. Frage, kann nicht in eine Wahrheitsfunktion übersetzt werden.
4. Bisubjunktion, wahr.
5. Konjunktion, wahr.
6. Konjunktion, falsch.
7. Ausruf, kann nicht in eine Wahrheitsfunktion übersetzt werden.
8. Konjunktion, falsch.
9. Konjunktion, falsch.
10. Disjunktion, wahr.
11. Disjunktion, wahr.
12. Frage, kann nicht in eine Wahrheitsfunktion übersetzt werden.
13. Disjunktion aus einer Negation und einer nicht negierten Aussage, falsch.
14. Subjunktion, wahr.

LÜ28

Wenn wir annehmen, dass die Subjunktion schon dann falsch wäre, wenn das Antezendens falsch wäre, dann gäbe es keinen Unterschied mehr zwischen der Wahrheitstafel der Konjunktion und der Wahrheitstafel der Subjunktion. Denn wenn wir die Subjunktion auf diese Weise definieren und ihr einmal probeweise das Zeichen „*" geben, dann erhalten wir die folgende Wahrheitstafel:

p	q	p * q
W	W	W
W	F	F
F	W	F
F	F	F

Aber diese Wahrheitstafel ist mit der Wahrheitstafel der Konjunktion identisch:

p	q	p ∧ q
W	W	W
W	F	F
F	W	F
F	F	F

Das hieße dann aber, dass wir die normalsprachlichen Ausdrücke „und" und „wenn …, dann …" auf ein und dieselbe Art in unsere logische Sprache übersetzen würden, und das ergibt keinen guten Sinn, denn offensichtlich bedeuten „und" und „wenn …, dann …" im Deutschen nicht dasselbe. Deshalb ist es trotz mancher Probleme mit der klassischen Subjunktion nicht ganz unplausibel anzunehmen, die Subjunktion sei schon dann wahr, wenn das Antezendens falsch ist – also so, wie wir die Subjunktion definiert haben.

LÜ31

1. Beachten Sie zunächst, was genau in Übung 1 die Aussagen sind, nämlich: Eine Aussage ist eine Tautologie (‚p'); die Aussage ist wahr (‚q'). Sätze des Schemas ‚p → (q ∨ ¬q)' sind logisch wahr bzw. Tautologien. Beweis:

p	q	p → (q ∨ ¬q)
W	W	W W F
W	F	W W W
F	W	W W F
F	F	W W W

2. ist keine Tautologie.
3. ist falsch und keine Tautologie.
4. Sätze des Schemas ‚¬ (p ∧ ¬p)' sind logisch wahr bzw. Tautologien. Beweis:

p	¬ (p ∧ ¬p)
W	W F F
F	W F W

5. Sätze des Schemas ‚p ∨ ¬p' sind logisch wahr bzw. Tautologien. Beweis:

p	(p ∨ ¬p)
W	W F
F	W W

6. ist zwar wahr, aber keine Tautologie.

LÜ32
Der Satz hat die aussagenlogische Struktur ‚p → (q ∨ ¬ q)' und ist also eine Tautologie (vgl. LÜ31,1): Diese Subjunktion ist immer wahr, weil schon das Konsequens (‚q ∨ ¬ q') eine Tautologie ist; es ist der Satz vom ausgeschlossenen Dritten. Diese Aussage kann also unter keinen Umständen falsch werden (weil Subjunktionen nur in einem Falle falsch sind, und dabei ist das Konsequens falsch); sie verrät uns nichts über die Welt oder höchstens etwas über die logische Welt.

LÜ33
Mit dem Slogan „Mein Bauch gehört mir" soll zum Ausdruck gebracht werden, dass der Embryo oder Fetus Teil des Körpers der Mutter ist und dass jede Frau, ob Mutter oder nicht, mit ihrem Körper und seinen Teilen machen darf, was sie will (also etwa auch einen solchen Teil durch eine Abtreibung töten). Doch ganz abgesehen davon, dass nicht klar ist, ob die befruchtete Eizelle wirklich als *Teil* des Körpers der Mutter zu verstehen ist (vielleicht ist sie nur *in* ihr, aber nicht Teil *von* ihr), und auch abgesehen davon, ob nicht schon in Bezug auf andere Kontexte keineswegs klar ist, ob man mit seinem Körper wirklich machen darf, was man will (darf man ihn töten? darf man ihn verstümmeln?), steht die so verstandene Aussage „Mein Bauch gehört mir" im logischen Widerspruch zur Aussage „Spätabtreibungen sind verboten" (d.h. moralisch verboten). Denn wenn jene Aussage („Mein Bauch gehört mir") wahr wäre, dann wäre auch wahr, dass Spätabtreibungen erlaubt sind; denn dann würde nichts anderes geschehen, als dass eine Frau mit einem Teil ihres Körpers (dem Fetus kurz vor der Geburt) machte, was sie wollte, und das wäre dann ja erlaubt, also nicht verboten.

LÜ34
1. W
¬ r
W F

2. F
¬ (p → q)
F W W W

3. W
¬ (p → q) → r
F W W **W** F

4. W
¬ (p → q) → ¬ r
F W W W **W** F

5. F
¬ r ∧ ¬ (p → q)
W F **F** F W W W

6. F
¬ [¬ (p → q) → ¬ r]
F F W W W W W F

7. W
¬ r ∨ q
W F **W** W

8. W
[¬ (p → q) → ¬ r] ∧ (¬ r ∨ q)
F W W W W W F **W** W F W W

9. F
r ↔ q
F **F** W

10. W
¬ r ↔ q
W F **W** W

11. F
¬ (p → q) ↔ ¬ r
F W W W **F** W F

LÜ35
1. (¬p ∧ ¬q) ≡ ¬(p ∨ q)
2. (¬r ∧ r) ≡ ¬(r ∨ ¬r)
3. ¬(¬s ∧ t) ≡ (s ∨ ¬t)
4. ¬(¬s ∨ t) ≡ (s ∧ ¬t)
5. ¬(s ∨ ¬t) ≡ (¬s ∧ t)

LÜ36
1. SaP
2. SaP
3. SiP bzw. SoP
(Einige Studierende kennen das logische Quadrat; einige Studierende kennen das logische Quadrat nicht.)
4. SiP
5. –
6. SiP
7. SeP
8. SoP
9. –
10. –
11. SiP
12. SaP

LÜ37
1. SeP, SiP, kontradiktorisch
2. SiP, SaP, subaltern (SiP ist subaltern zu SaP)
3. SaP, SeP, konträr
4. SiP, SoP, subkonträr
5. SeP, SoP, subaltern (SoP ist subaltern zu SeP)
6. SaP, SoP, kontradiktorisch
7. SiP, SeP, kontradiktorisch

LÜ38
Wir werden später in Abschnitt 6 noch sehen, wie schwer es tatsächlich ist, die Thesen eines Autors genau zu verstehen, und wie viel schwerer, die damit verbundenen Argumente; wir können also hier nicht wirklich den Widerspruch zwischen „Thesis" und „Antithesis" der sogenannten 3. Antinomie analysieren (A445/B473). Betrachtet man aber Kants Formulierungen, so fällt in die Augen, dass Kant nicht einfach die These „Es gibt Freiheit" der These „Es gibt keine Freiheit" gegenüberstellt. Diese Thesen stünden offenkundig kontradiktorisch zueinander, wenn man sie – unter der Voraussetzung, dass alle Ereignisse entweder eine Naturursache haben oder eine Ursache aus Freiheit – so interpretiert: „Einige Ereignisse haben keine Naturursache" und „Alle Ereignisse haben eine Naturursache". (Denn wenn einige Ereignisse keine Naturursache haben, ist es wahr, dass *nicht alle* Ereignisse eine Naturursache haben. Und das ist kontradiktorisch zu: „*Alle* Ereignisse haben eine Naturursache.") Vielmehr will Kant darauf hinaus, dass in gewisser Hinsicht (nämlich in der Hinsicht der Welt der Erscheinungen) alle Ereignisse eine Naturursache haben, in einer anderen Hinsicht (nämlich in der Hinsicht der Welt der Dinge an sich) aber nicht; beide Aussagen sind demnach also wahr.

LÜ39
1. G^1a
2. $L^2ad \land V^2ac$
3. $\neg G^1b \rightarrow \neg F^1d$
4. $\neg T^2ca$
5. $(G^1b \lor G^1a) \lor G^1d$

LÜ40
M^1: ... ist ein Mensch
L^1: ... ist ein Lebewesen
V^1: ... ist vernünftig
F^1: ... ist eine Frau
T^1: ... ist ein Tisch
S^1: ... ist ein Möbelstück
A^1: ... ist eine Aussage
Q^1: ... ist allquantifiziert

1. $\forall x (M^1x \rightarrow L^1x)$
2. $\exists x (M^1x \land V^1x)$
3. $\exists x (M^1x \land F^1x)$

Lösungen 285

4. $\forall x\, (T^1x \rightarrow S^1x)$
5. $\exists x\, (A^1x \wedge Q^1x)$

LÜ41
A^1: … ist ein Apfel
F^1: … ist eine Frucht
S^1: … ist sauer
T^1: … ist ein Tier
G^1: … ist gesund
V^1: … ist grün
B^1: … ist gespritzt
P^1: … ist eine Pflaume

1. $\forall x\, (A^1x \rightarrow F^1x)$ — Für alle x: Wenn x ein Apfel ist, ist x eine Frucht.
2. $\exists x\, (A^1x \wedge \neg S^1x)$ — Es gibt mindestens ein x, so dass gilt: x ist ein Apfel und x ist nicht sauer.
3. $\neg \exists x\, (A^1x \wedge T^1x)$ — Es gibt kein x, für das gilt: x ist ein Apfel und x ist ein Tier.
4. $\exists x\, ((A^1x \wedge S^1x) \wedge G^1x)$ — Es gibt mindestens ein x, so dass gilt: x ist ein Apfel und x ist sauer, und x ist gesund.
5. $\forall x\, ((A^1x \wedge V^1x) \rightarrow F^1x)$ — Für alle x: Wenn x ein Apfel ist und grün ist, dann ist x eine Frucht.
6. $\forall x\, ((A^1x \wedge G^1x) \rightarrow \neg B^1x)$ — Für alle x: Wenn x ein Apfel ist und x gesund ist, dann ist x nicht gespritzt.
7. $\forall x\, ((P^1x \vee A^1x) \rightarrow F^1x)$ — Für alle x: Wenn x eine Pflaume oder x ein Apfel ist, dann ist x einen Frucht.

Das deutsche „und" in Satz 7 („Pflaumen *und* Äpfel …") dürfen wir in diesem Fall nicht mit der logischen Konjunktion übersetzen. Denn es wird im deutschen Satz nicht gesagt, dass alle Dinge, die eine Pflaume *und* ein Apfel sind, Früchte sind (dann würde man über *Pflaumenäpfel* sprechen, die es gar nicht gibt), sondern dass alle Dinge, die eine Pflaume *oder* ein Apfel sind, Früchte sind.

LÜ44
Diese Variante der verstärkten Lügnerparadoxie lautet: ‚Dieser Satz ist *nur* falsch.' (Vgl. Graham Priest, *In Contradiction. A Study of the Transconsistent*, second edition, Oxford 2006, S. 287.)

Lösungen zu Abschnitt 3: Triftig argumentieren

LÜ52
Die erste Prämisse ist falsch, weil es Dinge gibt, die außerhalb meiner selbst, also nicht mental und die dennoch nicht materiell sind, z.B. Zahlen. Die zweite Prämisse ist falsch, weil es auch innere Wahrnehmungen gibt. Die Konklusion schließlich ist falsch, weil wir z.B. mentale Zustände, also Zustände unseres Geistes, wahrnehmen können, die nicht materiell sind.

LÜ53
1. Alle Menschen sind sterblich.
2. Alle Deutschen sind Menschen.
Also: 3. Alle Deutschen sind sterblich.

LÜ54
Ein Beispiel für die Gruppe 3 (invalide Argumente, die wahre Prämissen und eine falsche Konklusion haben):

1. Alle Menschen sind sterblich.
2. Einige Engel sind keine Menschen.
Also: 3. Einige Engel sind sterblich.

Anmerkung: Ein Modus aoi ist in der ersten Figur nicht valid.

Ein Beispiel für die Gruppe 4 (invalide Argumente, die falsche Prämissen und eine falsche Konklusion haben):

1. Alle Engel sind sterblich.
2. Alle Zahlen sind Engel.
Also: 3. Alle Engel sind Zahlen.

Anmerkung:

MaP
SaM
$\overline{\text{MaS}}$

ist kein valider Modus.

Ein Beispiel für die Gruppe 5 (invalide Argumente, die falsche Prämissen und eine wahre Konklusion haben):

1. Wenn 1 + 1 = 2, dann 3 + 3 = 7.
2. 3 + 3 = 7.
Also: 3. 1 + 1 = 2.

Anmerkung:

1. Wenn p, dann q.
2. q.
Also: 3. p.

Dieses Argument ist invalid.

LÜ57

Ein Argument kann zwei subkonträre Aussagen als Prämissen haben, weil subkonträre Aussagen (in Gegensatz zu konträren oder kontradiktorischen Aussagen) beide zusammen wahr sein können.

LÜ60

Damit Sie die folgende Aufgabe lösen können, müssen wir noch kurz erläutern, wie Sie Wahrheitstafeln mit drei, vier und mehr Aussagenbuchstaben erstellen können. Sie hatten sicher bemerkt, dass Wahrheitstafeln mit einem einzigen Aussagenbuchstaben genau zwei Zeilen und Wahrheitstafeln mit zwei Aussagenbuchstaben genau vier Zeilen haben. Die allgemeine Formel für die Anzahl m der Zeilen einer Wahrheitstafel in Relation zu der Anzahl n ihrer Aussagenbuchstaben lautet: $2^n = m$. Bei n = 1 Aussagenbuchstaben ergeben sich also $2^1 = 2$ Zeilen, bei n = 2 Aussagenbuchstaben ergeben sich $2^2 = 4$ Zeilen, bei n = 3 Aussagenbuchstaben $2^3 = 8$ Zeilen, bei n = 4 Aussagenbuchstaben $2^4 = 16$ Zeilen usw. Als Beispiel nehmen wir die vier Aussagenbuchstaben ‚p', ‚q', ‚r' und ‚s'. Um den Bewertungsteil systematisch auszufüllen, gehen Sie wie folgt vor: Schreiben Sie zunächst die Aussagenbuchstaben nebeneinander. Dann halbieren Sie die Spalte unter dem Aussagenbuchstaben, der ganz links steht, in diesem Falle also ‚p', und tragen in die erste Hälfte nur ‚W's ein, in die zweite Hälfte nur ‚F's. Da es bei n = 4 Aussagenbuchstaben in jeder Spalte genau 16 Zeilen gibt, müssen Sie unter dem ‚p' also zuerst acht ‚W's und dann acht ‚F's eintragen:

p	q	r	s
W			
W			
W			
W			
W			
W			
W			
W			
F			
F			
F			
F			
F			
F			
F			
F			

Im nächsten Schritt füllen Sie die Spalte unter dem Aussagenbuchstaben ‚q' aus. Dazu halbieren Sie die beiden Hälften und füllen das neu entstandene erste Viertel unter dem ‚q' mit insgesamt vier ‚W's, das zweite Viertel mit vier ‚F's, das dritte Viertel wieder mit vier ‚W's und das vierte Viertel schließlich mit vier ‚F's aus:

p	q	r	s
W	W		
W	W		
W	W		
W	W		
W	F		
W	F		
W	F		
W	F		
F	W		
F	W		
F	W		
F	W		
F	F		
F	F		
F	F		
F	F		

Im nächsten Schritt werden die Viertel halbiert, und die Spalte unter ‚r' wird alternierend mit jeweils zwei ‚W's und zwei ‚F's ausgefüllt:

p	q	r	s
W	W	W	
W	W	W	
W	W	F	
W	W	F	
W	F	W	
W	F	W	
W	F	F	
W	F	F	
F	W	W	
F	W	W	
F	W	F	
F	W	F	
F	F	W	
F	F	W	
F	F	F	
F	F	F	

Die letzte verbleibende Spalte unter ‚s' füllen Sie noch alternierend mit ‚W's und ‚F's aus:

p	q	r	s
W	W	W	W
W	W	W	F
W	W	F	W
W	W	F	F
W	F	W	W
W	F	W	F
W	F	F	W
W	F	F	F
F	W	W	W
F	W	W	F
F	W	F	W
F	W	F	F
F	F	W	W
F	F	W	F
F	F	F	W
F	F	F	F

1.

$\neg(q \to r) \leftrightarrow (p \leftrightarrow \neg q)$

$p \to (q \wedge r)$

p	q	r	¬	(q	→	r)	↔	(p	↔	¬q)	p	→	(q	∧	r)
W	W	W	F		W		W		F	F		W		W	
W	W	F	W		F		F		F	F		F		F	
W	F	W	F		W		F		W	W		F		F	
W	F	F	F		W		F		W	W		F		F	
F	W	W	F		W		F		W	F		W		W	
F	W	F	W		F		W		W	F		W		F	
F	F	W	F		W		W		F	W		W		F	
F	F	F	F		W		W		F	W		W		F	

Die Konklusion folgt in AL logisch aus den Prämissen. Das Argument ist in AL valid. Denn in allen Zeilen, in denen alle Prämissen wahr sind (Z. 1, 6, 7 und 8), ist auch die Konklusion wahr.

2.
p ∨ q
(p ∧ q) → r
―――――――
r

p	q	r	p	∨	q	(p	∧	q)	→	r	r
W	W	W		W			W			W	W
W	W	F		W			W			F	F
W	F	W		W			F			W	W
W	F	F		W			F			W	F
F	W	W		W			F			W	W
F	W	F		W			F			W	F
F	F	W		F			F			W	W
F	F	F		F			F			W	F

Die Konklusion folgt in AL nicht logisch aus den Prämissen; das Argument ist in AL nicht valid. Denn in den Zeilen 4 und 6 sind alle Prämissen des Argumentes wahr, die Konklusion ist aber falsch.

3.
p → (q ∧ r)
r → s
p
―――
s

p	q	r	s	p	→	(q	∧	r)	r	→	s	p	s
W	W	W	W		W		W			W		W	W
W	W	W	F		W		W			F		W	F
W	W	F	W		F		F			W		W	W
W	W	F	F		F		F			W		W	F
W	F	W	W		F		F			W		W	W
W	F	W	F		F		F			F		W	F
W	F	F	W		F		F			W		W	W
W	F	F	F		F		F			W		W	F
F	W	W	W		W		W			W		F	W
F	W	W	F		W		W			F		F	F
F	W	F	W		W		F			W		F	W
F	W	F	F		W		F			W		F	F
F	F	W	W		W		F			W		F	W
F	F	W	F		W		F			F		F	F
F	F	F	W		W		F			W		F	W
F	F	F	F		W		F			W		F	F

Die Konklusion folgt in AL logisch aus den Prämissen. Das Argument ist in AL valid. Denn in allen Zeilen, in denen alle Prämissen wahr sind (das ist nur in Zeile 1 der Fall), ist auch die Konklusion wahr.

4.

p → (q → r)
p
q
―――
r

p	q	r	p	→	(q	→	r)	p	q	r
W	W	W		W		W		W	W	W
W	W	F		F		F		W	W	F
W	F	W		W		W		W	F	W
W	F	F		W		W		W	F	F
F	W	W		W		W		F	W	W
F	W	F		W		F		F	W	F
F	F	W		W		W		F	F	W
F	F	F		W		W		F	F	F

Die Konklusion folgt in AL logisch aus den Prämissen. Das Argument ist in AL valid. Denn in allen Zeilen, in denen alle Prämissen wahr sind (das ist nur in Zeile 1 der Fall), ist auch die Konklusion wahr.

5.

p → q
r → s
―――――――――
(p ∨ r) → (q ∨ s)

p	q	r	s	p	→	q	r	→	s	(p	∨	r)	→	(q	∨	s)
W	W	W	W		W			W			W		W		W	
W	W	W	F		W			F			W		W		W	
W	W	F	W		W			W			W		W		W	
W	W	F	F		W			W			W		W		W	
W	F	W	W		F			W			W		W		W	
W	F	W	F		F			F			W		F		F	
W	F	F	W		F			W			W		W		W	
W	F	F	F		F			W			W		F		F	
F	W	W	W		W			W			W		W		W	
F	W	W	F		W			F			W		W		W	
F	W	F	W		W			W			F		W		W	
F	W	F	F		W			W			F		W		W	
F	F	W	W		W			W			W		W		W	
F	F	W	F		W			F			W		F		F	
F	F	F	W		W			W			F		W		W	
F	F	F	F		W			W			F		W		F	

Die Konklusion folgt in AL logisch aus den Prämissen. Das Argument ist in AL valid. Denn in allen Zeilen, in denen alle Prämissen wahr sind (Z. 1, 3, 4, 9, 11, 12, 13, 15 und 16), ist auch die Konklusion wahr.

LÜ61
Hier das Argument in Gestalt eines Modus ponens:
1. Wenn Caesar 44 v. Chr. ermordet wurde, waren Jesus und Caesar keine Zeitgenossen.
2. Caesar wurde 44 v. Chr. ermordet.
Also: 3. Jesus und Caesar waren keine Zeitgenossen.

LÜ62

p	q	p → q	¬q	¬p
W	W	W	F	F
W	F	F	W	F
F	W	W	F	W
F	F	W	W	W

Der Modus tollens ist ein valides Argument, denn in allen Zeilen, in denen alle Prämissen wahr sind (Z. 4), ist auch die Konklusion wahr.

LÜ63

p	q	p	q	p ∧ q
W	W	W	W	W
W	F	W	F	F
F	W	F	W	F
F	F	F	F	F

Die Konjunktion ist ein valides Argument, denn in allen Zeilen, in denen alle Prämissen wahr sind (Z. 1), ist auch die Konklusion wahr.

LÜ64

p	q	p ∧ q	p
W	W	W	W
W	F	F	W
F	W	F	F
F	F	F	F

p	q	p ∧ q	q
W	W	W	W
W	F	F	F
F	W	F	W
F	F	F	F

Die Simplifikation ist ein valides Argument, denn in allen Zeilen, in denen alle Prämissen wahr sind (jeweils Z. 1), ist auch die Konklusion wahr.

LÜ65

p	q	p	p ∨ q
W	W	W	W
W	F	W	W
F	W	F	W
F	F	F	F

Die Addition ist ein valides Argument, denn in allen Zeilen, in denen alle Prämissen wahr sind (Z. 1 und 2), ist auch die Konklusion wahr.

LÜ66
Ein Beispiel für den zweiten Typ des disjunktiven Syllogismus:

1. Farben sind nur in unserem Bewusstsein oder reale Eigenschaften in der Welt.
2. Farben sind nicht reale Eigenschaften in der Welt.
Also: 3. Farben sind nur in unserem Bewusstsein.

LÜ67
q: Die Naturgesetze sind gültig.

1. p
2. ¬p
Also: 3. q

1. p
2. ¬p
Also: 3. ¬q

Aus widersprüchlichen Prämissen folgt alles Mögliche (*ex falso quodlibet*). Das wurde im Text schon mit Hilfe eines deduktiven Beweises in einzelnen Ableitungsschritten gezeigt (in dem sogenannten System des natürlichen Schließens); hier nun als Ergänzung noch ein alternativer Beweis mit Hilfe der Wahrheitstafeln. Beide Verfahren haben – unterschiedliche – Vorteile: Im System des natürlichen Schließens wird jede Schlussregel, die benötigt wird, sichtbar gemacht, in der Wahrheitstafel hingegen sind die Regeln nicht sichtbar, dafür kann der Beweis in der Aussagenlogik jedoch gleichsam ‚mechanisch' erfolgen.

p	q	p	∧	¬p	q
W	W		F		W
W	F		F		F
F	W		F		W
F	F		F		F

Das Argument ist valid, denn in allen Zeilen, in denen alle Prämissen wahr sind (in diesem Fall keine Zeile), ist auch die Konklusion wahr.

p	q	p ∧ ¬p	¬q
W	W	F	F
W	F	F	W
F	W	F	F
F	F	F	W

Auch dieses Argument ist valid, denn in allen Zeilen, in denen alle Prämissen wahr sind (in diesem Fall keine Zeile), ist auch die Konklusion wahr.

LÜ68

p	q	r	p → q	q → r	p → r
W	W	W	W	W	W
W	W	F	W	F	F
W	F	W	F	W	W
W	F	F	F	W	F
F	W	W	W	W	W
F	W	F	W	F	W
F	F	W	W	W	W
F	F	F	W	W	W

Der hypothetische Syllogismus ist ein valides Argument, denn in allen Zeilen, in denen alle Prämissen wahr sind (Z. 1, 5, 7 und 8), ist auch die Konklusion wahr.

LÜ70

p	q	r	s	p ∨ q	p → r	q → s	r ∨ s
W	W	W	W	W	W	W	W
W	W	W	F	W	W	F	W
W	W	F	W	W	F	W	W
W	W	F	F	W	F	F	F
W	F	W	W	W	W	W	W
W	F	W	F	W	W	W	W
W	F	F	W	W	F	W	W
W	F	F	F	W	F	W	F
F	W	W	W	W	W	W	W
F	W	W	F	W	W	F	W
F	W	F	W	W	W	W	W
F	W	F	F	W	W	F	F
F	F	W	W	F	W	W	W
F	F	W	F	F	W	W	W
F	F	F	W	F	W	W	W
F	F	F	F	F	W	W	F

Das konstruktive Dilemma ist ein valides Argument, denn in allen Zeilen, in denen alle Prämissen wahr sind (Z. 1, 5, 6, 9 und 11), ist auch die Konklusion wahr.

LÜ71

Es gibt mindestens zwei Möglichkeiten, wie man Herrn von Innstetten vor den Hörnern retten kann: Der Witz des „Gehörnten" besteht zunächst darin, dass die erste Prämisse durch das geschickte Zusammenspiel von Tempus und Wortbedeutung des Verbs „verloren haben" wie ein Tertium non datur aussieht („p ∨ ¬p'), das man natürlich schon deshalb als wahr akzeptieren müsste, weil es eine Tautologie ist. Wäre die erste Prämisse tatsächlich ein Tertium non datur, dürfte man nicht erwidern: „Weder – noch! Herr von Instetten hat weder seine Hörner verloren noch hat er seine Hörner nicht verloren." Es gäbe keine dritte Alternative. Dass es sich bei der ersten Prämisse jedoch nicht um ein Tertium non datur handelt, wird sichtbar, wenn man die Wortbedeutung von „verlieren" übernimmt, die in der zweiten und dritten Prämisse vorausgesetzt wird: Wenn man etwas verloren hat, dann *besaß* man es; wenn man etwas nicht verloren hat, dann *besitzt* man es (noch). Damit besagt die erste Prämisse folgendes:

1.* Herr von Innstetten *besaß Hörner*, oder Herr von Innstetten *besitzt Hörner*.

Dieser Satz kann aber – im Gegensatz zum Tertium non datur – durchaus falsch sein, nämlich dann, wenn Herr von Innstetten weder Hörner besaß noch jetzt besitzt. Das Argument kommt dann erst gar nicht in Gang, und man sieht zudem, dass es sich um eine Petitio principii handelt, weil die erste Prämisse und die Konklusion identisch sind:

1.* Herr von Innstetten *besaß Hörner*, oder Herr von Innstetten *besitzt Hörner*.
2.* Wenn Herr von Innstetten *Hörner besaß*, dann *besaß* Herr von Innstetten *Hörner*.
3.* Wenn Herr von Innstetten *Hörner besitzt*, dann *besitzt* Herr von Innstetten *Hörner*.
Also: 4.* Herr von Innstetten *besaß Hörner*, oder Herr von Innstetten *besitzt Hörner*.

Eine zweite Möglichkeit, dem Cornutus zu entkommen, besteht darin, auf die Mehrdeutigkeit des Ausdrucks „nicht verloren haben" hinzudeuten. Wenn man etwas nicht verloren hat, gibt es nämlich zwei mögliche Konsequenzen: Erstens, man hatte es vorher und besitzt es noch, oder, zweitens, man besaß es nie (und konnte es deshalb auch nicht verlieren). Die dritte Prämisse des Cornutus setzt die erste Wortbedeutung voraus. Herr von Innstetten muss sich freilich darauf nicht festlegen lassen und könnte so die Wahrheit der dritten Prämisse angreifen.

LÜ72

p	q	r	p	q	r
W	W	W	W	W	W
W	W	F	W	W	F
W	F	W	W	F	W
W	F	F	W	F	F
F	W	W	F	W	W
F	W	F	F	W	F
F	F	W	F	F	W
F	F	F	F	F	F

Das Argument ist nicht valid, denn nicht in allen Fällen, in denen alle Prämissen wahr sind (Z. 1 und 2), ist auch die Konklusion wahr (Z. 2).

LÜ73
In der zweiten Figur ergeben sich durch Abschwächung der Konklusion (aus ‚SeP' wird ‚SoP') aus dem Modus Cesare der Modus Cesaro und aus dem Modus Camestres der Modus Camestrop. In der vierten Figur ergibt sich Calemop aus dem Modus Calemes ebenfalls durch Abschwächung der Konklusion (aus ‚SeP' wird ‚SoP').

LÜ74
Gegenbeispiel:
p: Kant ist Deutscher.
q: Sokrates ist Grieche.
r: Nietzsche ist Pole.

LÜ77
Einer der bekanntesten Einwände gegen das ontologische Argument betrifft die siebte Prämisse und die Prämissen, aus denen sie (in Plantingas Rekonstruktion) gewonnen wird: In welchem Sinne macht das Hinzukommen der wirklichen Existenz ein Wesen größer als ein anderes, dem nur gedachte Existenz zukommt? Wenn das Wesen, dem wirkliche Existenz zukommt, deshalb größer wäre, weil es mehr *Eigenschaften* hätte als ein Wesen, dem nur gedachte Existenz zukommt, kann man die Frage stellen, ob „wirkliche Existenz" und „wirklich existent sein" überhaupt Prädikate sind, die zum Begriff des Wesens, über das gesprochen wird, neue Informationen hinzufügen (so wie das die Prädikate „blond sein", „100 Kilogramm schwer sein" oder „Philosoph sein" tatsächlich tun). Gibt es auch nur ein einziges Merkmal, das inhaltlich hinzukommen würde, wenn wir statt eines gedachten 50-Euro-Scheins einen wirklichen vor uns haben? In welchem Sinne wäre dann der wirkliche Schein größer als der gedachte?

LÜ78
In dem (validen) Argument für die Validität des Modus ponens wird diese Validität in dem *Schlussverfahren*, das verwendet wird, bereits vorausgesetzt. Ohne diese stillschweigende Voraussetzung der Validität des Modus ponens ergäbe sich gar kein valides Argument für die Validität des Modus ponens. Es handelt sich dabei also um eine Spielart der Petitio principii (dieser logische Fehler wird in Abschnitt 4 vorgestellt).

LÜ79
Wenn ein Argument in der Aussagenlogik valid ist, gibt es keine Interpretation, die alle Prämissen des Argumentes wahr macht, die Konklusion aber falsch. Wenn man nun ein Argument in eine Wenn-dann-Aussage übersetzt (und das ist für jedes Argument möglich), indem man die Prämissen des Argumentes zu einer Konjunktion verbunden in das Antezedens setzt und die Konklusion in das Konsequens (also: Wenn P_1 und P_2 ... und P_n, dann K), ergibt sich bei einem validen Argument immer, dass diese Übersetzung ein logisch wahrer Satz ist. Denn die Subjunktion kann nur falsch werden, wenn das Antezedens wahr wäre (also in diesem Fall alle Prämissen), das Konsequens aber falsch (also in diesem Fall die Konklusion). Das ist aber bei einem validen Argument ausgeschlossen. Daraus ergibt sich also ein zweites Testverfahren für valide Argumente: Ist die entsprechende Subjunktion logisch wahr, ist das Argument valid, ansonsten nicht.

LÜ80
Argumente können tatsächlich mit Hilfe von Subjunktionen angemessen beschrieben und wirkungsvoll geprüft werden; sie sind aber *nicht* identisch mit Subjunktionen. Denn es gibt einen klaren Unterschied zwischen einem Argument und einer Subjunktion: eine Subjunktion ist wahrheitsfähig, ein Argument aber nicht. Argumente können gut, schlecht, valid, triftig usw. sein, aber niemals wahr oder falsch.

LÜ81
Es handelt sich um einen Modus ponens, also kein induktives Argument (wenn man einmal die Tempora der Sätze außer acht läßt). Die Annahme, deren Wahrheit angreifbar scheint, ist die zweite Prämisse.

LÜ82
Eine formale Fassung des Arguments wäre die folgende:
r: Es regnete.
s: Es regnete stark.

1. $r \to \neg s$
2. $\underline{s}$
3. $\overline{\neg r}$

Nun ist die Konklusion ‚¬r' („Es regnete nicht") unter der Annahme der zweiten Prämisse ‚s' („Es regnete stark") in der Tat absurd. Denn die Annahme, dass es stark regnete, impliziert, dass es (überhaupt) regnete:

4. $s \to r$

Wenn man also Prämisse 2 annähme, wäre die Konklusion des Schlusses (‚¬r') die formale Negation einer Annahme (‚r'), die direkt aus den Prämissen 2 und 4 mit Hilfe des Modus ponens folgte (s; s $\to$ r; also r).
Das Argument aus *Analysis* wäre ein echtes Gegenbeispiel gegen die Validität des Modus tollens, wenn seine Prämissen keine kontradiktorisch widersprüchlichen Prämissen enthielten (bzw. keine kontradiktorischen Aussagen von ihnen impliziert würden). Denn aus einer Prämissenmenge, die kontradiktorische Aussagen enthält, folgt ja alles Beliebige (*ex falso quodlibet*). Einen solchen Widerspruch in den Prämissen kann man aber tatsächlich nachweisen: Denn aus den Prämissen 2 und 4 folgt, wie gezeigt, mit Hilfe eines Modus ponens zunächst die Aussage

5. r

und aus den Prämissen 1 und 5 folgt mit Hilfe eines Modus ponens die Prämisse

6. $\neg s$

Wenn man die Prämissen 2 und 6 mit Hilfe der Regel der Konjunktion verbindet, ergibt sich ein offener formaler Widerspruch:

7. $s \wedge \neg s$

Also ist die Prämissenmenge des Arguments inkonsistent, und es folgt aus ihr alles Beliebige. Damit ist das Gegenbeispiel entkräftet.

LÜ83

„Es gibt Aussagen" ist selbst eine Aussage; also gibt es mindestens eine Aussage, und schon deshalb ist die Aussage „Es gibt Aussagen" wahr.

„Es gibt Wahrheit" ist selbst eine Aussage, die mit Wahrheitsanspruch vorgetragen wird. Ihre Wahrheit ergibt sich aus der Annahme ihrer Negation. Wenn diese Negation („Es gibt keine Wahrheit") mit Wahrheitsanspruch behauptet wird („*Es ist wahr*, dass es keine Wahrheit gibt"), steht der Wahrheitsanspruch der Behauptung im Widerspruch zum Inhalt der Aussage („Es ist wahr, dass es *keine Wahrheit gibt*"). Also muss die Negation der Negation wahr sein, und das ist die Aussage „Es gibt Wahrheit".

„Es gibt wahre Sätze" ist selbst ein wahrer Satz. Geht man von der Negation des Satzes aus („Es gibt keine wahren Sätze"), ergibt sich ein Widerspruch zwischen dem in der Behauptung vorausgesetzten Wahrheitsanspruch („*Es ist wahr*, dass es keine wahren Sätze gibt") und dem Inhalt der Aussage („Es ist wahr, dass es *keine wahren Sätze gibt*"). Deshalb muss die Negation der Negation wahr sein, also der Satz „Es gibt wahre Sätze".

„Es gibt etwas" ist selbst etwas (nämlich zumindest ein Satz), also gibt es etwas; und deshalb ist auch der Satz „Es gibt etwas" wahr.

„Es gibt Wörter" enthält selbst Wörter, also gibt es Wörter; und deshalb ist der Satz „Es gibt Wörter" wahr.

LÜ84

Der Satz „Nur logisch wahre Sätze und Sätze, die auf Sinnesdaten beruhen, sind sinnvoll, alle anderen sinnlos" ist *selbst* weder ein logisch wahrer Satz noch ein Satz, der auf Sinnesdaten beruht. Also ist er gemäß der Position des logischen Positivismus ein sinnloser Satz.

Der Satz „Es gibt keine objektiven moralischen Normen oder Werte" spricht nicht über sich selbst, sondern über eine Menge von Entitäten, zu denen Sätze über diese Entitäten selbst nicht gehören. Das reflexive Verfahren liefert hier deshalb keinen direkten Ansatz zu einem Widerspruch.

LÜ85

Ein klassisches Beispiel für eine solche für selbstevident gehaltene Aussage, deren Gültigkeit heute nicht mehr generell, sondern nur noch in einem bestimmten Bereich angenommen wird, ist Euklids Parallelenpostulat (auch Parallelenaxiom). Es gilt nicht in der hyperbolischen Geometrie.

Lösungen zu Abschnitt 4: Schlecht argumentieren

LÜ87

Damit die übliche syllogistische Form entsteht, müssen die Prämissen vertauscht werden: Der Obersatz muss die allgemeine Regel angeben, der Untersatz muss feststellen, dass es um einen Regelfall (Angehöriger der Spezies homo sapiens) geht.

1. Alle Angehörigen der Spezies Homo sapiens haben ein Grundrecht auf Leben.
2. Alle Embryonen gehören der Spezies Homo sapiens an.
Also: 3. Alle Embryonen haben ein Grundrecht auf Leben.

LÜ90
Dr. Allwissend kann entweder existieren oder nicht existieren. Angenommen, Dr. Allwissend wäre eine fiktive Person (wie etwa William von Baskerville eine fiktive Person ist), dann würde Dr. Allwissend nicht im selben Sinne existieren, in dem wir existieren. Dennoch wäre es möglich, über Dr. Allwissend wahre Aussagen zu machen (so wie wir auch wahrheitsgemäß von William von Baskerville sagen können, dass er ein weltbekannter Detektiv ist). Ein fiktiver Dr. Allwissend würde als Allwissender, falls er Aussagen macht, nur (fiktive) wahre Aussagen präsentieren. Weiterhin gilt, dass, wenn alle Aussagen des Dr. Allwissend-Buches Aussagen von Dr. Allwissend wären, auch sein Buch, das Dr. Allwissend-Buch, nur ein fiktives Buch wäre, da es aus fiktiven Aussagen des fiktiven Autors bestünde. Angenommen, Dr. Allwissend wäre aber nicht fiktiv, sondern real und damit existent, dann wäre es gleichfalls wahr, dass er, falls er Aussagen macht, nur (existente) wahre Aussagen macht, und dass, wenn das Dr. Allwissend-Buch nur aus Aussagen von Dr. Allwissend bestünde, das Buch auch existierte. Wenn der Doktor existiert, dann auch sein Buch; wenn er nicht existiert, dann auch nicht sein Buch. Ob er aber existiert oder nicht, ist eine offene Frage. Die Wahrheit der Prämissen des Dr. Allwissend-Arguments hängt jedenfalls nicht von der Annahme der Existenz von Dr. Allwissend ab.

Im Unterschied dazu verbinden wir mit dem Ausdruck „Bibel" in dem Argument über die Aussagen Gottes eine wichtige unausgesprochene Hintergrundannahme: Die Bibel als Buch existiert tatsächlich. Dann kann jedoch die zweite Prämisse dieses Arguments („Alle Aussagen der Bibel sind Aussagen Gottes") nur dann wahr sein, wenn auch Gott tatsächlich existiert. Denn es ist ausgeschlossen, dass ein reales Buch von einem fiktiven Autor geschrieben wurde: Fiktive Autoren können nur fiktive Bücher schreiben. Insofern liegt in dem Gottesargument tatsächlich eine Petitito principii vor, während das strukturgleiche Dr. Allwissend-Argument dieses Problem nicht hat. – Allerdings hat auch diese Lösung ihre Probleme: Denn was ist überhaupt der Unterschied zwischen einer fiktiven wahren und einer realen wahren Aussage?

LÜ92
Die Abtreibungsdebatte ist in ihrem Kern eine ethische Kontroverse. In der Ethik geht es um die Frage, was richtig *ist*, und nicht um die Frage, wer oder wie viele Personen etwas für richtig *halten*. Aus der Tatsache, dass einer bestimmten Gruppe von Lebewesen etwas richtig *erscheint*, folgt aber nicht, dass es auch richtig *ist*. Denn es ist denkbar, dass eine Mehrheit oder sogar alle etwas für richtig halten, was, ethisch betrachtet, keineswegs richtig ist.

Lösungen zu Abschnitt 6: Praxis des Interpretierens

LÜ112
Die richtige Interpretation eines Textes kann es niemals geben, und daher ist unsere Lesart auch nur (hoffentlich) besser als alle bisherigen. Die Idee einer richtigen Interpretation setzt voraus, dass es *die* Bedeutung eines Textes gibt, und eine solche Annahme scheint nur dann sinnvoll, wenn der hermeneutische Ansatz überzeugend ist, dass die Bedeutung eines Textes durch die Intention des Autors (*intentio auctoris*) bestimmt wird – und diesen Ansatz bestreiten wir. Wenn die Bedeutung eines Textes durch den Leser mitbestimmt wird (*intentio lectoris*), dann kann es, weil es immer neue Leser gibt, auch nicht *die* Bedeutung eines Textes geben. Doch selbst wenn man das Gewicht der *intentio operis* sehr stark macht, scheint eines klar: Selbst wenn es im Sinne einer solchen *intentio operis* *die* Bedeutung eines Textes gäbe und folglich auch die (eine) richtige Interpretation eines solchen Textes, könnten wir nie sicher sein, dass wir in ihrem Besitz wären; es ist immer denkbar, dass ein anderer Leser oder eine andere Leserin etwas sieht – oder im Sinne der *intentio operis* sogar *entdeckt* –, das bisher nicht gesehen wurde.

LÜ114
Wir können aus Platzgründen diese Aufgaben hier nicht lösen, möchten Ihnen aber folgende Hilfestellungen geben:
Zu 1: Auch beim Satz in der Klammer kommt es darauf an, den Pflichtcharakter von Liebe und Achtung zu erkennen. So werden Sie, wenn Sie bei Kant nach ‚Liebe des Nächsten' suchen, entdecken, dass er damit eine Pflicht meint, kein Gefühl; und von der Achtung sagt Kant, sie sei ‚notwendig'.
Zu 2: Das ‚Gesetz' muss der kategorische Imperativ sein; das ‚im Grunde' sollten Sie in Abgrenzung zum ‚nur so' lesen.
Zu 3: Beachten Sie, dass ein Prinzip dasjenige ist, wonach man handelt.

LÜ115
Wieder können wir aus Platzgründen diese Aufgabe hier nicht lösen. Achten Sie aber auf die Rede vom „Gleichgewicht" im Unterschied zur Rede von der „accessorischen" Verknüpfung im § 23; in der Freundschaft sind Liebe und Achtung ‚innigst vereint' und nicht nur ‚accessorisch verknüpft'.

LÜ117
Das ist eine gute Frage, auf die wir selbst auch keine Antwort wissen. Eine hübsche Aufgabe für einen interessanten Aufsatz!

LÜ120

A1   1. T1 → T2
       2. T1
       _____
       3. T2

A2 1. $T1 \rightarrow T2$
    2. $AT1$ bzw. $\neg T2$
    3. $\neg T1$

A3 1. $T2 \rightarrow \neg PA$
    2. PA
    3. $\neg T2$

A4 1. $PA \rightarrow AT1$
    2. PA
    3. $AT1$

A4* 1. $\neg AT1 \rightarrow \neg P$
    2. $\neg P \rightarrow \neg PA$
    3. $\neg AT1 \rightarrow \neg PA$

Nachweise und weiterführende Literatur

Mottos

Kant, Immanuel: *Logik* (EA 1800), in: *Gesammelte Schriften*, hrsg. von der Preußischen Akademie der Wissenschaften u.a., Bd. IX, Berlin/New York 1900ff., S. 25f.

Levi, Primo: *Ist das ein Mensch? Ein autobiographischer Bericht*, München ²1993, S. 31.

Eco, Umberto: *Zwischen Autor und Text. Interpretation und Überinterpretation*, München 1996, S. 59.

Einleitung

S. 2: Newton, Isaac: *Philosophiae Naturalis Principia Mathematica* (EA 1687), deutsche Ausgabe: *Mathematische Prinzipien der Naturlehre*, übers. und erläutert von J. P. Wolfers, Oppenheim, Berlin 1872.

S. 10: Lichtenberg, Georg Christoph: *Sudelbücher* (EA 1800ff.), Frankfurt a.M., Leipzig 1984, C1, 142.

S. 11: Jonathan Barnes nennt sich in einem Interview in der Zeitschrift *Cogito* explizit „a mere historian": „Modes of Philosophizing", in: *Cogito* 06, Athen 2007, S. 31–33, hier: Antwort 3.3
[http://www.nnet.gr/cogito/cogitoENfiles/cogito06-barnes.htm].

I.1 Begriffe analysieren

S. 23: Augustinus, Aurelius: *Was ist Zeit?*: Confessiones XI – Bekenntnisse 11 (EZ um 400 n. Chr.), lateinisch–deutsch, eingel., übers. und mit Anm. vers. von N. Fischer, Hamburg 2000, S. 25.

S. 29: Vgl. Platon: *Theaitetos* 146c–d (Schuhmachen als Wissen), *Politeia* 596ab (Bestimmung der Idee über Bettgestelle und Tische) und *Sophistes* 218b–221c (Definition des Angelfischers). Eine gute zweisprachige Ausgabe der Werke bietet: Platon, *Werke in 8 Bänden*, griechisch–deutsch, hrsg. von Gunther Eigler, Sonderausgabe Darmstadt 1990 (*Theaitetos* und *Sophistes* in Bd. 6, *Politeia* in Bd. 4).

S. 32: Cicero, Marcus Tullius: *Über die Wahrsagung / De Divinatione*, lateinisch-deutsch, hrsg., übers. und erläutert von Christoph Schäublin, Düsseldorf/Zürich ²2002, Buch II, Kap. LVIII, Sekt. 119: „Sed nescio quo modo nihil tam absurde dici potest quod non dicatur ab aliquo philosophorum."

S. 37: Platon: *Menon* 80e, in: Platon, *Werke in 8 Bänden*, Bd. 2, griechisch–deutsch, hrsg. von Gunther Eigler, Sonderausgabe Darmstadt 1990.

S. 37: Vgl. Brendel, Elke: *Wahrheit und Wissen*, Paderborn 1999, S. 14–15.

S. 39: Das Zitat stammt aus dem von Bernhard Pörksen mit Heinz von Foerster geführten Interview „Wir sehen nicht, daß wir nicht sehen" (15.04.1998), das wir im Internet gefunden haben:
[http://www.heise.de/tp/r4/artikel/6/6240/1.html].

S. 49: Die klassische Definition des Wissens findet sich in Platons *Theaitetos* 201cd (Platon, *Werke in 8 Bänden*, Bd. 6, griechisch–deutsch, hrsg. von Gunther Eigler, Sonderausgabe Darmstadt 1990). Bereits Platon sieht aber, dass diese dreiteilige Definition nicht genügt (vgl. *Theaitetos* 210ab).

S. 49: Gettier, Edmund: „Is Justified True Belief Knowledge?", in: *Analysis* 23 (1963), S. 121–123.

S. 56: Es ist unseres Wissens nach nicht genau belegbar, wann die scholastische Formel „definitio fit per genus proximum et differentiam specificam" zum ersten Mal verwendet wurde; der Sache ist nach ist sie aber seit Aristoteles bekannt (*Topik* I 8, 103b15f.). Es gibt zahlreiche Varianten der Formel, eine ist die mittelalterliche Schulfassung „definitio fiat per genus proximum et differentias specificas" (Aristoteles latinus Top. VI, 5, 143a15).

S. 57: Aristoteles: *Lehre vom Schluß oder Erste Analytik*, übers. und mit Anm. versehen von E. Rolfes, Hamburg 1975, Buch 1, Kapitel 1, 24b: „Ein Schluß ist eine Rede, in der, wenn etwas gesetzt wird, etwas von dem Gesetzten Verschiedenes notwendig dadurch folgt, daß dieses ist."

S. 60: Moore, George Edward: *Principia Ethica* (EA 1903), aus dem Engl. übers. und hrsg. von B. Wisser, Stuttgart 1970, Kapitel 1, Nr. 7 und Nr. 10.

S. 61: Moore, George Edward: *Principia Ethica* (EA 1903), aus dem Engl. übers. und hrsg. von B. Wisser, Stuttgart 1970, Kapitel 1, Teile A-B (Nr. 1–14).

S. 61: Wittgenstein, Ludwig: *Philosophische Untersuchungen*, in: Wittgenstein, Ludwig, *Werkausgabe in 8 Bänden*, Frankfurt a. M. 1984, Bd. 1, § 66ff.

S. 62: Zu den Beispielen für Spiele und zu den Familienähnlichkeiten vgl. Brendel, Elke: *Wahrheit und Wissen*, Paderborn 1999, S. 11.

I.2 Aussagen analysieren

S. 67: Joyce, James: *Finnegans Wehg* (*Finnegans Wake*, EA 1939), übers. von Dieter H. Stündel, Sonderausgabe für Zweitausendeins, Frankfurt a. M. 1993, erster Satz.

S. 67: Musil, Robert: *Der Mann ohne Eigenschaften I: Erstes und Zweites Buch* (EA 1930ff.), Reinbek bei Hamburg 1994, Erstes Buch, erster Satz.

S. 83: Aristoteles, *Metaphysik* (EZ 4. Jh. v.Chr.), Erster Halbband: Bücher I (A) – VI (E), griechisch–deutsch, Neubearbeitung der Übersetzung von Hermann Bonitz, mit Einleitung und Kommentar hrsg. von Horst Seidel, griech. Text in der Edition von Wilhelm Christ, Hamburg ³1989, Buch IV, Kap. 3, 1005b19–23: „daß nämlich dasselbe demselben und in derselben Beziehung (...) unmöglich zugleich zukommen und nicht zukommen kann."

S. 114: Zum Lügnerparadox und zum Verstärkten Lügnerparadox vgl. die Analyse von Richard M. Sainsbury im fünften Kapitel seines Buches *Paradoxien* (erweiterte Ausgabe, aus dem Englischen übers. von Vincent C. Müller, Stuttgart 2001), S. 168–190. Saul Kripkes Wahrheitswertlückentheorie findet sich in „Outline of a theory of truth", in: *Journal of Philosophy* 72 (1975), S. 690–716.

S. 114: Priest, Graham: *In Contradiction. A Study of the Transconsistent*, second edition, Oxford 2006, S. 287: „The thought is to concentrate on a sentence that says of itself that it is false and not true, false only."

II.3 Triftig argumentieren

S. 129: Hier folgen wir der Definition des Arguments, die Ansgar Beckermann vorgeschlagen hat: Beckermann, Ansgar: *Einführung in die Logik*, 2., neu bearbeitete und erweiterte Auflage, Berlin 2003, S. 4–5.

S. 146: Vgl. Carotta, Francesco: *War Jesus Caesar? 2000 Jahre Anbetung einer Kopie*, München 1999.

S. 148 f.: Vgl. Aristoteles: *Metaphysik* (EZ 4. Jh. v. Chr.), Erster Halbband: Bücher I (A) – VI (E), griechisch–deutsch, Neubearbeitung der Übersetzung von Hermann Bonitz, mit Einleitung und Kommentar hrsg. von Horst Seidel, griech. Text in der Edition von Wilhelm Christ, Hamburg ³1989, Buch IV, Kap. 3, 1005b19–23: „daß nämlich dasselbe demselben *und in derselben Beziehung* (…) unmöglich zugleich zukommen und nicht zukommen kann" (u.H.).

S. 155: Vgl. u.a. Sainsbury, Richard M.: *Paradoxien*, erweiterte Ausgabe, Stuttgart 2001, S. 227.

S. 160: Der Merkvers zu den vier Figuren findet sich u.a. bei Prior, Arthur: „Traditional Logic", in: P. Edwards (Hrsg.), *The Encyclopedia of Philosophy*, New York 1967ff., Bd. V, S. 37, aber ohne Quellenangabe; dasselbe auch in jüngeren Logikbüchern wie denen von Theodor G. Bucher (*Einführung in die angewandte Logik*, zweite, erweiterte Auflage, Berlin/New York 1998, S. 181) und Winfried Löffler (*Einführung in die Logik*, Stuttgart 2008, S. 193).

S. 169: Anselm von Canterbury: *Proslogion. Anrede* (EZ um 1080), lateinisch/deutsch, übers. und hrsg. v. R. Theis, Stuttgart 2005, Kap. 2–3.

S. 169: Wir orientieren uns an der Rekonstruktion, die Alvin Plantinga in *God and Other Minds*, Ithaca 1967, S. 29, vorgestellt hat.

S. 171: Der Ausdruck „Münchhausentrilemma" wurde geprägt von Hans Albert: *Traktat über kritische Vernunft*, Tübingen 1968, S. 13.

S. 173: Carroll, Lewis: *Alices Abenteuer im Wunderland* (EA 1869), übers. und hrsg. v. G. Flemming, Stuttgart 1999.

S. 173: Carroll, Lewis: „What the Tortoise Said to Achilles", in: *Mind* 4, 14 (1895), S. 278–280.

S. 179: Laudan, Larry: „A Confutation of Convergent Realism", in: *Philosophy of Science* 48 (1981), S. 19–49.

S. 181: Swinburne, Richard: *Die Existenz Gottes*, Stuttgart 1987.

S. 181: Adams, Ernest: „*Modus Tollens* Revisited", in: *Analysis* 48 (1988), S. 122–128.

S. 181: Russell, Bertrand: *The Problems of Philosophy*, London 1912, Kapitel 6: On Induction.

II.4 Schlecht argumentieren

S. 187: Der Aufsatz von Merkel erschien in der Wochenzeitung *Die Zeit* (05/2001).
S. 201: Von der Reductio ad Hitlerum spricht Leo Strauss in *Naturrecht und Geschichte*, Stuttgart 1956, S. 44f.
S. 201: Die Bemerkung Feyerabends zu Hitlers Nase haben wir gefunden in: *Der Spiegel* 19/1979 (online).

III.6 Praxis des Interpretierens

Kants Texte zitieren wir nach den Ausgaben im Felix Meiner Verlag:
Grundlegung zur Metaphysik der Sitten, Hamburg 1999.
Prolegomena zu einer jeden künftigen Metaphysik, die als Wissenschaft wird auftreten können, Hamburg 1976.
Metaphysische Anfangsgründe der Tugendlehre (Metaphysik der Sitten, Zweiter Teil), Hamburg 1990.

Anhang: Kanon

Edmund Gettiers „Is Justified True Belief Knowledge?" erschien in: *Analysis* 23 (1963), S. 121–123.

Weiterführende Literatur

Natürlich können wir in diesem Buch nicht all das sagen, was man sagen müsste, um vollständig zu verstehen, was es heißt, selbst zu philosophieren. Hier nun ein paar Bücher, die wir – mehr oder weniger, und in verschiedenen Hinsichten – gut finden. Es sind fast ausschließlich Bücher zum Themenkomplex des Analysierens bzw. Definierens und des Argumentierens. Entsprechende Bücher zum tatsächlichen Interpretieren philosophischer Texte gibt es u.W. fast gar nicht.

Baggini, Julian / Fosl, Peter S.: *The Philosopher's Toolkit. A Compendium of Philosophical Concepts and Methods*, Oxford 2003.
Beckermann, Ansgar: *Einführung in die Logik*, 2., neu bearbeitete und erweiterte Auflage, Berlin / New York 2003.
Brandt, Reinhard: *Die Interpretation philosophischer Werke. Eine Einführung in das Studium antiker und neuzeitlicher Philosophie*, Stuttgart 1984.

Bucher, Theodor G.: *Einführung in die angewandte Logik*, zweite, erweiterte Auflage, Berlin / New York 1998.
Eco, Umberto: *Die Grenzen der Interpretation*, München ²1999.
Engel, S. Morris: *With Good Reason. An Introduction to Informal Fallacies*, 6. Auflage Boston / New York 2000.
Löffler, Winfried: *Einführung in die Logik*, Stuttgart 2008.
Mates, Benson: *Elementare Logik*, Göttingen ²1978.
Passmore, John: *Philosophical Reasoning*, London 1961.
Rosenberg, Jay F.: *Philosophieren. Ein Handbuch für Anfänger*, Frankfurt a.M. 1986.
Salmon, Wesley C.: *Logik*, Stuttgart 1983.
Savigny, Eike von: *Grundkurs im wissenschaftlichen Definieren*, München 1970.
Shand, John: *Arguing Well*, London 2000.
Strobach, Niko: *Logik*, Darmstadt 2005.
Tetens, Holm: *Philosophisches Argumentieren. Eine Einführung*, München 2004.
Tugendhat, Ernst / Wolf, Ursula: *Logisch-semantische Propädeutik*, Stuttgart 1983.
Zoglauer, Thomas: *Einführung in die formale Logik für Philosophen*, UTB 1999.

Wichtige Symbole, Sätze und Regeln im Überblick

1. Symbole der Aussagen- und Prädikatenlogik

Zeichen in AL	Verwendung	Alternativen
W	Wahrheitswert des Wahren	1 t ⊤
F	Wahrheitswert des Falschen	0 f ⊥
¬	Klassische aussagenlogische Negation	∼ ¯ (d.h. die negierte Formel ist komplett überstrichen, z.B.: $\overline{A}$)
∧	Konjunktion	& .
∨	Disjunktion	Bezeichnung: Adjunktion
→	Subjunktion	⊃ („horseshoe") Bezeichnung: Konditional (materiale) Implikation
↔	Bisubjunktion	≡ Bezeichnung: Äquivalenz
|	Shefferstrich	Bezeichnung: Shefferscher Strich, Negatadjunktion, Exklusion
( )	Klammern	In einigen Logiken findet man statt Klammern auch den Punkt „.". Der Punkt bedeutet, dass die Formel von diesem Punkt bis zum Ende der Formel geklammert ist. Ein Punkt vor einem Junktor steht für eine sich schließende Klammer. Beispiele: p ⊃ . q ⊃ r entspricht: p → (q → r) p ⊃ . q & . p ⊃ ∼r entspricht: p → (q ∧ (p → ¬r)) p ⊃ q . & . p ⊃ ∼r entspricht: (p → q) ∧ (p → ¬r)

Zeichen in PL	Verwendung	Alternativen
$\forall x$	Allquantor	(x) $\bigwedge x$ Bezeichnung: Generalisator
$\exists x$	Existenzquantor	(Ex) $\bigvee x$ Bezeichnung: Partikularisator

2. Satzarten

Kategorische Sätze in der Syllogistik

1. universal bejahend (a: affirmo):   SaP (Alle S sind P).

2. universal verneinend (e: nego):   SeP (Kein S ist P).

3. partikulär bejahend (i: affirmo):   SiP (Einige S sind P).

4. partikulär verneinend (o: nego):   SoP (Einige S sind nicht P).

Kategorische Sätze in der Prädikatenlogik

1. universal bejahend: *Alle S sind P.*
 $\forall x\ (S^1x \rightarrow P^1x)$
 oder: $\neg \exists x\ (S^1x \wedge \neg P^1x)$

2. universal verneinend: *Kein S ist P.*
 $\neg \exists x\ (S^1x \wedge P^1x)$
 oder: $\forall x\ (S^1x \rightarrow \neg P^1x)$

3. partikulär bejahend: *Einige S sind P.*
 $\exists x\ (S^1x \wedge P^1x)$ *Mindestens ein S ist P.*
 oder: $\neg \forall x\ (S^1x \rightarrow \neg P^1x)$

4. partikulär verneinend: *Einige S sind nicht P.*
 $\exists x\ (S^1x \wedge \neg P^1x)$
 oder: $\neg \forall x\ (S^1x \rightarrow P^1x)$

3. Logische Quadrate

3.1 Logisches Quadrat

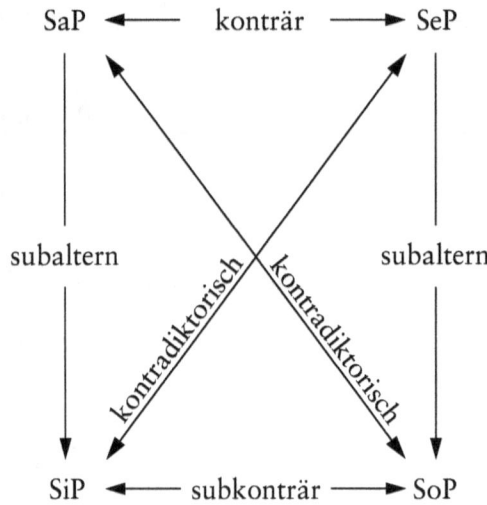

3.2 Prädikatenlogisches Quadrat

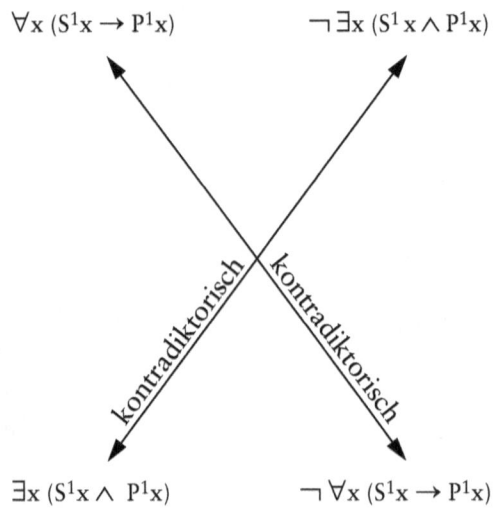

Wichtige Symbole, Sätze und Regeln im Überblick   311

4. Logische Prinzipien

¬(p ∧ ¬p)   Satz vom ausgeschlossenen Widerspruch

p ∨ ¬p   Satz vom ausgeschlossenen Dritten

p → p   Satz der Identität

5. Äquivalenzregeln

1. (p ∧ q) ≡ (q ∧ p)   Gesetze der Kommutation
2. (p ∨ q) ≡ (q ∨ p)
3. (p ↔ q) ≡ (q ↔ p)

¬¬p ≡ p   Gesetz der Doppelten Negation

p → q ≡ ¬q → ¬p   Gesetz der Kontraposition

1. (p ∧ q) ≡ ¬(¬p ∨ ¬q)   Erstes Gesetz von De Morgan
2. ¬(p ∧ q) ≡ (¬p ∨ ¬q)
3. (p ∨ q) ≡ ¬(¬p ∧ ¬q)   Zweites Gesetz von De Morgan
4. ¬(p ∨ q) ≡ (¬p ∧ ¬q)

6. Valide Schlussregeln

Aussagenlogik

6.1 Modus ponens

p → q
p
―――
q

6.2 Modus tollens

p → q
¬q
―――
¬p

6.3 Konjunktion

p
q
―――
p ∧ q

6.4 Simplifikation

p ∧ q
―――
p

und auch

p ∧ q
―――
q

6.5 Addition

p
―――
p ∨ q

6.6 Disjunktiver Syllogismus

p ∨ q
¬p
―――
q

und auch

p ∨ q
¬q
―――
p

6.7 Hypothetischer Syllogismus

p → q
q → r
---
p → r

6.8 Konstruktives Dilemma

p ∨ q
p → r
q → s
---
r ∨ s

Syllogistik

1. Figur	2. Figur	3. Figur	4. Figur
aaa (Barbara)	eae (Cesare)	aai (Darapti)	aai (Bamalip)
eae (Celarent)	aee (Camestres)	eao (Felapton)	aee (Calemes)
aii (Darii)	eio (Festino)	iai (Disamis)	iai (Dimatis)
eio (Ferio)	aoo (Baroco)	aii (Datisi)	eao (Fesapo)
aai (*Barbari*)	eao (*Cesaro*)	oao (Bocardo)	eio (Fresison)
eao (*Celaront*)	aeo (*Camestrop*)	eio (Ferison)	aeo (*Calemop*)

Erste Figur:

M-P
S-M

S-P

6.9 Modus Barbara

MaP
SaM

SaP

6.10 Modus Celarent

MeP
SaM

SeP

6.11 Modus Darii

MaP
SiM

SiP

6.12 Modus Ferio

MeP
SiM

SoP

6.13 Modus Barbari

MaP
SaM

SiP

6.14 Modus Celaront

MeP
SaM

SoP

Wichtige Symbole, Sätze und Regeln im Überblick 313

Zweite Figur:

P-M
S-M
$\overline{\text{S-P}}$

6.15 Modus Cesare

PeM
SaM
$\overline{\text{SeP}}$

6.16 Modus Camestres

PaM
SeM
$\overline{\text{SeP}}$

6.17 Modus Festino

PeM
SiM
$\overline{\text{SoP}}$

6.18 Modus Baroco

PaM
SoM
$\overline{\text{SoP}}$

6.19 Modus Cesaro

PeM
SaM
$\overline{\text{SoP}}$

6.20 Modus Camestrop

PaM
SeM
$\overline{\text{SoP}}$

Dritte Figur:

M-P
M-S
$\overline{\text{S-P}}$

6.21 Modus Darapti

MaP
MaS
$\overline{\text{SiP}}$

6.22 Modus Felapton

MeP
MaS
$\overline{\text{SoP}}$

6.23 Modus Disamis

MiP
MaS
$\overline{\text{SiP}}$

6.24 Modus Datisi

MaP
MiS
$\overline{\text{SiP}}$

6.25 Modus Bocardo

MoP
MaS
$\overline{\text{SoP}}$

6.26 Modus Ferison

MeP
MiS
$\overline{\text{SoP}}$

Vierte Figur:

P-M
M-S
$\overline{\text{S-P}}$

6.27 Modus Bamalip

PaM
MaS
$\overline{\text{SiP}}$

6.28 Modus Calemes

PaM
MeS
$\overline{\text{SeP}}$

6.29 Modus Dimatis

PiM
MaS
$\overline{\text{SiP}}$

6.30 Modus Fesapo

PeM
MaS
$\overline{\text{SoP}}$

6.31 Modus Fresison

PeM
MiS
$\overline{\text{SoP}}$

6.32 Modus Calemop

PaM
MeS
$\overline{\text{SoP}}$

Prädikatenlogik

6.33 Fälschlicherweise „Modus Barbara" genannter Modus

$\forall x\,(M^1x \to S^1x)$
M^1s
Also: S^1s

6.34 Modus Barbara in der Prädikatenlogik

$\forall x\,(M^1x \to S^1x)$
$\forall x\,(G^1x \to M^1x)$
Also: $\forall x\,(G^1x \to S^1x)$

7. Regeln der Interpretation

IR1 Lies den Text möglichst im Original!
IR2 Lies den Text mehrmals, langsam und sorgfältig!
IR3 Interpretiere nicht alleine, sondern mit anderen!
IR4 Suche nach Parallelstellen!
IR5 Vertraue nicht (blind) der Sekundärliteratur! Denke selbst nach!
IR6 Zitiere absolut textgetreu!
IR7 Suche nach alternativen und besseren Interpretationshypothesen!
IR8 Suche nach einer kohärenten Interpretation!
IR9 Prüfe Interpretationen auf ihren sachlichen Gehalt!
IR10 Achte auf den Kontext der zu interpretierenden Stelle!
IR11 Identifiziere die Hauptthese des Textes!
IR12 Rekonstruiere das Argument!
IR13 Suche nach logischen Signalwörtern!
IR14 Rekonstruiere kürzend, aber kontrolliert die Textaussagen!

Sachregister

Hinter den deutschen Sachbegriffen stehen, soweit übersetzbar, kursiv und in Klammern die entsprechenden englischen Ausdrücke.

A
- Addition *(addition)* → Schlussregel
- Adjunktion *(adjunction)* → Junktor
- Alternation *(alternation)* → Junktor
- Alternative logische Zeichen *(alternative logical operators)* 14, **68–69**, 143, **308–309**
- Ambiguität *(ambiguity)* → Mehrdeutigkeit
- Analyse *(analysis)* → Definition
- Anführungszeichen *(quotation marks)* **20–22**, 277
- Antezedens *(antecedent)* → Implikation
- Äquivalenz *(equivalence)*
  - materiale Ä. *(e.)* 14, 68–69, **74–77**, 87, 308
- Äquivalenzregeln *(rules of equivalence)* **87–89**, 308, **311**
- Äquivokation *(equivocation)* 15, **196–198**
- Argument *(argument)*
  - A.form *(a. form)* 15, 132–135, **141–164**, 166–178, **311–315**
  - Argumentum ad hominem *(a. against the man; argumentum ad hominem)* 311–315
  - deduktives A. *(deductive a.)* 15, **141–178**
  - gutes A. *(good a.)* **130–141**, 191
  - induktives A. *(inductive a.)* 180f., 298
  - invalides A. *(invalid a.)* **130–131, 136**, 138–140, 158, 164–165, 181, **186**, **191–194**
- Konklusion *(conclusion)* → Syllogismus
- nicht-triftiges A. *(unsound a.)* **136–139**
- Prämisse *(premise)* → Syllogismus
- Reductio ad Hitlerum → Fehlschluss
- reflexives A. *(reflexive a.)* 15, 172, **182–184**, 299
- triftiges A. *(sound a.)* 14–15, **134–138**, 171, 196
- valides A. *(valid a.)* 14, **130–139**, 286–298, **311–314**
- zirkuläres A. *(circular a.)* 14, **127–128**, 141, 172, 175, **194–196**
- Argumentform *(argument form)* → Argument
- Argumentum ad hominem *(argument against the man)* → Argument
- Atomarer Satz *(atomic sentence)* → Satz
- Ausdruck *(term)* **20–32**, 53
  - indexikalischer A. *(indexical t.)* 14, **110–112**
- Aussage *(proposition; statement)* → Satz
  - A.satz *(declarative sentence)* 14, **50–51, 66–80, 107–112**, 114, 137
  - kategorische A. *(categorical p.)* 14, **91–98**, 309

- kategorische A. in der
  Prädikatenlogik *(categorical p.
  within predicate logic)*
  105–107, 166, 309
- kontradiktorische A.
  (contradictory p.) 14, 85,
  93–97, 107, 142, **152–153**, 310
- konträre A. *(contrary p.)* 14,
  93–97, 107, 142, **310**
- Proposition *(p.)* 14, **107–112**,
  114
- Sachverhalt *(fact; p.)* 14, 67,
  107–112, 114
- subalterne A. *(subaltern p.)* 14,
  93–97, 107, **310**
- subkonträre A. *(subcontrary p.)*
  14, 93–97, 107, 142, 287, **310**
- Aussagenlogik *(propositional
  logic)* 13–14, **65–97**, 113,
  141–158, 297, 308, 311–312
- Aussagesatz *(declarative sentence)*
  → Aussage; Satz

B
- Bedeutung *(meaning)*
  - B.suche *(search for m.)* →
    Hermeneutik
  - Extension *(extension)* 14,
    51–56, 88, **279**
  - Intension *(intension)* 14,
    52–53, 55–56, **279**
- Bedeutungssuche *(search for
  meaning)* → Bedeutung;
  Hermeneutik
- Bedingung *(condition)*
  - notwendige B. *(necessary c.)*
    14, 35, **40–50**, 55–58, 61–64,
    89, 262, 279
  - hinreichende B. *(sufficient c.)*
    14, 35, **40–50**, 55
- Begriff *(term)* 1, 3, 13, **19–50**,
  51–57, 61–62, 108–112, 251,
  277–280
- Begriffsanalyse *(definition;
  conceptual analysis)* → Definition
- Beweis *(proof)*

- der Regel „Ex falso quodlibet"
  (p. for ex falso quodlibet) 15,
  85, **152–153**, 293, 298
- direkter B. *(direct p.)* 15,
  141–143
- indirekter B. *(indirect p.)* 15,
  141–142, 166–168
- Beweis der Regel „Ex falso
  quodlibet" *(proof for ex falso
  quodlibet)* → Beweis
- Bikonditional *(biconditional)* →
  Junktor
- Bisubjunktion *(bisubjunction)* →
  Junktor
- Bivalenzprinzip *(principle of
  bivalence)* 14, **112–116**

D
- Deduktion *(deduction)* →
  Argument, deduktives 220,
  223–225, 236
- Definiendum *(definiendum)* →
  Definition
- Definiens *(definiens)* → Definition
- Definition *(definition)* 7–8, 37–39,
  205–206, 220, 251
  - Begriffsanalyse *(d.; conceptual
    analysis)* 2–4, **19–66**
  - Definiendum *(definiendum)* 14,
    42–43, **50–60**, 87
  - Definiens *(definiens)* 14,
    42–43, **50–60**, 87
  - D. von „Definition" *(d. of
    ‚definition')* 14, 25–27, 50–53,
    56–58
  - Differentia specifica 14, **56–58**
  - Genus Proximum 14, **56–58**
  - Hinweisd. *(ostensive d.)* 14,
    32–34
  - Nominald. *(nominal d.)* 24–25,
    277
  - Reald. *(real d.)* 24–25, 277
  - redundante D. *(redundand d.)*
    14, 55
  - schwache D. *(weak d.)* 14,
    59–64

- stipulative D. *(stipulative d.)* 60, 114
- Was-ist-X?-Frage *(,what is X?'-question)* 1–2, 14, 30–36
- zirkuläre D. *(circular d.)* 14, 26–27, **53–55**
- Dezisionistischer Abbruch → Münchhausentrilemma
- Differentia specifica → Definition
- Dilemma *(dilemma)* → Schlussregel
- Direkter Beweis *(direct proof)* → Beweis
- Disjunktion *(disjunction)* → Junktor
- Disjunktiver Syllogismus *(disjunctive syllogism)* → Schlussregel; Syllogismus

E
- Enthymem *(enthymeme)* → Syllogismus
- Erwähnen *(mention)* 14, 20–22
- Evidenz *(self-evidence)* 15, 61, **184–185**
- Existenzpräsupposition *(presupposition of existence)* 14, **177–178**
- Extension *(extension)* → Bedeutung

F
- Falscher Modus ponens *(denying the antecedent)* → Fehlschluss
- Falscher Modus tollens *(affirming the consequent)* → Fehlschluss
- Falschheit *(falsehood)*
  - logische F. *(logical f.)* 14, **66–67**
- Familienähnlichkeit *(family resemblance)* → Definition, schwache
- Fehlerhaft argumentieren *(fallacious reasoning)* → Fehlschluss
- Fehlschluss *(fallacy)* 23, 186–187
  - falscher Modus ponens *(denying the antecedent)* 15, **191–192**
  - falscher Modus tollens *(affirming the consequent)* 15, **192–194**
- fehlerhaft argumentieren *(fallacious reasoning)* 15, **186–191**
- genetischer F. *(genetic f.)* 15, **200–201**
- naturalistischer F. *(naturalistic f.)* 187, **190 f.**
- Reductio ad Hitlerum 15, **201**
- Vertauschung der Bedingungen *(commutation of conditionals)* 15, **193–194**
- vitiöser Zirkel *(vicious circle)* → Münchhausentrilemma
- Figur, logische *(figure, logical)* → Syllogismus
- Funktor *(functor)* → Junktor

G
- Gegenbeispielmethode *(counterexample method)* 15, 44–46, **138–139**, 164, 179–181, 279, 296, 298
- Gegensätze
  - konträre G. *(contraries)* 14, 74, **94–97**, 107, **142**, 148–149, 284, 310
  - kontradiktorische G. *(contradictories)* 14, 85, **93–97**, 106–107, **142**, 148–149, 152–153, 284, 298, 310
  - subkonträre G. *(subcontraries)* 14, **93–97**, 107, **142**, 284, 287, 310
- Genetischer Fehlschluss *(genetic fallacy)* → Fehlschluss
- Genereller Terminus *(general term)* → Terminus
- Genus proximum → Definition
- Gesetz *(law; principle)*
  - G. der Doppelten Negation *(l. of double negation)* 14, 88, **311**
  - G. der Kommutation *(l. of commutation)* 14, 88, **311**
  - G. der Kontraposition *(l. of contraposition)* 14, 88–89, 261–262, **311**

- G. von De Morgan *(De Morgan's l.)* 14, **90, 311**
- Gesetz der Doppelten Negation *(law of double negation)* → Gesetz; Negation
- Gesetz der Kommutation *(law of commutation)* → Gesetz
- Gesetze von De Morgan *(De Morgan's law)* → Gesetz
- Gültigkeit *(validity)* → Validität
- Gutes Argument *(good argument)* → Argument

H
- Hermeneutik *(hermeneutics)* 15, 101, **203, 205–211**, 215–217, 301
    - Bedeutungssuche *(search for meaning)* 6–7, 15, **207–211**
    - Hintergrundverständnis *(background understanding)* 14, **35–39**
    - intentio auctoris 15, **207–209**, 211, 213, **228–229**, 245, 301
    - intentio lectoris 15, **209–211**, 301
    - intentio operis 15, **210–211**, 213, 245, 301
    - Kontext *(context)* 7, 15–16, 110–111, **210–211**, 230, **245–252**, 255, 315
    - Originalsprache *(original language)* 15, 211, **213–214**
    - Text *(text)* 5–11, 13, 15, 101, 203, **205–273**, 315
    - Textvergessenheit 7, 9, 15, **205–206, 220–221**, 233
    - Übersetzung *(translation)* 15, 31–32, 51, 211, **213–214**
    - Verstehen *(understanding)* 205–207, **210–211**, 215–217, 252
    - Wahrheitssuche *(search for truth)* → Wahrheit
- Hermeneutischer Zirkel *(hermeneutic circle)* 15–16, **216**, 235

- Hintergrundverständnis *(background understanding)* → Hermeneutik
- Hinsicht *(respect)* 15, **148–149**
- Hinweisdefinition *(ostensive definition)* → Definition
- Hypothetischer Syllogismus *(hypothetical syllogism)* → Schlussregel; Syllogismus

I
- Implikation *(implication)*
    - Antezedens *(antecedent)* 14, **77–79**, 143, 262, 297
    - Konsequens *(consequent)* 14, **77–78**, 143, 262, 282, 297
    - materiale I. *(material i.)* → Junktor
    - Subjunktion *(subjunction)* **143 f.**, 147, 157, 165, 176, 178, 190, 266, **280–282**, 297, 308
- Indexikalischer Ausdruck *(indexical term)* → Ausdruck
- Indirekter Beweis *(indirect proof)* → Beweis
- Induktion *(induction)* → Argument, induktives 15, **178–181**
- Infiniter Regress *(infinite regress)* → Münchhausentrilemma
- Intension *(intension)* → Bedeutung
- Intentio auctoris → Hermeneutik
- Intentio lectoris → Hermeneutik
- Intentio operis → Hermeneutik
- Interpretation *(interpretation)*
    - I.shypothese *(interpretatory hypothesis)* 15, **206–207**, 225–230, 241–245, 270, 315
    - Überi. *(over-i.)* 15, **209**
    - Unteri. *(under-i.)* 15, **209–210**
- Interpretationshypothese *(interpretatory hypothesis)* → Interpretation
- Invalides Argument *(invalid argument)* → Argument

J

- Junktor *(junctor)* 14, 65, **68–70**, 74, 81, 99–100, 102, 158, 308
  - Adjunktion *(adjunction)* **68**, 308
  - Alternation *(alternation)* **68**
  - Bikonditional *(biconditional)* **68**
  - Bisubjunktion *(bisubjunction)* 14, **68–69**, **74–77**, 87–89, 280, 308
  - Disjunktion *(disjunction)* 14, **68–69**, **72–73**, 76–77, 80–81, 150–151, 155, 280, 308
  - Funktor *(functor)* **68–70**, 76f.
  - Konjunktion *(conjunction)* 14, **68–73**, 76–77, 80–81, 104, 147–150, 280–281, 285, 308
  - Kontravalenz *(exclusive disjunction)* 14, **73–76**, 80–81
  - materiale Implikation *(material implication)* **68**
  - Negation *(negation)* 14, **68–69**, **74–77**, 88, 96–97, 308
  - Shefferstrich *(Sheffer stroke)* 14, 77, 308
  - Subjunktion *(subjunction)* 14, **68–69**, **76–82**, 103, 106, 143, 147, 157, 176–178, 190, 266, 280–282, 297, 308

K

- Kategorische Aussage *(categorical proposition)* → Aussage
- Kategorische Aussagen in der Prädikatenlogik *(categorical propositions within predicate logic)* → Aussage
- Kohärenz *(coherence)* 14–16, **86**, 206–207, 210–211, **229–230**, 243, 245–246, 270, 315
- Komplexer Satz *(complex sentence)* → Satz
- Konditional, materiales *(material implication)* **68**, 308
- Konjunktion (als Junktor) *(conjunction)* → Junktor
- Konjunktion (als Schlussregel) *(conjunction)* → Schlussregel
- Konklusion *(conclusion)* → Argument; Syllogismus
- Konsequens *(consequent)* → Implikation
  - Sukzedens *(c.)* 77
- Konsistenz *(consistency)* 14, 85–87, 298
- Konsistenzprinzip *(principle of consistency)* 14, **113–115**
- Konstruktives Dilemma *(constructive dilemma)* → Schlussregel
- Kontext *(context)* → Hermeneutik
- Kontradiktion *(contradiction)* → Kontradiktorische Aussagen
- Kontradiktorisch *(contradictory)* → Widerspruch
- Kontradiktorische Aussagen *(contradictory propositions)* → Aussage
- Kontradiktorische Gegensätze *(contradictories)* → Gegensätze
- Konträr *(contrary)* → Konträre Aussagen
- Konträre Aussagen *(contrary propositions)* → Aussage
- Konträre Gegensätze *(contraries)* → Gegensätze
- Konträrer Widerspruch *(contrary propositions)* → Widerspruch
- Kontraposition *(contraposition)* 14, 88–89, 261–262, 311
- Kontravalenz *(exclusive disjunction)* → Junktor

L

- Letztbegründung *(ultimate justification; ultimate foundation)* → Münchhausentrilemma
- Logik *(logic)*, zur Aufgabe und Funktion der philosophischen 13, 65–66, 69–70, 100–101, 107, 116–117, 135, 157

- Logische Falschheit *(logical falsehood)* → Falschheit; Kontradiktion; Widerspruch
- Logische Figur *(logical figure)* → Syllogismus
- Logisches Quadrat *(square of opposition)* → Quadrat
- Logische Wahrheit *(tautology; logical truth)* → Wahrheit
- Logischer Widerspruch *(logical contradiction)* → Widerspruch

M
- Mehrdeutigkeit *(ambiguity)* 14–15, 23, **27–30**, 72–73, 196–198, 210, 296
- Mittelbegriff *(middle term)* → Syllogismus
- Modi *(modes)* → Syllogismus
- Modus Barbara *(modus Barbara)* → Syllogismus
- Modus ponens *(modus ponens; modus ponendo ponens)* → Schlussregel
- Modus tollens *(modus tollens; modus tollendo tollens)* → Schlussregel
- Münchhausentrilemma 15, **171–178**, 305

N
- Negation *(negation)* → Junktor
  - Gesetz der Doppelten N. *(law of double n.)* → Gesetz
  - Satzn. *(propositional n.; sentential n.)* 14, **97**
  - Prädikatsn. *(predicate n.)* 14, **97**
- Nicht-triftiges Argument *(unsound argument)* → Argument
- Nominaldefinition *(nominal definition)* → Definition
- Notwendige und hinreichende Bedingungen *(necessary and sufficient conditions)* → Bedingung

O
- Originalsprache *(original language)* → Hermeneutik

P
- Paradox der Analyse *(paradox of analysis)* 14, **37–39**
- Parallelstellenmethode 15, **206**, 218
- Performative Tautologie *(performative tautology)* → Tautologie
- Performativer Widerspruch *(performative contradiction)* → Widerspruch
- Petitio principii *(begging the question)* **194–196**, 259, 295–297
- Philosophie *(philosophy)* **1–11**, 17, 30, 53, 58, 116, 119, 122, 203, 207, 275
- Post hoc ergo propter hoc 187
- Prädikatenlogik *(predicate logic)* 13–15, 95, **98–107**, **164–166**, 190, 308–310, 314
- Prädikatbegriff *(predicate term)* → Syllogismus
- Prädikatsnegation *(predicate negation)* → Negation
- Prämisse *(premise)* → Argument; Syllogismus
- Prinzip des Wohlwollens *(principle of charity)* 15, 188–189, **206–207**, 236
- Proposition *(proposition)* → Aussage

Q
- Quadrat, logisches *(square of opposition)* 14, **91–97**, 162, 310
- Quantifizierter Satz *(quantified sentence)* → Satz

R
- Realdefinition *(real definition)* → Definition
- Reductio 167
  - R. ad absurdum 15, 142, **166–168**, 171

Sachregister 323

- R. ad impossibile 15, **166–171**
- Reductio ad absurdum → Reductio
- Reductio ad Hitlerum → Argument; Fehlschluss
- Reductio ad impossibile → Reductio
- Redundante Definition *(redundant definition)* → Definition
- Reflexives Argument *(reflexive argument)* → Argument

S
- Sachverhalt *(fact; proposition)* → Aussage
- Salva veritate *(salva veritate)* → Substitution
- Satz *(sentence)* → Aussage
  - atomarer S. *(atomic s.)* 14, **98–102**, 165
  - Aussages. *(declarative s.)* → Aussage
  - komplexer S. *(complex s.)* 14, 68, 74, 81, 98–100, **102**, 112
  - quantifizierter S. *(quantified s.)* 14, 98–100, **103–104**
  - S.negation *(propositional negation; sentential negation)* → Negation
  - S. vom ausgeschlossenen Dritten („Tertium non datur") *(law of excluded middle)* 14, 84, **112–116**, 282, 295, 311
  - S. vom ausgeschlossenen Widerspruch *(principle of non-contradiction; law of contradiction)* → Widerspruch
- Satzbuchstabe *(proposition letter)* **69–70**, 75, 80–81, 133, 155, 164–165
- Satznegation *(sentential negation)* → Negation; Satz
- Satztypen der Syllogistik *(syllogistic forms)* → Syllogistik
- Satz vom ausgeschlossenen Dritten („Tertium non datur") *(law of excluded middle)* → Satz
- Satz vom ausgeschlossenen Widerspruch *(principle of non-contradiction; law of contradiction)* → Satz; Widerspruch
- Scheinwiderspruch → Widerspruch
- Schlussregel *(rule of inference)* 65, 142, 151–152, 165–166, 171, **177–178, 181, 311–314**
  - Addition *(addition)* 15, 127, 142, **149–153**, 165, 170, 293, 311
  - Dilemma *(dilemma)* 15, 142, **154–157**, 165–166
  - disjunktiver Syllogismus *(disjunctive syllogism)* 15, 142, **151–153**, 165–166, 293, 311
  - hypothetischer Syllogismus *(hypothetical syllogism)* 15, 142, **154**, 165–166, 264, 294, 312
  - Konjunktion (Schlussregel) *(conjunction)* 15, 142, **147–148**, 152, 165–166, 169–170, 292, 311
  - Konstruktives Dilemma *(dilemma)* **155–156**, 295, 312
  - Modus ponens *(modus ponens; modus ponendo ponens)* 15, 133–134, **140–147**, 165–166, 173–178, 181, 183–184, 292, 297–298, 311
  - Modus tollens *(modus tollens; modus tollendo tollens)* 15, 142, **147**, 165–166, 173, 181, 264, 292, 311
  - Simplifikation *(simplification)* 15, 142, **149–150**, 152–153, 165–166, 293, 311
- Schlussstrich *(inference line)* 143
- Schwache Definition *(weak definition)* → Definition; Familienähnlichkeit
- Shefferstrich *(Sheffer stroke)* → Junktor
- Signalwörter der Folge 14, **123–124**, 128–129, 139, 143, 231, 254–260, 270, 315

- Simplifikation *(simplification)* → Schlussregel
- Singulärer Terminus *(singular term)* → Terminus
- Stipulative Definition *(stipulative definition)* → Definition
- Subaltern *(subaltern)* 14, **93–96**, 284, 310
- Subalterne Aussage *(subaltern proposition)* → Aussage
- Subalternation *(subalternation)* **95**, 106–107
- Subjektbegriff *(subject term)* → Syllogismus
- Subjunktion *(subjunction; material implication)* → Implikation; Junktor
- Subkonträr *(subcontrary)* 14, **93–97**, 107, 284, 287, 316
- Subkonträre Aussage *(subcontrary proposition)* → Aussage
- Subkonträre Gegensätze *(subcontraries)* → Gegensätze
- Substitution *(substitution)*
  - Salva veritate *(salva veritate)* 14, **50–51**, 53–54, 56
- Sukzedens *(consequent)* → Konsequens
- Syllogismus *(syllogism)* 15, 57, 142, **158–164**, 168, 188, 197, 312–314
  - disjunktiver S. *(disjunctive s.)* 15, 142, **151–153**, 165–166, 293, 311
  - Enthymem *(enthymeme)* 14, **126–127**, 183
  - hypothetischer S. *(hypothetical s.)* 15, 142, **154**, 165–166, 264, 294, 312
  - Konklusion *(conclusion)*
  - logische Figur *(logical figure)* 15, **159–162**, 296, 305, 312–314
  - Mittelbegriff *(middle term)* 15, **159–160**, 188, 197
  - Modi *(modes)* 15, **159–164**, 166, 168, 173, 286, 296, 312–314

- Modus Barbara *(modus Barbara)* **160–162**, 166, 173, 312, 314
- Prädikatsbegriff *(predicate term)* 15, **91–92**, 159
- Prämisse *(premise)*
- Subjektbegriff *(subject term)* 15, **91–92**, 159
- Syllogistik *(syllogistics)* 92–100, 105–106, **158–166**, 201
- Satztypen der S. *(syllogistic forms)* 14, **92–93**, 99, 159–160, 166

T
- Tatsache *(matter of fact)* 14, **108–111**, 122
- Tautologie *(tautology)* → logische Wahrheit
  - performative T. *(performative t.)* 15, **182–183**
- Terminus *(term)* 92, 105–106, 196–197
  - genereller T. *(general t.)* 14, 51, 56, 99, 126
  - singulärer T. *(singular t.)* 14, 51, 99
- Tertium non datur *(law of excluded middle)* 14, 84, **112–116**, 282, 295, 311
- Text *(text)* → Hermeneutik
- Textvergessenheit → Hermeneutik
- Triftiges Argument *(sound argument)* → Argument
- Triftigkeit *(soundness)* 15, **134–135**, 141–142, 178, 196, 207 261
- Typ *(type)* 14, **27–28**

U
- Überinterpretation *(over-interpretation)* → Interpretation
- Übersetzung *(translation)* → Hermeneutik
- Umkehrschluss → falscher Modus ponens; falscher Modus tollens

- Unerlaubte Transposition *(improper transposition)* 15, **192**, 194
- Unterinterpretation *(underinterpretation)* → Interpretation

V
- Valides Argument *(valid argument)* → Argument
- Validität *(validity)* 14, **130–133**, 143–144, 157–158, 164–165, 175–179, 297
- Verstehen *(understanding)* → Hermeneutik
- Vertauschung der Bedingungen *(commutation of conditionals)* → Fehlschluss
- Verwenden *(use)* 14, **20–22**
- Vitiöser Zirkel *(vicious circle)* → Fehlschluss; Münchhausentrilemma
- Vorkommnis *(token)* 14, **27–28**

W
- Wahrheit *(truth)* 9, 14, 29, 67, 107–112, 122, 134–135, 141, 178–179, 186, 200, 206–207, 299
  - logische W. *(logical t.; tautology)* 14–15, **82–84**, 112, 175–177, 281, 297
  - W.sfunktion *(t. function)* 14, **66–69**, 74, 77
  - W.ssuche *(search for t.)* 6–7, 15, **205–207**
  - W.stafel *(t. table)* 14, **70–83**, 89–90, **143–146**, 176, 280–281, 287–296
  - W.sunterstellung *(imputation of t.)* 15, 207
  - W.svergessenheit 9
  - W.swert *(t. value)* 14, 50–51, **67–68, 70–71**, 74–76, 81–83, 86–89, 107–108, 110, 112–116, 137, 308
- Wahrheitsfunktion *(truth function)* → Wahrheit
- Wahrheitssuche als methodisches Instrument der Bedeutungssuche *(truth as a methodical tool in the search for meaning)* → Wahrheitssuche
- Wahrheitssuche *(search for truth)* → Hermeneutik; Wahrheit
  - W. als methodisches Instrument der Bedeutungssuche *(t. as a methodical tool in the search for meaning)* 6, 15, **207**
- Wahrheitstafel *(truth table)* → Wahrheit
- Wahrheitsunterstellung *(imputation of truth)* → Wahrheit
- Wahrheitsvergessenheit → Wahrheit
- Wahrheitswert *(truth value)* → Wahrheit
- Was-ist-X?-Frage *(„what is X?'-question)* → Definition
- Widerspruch *(contradiction)* → logische Falschheit, konträr
  - kontradiktorischer W. *(c.)* → Aussage
  - konträrer W. *(contrary)* → Aussage
  - logischer W. *(logical c.)* **83f.**, 85, 91, 97, 112f., 148f., 152f., 182, 252–257, 282, 298, 311
  - performativer W. *(performative c.)* 15, **182–184**
  - Satz vom ausgeschlossenen W. *(principle of non-c.; law of c.)* 14, **83–85**, 112–115
  - Scheinw. 15, 148–149
- Wissen *(knowledge)* 16, 37–38, **48–50**, 58, 63–64, 271

X → U

Z
- Zirkel *(circle)* → Definition; hermeneutischer Zirkel; vitiöser Zirkel; zirkuläre Definition
- Zirkuläres Argument *(circular argument)* → Argument
- Zirkuläre Definition *(circular definition)* → Definition

Namenregister

Namen fiktiver Personen sind kursiviert, Namen historischer Personen nicht.

A
Achill 173–185
Adenauer, Konrad 52
Adler, Irene 103
Adson von Melk 69–72, 78, 86, 121 ff., 128 f.
Ancus Marcius 51
Anselm von Canterbury 10, 22, 169, 276
Aristoteles 5 f., 8 f., 29, 51, 57, 83, 98–102, 123, 125, 127 ff., 132 f., 149, 275, 304 f.
Artus 31–34, 36, 42, 46, 54, 56
Augustinus 23, 275, 303

B
Boëthius 276
Brandt, Willy 52
Brutus 111

C
Caesar, Julius 77, 111, 146, 292, 305
Carroll, Lewis 173. 305
Cicero 32, 303
Clinton, Bill 196 f.
Colli, Giorgio 215

D
Darwin, Charles 201
De Morgan, Augustus 90, 311
Descartes, René 5, 9 f., 148, 275 f.
Diotima 78

E
Eco, Umberto V, 150, 303, 305, 307
Engels, Friedrich 276
Erhard, Ludwig 52

F
Feyerabend, Paul 201, 306
Fichte, Johann Gottlieb 276
Foerster, Heinz von 39, 304
Frege, Gottlob 276

G
Gettier, Edmund 49, 63, 276, 304, 306
Goethe, Johann Wolfgang von 77 f.
Gorgias 149
Gott (für Atheisten: *Gott*) 4, 25, 29, 61, 135, 151, 155 ff., 169 ff., 181, 191 f., 194 ff., 277, 300, 305
Grünbein, Durs 148

H
Hegel, Georg Wilhelm Friedrich 198, 276
Heidegger, Martin 127, 199, 276
Heifetz, Jascha 271 f.
Heraklit 205
Hitler, Adolf 301, 306
Hobbes, Thomas 6, 276
Holmes, Sherlock → *Sherlock Holmes*
Hume, David 5, 205, 272, 276
Husserl, Edmund 276

I
Innstetten, Baron Geert von 156 f., 295 f.

J
Jesus 146, 193, 292, 305
Jorge von Burgos 63 f., 86, 121 ff., 125, 128 f., 132 f., 141

K

Kahn, Oliver 30
Kant, Immanuel V, 5ff., 9f., 13, 50, 93, 97, 198, 203–272, 275f., 284, 296, 301, 303, 306
Kekulé von Stradonitz, Friedrich August 200
Kiesinger, Kurt Georg 52
Kohl, Helmut 52
Kripke, Saul Aaron 114f., 305

L

Laudan, Larry 179, 305
Leibniz, Gottfried Wilhelm 276, 324
Levi, Primo V, 303
Lewinsky, Monica 196f.
Lichtenberg, Georg Christoph 10, 303
Löw, Joachim 84
Locke, John 211, 276
Lucius Tarquinius Priscus 51
Lucius Tarquinius Superbus 51
Luther, Martin 134

M

Marx, Karl 276
Meiner, Felix 215, 306
Merkel, Angela 52
Merkel, Reinhard 187–191, 306
Mill, John Stuart 276
Montinari, Mazzino 215
Moore, George Edward 60f., 107, 276, 304
Moore, Brian 112
Morgan, Augustus De → De Morgan
Moriarty, Professor James 103

N

Newton, Isaac 2, 8, 181, 303
Nietzsche, Friedrich 198, 215, 276, 296
Numa Pompilius 51

P

Parmenides 206
Platon IX, 5, 9f., 22, 29f., 37, 63, 86, 99, 206, 211, 214f., 272, 275, 277, 279, 303f.
Plantinga, Alvin 169, 297, 305
Priest, Graham 114f., 285, 305
Popper, Karl 276

R

Rawls, John 276
Romulus 51
Rousseau, Jean-Jacques 199
Russell, Bertrand 181, 306

S

Schopenhauer, Arthur 198
Seneca 148
Servius Tullius 51
Sextus Empiricus 275
Schildkröte, die → *Achill*
Schmidt, Helmut 52
Schröder, Gerhard 52
Sherlock Holmes 67, 100–103
Sokrates 9, 22, 29f., 37, 99, 135, 137, 149, 164f., 277, 296
Spinoza, Baruch de 276
Stephanus, Henricus 215
Strauss, Leo 201, 306
Swinburne, Richard 181, 305

T

Theätet 29f., 149, 275
Thomas von Aquin 5, 276
Tullus Hostilius 51

W

Wagner, Richard 201
Watson, Dr. John H. 100–103
William von Baskerville 63, 67, 70, 72, 86, 121–124, 126, 128f., 132, 300
Wittgenstein, Ludwig 5, 10, 61, 63, 272, 304

Y

Yoda 102

www.ingramcontent.com/pod-product-compliance
Lightning Source LLC
Chambersburg PA
CBHW031756220426
43662CB00007B/421